中国新型政党制度研究论集

崔珏◎主编

徐映奇　李玲　李源◎副主编

民主与建设出版社

·北京·

图书在版编目（CIP）数据

中国新型政党制度研究论集 / 崔珏主编；徐映奇等副主编．-- 北京：民主与建设出版社，2025. 4.
ISBN 978-7-5139-4878-4

Ⅰ. D665-53

中国国家版本馆 CIP 数据核字第 20250KD298 号

中国新型政党制度研究论集

ZHONGGUO XINXING ZHENGDANG ZHIDU YANJIU LUNJI

主　　编　崔　珏
副 主 编　徐映奇　李　玲　李　源
责任编辑　刘　芳
封面设计　李爱雪
出版发行　民主与建设出版社有限责任公司
电　　话　（010）59417749　59419778
社　　址　北京市朝阳区宏泰东街远洋万和南区伍号公馆 4 层
邮　　编　100102
印　　刷　固安县保利达印务有限公司
版　　次　2025 年 4 月第 1 版
印　　次　2025 年 4 月第 1 次印刷
开　　本　787 毫米 ×1092 毫米　1/16
印　　张　22
字　　数　390 千字
书　　号　ISBN 978-7-5139-4878-4
定　　价　60.00 元

目 录

代 序 …… 001

概 论

中国政党制度的四对基本范畴 …… 002
中国新型政党制度的政党概念与政党建设 …… 015
新时代我国政党协商的要素与功能探析 …… 025
多党合作话语体系：理论建构与话语权建构的双重需要 …… 035
人民政协制度优势话语建构的历史演进 …… 043
浅谈建设高素质中国特色社会主义参政党的思考 …… 055
试论民主党派政党性质的演进 …… 062
民主监督的三维解读 …… 070
我国民主党派民主逻辑演进与发展路径探析 …… 082
关于党外人士政治引导的几个理论问题 …… 089
特约监察员与特邀监察员的比较与启示 …… 094

历史论

中国新型政党制度的思想渊源与逻辑演进探析 …… 108
中华人民共和国成立以来政党协商思想的历史演进 …… 117
“五一口号”发布60年来我国多党合作和政治协商的基本经验 …… 128
试析抗日战争时期民主党派的进步性特征 …… 134
试论中华人民共和国成立前后的民建港九分会 …… 143
以笔为矛：各民主党派的言论机关与进步刊物 …… 153
多党合作制度与社会主义协商民主的历史探究和政治价值 …… 160
论孙中山三次建政广州的历史意义和现实启示 …… 170
不忘政党建制初心，始终坚持和不断完善新型政党制度 …… 179

价值论

当代中国党际协商民主发展现状 …… 184
多党合作制度运行中的问题及对策研究 …… 193
新时代加强参政党建设的理论逻辑、历史逻辑和实践逻辑 …… 203
论党际民主的程序价值 …… 214
我国政党协商民主保障机制的内在特质与价值性探析 …… 223
浅析社会转型期参政党的价值观建设 …… 230
略论参政党的民主监督 …… 237
关于人民政协制度优势转化为基层治理效能的思考 …… 245

实践论

中国新型政党制度彰显我国制度自信 …… 254
中国现代化治理体系构建中民主党派的参政机制研究 …… 259
关于加强民主党派领导班子素质建设的思考 …… 269
中国共产党“全面领导”下民主党派建设的思考 …… 278
试论人民政协在新型政党制度建设中的作用 …… 287
民主党派参政议政方法论研究的价值分析 …… 294
大数据时代的参政党建设刍论 …… 301
“微时代”下民主党派参政议政能力建设探析 …… 310
国家《监察法》实施与民主党派内部监督协调衔接初探 …… 317
发挥民建基层组织在凝聚共识中的作用研究 …… 324
全面建设现代化国家背景下民建广泛凝聚经济共识的独特作用 …… 331

后　记 …… 339

代 序

中国新型政党制度的性质、优势和价值

袁廷华

习近平总书记指出："中国共产党领导的多党合作和政治协商制度作为我国一项基本政治制度，是中国共产党、中国人民和各民主党派、无党派人士的伟大政治创造，是从中国土壤中生长出来的新型政党制度。"[1]习近平总书记首次提出"新型政党制度"这一政治概念，从更高层次、更新视角、更大视野上阐明了这一制度的制度优势，把对我国多党合作制度的理解提高到了一个新高度，为新时代坚持和发展中国共产党领导的多党合作和政治协商制度、构建中国特色社会主义政党制度理论体系提供了根本遵循。本文拟从三个方面阐释对中国新型政党制度的认识和理解。

一、中国新型政党制度的性质

中国新型政党制度之所以新，是因为这一制度在性质上与其他类型的政党制度有着本质区别，是具有中国特色的社会主义政党制度。

政党制度是政治制度的组成部分。在当今世界，政治制度有资本主义政治制度和社会主义政治制度两大类型。政治制度所承担的任务是落实占统治地位的阶级政治权力的归属、控制、调节和使用。政治制度由经济基础决定，反过来又维护经济基础和社会制度。政治学理论认为，国家政权是政治制度的核心。现代国家政权一般都有紧密相连的三大要素，即国体、政体和政党制度。一般来说，国体决定政体

[1] 李学仁．习近平在看望参加政协会议的民盟致公党无党派人士侨联界委员时强调　坚持多党合作发展社会主义民主政治 为决胜全面建成小康社会而团结奋斗　汪洋参加看望和讨论［N］．人民日报，2018-03-05(01)．

和政党制度，政体和政党制度相互适应、相互配套，以体现和维护国体。[1]由此可见，政党制度的根本功能就是与国体相适应，与政体相配套，通过政党制度对政党地位、政党与国家政权关系、政党相互关系、政党权力进行制度化规范，使政治权力合法掌握在统治阶级手中，为一定经济基础和社会制度服务。用这一观点来观察资本主义国家，其国体是资产阶级专政；其政体由于各国历史和国情不同，有共和制、君主立宪制等不同类型；其政党制度有多党制、两党制、一党制等不同类型。然而，无论存在何种差异，资本主义国家的政党制度就其性质而言，都是与其国家国体相适应、与国家政体相配套，并为资本主义国家政权服务的资本主义政党制度。

我国是人民民主专政的社会主义国家，人民民主专政作为我国的国体，确切表达了我国国家政权的性质和内容，也从根本上规定了我国政治制度和政党制度的性质，即中国特色社会主义性质。人民民主专政的阶级性质决定了我国国家政权的本质是工人阶级领导全体人民实行的阶级统治，这一统治必须由中国工人阶级的先锋队、中国人民和中华民族的先锋队中国共产党来实行领导；人民民主专政的民主性质和联盟特点决定了我国国家政权是人民当家作主的国家政权，在对敌对阶级和敌对势力实行专政的同时，在人民内部实行最广泛的民主。由此可见，工人阶级（通过共产党）实行领导和人民当家作主，是人民民主专政的两大基本规定性，我国政党制度的设计必须符合这两大规定性的要求，才能与人民民主专政的国体相适应，与人民代表大会制度相配套，以保证人民民主专政国家机器正常运转，体现和维护人民民主专政的国体。

人民民主专政的国体、人民代表大会制度的政体与我国社会主义政党制度的关系主要体现在以下方面。

其一，人民民主专政理论为我国新型政党制度提供了基本理论依据。李维汉指出："长期的多党合作，是我国人民民主专政的特点之一。"[2]人民民主专政作为联盟，本质上是包括作为人民范畴的各阶级以及全体人民实行合作的国家政权，国家政权中的广泛团结和政治合作，决定和推动了政党的合作，从而形成了新型政党制度。

其二，人民民主专政的国体决定了我国各政党在国家政权和国家政治生活中的地位。人民民主专政的阶级性质决定了中国共产党的领导和执政地位，同时也决定

[1] 袁廷华 . 中国政党制度功能探析［J］. 政治学研究 , 2012 (1) : 43-49 .

[2] 李维汉 . 李维汉选集［M］. 北京 : 人民出版社 , 1987 : 327 .

了中国共产党在多党合作中的领导地位。人民民主专政的民主性质和联盟特点决定了各民主党派的参政党地位。民主党派参加国家政权和国家事务的管理，是人民当家作主的重要体现。各民主党派拥有的参政权不是对共产党执政权的分割和分享，而是在共产党执政前提下实行"一个参加和三个参与"，这种参政权广泛体现在政党协商、人大、政府、司法机关、人民政协中，具有长期稳定性，受到宪法和法律的确认和保障，不需要通过政党竞争来获取。

其三，与人民民主专政相适应的国家政体决定了我国政党制度的运作方式。国家政体是国家权力产生和运行所制定的一套原则和方式，国家政体不仅是国家政治制度的重要形式，而且深刻影响着国家政治的发展。西方各国政体虽然有所不同，但都是建立在"三权分立"理论基础上的，强调权力的分立和制衡。西方国家政党主要是"内生型"政党，从议会中产生，在议会中活动，逐步建立起与其政体和议会制度紧密契合的多元竞争型政党制度模式。[1]我国政体即政权组织形式是人民代表大会制度，这一制度建立在人民主权理论基础之上，强调人民权力的至高无上性、统一性和不可分割性。中国共产党和各民主党派都是在社会革命中产生的"外生型"政党，在夺取政权和建立新型国家的历史进程中，构建起与国体相适应、与政体相契合的政党制度模式。人民代表大会制度作为我国政体，在国家政权体系中居于核心地位，体现着两大原则：一是一切权力属于人民的原则；二是民主集中制原则。这就决定了人民代表大会具有全权性和至高性，与西方国家的三权分立有着根本区别，由此决定了我国政党制度的运作不采取政党竞争和轮流执政的方式，而是采取在共产党领导下，共产党与各民主党派实行政治合作，共产党员与各民主党派成员在国家政权中合作共事，共产党在人民政协与各民主党派、无党派人士以及各族各界代表人士协商合作的方式。

综上可见，人民民主专政的国体从根本上规定了我国政党制度的根本属性、价值理念和制度形态，从而形成了与一些国家的一党制或西方国家的多党制、两党制截然不同的，具有中国特色社会主义性质的新型政党制度。适应人民民主专政国体和人民代表大会政体的要求，为巩固人民民主专政的社会主义国家服务，是我国新型政党制度确立和发展的内在逻辑。

[1] 迪韦尔热 . 政党概论［M］. 雷竞璇，译 . 香港：青文文化事业有限公司，1991 .

二、我国新型政党制度的优势

中国新型政党制度之所以新，是因为这一制度相较于其他类型的政党制度，有着独特的制度功能，形成了自身的制度优势。习近平总书记从政党制度的利益代表性、政党制度的运作模式、政党制度的决策机制这三个维度，用三个“新”，在政治比较中深刻阐述了中国新型政党制度区别于其他类型政党制度的功能和优势。

一是利益代表的人民性和广泛性。能够把马克思主义政党理论与中国实际相结合，真实、广泛、持久地代表和实现最广大人民的根本利益，有效避免旧式政党制度代表少数人、少数利益集团的弊端。这一特点的形成，首先是由中国共产党的性质、理想和使命所决定的。中国共产党是马克思主义政党，马克思主义政党不是因利益而结成的政党，而是以共同理想信念而组织起来的政党。马克思、恩格斯在《共产党宣言》中提出：“过去的一切运动都是少数人的或者为少数人谋利益的运动。无产阶级的运动是绝大多数人的、为绝大多数人谋利益的独立运动。”[1]“为绝大多数人谋利益”是共产党的根本宗旨。中国共产党作为中国工人阶级的先锋队，集中代表了工人阶级的先进性；中国共产党同时又是中国人民和中华民族的先锋队，从而扩大了党的先进性。中国共产党以全心全意为人民服务为根本宗旨，其成立初心和奋斗目标就是为中国人民谋幸福、为中华民族谋复兴。中国共产党人除了国家和民族的利益外，没有自身的特殊利益。中国共产党的先进性，是中国新型政党制度能够全面代表人民根本利益的基本原因。其次，中国新型政党制度是一个具有开放性和兼容性的政制结构，各民主党派、无党派人士的政治参与和利益表达，进一步拓展了这一制度利益代表的广泛性，从而使中国新型政党制度彻底摆脱了旧式政党制度的私利羁绊，在利益代表上鲜明地体现了人民性和广泛性。

二是政党的合作性和同向性。与西方多元竞争型政党制度模式不同，我国是合作型政党制度模式，由此决定了政党的合作性和同向性。从世界范围来看，无论是西方多元竞争的政党制度模式，还是一党制的政党制度模式，都难以实现社会力量的广泛团结和合作。一党制的政党制度模式虽然有着较高的制度效率，但政治参与的范围狭窄，也缺乏来自其他社会力量的监督制约。多元竞争的政党制度模式与西方资本主义国家中社会利益分殊和社会多元化的现状相适应，构建了比较完备的政治参与形式和渠道，能够比较全面地反映资产阶级不同利益集团的政治要求，对公权力具有较强的监督制约功能。但是由于政党竞争、制衡和轮流执政，使这一制度

[1] 马克思，恩格斯．马克思恩格斯选集：1卷［M］．北京：人民出版社，1972：262．

的整合力和执行力偏弱，制度效率偏低，在表达社会整体利益、形成社会共识方面局限性很大。特别是政党冲突严重降低了制度效率，政党极化导致政治衰败，形成“否决政体”。

我国新型政党制度在中国共产党的坚强领导下，实行广泛深入的政治合作，中国共产党同各民主党派、无党派人士紧密团结，围绕共同的目标奋斗，同时又互相监督，有效避免了一党缺乏监督或者多党轮流坐庄、恶性竞争的制度性缺陷，有利于避免由于政党对立形成的政治极化和政治动荡，推动社会共识的形成，防止政治力量之间的重大分歧和对抗，减少政治发展中的政治内耗，降低社会运行成本，维护政治和社会稳定，从而能够广泛团结一切可以团结的力量，调动一切积极因素，共同致力于中国特色社会主义事业，为民族复兴注入强大的力量和动能。

三是决策的民主性和科学性。能够通过制度化、程序化、规范化的制度安排，集中各种意见和建议，推动决策科学化、民主化，有效避免了旧式政党制度囿于党派利益、阶级利益、区域和集团利益决策实施导致社会撕裂的弊端。在实行西方政党制度的国家，执政党在执政期间通常主导和独占国家权力，为所代表的阶级、区域和集团利益服务，导致利益分配失衡、社会对立和社会撕裂。中国新型政党制度无论是制度设计还是政治实践，都体现了人民民主的价值理念，这一制度与人民代表大会制度相适应、相契合，形成了双重民主架构，开辟了多种制度化的民主渠道，成为全过程人民民主的有机组成部分。这一制度在充分吸纳、提取民意的基础上进行决策，从而使决策真正体现全体人民的意志，体现全体人民的利益、愿望和要求。中国新型政党制度中的政治协商具有独特的民主价值，协商民主与选举民主相结合，拓展了人民民主的深度和广度。经过充分的政治协商，既尊重多数人的意愿，又照顾少数人的合理要求，保障人民权利最大限度地实现。

三、中国新型政党制度的价值

中国新型政党制度之所以新，还在于这一制度创造出了具有全新意义的价值。中国新型政党制度的理论与实践既是马克思主义中国化的重要成果，也为世界政党和政党制度理论与实践增添了新的内涵，为人类社会民主政治和政治文明的创新发展作出了独特贡献。

1. 创造了一种新型的民主实现形式

由于政党政治兴起于西方国家，这些国家大都实行以普选制和议会制为基础的竞争性两党制或多党制，由此形成一种思维定式，只有多党竞争才是民主，只有西方政党制度才具有普世性的民主价值，才是民主的唯一实现形式，并以是否实行西方式的政党制度为依据来判断一个国家是否民主。中国新型政党制度的理论与实践表明，民主的内涵是丰富的，实现形式是多样的，合作也是一种民主的实现形式。在中国，中国共产党与民主党派之间的协商与合作、中共党员与民主党派成员和无党派人士在国家政权中合作共事、中国共产党与各民主党派和无党派人士以及各族各界代表人士在人民政协中的协商与合作，开创了民主政治的新境界和新路径，成为社会主义民主的重要实现形式。

2. 创造了一种新型的执政方式

在实行多党制和两党制的国家，执政党在执政期间通常主导和独占国家权力，为其所代表的利益集团谋取最大的政治和经济利益。其他政党作为在野党或反对党，由于不能直接参与政府和管理国家事务，以及本党政治精英因落选而被排斥在权力之外，往往对执政党采取对立的态度，使执政党的执政效果受到很大牵制和影响。中国新型政党制度创造了一种新型的执政方式，这一制度按照民主集中制的原则，坚持中国共产党的领导和充分发扬社会主义民主，把中国共产党执政和民主党派与无党派人士参政结合起来，把行使决策权与政治协商结合起来，把选拔录用本党的政治精英和优秀人才与吸纳录用民主党派和无党派人士的政治精英和优秀人才结合起来，有效地防止了政党的单打独斗、政党之间的恶斗以及不同政党的人才的搁置与浪费，赋予党际民主以新的内涵，形成了集中领导与广泛民主的有机统一，富有效率与保持活力的有机统一，有效地提升了执政党的执政能力。

3. 创造了一种新型政党关系

西方国家的政党制度建立在生产资料私有制基础上，资产阶级各政党之间处于互相竞争甚至争斗的对立状态。一些政党出于赢得竞选、参与组阁的政治需要，有时也进行合作，但这种合作是短暂的、不牢靠的，而彼此竞争、互相倾轧是其政党关系的基本特点。在我国，中国共产党同各民主党派长期共存、互相监督、肝胆相照、荣辱与共，共同致力于中国特色社会主义事业，各政党团结合作、求同存异、和谐共生、共同奋斗，形成与西方竞争性政党关系有着根本区别的新型政党关系，这是我国新型政党制度优势的重要体现。中国新型政党制度创造了非执政的政党参加国家政权和国家事务管理的独特方式与途径。民主党派作为参政党，能够通过国家宪法规定和政治制度安排，长期、稳定地参加国家政权和参与国家事务的管理，中国新型政党制度能够通过法规和政策，有效保证和分配民主党派、无党派人士参政所必需的政治资源。

4. 提供了一种关于政党制度的新思维

中国新型政党制度的运行与中国经济社会高速发展、国家治理水平不断提高的实践相结合，给世界政治发展带来一种全新的思维，一种范式的变化，一种西方话语权无法解释的新认知。中国新型政党制度的理论与实践表明：民主是人类普世的价值追求，但民主不是只有一种模式，实现民主的形式和路径是多样的，这是由人类文明发展的多样性决定的。一个国家实行什么样的政党制度，是由该国的国情、国家性质和社会发展状况决定的。政党制度的优劣，从根本来说是要看这种制度是否有利于推进社会生产力的发展，是否有利于民主政治的有序、健康发展，是否有利于国家稳定和长治久安。中国新型政党制度的实践，为发展中国家提供了一条既吸收人类文明的共同成果，又从本国实际出发，独立自主地选择和探寻适合本国发展道路的成功范例。

袁廷华，中央社会主义学院原副院长、国家社会科学基金学科评审组专家、中国统一战线理论研究会理事。

概　论

Gailun

中国政党制度的四对基本范畴

李小宁

中国共产党领导的多党合作和政治协商制度是我国的一项基本政治制度，是具有中国特色的社会主义政党制度，其特征之鲜明，在当今世界各国政党制度中独树一帜。科学认识和把握这项制度的本质，是我国政党制度研究领域的一项重要任务。过河要有桥或者船，科学研究要有认识工具。范畴是“认识世界的过程中的梯级，是帮助我们认识和掌握自然现象之网的网上纽结”[1]。运用范畴，可以把我国政党制度的丰富内容条理化、体系化。受程竹汝教授《多党合作和政治协商制度的几个基本范畴》[2]一文的启发，本文提出四对基本范畴，即合作与协商、领导与参与、执政与参政、共存与监督。

一、合作与协商

合作与协商是从“中国共产党领导的多党合作和政治协商制度”这个名称本身抽象出来的，是对这个制度的本质概括，揭示了这个制度区别于世界其他国家政党制度的根本特征，是认识和把握我国政党制度的最基本范畴。

合作与协商这对范畴具有类型学的意义。世界各国的政党制度五花八门，分门别类地加以研究，是科学认识政党制度本质的基础步骤。通常在科学研究中，分类涉及两个问题：一是研究目的，二是分类标准。根据不同的研究目的，采用不同的分类标准，就会有不同的分类法。

我国是社会主义国家。在政党问题上，我们的研究目的，是要科学把握我国政党制度区别于西方国家政党制度的本质特征，坚定不移地走中国特色社会主义政治

[1] 中共中央马克思恩格斯列宁斯大林著作编译局．列宁专题文集：第2卷［M］．北京：人民出版社，2009：131-132．

[2] 程竹汝．多党合作和政治协商制度的几个基本范畴［J］．中国政协理论研究，2012（1）：24-29．

发展道路。根据这一目的，一种最基本的分类法是以社会制度为标准，分为社会主义政党制度和资本主义政党制度两大类型。无论怎样，社会主义国家的实质都是无产阶级专政[1]，而这个专政是通过共产党的领导来实现的[2]，与此相应的政党制度都是共产党在国家政治生活中处于领导核心地位。而资本主义国家的实质都是资产阶级专政，虽然通过定期的公开选举，由代表不同利益集团的政党轮流执政，却不会改变国家机器始终掌握在资产阶级手中的事实。中国共产党领导的多党合作和政治协商制度属于社会主义政党制度，这个制度同我国工人阶级领导的、以工农联盟为基础的人民民主专政的国体相适应，同我国人民代表大会的政权组织形式相适应，是无产阶级专政的制度性安排。就此而言，基于社会制度的类型划分，是我国政党制度与西方国家政党制度的根本划分。但是，以社会制度为标准只能宏观地揭示不同政党制度在阶级统治上的实质性差别，而无法深入政党执掌国家权力方式的层面，无法揭示政党互动方式的具体差别。就政党制度的专门研究而言，这不能不说是一个缺憾。比如，我们无法以社会制度为标准，把我国的政党制度同其他社会主义国家的政党制度区别开来。不论是我国实行中国共产党领导的多党合作和政治协商制度，还是苏联曾经实行的一党制，都只是共产党实现其领导的形式差别，没有本质上的不同。

另一种常见的分类法是依据一国可能执掌政权的政党数量，把世界各国政党制度分为一党制、两党制和多党制。这样分类有两个问题。第一，不能包括中国的政党制度。按照这种分类法，我们只能说，中国的政党制度既不是一党制，也不是两党制或多党制。但是，一个拥有14亿人口的国家，一个实行了70多年且颇有成效的制度，为什么只能用“不是”来表达呢？中国是一个大国，当今发生在中国的任何事情，本身就具有世界意义。如果一种分类法不能包括并适用于中国，那么只能表明这种分类法不科学。第二，西方国家的两党制和多党制的区别只是形式上的，而非实质的。更严格地说，两党制只是多党竞争的一个特例。西方国家的政党都是议会选举或总统选举的工具，两党轮流执政或多党轮流（联合）执政，主要是由选举

---

[1] “工人阶级领导的、以工农联盟为基础的人民民主专政，实质上即无产阶级专政。”见《中华人民共和国宪法》序言。“我国的人民民主专政实质上就是无产阶级专政。”“无产阶级专政在不同国家可以有不同形式，人民民主专政是中国共产党领导人民所创造的适合我国情况和革命传统的一种形式。”彭真．关于中华人民共和国宪法修改草案的报告［N］．人民日报，1982-12-06．

[2] 关于这一点，列宁说得非常明确：“无产阶级专政不可能由包括全体无产阶级的组织来实现，……只有吸收了阶级的革命力量的先锋队，才能实现这种专政。”列宁．论工会、目前局势及托洛茨基同志的错误［M］．列宁选集：4卷3版．北京：人民出版社，1995：369．

方式不同造成的，采取“多数制”的选举一般会形成两党制，采取“比例制”的选举一般会造成多党制。用可能执政的政党数量来划分政党制度类型，本身就缺少科学性，起码是过于注重事物的外在形式而忽视了事物的内在实质。

政党制度的实质是一个国家各个政党围绕国家权力持续互动所形成的制度化格局。因此，只有从政党执掌国家权力的方式和政党之间的互动方式入手，才能科学地认识不同政党制度之间的区别。合作与协商，就是可以在国家权力运作和政党关系上把不同政党制度区别开来的一对类型范畴。

合作，本来是社会学的概念，是社会互动的一种类型，是指人与人、群体与群体之间，为达到对互动各方都有某种益处的共同目标，而彼此相互配合的联合行动。与合作相对的另一种社会互动类型是竞争，是指人与人、群体与群体之间对于同一目标的争夺。[1]在政党意义上，合作是政党执掌国家权力和政党互动的一种类型，指一个国家的不同政党在共同利益的基础上，为实现一定的共同目标，有序地执掌和运用国家权力而彼此相互配合的联合行动。政党意义上的竞争是另一种类型，是指一个国家的不同政党通过定期的公开选举争夺国家权力（议会或总统），获胜的一方执掌国家权力成为执政党，落败的一方成为反对党或在野党。我国的政党制度属于合作型，中国共产党同各民主党派、无党派人士以中国人民的共同利益为基础，为实现社会主义现代化的共同目标，在执掌和运用国家权力上有序地分为执政与参政，各司其职，相互配合，各政党之间团结合作，形成了亲密的友党关系。而西方国家的主流政党制度属于竞争型。除了合作和竞争这两种类型的政党制度之外，还有一种垄断型的政党制度[2]，既包括苏联等原社会主义国家[3]实行过以及其他社会主义国家[4]仍在实行的共产党一党长期执政，也包括德国、意大利等法西斯国家和国民党蒋介石集团曾经实行过的一党专制。尽管社会主义国家共产党一党执政与法西斯一党专制有本质上的不同，不可同日而语，但从政党执掌国家权力的方式和政党关系的层面来看，仍然可以归入同一类型，都是由一个唯一合法的政党独占国家权力，不允许其他政党合法存在，更不允许其他政党染指国家政权。

一个国家实行什么类型的政党制度，不是主观意志选择的结果，也不是由意识

---

[1] 郑杭生．社会学概论新编［M］．北京：中国人民大学出版社，1987：155，159．

[2] 关于竞争型、垄断型、合作型政党关系结构的类型划分，参见：萧超然，晓韦．当代中国政党制度论纲［M］．哈尔滨：黑龙江人民出版社，2000：208-219．

[3] 在原社会主义国家中，苏联、罗马尼亚、匈牙利和阿尔巴尼亚四国都在一个比较长的时期由共产党一党执政。

[4] 如古巴、越南、老挝等。

形态决定的，而是由这个国家的基本国情，这个国家的社会经济制度，特别是这个国家特殊的历史造成的。中国实行合作型的政党制度有自身特殊的历史条件。政党意义上的合作有一个特别值得注意的地方，就是“合作”的含义与“统一战线”的含义非常接近。在前述关于合作型政党制度的定义中，只要把“有序地执掌和运用国家权力而彼此相互配合的联合行动”置换为“结成政治联盟”，就是统一战线的定义了[1]。实际上，多党合作就是政党之间围绕国家权力结成的政治联盟，就是统一战线。中国共产党领导的多党合作和政治协商制度既是我国的一项基本政治制度，也是爱国统一战线的一个重要领域，明确这一点至关重要。在当代中国，政党制度与其说是一个政治学问题，不如说是一个统一战线学问题。中国的政党制度之所以既不同于西方资本主义国家，也不同于苏联等社会主义国家，是因为中国共产党始终把统一战线作为夺取革命、建设和改革事业胜利的一个重要法宝，不断巩固和发展同各民主党派、无党派人士的政治联盟。没有统一战线，就没有多党合作。明确了这一点，就明确了我国政党制度的历史根源和现实依据；明确了这一点，也就明确了我国政党制度在类型学上的特殊性。不是任何国家都可以实行合作型政党制度，只有在各政党之间建立了政治联盟即统一战线的特殊条件下，合作型的政党制度才有可能。[2]

协商，不是一种独立的社会互动方式，而是从属于合作，是合作得以实现的一种互动形式，即互动双方通过充分交换意见，求同存异，达成共识，以利联合行动。没有不合作的协商。互动双方如果根本没有合作的意愿，就很难坐到一起协商，即便勉强协商也难以达成一致。在政党意义上，合作型政党制度的实现形式是协商，竞争型政党制度的实现形式是选举，垄断型政党制度的实现形式是独裁。在我国，政治协商是指人民内部各方面在作出重大决策之前进行充分协商，尽可能就共同性问题取得一致意见，这是实现多党合作的重要形式。

协商是一种重要的民主形式。通常，西方国家倾向于把有没有定期的公开的选举作为判断是否民主的标准。政党是选举的工具，“政党政治”就是一种选举机制。美国政治学家萨托利（Giovanni Sartori）把政党定义为提出政治候选人，并通过

[1] 全国统一战线干部培训教材编审委员会．中国统一战线简明教程［M］．北京：华文出版社，2008：1．

[2] 原东欧社会主义国家波兰、捷克斯洛伐克、民主德国、保加利亚四国曾实行多党合作，也是由于各政党之间建立了统一战线。参阅：李金河．当代世界政党制度［M］．北京：中央编译出版社，2011：186-187．

选举把候选人推上公共职位上的政治集团。[1]各政党通过选举进入政治过程，就是所谓的“政党政治”。西方国家的政党一般都把通过合法选举掌握国家权力作为重要的目标。因此，在西方“政党政治”的语境中，不以通过选举掌握国家权力为目标，就算不上是政党；不通过选举掌握国家权力，就不具有合法性，就是不民主。问题在于，西方国家的政党制度在类型学上属于竞争型，其实现形式是选举，但这只是上述三种政党制度类型之一，并非唯一的民主范式，不属于此种类型的政党制度也并非都属于垄断型，合作型政党制度是民主的另一种范式。在我国，选举和协商是社会主义民主政治的两种形式。协商民主体现在政党制度上，就是各政党通过政治协商实现广泛的政治合作。这既是我国社会主义民主政治的特有形式，也是当今世界民主政治的一种形式。

二、领导与参与

领导与参与是从2005年《中共中央关于进一步加强中国共产党领导的多党合作和政治协商制度建设的意见》[2]（以下简称“2005年5号文件”）关于我国政党制度的显著特征是“共产党领导、多党派合作”，以及2012年《中共中央关于加强新形势下党外代表人士队伍建设的意见》（以下简称“2012年4号文件”）关于党外代表人士是我国政治制度的“直接参与者”这两个论断中抽象出来的。这对范畴反映了我国各政党在国家政治生活中的不同定位和职能，是揭示我国政党关系的一对重要范畴，也是中国特色社会主义政党制度区别于西方国家政党制度的第二个重要特征。

中国共产党领导的多党合作和政治协商制度作为我国的一项基本政治制度，其主要功能是实行社会主义民主，实现人民当家作主；作为具有中国特色的社会主义政党制度，其主要功能是规范各政党在国家政治生活中的地位和职能，规范各政党与国家政权的关系以及各政党之间的关系。领导与参与这对范畴，主要反映了我国各政党在社会主义民主政治中的不同定位和相互关系。在我国，共产党是“领导核心”，其职能是总揽全局、协调各方，决定“政治原则、政治方向和重大方针

[1] 萨托利．政党与政党体制［M］．王明进，译．北京：商务印书馆，2006：95．

[2] 中国共产党新闻网．中共中央关于进一步加强中国共产党领导的多党合作和政治协商制度建设的意见［EB/OL］（2005-03-20）．http://cpc.people.com.cn/GB/64162/71380/102565/182142/10993406.html.

政策”（2005年5号文件）。但共产党总揽全局并非独揽大权，更非一党专制。各民主党派和无党派人士作为人民的一部分，是我国社会主义政治制度的“直接参与者”，其职能是“依法参与管理国家事务和社会事务、管理经济和文化事业”（2012年4号文件）。领导与参与，各守其位，各尽其职，既坚持了中国共产党的领导，又扩大了各界人士有序的政治参与，拓宽了社会利益表达的渠道，实现了中国共产党领导、人民当家作主和依法治国的有机统一。

共产党的领导核心地位是历史的选择、人民的选择，也是时代的选择。近代以来，中国人民和无数仁人志士为改变中华民族的命运进行了千辛万苦的探索和不屈不挠的斗争。各种政治派别几乎在中国尝试过西方的各种主义和各种道路，从君主立宪制到资产阶级共和国甚至法西斯独裁。结果，这些主义和道路都不适合中国的国情，都行不通，“只有社会主义才能救中国，只有中国特色社会主义才能发展中国”[1]。社会主义本来产生于西方，中国共产党把这个思想体系和社会运动同中国的具体实际相结合，紧紧依靠人民完成了新民主主义革命，实现了民族独立、人民解放；完成了社会主义革命，确立了社会主义基本制度；进行了改革开放新的伟大革命，开创、坚持、发展了中国特色社会主义[2]，率领全体人民沿着社会主义道路致力于实现中华民族伟大复兴。正如毛泽东曾经指出的：“领导我们事业的核心力量是中国共产党。”[3]没有共产党就没有新中国，就没有中国特色社会主义现代化事业。

各民主党派和无党派人士的参与者地位也是历史形成的。1927年，第一次国共合作破裂后，一些中间势力的代表人物组建了独立于国共两党之外的第三党等中间党派，提出了独立的政治纲领和政治主张。这些中间党派由于和共产党一样遭受国民党一党专制的压迫而相互接近并合作。1941年3月，中国民主政团同盟成立，后改组为中国民主同盟。抗战胜利前后又相继成立了一些党派。这些党派都是在民主运动中形成的，并把争取民主作为主要的政治主张，因此被统称为“民主党派”。中国共产党积极参加并支持中间党派发起的争取民主的活动。1944年，共产党提出召开国是会议、结束一党统治、组织各抗日党派联合政府的主张，引领各民主党派

---

[1] 中共中央关于加强党的执政能力建设的决定（2004年9月19日中国共产党第十六届中央委员会第四次全体会议通过）[N]. 人民日报，2004-09-27（1）.

[2] 胡锦涛. 胡锦涛在庆祝中国共产党成立90周年大会上的讲话[N]. 人民日报，2011-07-02.

[3] 毛泽东. 中华人民共和国第一届全国人民代表大会第一次会议开幕词[N]. 人民日报，1954-09-16.

和无党派民主人士（时称“民主人士”或“社会贤达”）把宪政运动推向高潮。1948年4月底，中共中央发布纪念“五一”劳动节口号，号召“各民主党派、各人民团体、各社会贤达迅速召开政治协商会议，讨论并实现召集人民代表大会，成立民主联合政府”。各民主党派、无党派民主人士通电响应共产党的号召，公开表示“愿在中共领导下”“献其绵薄，共策进行”，“以加速推翻南京卖国独裁统治，实现人民民主联合政府”。[1]从那时起，各民主党派和无党派民主人士就成为中国新民主主义革命的直接参与者，随后又成为中国特色社会主义的亲历者和实践者。

在当代中国政治生活中，中共同各民主党派及无党派人士之间的关系，不能简单化为领导和被领导的关系。从共产党方面来看，所谓领导是政治领导，而不是对各个党派的组织领导。1989年《中共中央关于坚持和完善中国共产党领导的多党合作和政治协商制度的意见》（以下简称“1989年14号文件”）明确指出：“民主党派享有宪法规定的权利和义务范围内的政治自由、组织独立和法律地位平等。”[2]2005年5号文件虽然没有重申这一原则，但这一原则仍然适用，其强调了“中国共产党对民主党派的领导是政治领导，即政治原则、政治方向和重大方针政策的领导”，强调要“在多党合作和政治协商中进一步改善中国共产党的领导。要善于通过广泛深入的协商和讨论，使中国共产党的主张成为各民主党派的共识”。2006年，胡锦涛在第二十次全国统战工作会议上的讲话中再次强调：“中国共产党的领导是政治领导，政治协商是实现这种领导的重要民主形式。”很明显，以政治协商作为实现政治领导的民主形式，意味着中国共产党与各民主党派的地位是平等的。从各民主党派和无党派人士方面看，作为参与者也不是简单地被领导，而是在政治上主动认同中国共产党的政治方向、政治原则，与共产党形成政治共识，从而自觉接受共产党的领导。这一点，早在1944年中共提出“联合政府”主张、1948年发布“五一口号”，各民主党派积极响应的过程中，就已经充分体现出来了。[3]“领导与被领导”同“领导与参与”是有原则区别的。首先，“领导与被领导”一般是上下级关系，其互动过程多为发布命令和执行命令；而“领导与参与”

[1] 李济深，沈钧儒，等．我们对于时局的意见［EB/OL］．http://cpc.people.com.cn/GB/64184/64186/66 650/4491612.html.

[2] 中共中央关于坚持和完善中国共产党领导的多党合作和政治协商制度的意见［N］．人民日报，1990-02-08（1）.

[3] 朱维群．让历史告诉未来：中共中央发布“五一口号”六十周年纪念［M］．北京：华文出版社，2008：114．

是合作关系，其互动过程多通过民主协商。其次，在“领导与被领导”的关系中，领导一方是主动的，被领导一方是被动的；而在“领导与参与”的关系中，领导和参与都是主动的。在当代中国的政治实践中，共产党依靠正确的路线方针政策和思想政治工作、共产党员的先锋模范作用，团结各民主党派和无党派人士共同奋斗；坚持团结—批评—团结的公式，在重大是非、重大原则问题上做好政治引导工作，坚持正确的政治方向（2005年5号文件）。各民主党派和无党派人士在与中国共产党风雨同舟、患难与共的历程中形成并不断增进坚持走中国特色社会主义道路的政治共识，确保中国共产党和国家的大政方针、战略部署得到贯彻落实。这种关系是领导与参与的关系，而不能简单地理解为“领导与被领导”的关系。否则，社会主义民主政治就成了一句空话，多党合作和政治协商也就成了一个摆设。

三、执政与参政

执政与参政这对范畴是从执政党和参政党这对概念中抽象出来的。在当代中国政治生活中第一次正式使用这对概念的是1989年14号文件。该文件明确地把中国政党制度格局中的共产党和各民主党派分别定位为执政党和参政党。

执政是执掌国家政权。执政党就是执掌一国政权的政党。参政党是当代中国政治生活中的特殊现象，是中国特色社会主义民主政治的产物，是具有中国特色的一个政治概念。参政的含义是：“参加国家政权，参与国家大政方针和国家领导人选的协商，参与国家事务的管理，参与国家方针政策、法律法规的制定和执行。”（2005年5号文件表述为“民主党派参政的基本点”）参政不是参与执政，更不同于西方国家政治实践中的联合执政。若从西方国家政治理论和实践的视角来看，各民主党派在中国政党制度中这种特殊的定位和职能怎么看怎么不对。举个例子，2009年1月7日，全国人大常委会副委员长民建中央主席陈昌智做客人民网强国论坛。主持人提出：网友有一种说法，不想当执政党的政党不是好政党。陈昌智回答：这句话不适合中国国情，把这句话转过来，应该说不接受共产党领导的参政党不是一个好的参政党。[1]何以会如此？我国的各民主党派为什么不以执掌国家政权为目的，反而突出强调接受共产党的领导呢？回答这个问题的关键在于正确理解执

[1] 中国共产党新闻网．全国人大常委会副委员长、民建中央主席陈昌智做客强国论坛谈当前经济形势·中国当前政治体制改革和经济体制改革基本适应［EB/OL］．(2009-01-08)．http://cpc.people.com.cn/GB/66888/66889/8657974.html.

政与参政这对范畴。而要理解这对范畴，还是要从统一战线及政治联盟入手。

以1948年中共发布“五一口号”，各民主党派积极响应并主动表示愿意接受中国共产党的领导为标志，中国共产党同各民主党派、无党派人士合作关系揭开了新的篇章。1949年中华人民共和国成立，1956年社会主义改造基本完成，这种政治联盟不但延续了下来，而且“共产党万岁，民主党派万岁”[1]的誓言再次得到加强和巩固。以此联盟为基础，共产党执政，各民主党派参政，中国的各个政党守其位、尽其职，从来就不存在民主党派要不要执政的问题。

进一步说，所谓“不想当执政党的政党不是好政党”这句话，是基于西方国家的基本国情和政治实践的一种理念。在西方，“政党”一词，英文为party，法文为parti，德文为partei，西班牙文为partido等，都来自拉丁文pars。这个词最先进入英语的词汇形式是part，意为社会的“一部分”。17世纪后，part演化成party，意为某种政治组织。[2]由part而来的party，是一部分人的政治组织，代表一部分人的利益。这是西方国家在进入资本主义时代之后的社会现实在政治实践和政治观念上的反映：“赤裸裸的利害关系”，“冷酷无情的‘现金交易’”[3]，把社会整体分裂为利益相互对立的不同部分，政党就是这些不同部分各自的政治代表。在西方政党政治中，社会各不同部分即不同的利益集团，都要求代表自己的政党争取执政，以便实现和维护自己这部分人的利益。因此，不想当执政党的政党，肯定不是好政党。而且，一个政党长期执政也不具有正当性。因为，代表某一部分人利益的政党执政，势必有损其他一部分人的利益。只有代表不同利益的政党轮流执政，才是正当的。把西方的这套观念照搬到中国来，自然会对“各民主党派不想当执政党”产生怀疑，甚至对中国共产党长期执政产生怀疑。

问题在于，中国有自己的国情，有自己的政治实践和政治理念。中国共产党从创立起就把自己定位为中国工人阶级的政治代表，并在随后的革命实践中认识到同其他阶级和政党建立统一战线的必要性，在长达28年的新民主主义革命中，以工农联盟为基础，先后通过与国民党和民主党派的联盟，建立了民主联合战线、抗日民族统一战线和人民民主统一战线，并在中华人民共和国成立后不断巩固、扩大和发展统一战线。在这个政治实践过程中，中国共产党不仅把自己定位为中国工人阶级

[1] 李维汉．回忆与研究：下册［M］．北京：中共党史资料出版社，1986．

[2] 王浦劬．政治学基础［M］．北京：北京大学出版社，1995：263．

[3] 中共中央马克思恩格斯列宁斯大林著作编译局．马克思恩格斯文集：2卷［M］．北京：人民出版社，2009：34．

的先锋队，同时也是中国人民和中华民族的先锋队，致力于代表中国最广大人民的根本利益。[1]中国的各民主党派在同中国共产党长期合作的政治实践中，既是“各自所联系的一部分社会主义劳动者、社会主义事业建设者和拥护社会主义爱国者的政治联盟”，“反映和代表各自所联系群众的具体利益和要求”[2]，同时又是致力于中国特色社会主义事业的参政党。正因为如此，当民建中央主席陈昌智面对网友提问“民建代表谁的利益”时，他回答说：“民建首先要维护会员的权益”，但“不仅仅是维护会员的权益，我们也遵从人民群众的利益”，参政议政“是从人民群众的利益出发，从国家的利益出发来考虑的”。[3]其实，中西两种政党制度的区别，邓小平同志早在1980年就作出了说明：资本主义国家的“多党制是资产阶级互相倾轧的竞争状态所决定的，它们谁也不代表广大劳动人民的利益”。“我们国家也是多党，但是，中国的其他党，是在承认共产党领导这个前提下面，服务于社会主义事业的。我们全国人民有共同的根本利益和崇高理想，即建设和发展社会主义，并在最后实现共产主义，所以我们能够在共产党的领导下团结一致。”[4]在当代中国，执政党依法执政，参政党依法参政，而不是轮流执政；执政党以发展为执政的第一要务，参政党也以发展为参政的第一要务，在谋求国家的发展上齐心协力，而不是互相反对，这构成了中国政党关系区别于西方国家政党关系的特殊图景。

执政和参政这对范畴，与上一对范畴既有联系又有区别。“领导与参与”是各政党在国家政治生活中的不同定位和职能，执政与参政是由各政党对国家政权的不同定位和职能决定的。在这对范畴中，各政党对国家政权的不同定位，是由各政党在国家政治生活中的不同定位决定的，领导者执政，参与者参政。上对范畴决定这对范畴，这对范畴是上对范畴合乎逻辑的推演。

---

[1] “两个先锋队”的提法，最早见于1935年12月瓦窑堡会议通过《中央关于目前政治形势与党的任务决议》，即“中国共产党是中国无产阶级的先锋队”，“同时中国共产党又是全民族的先锋队”。中共中央文件选集10册［M］．北京：中共中央党校出版社，1991：620．2002年11月，江泽民在党的十六大报告中再次强调：“我们党始终是中国工人阶级的先锋队，同时是中国人民和中华民族的先锋队。”江泽民．江泽民文选：第3卷［M］．北京：人民出版社，2006：569．

[2] 中国共产党新闻网．中共中央关于进一步加强中国共产党领导的多党合作和政治协商制度建设的意见［EB/OL］．(2005-03-20)．http://cpc.people.com.cn/GB/64162/71380/102565/182142/10993406.html.

[3] 中国共产党新闻网．全国人大常委会副委员长、民建中央主席陈昌智做客强国论坛谈当前经济形势·中国当前政治体制改革和经济体制改革基本适应［EB/OL］．(2009-01-08)．http://cpc.people.com.cn/GB/66888/66889/8657974.html.

[4] 邓小平．邓小平文选：第二卷［M］．北京：人民出版社，1994：267．

四、共存与监督

共存与监督这对范畴从“长期共存、互相监督”八字方针抽象而来，用于表达我国政党制度内各政党之间的相互依存和互动关系。

“长期共存、互相监督”，是毛泽东在1956年提出的共产党处理同民主党派关系的基本方针。当时，国际、国内形势都发生了重大变化。在国际上，抗美援朝战争结束后，整个国际形势趋向缓和，在可以预见的时期内战争打不起来。在国内，对农业、手工业和资本主义工商业的社会主义改造接近基本完成，社会主义制度逐步建立，党和国家的工作重心开始转向大规模的社会主义建设上。面对新形势，以毛泽东为代表的中国共产党人开始探索适合中国情况的社会主义建设道路。这年的2月到4月，毛泽东用43天的时间听取了国务院34个部门和国家计委的汇报，作了周密而系统的调查研究，其成果就是在中共中央政治局扩大会议上发表的《论十大关系》讲话。[1]这个讲话提出了“我们一定要努力把党内党外、国内国外的积极因素，直接的、间接的积极因素，全部调动起来，把我国建设成为一个强大的社会主义国家”的基本方针[2]。据李维汉回忆，毛泽东在论述党与非党关系时提出：“我们的方针是要把民主党派、资产阶级都调动起来。要有两个万岁，一个是共产党万岁，另一个是民主党派万岁。在我们国内是民主党派林立，我们有意识地留下民主党派，这对党、对人民、对社会主义很有利。打倒一切，把其他党派搞得光光的，只剩下共产党的办法，使同志们中很少不同意见，弄得大家无所顾忌，这样做很不好。”[3]另据逄先知、金冲及主编的《毛泽东传》记载，毛泽东在提出“民主党派万岁”时接着说“他们可以看着我们，这也是一种民主”[4]。“看着”就是“监督”，毛泽东认为这是一种民主，是民主监督。这些讲话后来被概括为“长期共存，互相监督”，成为中国共产党的一项长期方针。

从上述关于八字方针提出过程的简要回顾中，不难历史地还原“共存”与“监督”这对范畴的内涵及相互联系。

首先，共存是“长期共存”，就是“我们党的寿命有多长，民主党派的寿命就

---

[1] 中共中央文献研究室．毛泽东传1949—1976：上［M］．北京：中央文献出版社，2003：471，484．

[2] 毛泽东．毛泽东文集：第七卷［M］．北京：人民出版社，1999：44．

[3] 李维汉．回忆与研究：下册［M］．北京：中共党史资料出版社，1986：813，814．

[4] 中共中央文献研究室．毛泽东传1949—1976：上［M］．北京：中央文献出版社，2003：482．

有多长”[1]。换句话说，就是中国人传统结盟时习用的“不求同年同月同日生，但求同年同月同日死”。这里再次透露出一个重要信息，即中国共产党同各民主党派的关系是以政治联盟即统一战线为基础的。因为有统一战线，有政治联盟，有同生同死的誓约，这种“共存”才不是西方国家政党政治中那种各政党相互竞争、相互反对的“并立”“并存”，而是以团结合作为特征的相互“依存”。对这种“依存”关系的进一步表述，就是1982年胡耀邦提出的“荣辱与共”[2]。中国共产党与中国各民主党派在共同利益和共同目标的基础上结成政治联盟，共同的事业又把各个政党联结为一个命运共同体，一荣俱荣、一损俱损，这是当代中国的政党制度以及政党关系独有的特质，是西方国家以及照搬了西方政治制度的那些非西方国家所无法比拟的。

其次，“共存”本身不是目的，长期共存的目的是互相监督。“互相监督”是中国共产党与民主党派互动的重要方式。对这种互动方式的进一步表述就是“肝胆相照”。所谓“肝胆相照”，有两层含义。第一，各政党要互相信任，执政的共产党要相信各民主党派，民主党派也要相信共产党。第二，在互相信任的基础上坦诚相待，“对中国共产党而言，要容得下尖锐批评，做到有则改之、无则加勉；对党外人士而言，要敢于讲真话，敢于讲逆耳之言，真实反映群众心声，做到知无不言、言无不尽”。[3]严格地说，所谓“互相监督”，主要是由各民主党派监督共产党。因为共产党是执政党，容易犯错误，而一旦发生错误，就会给国家、给民族、给人民的事业造成重大损失。中国的各民主党派都是人民的一部分，各自联系着一部分人民群众，反映和代表着他们的利益。民主党派对共产党的监督，是他们所代表的那部分人民群众对执政的共产党的监督，是实行人民民主，实现人民当家作主的一种方式，所以又叫“民主监督”。这种监督的主要形式是提意见、作批评，用毛泽东的话说就是“看着我们”。既为“看着”，发现问题就要提出来，以求改正，以免犯大错误。但这种监督是在政治联盟基础上的监督，是为了共同利益、共同目标和共同事业的监督，绝不是为了反对而反对，不是把执政党赶下台，不存在权力之争。有些同志和研究者总觉得我国的政党监督力度不够，希望能够通过法律化、权力化的途径强化监督。应当说，这种愿望是好的，但是从我国社会主义民主

[1] 中共中央统一战线工作部，中共中央文献研究室．周恩来统一战线文选［M］．北京：人民出版社，1984：350．

[2] 中央统战部研究室．统一战线100个由来［M］．北京：华文出版社，2010：108．

[3] 张烁，刘建生．习近平同党外人士共迎新春［N］．人民日报，2013-02-08（1）．

政治的总体格局来看，是不妥当的。在我国，权力监督是人民代表大会这个国家权力机关的职能，法律监督则是法院、检察院这些司法机关的职能。民主党派对共产党的监督属于政党之间的监督。在我国现有政治格局中，政党之间的监督既不可能通过政党角逐国家权力来实现，也无必要经由立法或司法程序来实现。无论从我国政党制度和政党关系形成的历史过程来看，还是从我国政党之间特殊的政治联盟即统一战线的性质上来看，政党之间的互动都不需要权力和法律的介入。甚至，这种监督也不是独立存在的。在政治实践中，民主监督存在于中国共产党同各民主党派的政治协商中，存在于各民主党派的参政议政中。“政治协商”“参政议政”“民主监督”作为三个既相互联系又相互区别的政治概念，是现实政治过程在人们头脑中的反映，是人们为了能够深入分析政治过程而在思维中作出的区分，而在现实中，这三者是融为一体，无法截然分开的。作为参政党的各民主党派与执政的共产党就事关全局的重大问题进行政治协商，就是参政议政；在参政议政过程中遇到意见分歧时，需要通过协商寻求共识，就是政治协商；而政治协商和参政议政中对执政党和政府的重要决策提出不同意见，作出批评，就是民主监督。

李小宁，中央社会主义学院统战理论教研部原副主任、教授，广州市社会主义学院新型政党制度理论研究中心学术顾问。

本文刊于《上海市社会主义学院学报》2014年第4期。

中国新型政党制度的政党概念与政党建设

崔　珏

当代中国政党制度的显著特征是一党领导、多党合作、一党执政、多党参政，有别于传统的一党制和国外普遍推行的多党制。2018年3月4日，习近平总书记在参加全国政协联组会议时指出："中国共产党领导的多党合作和政治协商制度作为我国一项基本政治制度，是中国共产党、中国人民和各民主党派、无党派人士的伟大政治创造，是从中国土壤中生长出来的新型政党制度。"[1]新型政党制度的提出，对我们进一步认识中国的政党制度，增强制度自信具有指导意义，也表明多党合作制度经过60多年的实践，以理论形态出场的时机基本成熟。

各种政党制度在功能上存在同一性，但在制度安排和运行方式上各有特点。中国共产党领导的多党合作制度要体现类型创制的价值和意义，需要有完善的理论体系，对中国新型政党制度中的政治活动、政治现象、政治经验作出政治学解释和分析，阐述清楚这种不同以往的制度的历史、逻辑、功能、价值。概念是政治理论的基石，深化对多党合作制度中的政党、领导党、执政党、参政党内涵的认识，其理论意义是通过梳理和归纳中国政治现实中的事实性概念，为政党制度理论创新奠定基础。在实践上有助于认识新型政党制度中政党建设的差异性和相关性，推动执政党建设与参政党建设的良性互动，更好地彰显多党合作的制度优势。

一、现代政党概念的多种理解

政党是现代政治的核心要素，对政治系统的运作、经济发展、社会和谐有着重要影响。从世界范围来看，政党的存在是现代国家政治生活中的普遍现象，政党活动带有规律性而且担负着社会发展所必需的若干功能。但不同政治生态中的政党，

[1]　李学仁．坚持多党合作发展社会主义民主政治　为决胜全面建成小康社会而团结奋斗［N］．人民日报，2018-03-05(1)．

不同类型、不同政治地位的政党，又各有鲜明的特点和个性。

现代意义上的政党是西方民主宪政和议会民主的产物，也是民主政治重要的工具。对此，沙茨内德指出："毫无疑问，政党的产生是现代政府的显著标志之一。政党创造出民主政治，现代民主政体则不容置疑地与政党互栖共生。"[1]西方学者基于政党的原生形态，对政党作出了各种定义。例如，萨托利认为，政党是被官方认定的、能够通过选举提名候选人占据公共职位的政治集团。[2]迈克尔·罗斯金认为，政党"是以通过赢得大选的方式来影响政府为目标的组织"。艾伦维尔则指出，"政党是这样一个组织：（1）它依靠占据政府中的职位寻求对政府的影响；并且（2）通常不是代表社会的一个单一的利益，而是试图代表大多数的利益（聚合利益）"[3]。哈罗德·D.拉斯韦尔更是直截了当地提出："最好是把政党定义为：在选举时以自己的名义提出候选人和问题的特殊化组织。"[4]这些将政党视为通过竞争取得政权、占据公职的选举组织的观点，集中反映在《国际社会科学百科全书》中："'政党'一词在19世纪随着欧美代议制的发展和选举权的扩大而产生。它指的是与一个或更多的政党竞争而赢得公职选举为目标的组织而言。"[5]当然，也有不少学者从利益表达和利益聚合功能方面理解政党组织。

在历史发展和社会运动进程中，无产阶级政党、民族主义政党出现在政治舞台上。不同于西方发达国家政党与民主政治密切相关，这些产生于发展中国家的政党是在争取民族独立的斗争中应运而生的，不仅组织结构严密，而且政党的阶级属性、意识形态等因素被置于突出位置。其中，马克思主义经典作家把政党和阶级利益紧密联系起来揭示政党的本质特点，使政党与其他政治组织区分开来，也较传统政党承担了更大的国家和社会功能。今天，我们看到西方学者在论述政党问题时，会对"民主政治中的政党"和"共产主义国家的政党"进行分别论述。[6]我国学者综合各种观点，既重视政党在政治体制运作过程中的定位，也强调政党的政治性，提出政党概念包含四方面要素：一是政党所属的阶级、阶层或集团；二是不同于其他社会组织的目标；三是成员有共同的价值追求；四是具有一定广泛性的组织形

[1] 罗斯金等.政治科学：第9版［M］.林震，王浦劬，译.北京：中国人民大学出版社，2009：222.

[2] 萨托利.政党与政党体制［M］.王明进，译.北京：商务印书馆，2006：95.

[3] 刘红凛.政党政治与政党规范［M］.上海：上海人民出版社，2010：66.

[4] 王浦劬.政治学基础［M］.北京：北京大学出版社，1995：264.

[5] 刘红凛.政党政治与政党规范［M］.上海：上海人民出版社，2010：63.

[6] 罗斯金等.政治科学：第9版［M］.林震，王浦劬，译.北京：中国人民大学出版社，2009：224–231.

式。[1]可见，在不同历史时期、不同政治生态下，政党的类型、内涵不尽相同。

当今世界政党政治的发展呈现复杂多变的特点。一些政党代表性功能减弱而程序性功能增强，重心由社会向国家转移；朝野政党间的恶斗带来政局动荡和社会裂痕；新兴力量尤其是民粹势力冲击着传统政党格局；民众对执政党信任度下降；执政党应对国际、国内形势的深刻变化的能力不足等，这些状况致使多党民主政体在多国陷入困境。社会主义国家的马克思主义政党，如中国共产党、越南共产党等积极推行改革，在形势多变的环境下增强治国理政能力。不同政治制度框架下出现了一些新的政党现象。环境保护、生活方式选择等问题走进政党的视野，这些新政党的出现使政党领域中的阶级分野、社会分野更加模糊。在利益代表方面，一些执政党不再局限于代表部分人的利益，为获得更多的支持者往往淡化意识形态的纯洁性，扩大社会基础，尽可能成为整合性政党或兼容性政党。在政权目标方面，有的政党虽然与政权无缘，但都不同程度地参与政治过程，影响着政权。美国两党体制下的部分第三类政党，因其在提出新的政治理念方面有所作为而被视为相关性政党。[2]在中国政党制度中的八个民主党派被定位为参政党。这些政党现象给政党概念增添了新内涵。

二、中国新型政党制度中的政党概念

中国新型政党制度源于中国政党政治实践，在这一制度体系中，制度主体具体包含中国共产党、八个民主党派以及有政党性而无政党组织的无党派人士。八个民主党派分别是：中国国民党革命委员会（以下简称“民革”）、中国民主同盟（以下简称“民盟”）、中国民主建国会（以下简称“民建”）、中国民主促进会（以下简称“民进”）、中国农工民主党（以下简称“农工党”）、中国致公党（以下简称“致公党”）、九三学社和台湾民主自治同盟（以下简称“台盟”）。作为制度主体的各政党，组织的性质差异较大。按照政治制度安排和政党职责，又存在领导党与合作党（事实上存在，暂无规范的概念表述）、执政党与参政党等，各政党组织与上述政党概念有着稳定、制度性的对应关系。

一般认为，政党制度是国家法律规定或者实际政治运作中形成的政党执掌政

[1] 王长江．政党政治原理［M］．北京：中共中央党校出版社，2009：51-52．

[2] 罗斯金等．政治科学：第9版［M］．林震，王浦劬，译．北京：中国人民大学出版社，2009：232-234．

权、参与和影响政权的合法方式。在一种政党制度之下，各政党的组织形态、政党与政权的关系、政党与政党的关系，是我们理解政党和政党制度的重要内容。从制度主体的视角看，中国新型政党制度中的执政党、参政党以及无党派人士群体都有着不同其他政党组织的独特内涵。

（一）领导国家和社会的新型执政党

仅以国外执政党的概念来理解中国共产党“执政”的内涵，显然是不够的。中国共产党既是执政党，也是领导党，是国家和社会各项事业的领导核心。在政治领域，“由于党处在国家权力系统的最高层级，这种最高的决策权、领导权、指挥权、否决权的运用，必然形成对行政、立法、司法等机关的支配”[1]。在社会领域，执政党承担对社会进行政治引领、组织和动员的责任。习近平总书记指出，中国共产党的领导是中国特色社会主义最本质的特征。中国共产党领导同样是多党合作这种新型政党制度最本质的特征。

中国现代化进程对领导核心的强调，首先是中国的历史和国情决定的。多数发展中国家在走向现代化的进程中，其所处的外部环境已不允许其政治发展道路循着西方的道路前进，国内社会结构和政治文化也各有特点。这些国家需要解决民族独立、经济发展、政治稳定等一系列问题，客观上要求一个民族性的强大政党进行社会整合和政治动员。“在中国，在民国初年以及抗日战争胜利前后，中国社会试图引进西方式民主形式的努力，均以失败告终。中国的外部环境、政治制度、社会结构和阶级布局以及传统政治文化的制约，使领导中国现代化进程的政党采用偏重集权的组织形式和活动方式，因为非此不能为国家赢得一个稳定的社会环境和民主的发展取向。”[2]亨廷顿也认为，“就政治发展而言，重要的不是政党的数量而是政党制度的力量和适应性”，“在处于现代化之中的国家，一党制度较之多元政党体制更趋向于稳定”。[3]

中国共产党能够成为领导核心，是由其政党性质和实际作用决定的。中国共产党是按照马克思列宁主义建党原则建立的完全新型的工人阶级政党。党的十二大以来，党章把党的性质概括为：“中国共产党是中国工人阶级的先锋队，是中国各族人民利益的忠实代表，是中国社会主义事业的领导核心。”这一表述从党的阶级

[1] 李景鹏 . 权力政治学［M］. 哈尔滨 : 黑龙江教育出版社 , 1995 : 223-224 .

[2] 陈振明 . 政治学——概念、理论和方法［M］. 北京 : 中国社会科学出版社 , 2004 : 216 .

[3] 亨廷顿 . 变化社会中的政治秩序［M］. 北京 : 生活・读书・新知三联书店 , 1989 : 388 , 390 .

性和先进性、党的根本宗旨、党在社会主义建设事业中的地位和作用等三个方面，阐明了党的性质。党的十六大在此基础上进一步界定了党的性质："中国共产党是中国工人阶级的先锋队，同时是中国人民和中华民族的先锋队，是中国特色社会主义事业的领导核心，代表中国先进生产力的发展要求，代表中国先进文化的前进方向，代表中国最广大人民的根本利益。党的最高理想和最终目标是实现共产主义。"在中国共产党的政党概念中，包含了阶级观、先锋论、核心论。作为无产阶级政党，代表人民大众利益，以为人民谋解放谋幸福为使命，可以看作中国共产党成立的起因。工人阶级的先锋队、中国人民和中华民族的先锋队的定位，是中国共产党长期执政的根基所在。担当中国特色社会主义事业的领导核心，需要用治国理政的实际效果来衡量。从历史的角度看，中国共产党的领导地位是在长期革命、建设、改革实践中形成并巩固起来的，是历史的选择、人民的选择。从现实需求来看，中国共产党的领导是维护国家统一、民族团结、社会和谐稳定的根本保证，是实现国家现代化和民族复兴的根本保证，这是当今中国拥有广泛社会基础的政治共识。从政党性质的视角看，中国共产党对领导作用的重视是作为马克思主义政党的内在要求。马克思主义政党的执政使命、民族复兴的责任担当、国家现代化的时代要求等多重因素，推动中国共产党成为领导国家和社会的新型执政党。

近年来，中国共产党一直用与时俱进的精神，以现代治理理念转变执政方式，改善党的领导。党的十五大提出："共产党执政就是领导和支持人民掌握管理国家的权力，实行民主选举、民主决策、民主管理和民主监督，保证人民依法享有广泛的权利和自由，尊重和保障人权。""支持"人民当家作主，体现了我们党认识上的突破。邓小平同志也强调："党的优势主要从依靠我党主张的正确，能为广大群众所接受、所拥护、所信赖的政治声望中去取得。"转变党的领导方式和执政方式，实际就是适应市场经济、民主政治、依法治国的要求，变过去居于宪法法律之上的领导为符合宪法法律规范的领导，变过去行使权力为主的领导为说服教育为主的领导，变直接手段为主的领导为间接手段为主的领导。[1]执政党治国理念的变化也体现在多党合作中，在坚持一个领导核心的同时，各参政党自主空间逐步扩大。

（二）以合作和协商方式参与政治过程的参政党

从政党理论看，有多个政党的存在，在执政党对面或周围有其他政党并构成一

[1] 季正矩，彭萍萍，王瑾．当代世界与社会主义前沿学术对话［M］．重庆：重庆出版社，2005：248-249．

定关系，才构成一种政党制度。在竞争性政党制度中与执政党相对应的是在野党、反对党；而在中国新型政党制度中，在执政党周围的是参政党。

参政党的八个民主党派，并不是泛指一切宣称以民主为纲领的政党和派别，而是有特定含义的政治概念。民主党派是指在1948年中国共产党发布关于召开新政协会议的“五一口号”以前已经成立，并与中国共产党一起在反对帝国主义、封建主义、官僚资本主义和国民党专制统治的斗争中作出了贡献的政党，由于民主是其政治要求的集中体现，因此这些政党组织被统称为“民主党派”。

民主党派最初源于在国共两党之外开展政治活动的中间党派，除中国国民党临时行动委员会（农工党的前身）提出建立平民政权主张外，其他党派大都是以影响而非执掌政权为目的。今天各民主党派作为参政党参政议政，也主要是影响政治过程。国内外学界针对民主党派没有政权目标、组织独立性不足等问题，一直存在对民主党派政党属性的质疑。新中国成立初期周恩来同志就曾指出，“各个民主党派，不论名称叫什么，仍然是政党，都有一定的代表性，但不能用英、美政党的标准来衡量他们。他们是从中国的土壤中生长出来的”。[1]参政党是新型政党制度中的独特政党类型。

从与政权的关系来看，各民主党派不是执政党，也没有政权目标，但是有长期、广泛、制度化参与政治生活的权利和渠道。各民主党派与中共之间的关系亦不同于多党制中政党之间的竞争关系，而是领导与接受领导的关系、执政与参政的关系、团结合作的关系、互相监督的关系。这样，民主党派既具有一般政党组织的许多共性，又有其自身的特殊性。在世界政党发展史上，鲜有自愿接受其他政党政治领导的政党，而我国的民主党派在原有的政治理想无法实现的情况下，逐渐认识到了中国共产党的先进性，选择了接受中共领导，开始了新的生存和发展道路，这就是“在中国共产党领导下，为中国革命和中国特色社会主义建设事业作出贡献，从而实现自己振兴中华、统一祖国的政治目标，并实现参政党的自身利益诉求和体现自身价值”[2]。世界各国政党的成立，多以执掌国家政权并通过执政实现自己的政治纲领为目的，而我国的民主党派从成立时的“议政”“干政”发展到今天以参政为政党活动内容的政党，这与政治力量的对比有关，也是民主党派的历史特点以及

[1] 中共中央统一战线工作部，中共中央文献研究室．周恩来统一战线文选［M］．北京：人民出版社，1984：171．

[2] 中国国民党革命委员会中央委员会《中国的参政党》编写组．中国的参政党［M］．北京：团结出版社，2006：140．

新型政党制度的性质所决定的。

从社会基础和构成来看，各民主党派具备了政党的基本特征。首先，各民主党派联系了部分阶层、群体，在一定程度上发挥着利益综合、利益表达作用。如费孝通先生曾论述的："民主党派的作用是使各方面的意见都能够充分地得到反映，使共产党的决策更正确、更广泛地代表人民的利益。共产党是先锋队，要用自己的威信协调各种社会矛盾，因此要'纯'。民主党派要协助了解和反映社会各方面的情况和意见，因此要'杂'，就是要广泛和包容。10亿人民利益有不同，观点有差别，所以在振兴中华的伟大事业里要有一个广泛联系的统一战线。民主党派就是先锋队和广大群众之间的结合部。"[1]民主党派被界定为"各自所联系的一部分社会主义劳动者、社会主义事业建设者和拥护社会主义爱国者的政治联盟"。这里的"一部分"，一方面指它们的成员是全体公民中的一部分，另一方面表明它们的组织发展范围有一定特殊性。新中国成立后，中国共产党和各民主党派根据历史渊源和现实情况协商确定了各自发展的主要范围，有不同的界别：有的属于职业领域性界别，如民盟、民建、民进、农工党、九三学社；有的属于历史性、地域性界别，如民革、致公党、台盟。我国民主党派作为部分群众的政治联盟，承担着代表和反映他们所联系群众利益和要求的责任。其次，八个民主党派都按照规范程序制定了章程，对组织的性质、任务、党员（盟员、会员）条件、组织原则、组织机构等作了明确规定。八个民主党派都是全国性的组织，并依据章程形成了中央、地方、基层三级组织结构。最后，各民主党派有长期、稳定参与国家政治的制度化渠道，在政治过程中发挥着不可替代的作用。

作为一种新的政党类型，参政党既与国家政权、国家基本政治制度紧密关联，具有政党组织的一般特点，又打破了以政权目标为政党基本内涵的思维定式，主要以政治协商、民主监督、参政议政的方式参与政治过程，是政治上接受执政党领导，参与和影响政治过程的政党。

（三）无政党组织但有党派性的无党派人士

各国政党制度无论是两党制还是多党制，主体都是政党。虽然有无党派政治活动家参与选举和政府的空间，但不是稳定和制度化的。新型政党制度称为多党合作制度，但合作的主体却超越了有组织的政党，还包括无党派人士。

---

[1] 费孝通．费孝通文集：第十一卷［M］．北京：群言出版社，1999：435-436．

在中国政治舞台上，从无党者、社会贤达到无党派民主人士，无党派人士一直是政党政治和协商民主的参与者。对于无党派人士，周恩来在新政治协商会议筹备会第一次全体会议上有精辟论述："他们在形式上没有结成党派，但实质上是有党派性的。""他们虽然都没有组织一个政党或者政治团体，但却领导着很大一批民主人士，联系着许多方面的人士在奋斗着。奋斗的结果，迫使国民党不得不承认和允许在各党派以外从事政治活动的一些民主人士也参加旧政协。"他们从事的活动"是一种党派性的活动，只不过有些民主人士没有党派的组织罢了。正确地写出来应该是：没有党派组织的有党派性的民主人士"[1]。2015年颁发的《中国共产党统一战线工作条例（试行）》正式将无党派人士定义为："没有参加任何政党、有参政议政愿望和能力、对社会有积极贡献和一定影响的人士，其主体是知识分子。"无党派人士参照民主党派行使职能，即具有参政议政、民主监督、参加中共领导的政治协商的职能。在目前政党协商的政治安排中，无党派人士也是参与主体之一。

对于无党派人士的制度性安排，不仅延续了中国政党政治的历史传统和政治惯例，也体现了当今中国政党制度对社会发展变化中新社会阶层政治参与需求的回应，为包容、吸纳新的社会力量提供了空间。这就意味着，一些没有参加中国共产党和民主党派的代表性人士，不通过组织新的政党，也可以有参与国家政治生活的制度化途径。因此，对于新型政党制度中的无党派人士，比较有利的状态的参与有渠道而组织不固化。

三、中国新型政党制度中政党建设的差异性与相关性

首先，政党概念是决定政党建设的内在依据，新型政党制度中功能属性不同的政党对政党建设的目标要求存在差异性。

中国共产党作为领导国家和社会的执政党，政党建设的主线是党的先进性和执政能力建设。虽然历史和人民选择了中国共产党，但"党的先进性和党的执政地位都不是一劳永逸、一成不变的，过去先进不等于现在先进，现在先进不等于永远先进；过去拥有不等于现在拥有，现在拥有不等于永远拥有"[2]。王岐山在2015年9月9日会见出席"2015中国共产党与世界对话会"的外方代表时提出："中国共产党

[1] 中共中央统一战线工作部，中共中央文献研究室．周恩来统一战线文选［M］．北京：人民出版社，1984：125–128．

[2] 见2008年12月18日胡锦涛在纪念党的十一届三中全会召开30周年大会上的讲话。

的合法性源自于历史，是人心向背决定的，是人民的选择。”这里提到政治学上非常重要的概念：执政党的“合法性”。这是中共最高层领导第一次论述中国共产党的合法性问题，可以说是在话语体系上的一个重大的突破，既体现了中共对执政地位的自信，也是对中共从严治党、不忘宗旨、服务人民、不断提高治国理政能力的警示。

各民主党派作为接受中共领导、参与和影响政治过程的参政党，在政治实践中努力充当执政党“好参谋、好助手、好同事”的角色，参政党建设的主线是巩固政治认同和参政能力建设。参政党建设强调政治交接，继承和发扬民主党派老一辈长期与中国共产党团结合作形成的政治信念、优良传统和高尚风范，增强接受中国共产党领导、走中国特色社会主义政治发展道路的自觉性和坚定性，通过思想建设、组织建设、制度建设、领导班子建设，提高政治把握能力、参政议政能力、组织协调能力、合作共事能力、解决自身问题的能力，巩固多党合作和政治协商的政治基础与组织基础。政治认同影响多党合作的持续发展，参政能力关系多党合作制度效能。

其次，新型政党制度的协商民主方式和合作型政党关系，决定了执政党建设和参政党建设具有相关性。

新型政党制度中的中国共产党和各民主党派在政治上是领导与被领导的关系，对于国家政权是执政与参政的关系，在法律地位上是平等的关系，政党之间是协商合作与互相监督的关系。在合作中实现领导、在合作中进行执政是中国共产党作为领导党和执政党的重要方式，协商民主是多党合作的实现形式，这就决定了中国共产党和各民主党派加强政党建设的相关性，决定了中共支持民主党派加强参政党建设的必要性。

在建设中国特色社会主义新时代，各民主党派与中共的一致性空前增强，突出表现为：一是各民主党派的性质明确定位为中国特色社会主义参政党；二是在“长期共存、互相监督、肝胆相照、荣辱与共”方针下确立了友党关系；三是建设富强民主文明和谐美丽的社会主义现代化强国成为执政党和参政党的共同理想和目标。从各民主党派新近修订的章程中，我们看到各民主党派对执政党的思想理论、发展道路、核心价值等有着高度的认同，在参政党建设的各个环节均有体现。因此，参政党建设虽然是各民主党派自身的任务，但新型政党制度的特色是中国共产党领导和发扬社会主义民主、发挥民主党派作用的有机统一，这决定了参政党建设只有在与执政党建设相互促进中，才能得以有效推动和实现。为此，参政党需要超越传统政党建设思维，从新型政党制度的系统运行和执政党的发展中获得外部支持和内在动力。

此外，中国新型政党制度以理论形态出场，需要创新话语表达方式，完善多党合作话语体系，提升以学术话语阐述多党合作领域政治性、政策性问题的能力，这对执政党和参政党理论建设、宣传传播也提出了新要求。一直以来，“党”在很多场合、很多用法上等同于“中国共产党”，如“党政关系”“党的领导”“党史”“党建”等，中国共产党以外的一般称“党外”，如党外干部、党外人士、党外知识分子等。各民主党派目前的定位都是中国特色社会主义参政党，是与中国共产党合作的友党，也是政党。如何在表述上更加规范，在逻辑上更加合理，呈现“一党与多党”的制度特色，体现新型政党制度理论的严谨性，是值得进一步研究的问题。

崔珏，广州市社会主义学院教授、新型政党制度理论研究中心主任。

本文刊于《中央社会主义学院学报》2018年第5期。

新时代我国政党协商的要素与功能探析

孟凤英

2015年2月，中共中央颁布的《关于加强社会主义协商民主建设的意见》（以下简称《意见》），首次明确提出了“政党协商”，指出要“继续加强政党协商”[1]。同年12月，中共中央办公厅印发了《关于加强政党协商的实施意见》（以下简称《实施意见》），进一步明确了政党协商的含义、内容、形式、程序和保障机制等内容。2017年10月，党的十九大报告强调要“发挥社会主义协商民主的重要作用”[2]。2018年3月，习近平总书记在看望参加全国政协十三届一次会议民盟、致公党、无党派人士、侨联界委员时指出，“新时代多党合作舞台极为广阔，要用好政党协商这个民主形式和制度渠道”，同时强调“完善政党协商制度绝不是搞花架子，要做到言之有据、言之有理、言之有度、言之有物”[3]。这为我国政党协商的发展与完善指明了方向。

政党协商作为我国社会主义协商民主的重要组成部分，其理论与实践需要随着新时代的发展而推进。因此，研究新时代我国政党协商的要素与功能，对提升党的执政能力和领导水平，完善社会主义协商民主体系，推进中国特色社会主义民主政治建设和国家治理现代化具有重要意义。

一、我国政党协商的基本经验

政党协商是中国共产党同民主党派基于共同的政治目标，就党和国家重大方针政策和重要事务，在决策之前和决策实施之中，直接进行政治协商的重要民主

[1] 中共中央印发《关于加强社会主义协商民主建设的意见》［N］. 人民日报，2015-02-10（1）.

[2] 习近平 . 决胜全面建成小康社会 夺取新时代中国特色社会主义伟大胜利［M］. 北京：人民出版社，2017：37 .

[3] 张峰 . 新型政党制度——伟大的政治创造［N］. 人民政协报，2018-04-11（11）.

形式[1]。它缘起于中华人民共和国成立前后中国共产党与各民主党派的政治协商，完整意义上的政党协商则随着21世纪以来我国协商民主理论与实践的发展而不断完善。

（一）坚持中国共产党的领导

中国特色的社会主义政治发展基于两大规定性，一是社会主义的规定性，二是人民民主的规定性，各自的制度基础分别是中国共产党的领导制度与人民代表大会制度。党的十九大报告明确指出："中国特色社会主义最本质的特征是中国共产党领导。"这是中国共产党领导的历史经验总结，也是对新时代中国特色社会主义的深刻认识。从新民主主义革命时期中国共产党同各抗日民主党派的协商到中华人民共和国成立后的中国政党的精诚合作，从社会主义改造时期的中国共产党与各民主党派的肝胆相照到中国特色社会主义事业发展的携手并进，都证明了坚持中国共产党的领导是促进政党协商有效开展、引领中国人民从站起来到富起来伟大飞跃的首要前提和保证。"中国共产党对民主党派的领导是政治领导，即政治原则、政治方向和重大方针政策的领导"[2]，是在重视和尊重各民主党派组织独立性和党际关系平等性的基础上对其的政治领导。当前，中国特色社会主义进入新时代，中国共产党"不忘初心、牢记使命"，带领中国人民实现从富起来到强起来的伟大飞跃、推进中国梦的实现，更需要不断总结我国政党协商的经验教训，始终坚持中国共产党的领导，坚持和完善多党合作制度，在国家重要人事任免、国民经济发展等重大问题协商中切实发挥参政党联系面广、代表性强、包容性大等优势特点，在政党协商中形成讲真话、建诤言的良好氛围，增进不同党派之间的相互理解，发挥政党协商对政治权力运行构建组织化、系统化、持续性关注和监督的作用，从而真正实现社会各阶层的根本利益一致性和具体利益差异性的有效整合。同时，中国共产党也要帮助和支持参政党的协商能力建设，更好地推动我国政党协商规范有序、务实高效发展。

（二）充分发挥民主党派的协商作用

政党协商的发展离不开各民主党派协商作用的发挥和协商能力的提升。作为政党协商的重要主体，在新时代中国特色社会主义发展进程中，各民主党派不同程

---

[1] 中办印发《关于加强政党协商的实施意见》［N］. 人民日报，2015-12-11 (1).

[2] 政协全国委员会办公厅，中共中央文献研究室. 人民政协重要文献选编：下卷［M］. 北京：中央文史出版社，中央文献出版社，2009.

度地“参加国家政权，参与国家大政方针和国家领导人选的协商，参与国家事务管理，参与国家方针、政策、法律的制定执行”[1]。这是民主党派履行参政议政职能的生动体现，也是政党协商的重要表现。如何有效发挥民主党派的协商作用，关乎我国政党协商的发展水平。政党协商不仅是中国共产党与各民主党派协商，也是各民主党派之间的协商，因而形成的不仅是直线双向的信息沟通与交流机制，也是网络化的信息沟通与交流机制，客观上要求抓好两方面的工作。首先，切实发挥民主党派的协商作用。既包括八个民主党派中各民主党派的协商作用，也包括八个民主党派共同的协商作用。一方面，要提高各民主党派自身的协商能力。各民主党派都是自身所联系的社会主义劳动者、社会主义事业的建设者和拥护社会主义的爱国者的政治组织，党派内部协商民主做得好，才能更加全面、准确地反映各自所联系的社会阶层的利益诉求和愿望，进而确保它在同执政党开展政党协商中体现应有的价值、发挥应有的作用。另一方面，要发挥八个民主党派共同的协商作用。由于八个民主党派独具特色，政党协商中任何一个民主党派的力量和作用都不容忽视。在政党协商中，只有整合民主党派的力量，才能切实发挥作为参政党的整体协商力量和优势，体现我国多党合作制度的特点和优势，“把其所联系的社会各群体中个别、分散的意见、愿望、要求集中起来，使之得到综合、系统的反映，从而最大程度地实现最广大人民的民主权利”[2]。其次，中国共产党协助民主党派提高协商能力。中国共产党是执政党，是中国特色社会主义事业的领导核心，代表着全国各族人民的根本利益。今天，它已经由诞生时弱小幼稚的党成长为成熟的世界上最大的执政党，并且掌握了党的建设与发展的基本规律，积累了丰富的建设经验。政党协商并非中国共产党唱“独角戏”，还需要各民主党派的参与。只有中国共产党和民主党派的协商能力都强，政党协商的效益才能凸显出来。因此，中国共产党不但要搞好自身建设，还要支持和引领各民主党派提高协商能力。如支持民主党派加强思想建设、组织建设、制度建设、机关建设等，提高其政治把握能力、参政议政能力、组织领导能力、合作共事能力、解决自身问题能力等。

（三）以共同的思想政治基础促进政党关系和谐

结合我国政党协商的发展历史、对比西方政党政治发展历程可以看出，我国政

[1] 中共中央关于坚持和完善中国共产党领导的多党合作和政治协商制度的意见［J］. 中华人民共和国国务院公报，1990（2）.

[2] 王小鸿. 民主党派与协商民主［J］. 中央社会主义学院学报，2013（4）：14–17.

党协商能够有效推进的一个重要原因，就是中国共产党以共同的思想政治基础促进与各民主党派的和谐发展，精诚合作。从历史上看，中国共产党把我国传统文化的“和”“合”因素融入政党协商之中。在抗日战争时期，中国共产党就把促进民族独立和人民解放作为向民主党派宣讲和动员的思想政治基础，赢得民主党派的理解与支持，最终在思想政治上逐步达成一致，为我国政党协商开辟了一条通向光明的大道。新中国成立后，中国共产党继续保持在国家民族发展的重要问题上与民主党派和平共处、真诚协商，以探索建立和巩固社会主义制度为思想政治基础，形成了“长期共存，互相监督”的政党关系。改革开放以来，中国共产党与各民主党派以发展中国特色社会主义为共同思想政治基础，坚持和完善中国共产党领导的多党合作和政治协商制度，以制度有效保障和促进了政党协商的深入发展，中国共产党与各民主党派真正做到“长期共存、互相监督、肝胆相照、荣辱与共”，为新时代中国特色社会主义事业的发展广泛凝聚智慧力量，推动中国特色社会主义事业取得前所未有的新成就。实践证明，以共同的思想政治为基础促进政党关系和谐是我国政党协商不断发展的一条重要经验。

二、新时代我国政党协商的要素

进入新时代以来，随着《意见》和《实施意见》的颁布，我国政党协商的要素进一步明确，协商主体、协商客体、协商目标、协商场所、协商形式、协商程序等是其要件。

（一）协商主体

协商主体是构成政党协商必不可少的要素之一，它指的是协商参与者，也就是由谁来协商。进入新时代，协商主体具有广泛性、多元性。关于“由谁来协商”这个问题，《实施意见》已明确指出，参加政党协商的主体一部分是中国共产党，另一部分是各民主党派、无党派人士和工商联。作为政党协商的主体之一，中国共产党在协商过程中发挥着领导的作用，是重大方针政策与重要事务的制定者和决策者。实践证明，只有坚持中国共产党的领导，我国的政党协商才能充分发扬民主、汲取各方智慧，实现社会共同目标。

在中国共产党的领导下，各民主党派作为参政党积极参加政党协商。各民主党派的成员主要由教育、文化、科学技术、经济、医药卫生、生态环境以及归侨等各行各业的中高级知识分子构成，因此，各民主党派也被称为“人才库”“智囊团”。新时代各民主党派不断加强自身建设，为发展新时代中国特色社会主义作出了重要贡献。无党派人士、工商联作为政党协商的参与主体，具有输送人才数量大、分布地区范围广、涉及行业领域宽等特点，在发展中国特色社会主义的过程中，能够广泛凝聚集体智慧，广纳良言，是我国重要的政治力量。

（二）协商客体

协商客体是构成政党协商的另一重要因素。所谓协商客体，即协商的内容，也就是协商主体需要解决的问题。《实施意见》明确指出，“中共全国代表大会、中共中央委员会的有关重要文件；宪法的修改建议，有关重要法律的制定、修改建议；国家领导人建议人选；国民经济和社会发展的中长期规划以及年度经济社会发展情况；关系改革发展稳定等重要问题；统一战线和多党合作的重大问题；其他需要协商的重要问题”[1]。这七个方面是新时代我国政党协商的内容，也是政党协商区别于其他民主形式的表现之一。较之其他民主形式，政党协商的内容更加宏伟广泛，体现了政党协商的政党性特点和独特作用。

目前，《实施意见》已对政党协商的客体作出明确规定，但事物是不断发展的。在中国特色社会主义已经进入新时代这个新的历史方位下，政党协商的客体必须适应新时代才能得到有效开展。经过长期努力，中国特色社会主义在政治、经济、文化等各方面建设都取得了飞速发展，但是也更加突出了我国发展不平衡不充分的问题。新时代我国政党协商客体应更加侧重于解决新时代社会的主要矛盾，更加关注人民利益和人民群众对美好生活需要的社情民意，通过广泛协商，推动人民群众关切的问题得到解决。

（三）协商目标

协商目标是协商主体基于共同利益而达成的共识，对协商客体的解决具有一致性。如果不存在协商目标，政党协商就失去了存在的价值，其作用也无法得到发挥。新时代我国政党协商要以建设中国特色社会主义现代化强国、实现中华民族伟大复兴中国梦为长远目标。需要明确的是，协商目标指向的是广大人民群众的共同利益，同时也反映国家和社会的利益。协商目标的达成，依赖于中国共产党与各民主党派、无党派人士、工商联的紧密团结，依赖于协商客体的解决，依赖于协商场

---

[1] 中办印发《关于加强政党协商的实施意见》［N］. 人民日报，2015-12-11 (1).

所营造的和谐氛围，依赖于协商形式、程序、机制的有效实现，这与政党协商的各个因素是密不可分的。

在协商过程中，协商主体对一些问题存在不同意见是难以避免的，但协商的目的并不是要消除不同意见，而是要在协商的基础上，为实现共同的协商目标，求同存异，最大限度达成共识。

（四）协商场所

所谓协商场所，即政党协商开展的场所，也就是在哪里开展协商。正如澳大利亚学者约翰·S.德雷泽克所言，在政治生活中，“每个场所的实践都可以构建一个协商民主”[1]。因此，只要有政党在的地方，其开展协商的地方就可以称为“协商场所”。我国的政党协商场所相对不固定，在非固定场所开展的政党协商，场所具有不确定性。比如在非固定场所举行的协商主要是中国共产党同各民主党派的协商，具体有民主座谈会、小范围谈心会等形式，这是执政党与参政党直接协商的体现。

（五）协商形式

协商形式就是指协商的方式，也就是通过什么形式进行协商。《实施意见》明确指出了我国的政党协商形式主要有三种，分别是约谈协商、会议协商和书面协商。其中，会议协商是开展政党协商的主要形式，具体分为专题协商座谈会、人事协商座谈会、调研协商座谈会，会议通常由中共中央主要负责同志主持召开，同各民主党派、无党派人士的代表进行协商，达成共识。约谈协商则以中共中央邀请各民主党派主要领导人、无党派人士的代表共同举行高层次、小范围的谈心活动为主，但各民主党派也可约请中共中央负责同志进行个别交谈，做到自由交谈、沟通思想、交换意见。除会议协商与约谈协商外，书面协商也是常见的协商形式之一，中共中央可以通过书面形式征求各民主党派和无党派人士的意见和建议，而各民主党派和无党派人士也可以通过书面形式进行报告或反馈。

（六）协商程序

协商程序是开展政党协商必须遵循的步骤与规范。“现代政治是程序政治，程序是政治主体开展政治活动必须遵循的规范，民主政治没有程序的保障必然流于虚

[1] John S.Dryzek，王大林．不同领域的协商民主［J］．浙江大学学报（人文社会科学版），2005（3）．

设。”[1]规范的协商程序能够有效保障协商主体开展协商。《实施意见》分别对会议协商、约谈协商、书面协商这三种协商形式的程序作了明确规定，包括协商的环节、协商主体的责任与工作以及相关的落实部门等，特别是明确了会议协商的具体程序，即听取建议、制订计划、确定会议、会前准备、会中协商、协商结果反馈等程序。这些程序为我国政党协商提供了规范，有利于促进政党协商的程序化建设。

三、新时代我国政党协商的功能

政党协商是中国革命、建设和改革实践中形成的具有中国特色的民主形式。在新时代中国特色社会主义的发展进程中，政党协商具有独特的功能。

（一）整合社会利益

新时代我国社会主要矛盾已经转化为人民日益增长的美好生活需要和不平衡不充分的发展之间的矛盾，不同群体的利益追求更加多元化。如何正确处理人民群众的多元化利益追求与人民群众的长远利益、根本利益的关系，是新时代必须解决的一个重大问题。这在客观上要求执政的中国共产党选择科学的民主方式，充分整合社会各方面的利益，以法律制度、方针政策的出台和实践促进人民群众根本利益的实现。政党协商这一民主形式，一方面，能够有效整合各种诉求和多元利益，缓解利益冲突，化解社会矛盾，促进社会稳定；另一方面，政党协商的主体聚集了社会各界的精英，通过政党协商整合各方面力量，有利于充分发挥社会各方面的作用，为我国新时代宏伟蓝图的实现出谋划策，确保广大人民群众长远利益和根本利益的实现。

（二）促进科学决策

新时代中国特色社会主义的发展必须坚持决策的科学化和民主化，这既是适应新时代国内外形势发展的要求，也是全面推进党的建设、提高党的治理能力的需要。我国的政党协商是执政党与参政党就根本性、全局性、长远性的重大问题，在决策前和决策实施过程中进行的政治协商。中央层面通常由中共中央负责人亲自主持，各民主党派中央负责人和无党派人士代表参加，共商国是，平等地交流、沟通、讨论，以增进、达成共识，是促进党和政府决策科学化、民主化的重要途径。

---

[1] 宋俭，柯友平 . 关于当代中国政党协商的几个基础性问题［J］. 湖北社会科学，2015（3）.

习近平总书记指出："新时代多党合作舞台极为广阔，要用好政党协商这个民主形式和制度渠道，有事多商量、有事好商量、有事会商量，通过协商凝聚共识、凝聚智慧、凝聚力量。"[1]党的十八大以来，党中央多次强调要发挥社会主义政党协商的重要作用，协商过程要体现在决策之前和决策过程中。为此，各项方针政策出台前，执政的中国共产党都要邀请各民主党派、无党派人士、工商联等围绕我国经济社会发展的一系列问题进行调查研究，征集意见建议，进一步就提到的一系列问题开展协商，使决策的一系列问题得到充分研讨，确保决策民主化、科学化。同时，各民主党派、无党派人士、工商联等及时召集其成员，围绕我国经济社会发展的问题进行调查研究，为执政党提供有效的意见和建议，有效减少甚至避免决策的片面性和局限性，防止决策的随意性。这样，中国共产党通过政党协商的方式，在党和国家发展的一系列方针政策上，与各民主党派、社会各界人士达成共识，以科学民主决策保障党的事业和新时代目标任务的实现。

（三）强化民主监督

民主监督是各民主党派、无党派人士的重要职能之一，在我国政党制度的现有框架内，各民主党派是民主监督的重要主体。从历史维度来看，民主党派民主监督有利于党的事业发展。中华人民共和国成立初期，毛泽东就认识到了民主党派民主监督的重要性。他认为，中国共产党作为执政党，"最有资格""最有可能""犯大错误"，而且"犯了错误影响也最大"。因此，毛泽东强调共产党要主动接受民主党派的民主监督、批评建议，我们的事业不仅需要党内的监督，更需要来自党外的监督。1956年4月，毛泽东在《论十大关系》中指出："究竟是一个党好，还是几个党好？现在看来恐怕是几个党好，不但过去如此，而且将来也可以如此，就是长期共存，互相监督。"[2]改革开放新时期，由于经济社会发展的复杂性，利益关系和分配方式的多样性，使得我国社会生活中出现腐败现象，形式主义、主观主义仍然存在，严重影响了人民群众利益的实现。邓小平曾经指出："由于我们党的执政党地位，我们的一些同志很容易染上主观主义、官僚主义和宗派主义的习气。因此，对于我们党来说，更加需要听取来自各个方面包括各民主党派的不同意见，需要接受各个方面的批评和监督，以利于集思广益，取长补短，克服缺点，减少错

[1] 张峰．新型政党制度——伟大的政治创造［N］．人民政协报，2018-04-11（11）．

[2] 毛泽东．毛泽东著作选读：下册［M］．北京：人民出版社，1986：733-790．

误。”[1]1982年，中国共产党完善了多党合作的基本方针；1989年，颁布《中共中央关于坚持和完善中国共产党领导的多党合作和政治协商制度的意见》，强调坚持多党合作制度的重要性；2005年《中共中央关于进一步加强中国共产党领导的多党合作和政治协商制度建设的意见》和2007年《中国的政党制度》白皮书以及上述《意见》《实施意见》等文件，都分别强调了政党协商中民主党派民主监督的功能和作用。中国特色社会主义进入新时代，“发展不平衡不充分的一些突出问题尚未解决，发展质量和效益还不高，创新能力不够强……社会矛盾和问题交织叠加，全面依法治国任务依然繁重，国家治理体系和治理能力有待加强”[2]，我们更要深入认识和发挥政党协商的民主监督功能，牢牢把握我国社会现阶段的矛盾和问题，通过政党协商这一民主形式，充分发挥各民主党派、无党派人士对中国共产党的民主监督作用，以保持中国共产党的先进性和纯洁性，推进我国廉洁政治的建设，提高中国共产党的领导水平和执政能力，推进国家治理现代化。同时，在政党协商中，中国共产党也对民主党派的人才培养等方面进行支持和引导，促进各民主党派参政能力的提高。从协商民主的视角来看，民主党派民主监督的目标追求、价值取向与政党协商殊途同归、完全契合，政党协商中民主党派民主监督职能的发挥与政党协商中民主党派“不同意见的提出”也是重合的。质疑并进一步建议完善党委政策决策过程中党委政府决策的合理性、可行性、有效性是民主监督权利的行使方式，借助“政党协商”的高层次平台，更能有效克服决策中民意吸纳不够充分、程序不够民主健全、权力运作不够透明等可能存在的弊端。这是防止决策失误、错误的后置性“防火墙”，有利于新时代中国特色社会主义事业的协调稳定发展。

（四）示范借鉴

党的十九大报告指出，中国特色社会主义进入了新时代，这“是我国日益走近世界舞台中央、不断为人类作出更大贡献的时代”[3]。新时代我国政党协商的发展不仅为我国社会主义民主发展提供了一个更为广阔的舞台，也为世界各国政党政治的发展发挥了示范功能。在我国政党协商的舞台上，中国共产党与各民主党派同心协力，求同存异，凝聚智慧，共同画出同心圆，保证我国政治制度的稳定发展和人

---

[1] 魏晓文，徐凤月．国家治理视域下政党协商的功能与价值［J］．中国政协理论研究，2016 (3)．

[2] 习近平．决胜全面建成小康社会 夺取新时代中国特色社会主义伟大胜利［M］．北京：人民出版社，2017：9．

[3] 张峰．新型政党制度——伟大的政治创造［N］．人民政协报，2018-04-11 (11)．

民群众根本利益的实现，促进我国多党合作制度的发展和完善。这一多党合作的优势为世界各国处理政党关系提供了中国方案，为世界各国的协商民主发展提供了可以借鉴的模式。具体来说，政党协商的示范功能主要表现在以下几个方面。一是对我国其他协商民主形式的发展和完善起到示范作用。《意见》明确了政党协商是社会主义协商民主体系的首要协商渠道。除此之外，我国的协商民主形式还包括“人大协商、政府协商、政协协商、人民团体协商、基层协商、社会组织协商”等形式[1]，它们都是发展中国特色社会主义，促进国家治理现代化实现不可缺少的形式。政党协商的主体层次高，客体范围广，在长期实践中所形成的规范程序、制度机制、基本经验为其他民主形式提供了示范和借鉴，有利于完善社会主义协商民主，推进社会主义民主政治建设。二是为其他国家的政党关系协调发展提供了借鉴。“在西方两党制或多党制国家，尽管政党之间也存在着协商，但是，这种协商是偶然的政治行为，通常出于利益均衡、利益妥协、利益共享的需要，具有政党交易性质，协商内容很多涉及政党私利。[2]”虽然当代西方政党的关系呈现出合作的趋势，但还是以竞争性关系为主，其实质还是政党在权力和利益之间的竞争。与西方不同，我国的政党协商实现了政党之间的和谐，这种团结合作的关系，在中国特色社会主义建设过程中发挥了重要的作用，既避免了因政党竞争带来的政治动荡和造成的社会乱象，又集中了社会各界的力量，共同推进社会进步，这是我国政党协商的突出优势，也是我国政党协商的政党政治示范功能之所在。

总之，我国政党协商的整合社会利益、促进科学决策、强化民主监督、示范借鉴功能之间相互作用、相互影响，凸显了我国政党协商在中国特色社会主义发展进程中的独特作用。

孟凤英，广州大学马克思主义学院教授、广州市社会主义学院新型政党制度理论研究中心特约研究员。

本文刊于《广西社会主义学院学报》2018年第4期。

[1] 中共中央印发《关于加强社会主义协商民主建设的意见》[N]. 人民日报, 2015-02-10(1).
[2] 陈家刚. 协商民主引论[J]. 马克思主义与现实, 2004(3).

多党合作话语体系：理论建构与话语权建构的双重需要

崔 珏

语言与理论、与政治之间存在相互影响、相互促进的关系。话语体系是理论体系和知识体系的外在表达形式，受思想理论体系和知识体系制约。与此同时，话语也具有政治性功能，知识往往通过一定的话语获得，什么样的描述就会塑造什么样的认知。多党合作的理论建构、政治传播需要与之相适应的话语体系。在竞争性政党政治占主流的国际环境下，阐明合作性政党制度的合理性、正当性，提升我国在国际交流和对话中的话语权，需要建构中国话语体系。

一

在多党合作研究领域，理论建构与话语体系是互为表里、互相关联的两个方面。一方面，多党合作制度建设不断推进，多党合作实践日益丰富并显现成效，但多党合作理论建构能力不足，缺乏独立、系统的理论支撑仍是制约多党合作发展的突出问题。在传播层面，关于多党合作的话语表达方式缺乏一致性、权威性，虽有中央文件、会议和政府白皮书宣称多党合作的历史必然性、现实合理性，但学界表述不一，社会认识模糊，话语体系难以承担对制度、理论的阐释功能。

政党理论与政党政治源于西方，当今中国政党制度是中国共产党领导的多党合作和政治协商制度，从创制到价值、功能都有别于西方政党制度，是植根于中国土壤的政党制度独特类型。多党合作制度是在中国共产党统一战线理论与实践长期发展中逐步形成的政治制度，它在新中国成立以来的国家建设中有重要地位和贡献，改革开放以来通过制度化建设，制度效能尤其是民主党派、无党派人士和各界代表性人士参政议政有了更多的渠道和影响力。

另一方面，与长期存在并不断发展的多党合作实践相比，中国政党、政党制度理论的归纳、提炼显然滞后。除执政党建设理论有丰硕成果外，全面系统的多党合作理论体系还一直处于探讨阶段。在多党合作研究中，不少学者对西方政党政治概念采取“拿来主义”。西方政治学理论系统、严谨，富于逻辑性，由于学术的共通性，“场外征用”未必不可。但这些理论、概念的形成毕竟有特定的历史语境、制度语境，用以分析中国的政治制度、政治现象，在提供思路、方法和工具的同时，难免存在局限性，西方政党理论不足以说清中国的政党现象。

与此相关联，从事多党合作研究的学者大都感到，话语问题是多党合作理论建构中的突出难点。我国理论界对多党合作制度的研究一直从属统一战线理论，更多地从政策层面展开叙述和解读。研究队伍既有理论工作者，也有统一战线系统的实际工作者，研究方法比较单一，没有严格的学术规范。由此，目前多党合作研究领域呈现话语多重性，既有政策语言、政治语言，也有学术语言。我们观察多党合作研究成果不难发现，存在高校、干部院校、实际工作者各说各话、表述不一的现象。

以上情况直接带来多党合作领域的研究学术规范不足，一些基本概念的界定不够清晰等问题：

> “中国共产党领导的多党合作和政治协商制度”究竟是一个制度还是包含两种制度？
>
> 多党合作制度和人民政协是什么关系？
>
> 多党合作制度与中国特色政党制度、当代中国政党制度是否能够等同？
>
> 中国语境中的领导党、执政党、参政党的内涵是什么？
>
> 参政议政是广泛意义上的党外人士政治参与，还是包含参政和议政？
>
> 民主监督是民主党派与人民政协监督活动的专用名词，还是同时包含更广泛意义上的各种社会监督？

理论建构不是一般意义上的陈述，它需要通过概念建构逻辑体系，概念上的模糊必然带来理论建构的困难以及传播上的局限。对政治上赋予了崇高地位的基本政治制度，学术界、社会上关注度不够，进而影响内化政治价值，塑造政治文化。对当今中国政党制度领域的现象、实践、经验进一步作出系统化、理论化的概括和表述，将众多政策语言、政治语言深化为学术性语言，形成新的话语体系，是中国政党制度理论体系构建的需要。

二

目前，在中外学者讨论“中国道路”“中国模式”“中国方案”的过程中，“话语体系”成为一个热词。这是随着中国经济发展、综合国力增强，中国的道路自信、理论自信、制度自信、文化自信以及国际对话中话语权意识增强的体现。多党合作话语体系问题也随之进一步凸显。

应该看到，经济发展成就为中国道路自信提供了有力支持，但并不必然带来自信，对于中国道路尤其是政治发展道路，来自内外的质疑和挑战一直存在。改革开放带来经济繁荣的同时，社会不公、权力腐败等突出问题影响着人们对发展道路的信心，社会共识不易达成。从国际社会来看，政治经济实力雄厚的西方大国在国际话语体系中占主导地位，他们以“自由、民主、人权”等文明符号的话语体系塑造国际机制、议程规则，巩固国际地位，维护国家利益，传播西方价值。“对西方人来说，评价一个国家政局的好坏、管理水平的高低，就是看这个国家是否有民主制度，而民主的标准就是看民众是否有普选权，以及该国是否存在多党制。”[1]美国学者威亚尔达明确承认：“在民主、民主的含义以及达成民主的最佳途径等问题上的争论，并不仅仅是一种学术或知识争论。在后冷战时代的对外政策中，很大一部分与民主这个要素有关；确实，有一些学者和政策活跃人士相信，民主应该成为美国对外政策的唯一基础。”[2]西方学者大多用“全能主义”“威权主义”来认识中国的政治制度，用“一党制”理解中国政党制度，并先入为主作出价值判断，甚至带着意识形态的偏见和对立，看不到政党、政党制度在中国发展的具体路径以及当今中国政治发展的自主道路的合理性。

构建话语体系，传播中国声音，扭转不利于中国的舆论导向，提升国际话语权，是国家软实力的一部分，它既需要硬实力支撑，也需要长期经验积累和学术滋养，还需要贡献具有本土特征和全球意义的概念、理论、思想。在西方主导的国际话语体系中，中国输出观念、理论与中国今天的发展的确不相匹配，与中国对世界的经济贡献不相匹配，而且话语表达方式和话语平台单一，在国际对话中难以达到预期效果。中国有着独特的历史、独特的文化传统，经历了革命和建设辉煌又曲折的历程，改革开放以来的探索和转型，经济建设的成就令世人瞩目，可以说，有成

---

[1] 马丁·雅克．当中国统治世界：中国的崛起和西方世界的衰落［M］．北京：中信出版社，2010：172．

[2] 霍华德·威亚尔达．民主与民主化比较研究［M］．榕远，译．北京：北京大学出版社，2004：122．

功的发展道路和经验。可我们研究本国的实践，大量引进的是西方话语和理论，缺乏自己原创的、富于影响力的概念和表达方式，社会科学发展摆脱对西方学术依赖实现自主性的问题依然任重道远。

与一些西方国家所强调的主导国际舆论和国际议程设置的强势话语权不同，我国目前所提出的话语权，“主要指中国对国际国内事务表达自己立场观点、利益诉求和主张的权利和能力”[1]。这种能力和影响力，需要通过概念、逻辑、价值观去影响他人。讲好中国故事，不仅是通过事实描述，增进世界对中国发展道路的认知、认可，提升中国国际形象，也是总结和分享中国发展的经验，彰显和平发展、文明多样性理念。从政党制度的角度来看，就是阐释清楚与“政党竞争—政治分享”不同的“政党合作—政治分享”的理论和逻辑，传播具有全球意义的价值和精神。

总之，多党合作话语体系构建不仅有助于中国政党制度理论体系的完善，全面、透彻地阐述中国政治发展道路，而且对于提升中国在国际社会的话语权，让世界更好地认识、理解中国也是十分重要的。

三

多党合作话语体系具有政治性与学理性特质，其内部构成包含事实、概念、理论、逻辑、价值、话语等，涵盖现实、理论、价值、传播等多个层面。

1. 政治实践是基础

话语体系首先要建立在事实基础上，立足中国政治实践解释多党合作的历史由来、现实状况和未来走向。我国多党合作源于民主革命时期追求民主自由、民族解放的革命实践，形成于新民主主义时期，有学者归纳“中国的政党制度，一方面源于各社会和政治力量联合对政治协商的内在要求；另一方面源于中国共产党一党领导和执政对民主监督的内在要求”[2]。经过改革开放30多年的探索和实践，多党合作积累起来的实践、经验、制度、效能，是建构话语体系需要梳理、总结的内容。

目前，学界和社会上对“共产党领导”的认识比较明确，而对“多党派合作”的了解则是模糊的，国际社会也很难理解政党与政党之间的政治领导关系、自觉

[1] 孙玉华，刘宏．话语与国际关系［M］．北京：时事出版社，2015：117．

[2] 林尚立，肖存良．统一战线与中国发展［M］．上海：复旦大学出版社，2011：190．

互相监督的关系在现实政治中如何展开、如何运作。构建新的话语体系，首先应当实事求是地把新中国成立60多年、改革开放30多年来多党合作对中国政治、经济、文化和社会建设所发挥的作用呈现出来。尤其要重视近30年多党合作的实践发展，把合作型政党制度吸纳政治资源、整合社会的作用叙述清楚，把制度蕴含的协商民主、广泛参与的特点凸显出来，也将制度设计与实际效能之间的差距分析出来，全面呈现多党合作政治实践。习近平同志在全国哲学社会科学工作会议上强调："只有以我国实际为研究起点，提出具有主体性、原创性的理论观点，构建具有自身特质的学科体系、学术体系、话语体系，我国哲学社会科学才能形成自己的特色和优势。"多党合作话语体系建构同样要面向中国问题，面向多党合作的具体实践。

2. 理论体系是支撑

话语体系是理论体系、知识体系的外在表达，话语权构建需要理论和学术滋养。有了严谨的理论体系、逻辑思维，才能增强表达能力和影响力。

关于理论体系，有学者提出应包含三个方面：一是逻辑体系，即基础理论，一个自成体系的理论框架；二是应用体系，即解决实际问题的方法和措施；三是运行体系，即运行机制。[1]首先，就具有特殊性的多党合作理论体系而言，要解决中国政党政治问题的理论表述，更重要的是从历史发展纵深与现实客观需要之间，讲清制度发展的逻辑性。

其次，政党制度中的基本关系：政党与政党、政党与政权、政党与社会之间的关系在多党合作中如何规范应有清晰的阐述，呈现政党政治的普遍性与具体制度的特殊性。

再次，要重视核心概念的提炼和基本理论的阐述。核心概念包括领导党、执政党、参政党、无党派、政治领导、参政议政、政治协商、政党监督等。结合中国政党政治实践，对代表制度特征的合作理论、协商理论、监督理论应有系统阐发。一党领导下的多党合作模式，共产党领导是关键，多党合作的作用与价值如何理解。协商是多党合作民主性的体现，源于中国政治实践。政治协商发展至今，其存在的社会环境已经发生很大变化，过去因政治上的差异性而追求目标上的共识性，现在发展为基于政治上的一致性应对利益上的多元性，由调节政治关系，向调节利益关系，实现社会治理的方向发展，顶层设计方面已有协商体系，但理论研究仍需要深化。政党之间的互相监督是多党合作基本方针的核心内容，政党监督不同于竞争性

---

[1] 游洛屏．我国多党合作制度理论体系［M］．北京：中共中央党校出版社，2010：2．

政党制度中的执政党与在野党、反对党之间的关系，既接受领导又开展监督、既合作又监督，在理论上、逻辑上要阐述清楚。这些具体理论是构成多党合作理论体系的重要组成部分。

此外，多党合作理论既要有历史视野、经验阐述，也要体现发展性。作为多党合作理论和实践基础的统一战线，在革命时期表现为团结一切可以团结的力量，去反对共同的敌人；在建设时期则是以最广泛的联盟凝聚社会各方面力量，建设富强文明统一的国家，在社会发展变化中体现了适应性和生命力。从多党合作制度框架来看，多党合作系统构成有着制度的规定性。作为发展中的现代政治制度，具有开放性、包容性特质。目前，这种开放性表现为组织对新社会阶层的吸纳能力，向各社会群体开放政治过程等。多党合作中的执政党不断扩大其社会基础，参政党适度调整主体界别，无党派人士则以更加灵活的形式为包容、吸纳新的社会力量提供了空间，增强了政党制度对社会发展变化的适应性。这意味着一些没有参加中共和民主党派的代表性人士，不通过组织新的政党，也可以有参与国家政治生活的制度化途径。在协商民主发展的进程中，多党合作制度为社会各阶层参与政治过程提供了更多渠道。多党合作实践蕴含的理论问题值得总结和提炼。

3. 基本价值是导向

价值取向是社会发展、政治发展的核心内容，也应当是多党合作话语体系的标识。政党制度是政治制度框架的一个组成部分，社会主义核心价值观应该是制度彰显的内容。人类社会有普遍遵从的共同价值，而资本主义与社会主义在价值偏好方面有显著差异。我们观察资本主义社会的价值观会看到：崇尚自由、个体本位、财产私有、主权在民、多数决定、法律至上、权力制衡等。观察社会主义社会的价值观则突出表现为：追求平等、社会公正、财产社会所有、一切权力属于人民、以人为本、集体主义、共同富裕等。这些基本价值都会反映在政治制度中，中国政治发展的价值追求也集中体现为政治稳定、政治民主、政治效能、政治制度化。

话语体系建构要旗帜鲜明地彰显多党合作作为政治制度所坚持的基本价值取向，在国际对话中回应质疑，增进理解。规范我国多党合作制度的几个重要文件，如《中共中央关于坚持和完善中国共产党领导的多党合作和政治协商制度的意见》《中共中央关于进一步加强中国共产党领导的多党合作和政治协商制度建设的意见》等均明确指出：衡量我国政治制度和政党制度，最根本的是要从我国的国情出发，以能否促进社会生产力持续发展和社会全面进步，能否保持和发挥社会主义制度的特点和优势，能否实现和发展人民民主、增强党和国家的活力，能否保持国家政局的稳定和社会安定团结，能否实现和维护最广大人民的根本利益为标准。这样的判断标准体现了中国现阶段发展经济、社会和谐、以人为本、推进民主的基本目标，是从国家整体发展目标和人民的根本利益出发的价值评判。围绕国家建设、民族振兴建立起来的政党制度，以合作、团结、协商、参与为特色，整体至上的价值取向表现在多党合作的实际运作中，共产党领导和执政，民主党派参政议政都是以国家建设为中心，强调尊重具体利益，实现整体利益。这样的价值追求在全球话语体系重构中应当受到尊重和重视。

对于民主这样普遍认同又存在歧义的概念，在构建话语体系中应当阐述我们如何理解民主，多党合作制度如何体现民主，为理论体系建构和对外沟通对话提供前提和语境。

4. 话语表达是载体

话语具有工具性，是传播、交流的工具。话语还具有功能性，话语权塑造社会关系，影响他人的认知和观念，在国际交流中承担着树立形象、传播声音、维护权益的功能。以至于有人认为，理解思想和世界的关键在于理解语言。

2013年，在全国宣传思想工作会议上，习近平同志指出，“独特的文化传统，独特的历史命运，独特的基本国情，注定了我们必然要走适合自己特点的发展道路”，要“着力打造融通中外的新概念新范畴新表述，讲好中国故事，传播好中国声音”[1]。要达成这样的话语效果，首先要在理论界形成共识，以严谨的逻辑、论证方式、话语方式构建理论体系，弥合目前研究队伍中多重表述的现象，推动多党合作核心概念和基本理论的传播，提高多党合作被认识、被理解的程度。

在对外交流中，多党合作话语体系建构离不开中国话语、中国政治实践，也不能脱离全球化、共同发展的时代背景，需要融通中西。讲清中国的政治制度要用中国话语、中国概念，离开对中国话语的认识，世界无法认识中国。多党合作中不乏传统智慧和表述，如求同存异、和而不同等，既是中国的又是世界的，可以善加利用。立足中国政党政治实践，突破西方理论框架的局限提出问题、概念，建构理论和话语体系，不是自说自话，而是要具有自身的逻辑性和说服力，能够回应各种挑战和质疑。能够实现沟通对话，产生世界影响力的本土话语，要有适应性更强的表达方式、言说范式，注重事实陈述，减少泛泛空谈；掌握话语规则，传播原创概

[1] 习近平在全国宣传思想工作会议上发表重要讲话［N］. 人民日报，2013-08-21.

念；加强理论研究与政治宣传的互动，重视理论成果、学术话语在话语体系构建中的作用。

话语体系是一个建构、传播、理解、认可的过程，在全球化、多元化、信息化时代，应重视拓宽话语平台，增加传播渠道，增强话语表达的感召力、公信力，推动多党合作赢得尊重、认同，获得长足发展。

崔珏，广州市社会主义学院教授、新型政党制度理论研究中心主任。

本文刊于《广西社会主义学院学报》2016年第6期。

人民政协制度优势话语建构的历史演进

董海军 邹娟婵

"中国人民政治协商会议第一届全体会议标志着人民政协制度正式确立。"[1]作为中国特色社会主义制度的重要组成部分，人民政协制度是符合我国国情、具有鲜明中国特色和独特优势的制度安排。制度自信与制度认同需要制度优势话语支撑，要科学阐释、有效传播和自觉捍卫人民政协制度，就必须建构起具有内在自洽性、强大认同性和显著吸引性的制度优势话语体系。厘清人民政协制度优势话语建构的历史过程，对于建构新时代人民政协制度优势话语，并对讲好中国故事、传播好中国声音具有积极意义。

新中国成立后，人民政协制度优势的话语建构经历了雏形期（1949—1978年）、突破期（1978—1989年）、探索期（1989—2002年）、发展期（2002—2012年）、升华期（2012年至今）五个阶段。每个阶段的时代背景和环境不同，人民政协制度优势话语建构的内容也各有侧重，并体现出历史延续性和实践发展性。

一、人民政协制度优势话语的初步勾勒

新民主主义革命胜利后至改革开放前，为建设和巩固新生政权，以毛泽东为主要代表的共产党人创立了人民政协制度并积极建构人民政协制度优势话语。

1."中国人民政协"概念彰显话语优势

新中国成立前夕，人民政协的概念历经旧政协到新政协再至人民政协的变迁。1949年，中国人民政协第一届全体会议与会代表对于新政协如何命名进行了周密论证。谭平山总结指出，"一是因为两者性质发生变化，为了使人民感到耳目一新，因此有改名称的必要。二是因为这次会议'是四面八方的大团结'，出席代表的成

[1] 习近平．习近平谈治国理政：第三卷［M］．北京：外文出版社，2020：291-292．

分和地区都十分广泛，故应名为中国人民政协更名符其实”。[1]正是由于人民政协具有与旧政协不一样的性质优势和代表广泛优势，人民政协的制度优势才得以凸显。毛泽东在此次会议的开幕词中指出，之所以改名为“人民政协”，是因为其“是在完全新的基础之上召开的，它具有代表全国人民的性质，它获得全国人民的信任和拥护”，同时，毛泽东特别强调人民政协的成立，说明了“占人类总数四分之一的中国人从此站立起来了”“中国人被人认为不文明的时代已经过去了，我们将以一个具有高度文化的民族出现于世界”[2]。由此可见，新中国成立初期人民政协制度优势话语，是在同旧政协的性质优势比较中、在团结全国人民的代表优势中和同世界文明相比较的优势中建构起来的。

2.“统一战线”“政治协商”“党的领导下的合作”勾勒优势话语的基本要素

社会主义建设时期，中国共产党人围绕人民政协的性质、职能、其他党派与中国共产党的关系形成了系列具有中国特色的政治话语，初步勾勒出人民政协制度优势话语的基本要素和关键内容。首先，建构人民政协制度统一战线性质优势。新中国成立初期，人民政协曾以独特的优势在协商建国和代行国家权力机关的职权中发挥了巨大作用，但中国共产党从始至终都是把人民政协定位为统一战线组织。毛泽东就曾这样表述过人民政协的性质，“人民政协是全国各民族、各民主阶级、各民主党派、各人民团体、国外华侨和其他爱国民主人士的统一战线组织”[3]。虽然受到“反右派”和“文化大革命”的干扰，但人民政协作为统一战线组织的性质定位和优势话语建构却始终没有改变。其次，在阐释必要性中构建人民政协的政治协商优势。政治协商是人民政协存在的根本，人民政协正是在协商中产生的，同时也是以政治协商为使命职责，人民政协在建国初期协商建国的作用在中华人民共和国历史上留下了不可磨灭的功绩。毛泽东在《关于政协的性质和任务》中明确指出，有了人民代表大会以后仍然有通过人民政协来进行政治协商的必要性，“宪法草案就是经过协商讨论使得它更为完备的”[4]。在列举具体事实成效中，毛泽东初步建

[1] 政协全国委员会办公厅，中共中央文献研究室．人民政协重要文献选编：上［M］．北京：中央文献出版社，中国文史出版社，2009：58．

[2] 毛泽东．毛泽东文集：第五卷［M］．北京：人民出版社，1996：342-346．

[3] 政协全国委员会办公厅，中共中央文献研究室．人民政协重要文献选编：上［M］．北京：中央文献出版社，中国文史出版社，2009：199-200．

[4] 中国人民政治协商会议全国委员会研究室，中共中央文献研究室第四编研部．老一代革命家论人民政协［M］．北京：中央文献出版社，1997：183．

构起人民政协制度具有政治协商的优势，尤其是在坚持党的领导下的政党间有效合作。1954年《中国人民政治协商会议章程》明确表明，人民政协必须进一步加强“中国共产党的领导核心作用”[1]，在中国共产党领导下与各民主党派、各人民团体和全国各族人民团结合作，共同努力奋斗建设一个伟大的社会主义国家。毛泽东在《论十大关系》中谈及党和非党的关系应是“长期共存、互相监督”的合作关系，随后还以党的全国代表大会报告的形式对“长期共存、互相监督”这一概念进行了政治确认，成为人民政协工作的基本方针，推动人民政协“使得一切积极因素都能够动员起来为社会主义服务”的优势成为构建人民政协制度优势的重要话语之一。

二、人民政协制度优势话语的基本形成

改革开放以后，围绕“改革”这一主题，以邓小平为主要代表的中国共产党人对人民政协的性质、职能、方针和政策提出系列新思想，指明了人民政协的发展方向，人民政协也进入了制度变革、优势话语基本形成阶段。

1. 在破旧迎新中开启优势话语的新探索

改革开放后，人民政协制度优势话语是在消除旧体制弊端的影响、建立新的体制机制过程中逐渐建构起来的。“文化大革命”期间，人民政协制度受到严重影响并一度陷入瘫痪状态。直至1978年通过了人民政协的第二部章程，人民政协制度才从停滞状态中逐渐恢复并开始重建，但与1954年的第一部章程相比，第二部章程仍在一定程度上带有比较深的“文革”烙印。1980年，邓小平在政协章程修改委员会第一次全体会议上指出，由于历史条件的限制，人民政协第二部章程部分内容存在不当之处，“已不能适应新形势发展的需要”[2]。基于此判断，邓小平提出了“人民政协是我国政治体制中发扬社会主义民主、实行互相监督的重要形式”这一重要论述。[3]这是中国共产党人第一次把人民政协和我国政治体制联系起来，开启了将人民政协纳入国家政治体制组成部分的新进程。1982年修订的《中华人民共和国宪

[1] 政协全国委员会办公厅，中共中央文献研究室．人民政协重要文献选编：上［M］．北京：中央文献出版社，中国文史出版社，2009：210．

[2] 中国人民政治协商会议全国委员会研究室，中共中央文献研究室第四编研部．老一代革命家论人民政协［M］．北京：中央文献出版社，1997：333．

[3] 中国人民政治协商会议全国委员会研究室，中共中央文献研究室第四编研部．老一代革命家论人民政协［M］．北京：中央文献出版社，1997：330．

法》，在序言中明确了人民政协的性质、地位和作用，人民政协在国家政治体制中的地位得到了法制确认。

2. 从“革命的统一战线”到“爱国统一战线”的话语转变

改革开放新时期，伴随着党和国家工作重心的转变，人民政协制度统一战线性质优势历经由“革命的统一战线”“革命的爱国的统一战线”到“中国人民爱国统一战线”和“最广泛的爱国统一战线组织”的话语建构过程。在阶级斗争年代，“革命”是时代的主题，这也极大地影响了人民政协统一战线性质的话语表达。1978年以后，真理标准问题的讨论使人们的思想得到进一步解放，以经济建设为重心和实行改革开放的大环境为人民政协制度统一战线优势话语实现突破创设了基本条件。1979年，邓小平在听取第十四次全国统战工作会议情况汇报时指出，新时期统一战线的性质，应该叫革命的爱国的统一战线。邓小平在1980年政协章程修改委员会第一次全体会议上强调，人民政协“是革命的爱国的统一战线的重要组织”[1]。这就意味着人民政协已突破单一的“革命的统一战线”的话语，开始强调“革命的爱国的统一战线”。随着思想的解放和改革开放的进一步发展，党和国家领导人对统一战线的革命语义越来越淡化。1982年新修改的人民政协章程就把人民政协的性质定位为中国人民爱国统一战线的组织。从此，人民政协是我国“最广泛的爱国统一战线组织”成为中国共产党人阐释人民政协性质的基本话语构成，人民政协制度统一战线性质优势完成了新时期“爱国”的话语定位。

3.“民主监督”话语的产生与拓展

1982年中国人民政治协商会议第五届全国委员会第五次会议，在充分肯定中国共产党第一代中央领导集体确定的人民政协作为协商机构继续发挥政治协商作用的基础上，第一次提出“民主监督”这个概念并将其增加为新时期人民政协的重要职能写进新的人民政协章程中。在章程的草案说明中，刘澜涛不仅明确指出政治协商和民主监督是政协的两大职能，还依据历史经验对人民政协的政治优势作了说明，“政治协商是发展社会主义民主的一种重要形式，两大职能是我国政治生活中的一项优良传统”[2]。紧接着不久，邓颖超也提出“政治协商、民主监督是我国统一战

[1] 中国人民政治协商会议全国委员会研究室，中共中央文献研究室第四编研部．老一代革命家论人民政协［M］．北京：中央文献出版社，1997：334．

[2] 政协全国委员会办公厅，中共中央文献研究室．人民政协重要文献选编：中［M］．北京：中央文献出版社，中国文史出版社，2009：421．

线在长期实践中形成的优良作风传统”[1]。此后，政治协商与民主监督作为我国政治优良传统和作风之一在优势话语中的作用日益凸显。1989年颁布的《政协全国委员会关于政治协商、民主监督的暂行规定》，标志着政治协商与民主监督两大职能向常态化、制度化话语方向迈进。自此，以邓小平为核心的领导集体初步完成了政治协商、民主监督的优势话语建构。

4. 在中西对比中“多党合作”制度优势话语的成型

多党合作是人民政协制度的显著优势。对此，邓小平首先指出西方国家多党制的弊端，认为这种制度是“资产阶级互相倾轧竞争的结果，因此其代表不了广大人民群众的利益”[2]。随后，邓小平指出了在党的领导下人民政协制度所具有的多党派合作的特点和优势，是历史和时代的产物，“在我国各族人民中享有很高的威信”[3]。这里实际上道出了与资本主义多党制对比，我国人民政协多党合作制具有代表性和威信性的优势。至此，在不断地将中外两种政党制度进行比较的过程中，以邓小平为核心的领导集体不仅基本解答了资本主义多党制和社会主义多党合作制“谁优谁劣”的问题，建构了人民政协多党合作制度优势话语，还强调了人民政协制度多党合作优势的根本在于坚持党的领导。随着党的十二大报告把人民政协的“八字方针”发展为“十六字方针”，正式提出“长期共存、互相监督”“肝胆相照、荣辱与共”为政协党派合作的基本方针后，这一组合型概念在日后便经常出现在党和国家的重要文献以及党和国家领导人的重要著述中，成为明确构建人民政协制度新型合作关系优势的基本话语之一。[4]

三、人民政协制度优势话语的丰富与发展

20世纪80年代末90年代初，世界社会主义运动遭受严重挫折。为坚定人民对社会主义制度的认同和自信，维护国家稳定和社会稳定，以江泽民为代表的中国共产党人从人民政协的性质、职能以及多党合作制度优势等维度对人民政协制度的优越

[1] 中国人民政治协商会议全国委员会研究室，中共中央文献研究室第四编研部．老一代革命家论人民政协［M］．北京：中央文献出版社，1997：400．

[2] 邓小平．邓小平文选：第二卷［M］．北京：人民出版社，1994：267．

[3] 中国人民政治协商会议全国委员会研究室，中共中央文献研究室第四编研部．老一代革命家论人民政协［M］．北京：中央文献出版社，1997：330–342．

[4] 中共中央文献研究室．十二大以来重要文献选编：上［M］．北京：人民出版社，1986：36．

性作出新的阐释，人民政协制度优势话语得以丰富和发展。

1. 人民政协性质话语内涵的演变与丰富

人民政协制度的性质经历了从单一的“爱国统一战线组织”话语到二元的“爱国统一战线组织”与“多党合作和政治协商的重要机构”话语的转变。1989年12月中共中央颁布的《关于坚持和完善中国共产党领导的多党合作和政治协商制度的意见》首次以制度化形式，明确了人民政协“是共产党领导的多党合作和政治协商的一种重要组织形式”[1]。1991年，江泽民在全国政协七届四次会议的讲话中指出，人民政协是“爱国统一战线组织”和“多党合作和政治协商的重要组织形式”[2]，并特别强调人民政协对于发展社会主义民主的重要意义。1994年修订的《中国人民政治协商会议章程》将人民政协的定位由“重要组织形式”升级为“重要机构”，明确将人民政协性质界定为“两句话的表述”——“中国人民政治协商会议是中国人民爱国统一战线的组织，是中国共产党领导的多党合作和政治协商的重要机构”[3]。在随后的《中国人民政治协商会议章程修正案（草案）》中对这一修改的意义作了充分说明，指出这将会进一步明确人民政协的性质、地位和作用，人民政协制度性质的话语优势表述得到了进一步丰富和发展。

2. “参政议政”职能优势话语的提出

“参政议政”职能的产生是居于协商监督职能的延伸。1994年修订的《中国人民政治协商会议章程》在人民政协传统两大职能基础上提出，人民政协是“组织参加本会的各党派、团体和各族各界人士参政议政”，并强调“这是对于政协主要职能的延伸说明，做这样的说明有利于广泛调动参加政协的单位和个人的积极性，发挥政协的整体优势和发挥政协工作的主动性，更好地为国家的现代化建设服务”。[4]充分表明人民政协参政议政职能所具有调动积极性和主动性的优势。1995年出台的《政协全国委员会关于政治协商、民主监督、参政议政的规定》，明确将

---

[1] 政协全国委员会办公厅，中共中央文献研究室．人民政协重要文献选编：中［M］．北京：中央文献出版社，中国文史出版社，2009：485．

[2] 政协全国委员会办公厅，中共中央文献研究室．人民政协重要文献选编：中［M］．北京：中央文献出版社，中国文史出版社，2009：506．

[3] 政协全国委员会办公厅，中共中央文献研究室．人民政协重要文献选编：中［M］．北京：中央文献出版社，中国文史出版社，2009：538．

[4] 政协全国委员会办公厅，中共中央文献研究室．人民政协重要文献选编：中［M］．北京：中央文献出版社，中国文史出版社，2009：540–553．

参政议政并列为人民政协的三大主要职能之一。至此，人民政协的工作重点逐步转移到发挥职能优势和建设职能优势上来，致力于全面建构人民政协主要职能的规范化、制度化话语，以促进政治协商、民主监督与参政议政往规范化、制度化优势方向建设和发展。

3. 在坚持构建政党制度话语中阐释人民政协制度优势话语

我国的政党制度和人民政协制度是相辅相成、相互促进的关系。政党制度的建构离不开人民政协的支撑，人民政协因作为政党制度的重要机构而拥有巨大的发展空间。1990年，江泽民在同人民政协主要负责同志谈话中指出，以人民政协作为重要组织形式的政党制度在1989年制止动乱和平息反革命暴乱的斗争中，经受住了考验并发挥了重要作用，“对比当前苏联和东欧发生政局动荡的状况，更加显示出我国这一制度的优越性”[1]。从维护社会稳定和同苏联对比的角度下阐释我国政党制度优势的同时，也凸显出人民政协制度的支撑作用和贡献。李瑞环在《在前进中开拓，在开拓中前进》讲话中，在坚持阐述人民政协是实现政党制度的重要机构的前提下，指出人民政协这一组织形式是老一代领导人坚持马克思主义统一战线、人民民主理论和中华民族和衷共济传统精神的伟大构想，“符合中国国情，有着鲜明的中国特色，在我国政治体制中具有不可替代的作用”。[2]表明了人民政协因作为已由宪法确定将长期存在和发展的中国基本政治制度的重要机构而获得了巨大的成长空间与发展前景，并且具有理论资源和实践经验的优越性。

四、人民政协制度优势话语的日趋完善

进入21世纪来，以胡锦涛同志为总书记的党中央审时度势，继往开来，围绕“发展”主题对人民政协提出了明确要求，作出了新的重要部署，为人民政协制度优势话语建构作出新的贡献。

1.“民主”性质优势话语的提出与建构

党的十六大以来，以胡锦涛同志为总书记的党中央着重开始建构人民政协制度

[1] 政协全国委员会办公厅，中共中央文献研究室．人民政协重要文献选编：中［M］．北京：中央文献出版社，中国文史出版社，2009：489-490．

[2] 政协全国委员会办公厅，中共中央文献研究室．人民政协重要文献选编：中［M］．北京：中央文献出版社，中国文史出版社，2009：587．

民主性质优势话语。虽然早在1994年修订的《中国人民政治协商会议章程》中就提出“人民政协是我国政治生活中发扬社会主义民主的一种重要形式”，但与当时提及人民政协性质表达的“三句话”是分开论述的，尚未形成系统。为进一步明确人民政协所拥有的民主性质优势，凸显在国家政治生活中的价值，2004年修订的《中国人民政治协商会议章程》将“三句话”连在一起，形成系统表述，即“中国人民政治协商会议是中国人民爱国统一战线的组织，是中国共产党领导的多党合作和政治协商的重要机构，是我国政治生活中发扬社会主义民主的重要形式”[1]。对为何要增加民主性质的话语表达，胡锦涛在2005年庆祝中国人民政治协商会议成立55周年大会上指出，“人民政协这种民主形式，既符合社会主义民主政治的本质要求，又体现了中华民族兼容并蓄的优秀文化传统，具有鲜明的中国特色，是我国社会主义民主政治的一大优势”[2]，明确阐明了政协民主所具有的独特优越性。自此，“三句话”表述形成了对人民政协性质的科学界定，也成为人民政协制度优势话语建构的重要内容。

2.“团结和民主”主题优势话语的相沿成习

21世纪以来，中国共产党人对人民政协制度优势话语建构的重大贡献还在于明确提出人民政协的主题内容。在党的十六大报告中，强调要“支持人民政协围绕团结和民主两大主题履行职能”[3]。2004年修订的《人民政治协商会议章程》，在总纲中增加“团结和民主是人民政协的两大主题”的表述。随后贾庆林进一步指出，团结和民主两大主题“可以使得人民政协能够更好地履行职能，有利于团结一切力量、调动积极因素和集中智慧力量”[4]。也就是说，团结和民主两大主题对于人民政协的工作和事业具有增强感召力、凝聚力的优势。此外，胡锦涛和贾庆林等也在多个场合提出“团结和民主是人民政协继往开来的方向和使命”的话语，体现了团结和民主主题对于人民政协制度的发展具有导向指引的优势。

3. 在体制完善中建构制度优势话语

党的十六大以来，人民政协制度优势话语体系的建构另一突出特点是在加强人

[1] 政协全国委员会办公厅，中共中央文献研究室．人民政协重要文献选编：中［M］．北京：中央文献出版社，中国文史出版社，2009：692．

[2] 政协全国委员会办公厅，中共中央文献研究室．人民政协重要文献选编：中［M］．北京：中央文献出版社，中国文史出版社，2009：749．

[3] 中共中央文献研究室．十六大以来重要文献选编：上［M］．北京：中央文献出版社，2004：26．

[4] 政协全国委员会办公厅，中共中央文献研究室．人民政协重要文献选编：下［M］．北京：中央文献出版社，中国文史出版社，2009：856．

民政协制度建设中发展制度优势话语。首先，坚持人民政协职能履行的制度建设。2003年3月，胡锦涛在中国人民政协第十次全会第一次会议上指出，“必须进一步推进政治协商、民主监督和参政议政的制度化、规范化和程序化。这是保证人民政协切实履行职能的重要保证，也是推进政治体制改革的重要内容”[1]。不仅阐明了人民政协职能需要进行制度化建设，也解释了为什么要进行制度化建设。党的十七大报告也强调，要推进人民政协三大职能的制度化建设，“对推进人民政协围绕团结和民主两大主题更好地履行职能产生重大影响”。[2]表明中国共产党人对于建构人民政协制度优势话语的自觉性。人民政协作为我国政党制度的重要机构，只有进一步加强政党制度建设，才能不断地加强党派之间的合作，发挥人民政协制度的特点和优越性。为此，2005年2月，《中共中央关于进一步加强中国共产党领导的多党合作和政治协商制度建设的意见》发布，在系统总结我国政党制度具有强大生命力和显著优越性的基础上，进一步明确“坚持中国共产党的领导是多党合作的首要前提和根本保证；要保证民主党派人士在政协中占有较大比例，充分发挥作用”[3]，首次提出政治协商包括党同各民主党派的政治协商和人民政协的政治协商两种基本形式，体现了中共中央致力于从“党的领导”“多党合作”“政治协商”等方面加强人民政协制度优势话语的建构。其次，通过建构人民政协在国家政治体制中的主体性地位以强化制度优势话语。虽然早在1993年李瑞环就指出“中国人民政治协商会议是具有中国特色社会主义政治体制的重要组成部分”[4]，但直到2006年通过的《关于加强人民政协工作的意见》才正式明确人民政协在我国政治体制中的主体地位，成为构建现代国家政治体制战略性的存在。[5]党的十七大报告进一步强调，人民政协作为中国政党制度的重要载体与中国政治体制的重要组成部分，是“四大班子”之一。自此，人民政协被认为是国家政治制度的重要组成部分，所以具有独特的制度优势，进入制度化建构阶段。

---

[1] 政协全国委员会办公厅，中共中央文献研究室．人民政协重要文献选编：下［M］．北京：中央文献出版社，中国文史出版社，2009：680-681．

[2] 中共中央文献研究室．十七大以来重要文献选编：上［M］．北京：中央文献出版社，2009：23．

[3] 政协全国委员会办公厅，中共中央文献研究室．人民政协重要文献选编：下［M］．北京：中央文献出版社，中国文史出版社，2009：758-763．

[4] 政协全国委员会办公厅，中共中央文献研究室．人民政协重要文献选编：中［M］．北京：中央文献出版社，中国文史出版社，2009：523．

[5] 政协全国委员会办公厅，中共中央文献研究室．人民政协重要文献选编：下［M］．北京：中央文献出版社，中国文史出版社，2009：793．

五、人民政协制度优势话语的夯实与升华

党的十八大以来，以习近平同志为核心的党中央着眼于“治理”主题，从治国理政的高度出发，就发展社会主义协商民主、加强凝聚共识和党的全面领导等方面对人民政协制度优势进行新的阐释，实现了人民政协制度优势话语的新飞跃。

1.“协商民主”和“国家治理”优势话语的凸显

新时代以来，人民政协制度优势话语表达得到了进一步丰富和发展。习近平总书记强调，人民政协是“统一战线的组织、多党合作和政治协商的机构、人民民主的重要实现形式，是社会主义协商民主的重要渠道和专门协商机构，是国家治理体系的重要组成部分，是具有中国特色的制度安排”[1]。从社会主义协商民主和国家治理维度实现了新时代对人民政协制度优势阐释的新飞跃。首先，从协商民主维度来看，“社会主义协商民主”和“专门协商机构”都是党的十八大后提出的具有时代特色的新概念。特别是，“专门协商机构”综合承载了人民政协性质新定位和新概括，是人民政协这一具有中国特色的制度优势最佳的外在表现。相比西方式的协商民主，以人民政协为专门协商机构的“社会主义协商民主”在理论和实践上实现了超越，独具中国特色与优势并充分彰显了协商民主的制度优势。习近平总书记在庆祝中国人民政治协商会议成立70周年大会上强调，“发挥人民政协专门协商机构作用，需要完善制度机制[2]”，表明新时代人民政协作为专门协商机构的制度优势将会更加成熟和定型，其地位和作用必将进一步地彰显。其次，从国家治理维度来看，自党的十八届三中全会提出“国家治理现代化”命题以来，习近平总书记就反复强调，人民政协是国家治理体系的重要组成部分，将人民政协定位为中国共产党治国理政的重要制度安排，是党领导中国人民发展社会主义民主、开辟“中国之治”的重要制度设计和独特治理平台。2018年，习近平提出“新型政党制度”的概念并将人民政协政治协商机制纳入“新型政党制度”这一“中国特色的制度安排”中。2019年，习近平强调“要发挥人民政协作为实行新型政党制度重要政治形式和组织形式的作用”[3]。新时代以来，人民政协作为在国家政治体制中专门进行政治协商的组织和机构，展现了其靠政治影响力在国家治理体系中独特的优势，转化为国家治理效能中实现话语的独特建构。

---

[1] 习近平．习近平谈治国理政：第三卷［M］．北京：外文出版社，2020：293．

[2] 习近平．习近平谈治国理政：第三卷［M］．北京：外文出版社，2020：296．

[3] 习近平．习近平谈治国理政：第三卷［M］．北京：外文出版社，2020：297．

2.“凝聚共识”优势话语的提出

新时代人民政协在坚持三项职能优势基础上建构“凝聚共识”优势话语。在2018年的全国政协新年茶话会上，习近平总书记提出要把“凝聚共识”作为人民政协履职工作的中心环节。在庆祝中国人民政治协商会议成立70周年大会上，习近平总书记进一步提出，人民政协要“提高政治协商、民主监督、参政议政水平，更好凝聚共识”[1]。表明新时代党的历史使命的实现，必须把凝聚共识作为人民政协的重要职能以能够充分发挥其所具有的广泛凝聚团结力量的优势。2020年5月，全国政协十三届三次会议提出要加快推动人民政协“成为坚持和加强党对各项工作领导的重要阵地、用党的创新理论团结教育引导各族各界代表人士的重要平台、在共同思想政治基础上化解矛盾和凝聚共识的重要渠道”[2]。明确指出了人民政协凝聚共识的优势是不仅能够转化党的主张为社会共识、在人民群体中传播共识以厚植治国理政根基，而且能够求同存异、聚同化异，广泛地凝聚海内外中华儿女实现中华民族伟大复兴中国梦的最大政治共识和正能量，在润物无声中不断增进人们内心对制度优势的深刻认同，从而形成制度优势共识，扩大人民政协制度优势话语体系的影响力。

3.“中国共产党领导”话语的意义提升

党的十八大以来，人民政协制度还在对“中国共产党领导”意义提升的过程中充分彰显同心同向的政治优势。2013年，贾庆林提出了“两个根本”，指出确保人民政协事业发展的正确方向的主要经验就是始终坚持党的领导，“一部人民政协史，就是参加人民政协的各党派团体和各族各界人士在中国共产党领导下的团结奋斗史”[3]，论述了坚持和加强党的全面领导是人民政协的光荣传统和独特优势。党的十九大提出了“中国共产党领导是中国特色社会主义最本质的特征和中国特色社会主义制度的最大优势”这一重要论断，“中国共产党领导”的话语实现了意义上的提升。[4]党的领导优势位居各种制度显著优势之首，因而坚持党的领导成为人民

[1] 习近平．习近平谈治国理政：第三卷［M］．北京：外文出版社，2020：295．

[2] 中国人民政治协商会议第十三届全国委员会第三次会议政治决议［N］．人民日报，2020-05-28（4）．

[3] 中共中央文献研究室．十八大以来重要文献选编：上［M］．北京：中央文献出版社，2014：163．

[4] 习近平．决胜全面建成小康社会 夺取新时代中国特色社会主义伟大胜利——在中国共产党第十九次全国代表大会上的报告［N］．人民日报，2017-10-28（1）．

政协制度最大的优势，同时也是人民政协这一制度安排和政治组织最本质的特征。2018年，中共中央印发的《关于加强新时代人民政协党的建设工作的若干意见》是中华人民共和国成立以来首个系统全面论述加强人民政协党建工作的专门文件，为人民政协党的建设的发展方向提供了根本遵循，明确要求加强新时代人民政协党的建设。[1]坚持党对人民政协领导的制度在新时代实现了内在意义的提升，同时也切实增进了我们对人民政协制度所具有的坚持党的领导政治优势的理解和把握。

总之，人民政协制度优势话语建构作为马克思主义中国化话语建构的重要组成部分，其概念生成和话语定型，经历了一个逐渐演化的过程，并且在这一过程中，中国共产党在充分借鉴不同文明的有益成果上，提出了许多具有一定原创性的概念与具有鲜明中国特色的话语和命题，充分表现出党以概念话语形式引导思想解放和行动转化的政治自觉与行动自觉，不仅有利于全面发展完善人民政协制度优势话语体系，而且有助于打破制度优势话语中的“西方中心主义”，呈现和表达中国声音和中国故事。

董海军，华南师范大学马克思主义学院副教授、博士，广州市社会主义学院新型政党制度理论研究中心特约研究员。

邹娟婵，华南师范大学马克思主义学院助教。

本文刊于《云南社会主义学院学报》2021年第4期。

[1] 中共中央办公厅．关于加强新时代人民政协党的建设工作的若干意见［N］．人民日报，2018-10-15（1）．

浅谈建设高素质中国特色社会主义参政党的思考

雷慧敏

2013年2月6日，在中共中央举行的党外人士迎春座谈会上，习近平总书记首次明确提出了“各民主党派是同中国共产党通力合作的中国特色社会主义参政党”的重大论断，阐明了民主党派的时代特质和本质属性。这是对民主党派政党性质和政治地位的最新概括，也是对民主党派提出的新要求，充分体现了中共中央对多党合作的战略思考和科学谋划。因此，如何建设高素质中国特色社会主义参政党成为民主党派必须深入思考和探索的重要课题。

一、科学把握中国特色社会主义参政党的内涵和特征

中国特色社会主义参政党是对民主党派政党性质和政治地位作出的最新科学论断。从理论与实践、历史与现实角度来看，中国特色社会主义参政党的内涵和特征主要有以下四个方面的内容。

（一）在政治方向上，它是始终坚持中国特色社会主义道路、理论体系和制度的参政党

民主党派既是中国特色社会主义的亲历者、实践者，也是维护者、捍卫者。各民主党派都在章程中明确规定，要坚持中国特色社会主义道路，坚持中国特色社会主义理论体系，坚持中国特色社会主义制度。这是中国特色社会主义参政党的根本所在。

（二）在政党关系上，它是始终与中国共产党风雨同舟、密切合作的参政党

我国多党合作制度与西方国家的两党制、多党制的一个明显区别在于：各政党

之间不是相互竞争、倾轧，而是团结、协作。各民主党派与中国共产党有着共同的基础、共同的目标、共同的事业，是通力合作的亲密友党。各民主党派自觉接受中国共产党的领导，围绕重大决策部署出主意、想办法，本着实事求是的态度提意见、作批评，互相学习、互相支持、互相促进。这是中国特色社会主义参政党的特色所在。

（三）在目标追求上，它是始终致力于中国特色社会主义事业的参政党

参政既体现了民主党派的性质，也反映了民主党派的职能和价值定位。各民主党派在国家政治生活中，无论是参与国家政权，还是参与国家大政方针和国家领导人选的协商，参与国家事务的管理，参与国家方针、政策、法律、法规的制定执行，并就事关国计民生的重大问题积极建言献策等，都是着眼坚持和发展中国特色社会主义。这是中国特色社会主义参政党的价值所在。

（四）在基本属性上，它是始终体现进步性与广泛性相统一的参政党

进步性与广泛性相统一，是民主党派的本质属性。这种进步性，是与民主党派积极参加中国共产党领导的建立中华人民共和国、建设中华人民共和国、发展中华人民共和国的历史伟业紧密联系在一起的；这种广泛性，是与各民主党派社会基础和自身特点联系在一起的，集中体现为各自所联系的一部分社会主义劳动者、社会主义事业建设者和拥护社会主义爱国者的政治联盟。进步性与广泛性相统一，这是中国特色社会主义参政党的优势所在。

二、建设高素质中国特色社会主义参政党对民主党派自身建设的新要求

2014年1月22日，在与各民主党派、全国工商联和无党派人士的“共迎新春座谈会”上，习近平总书记发表重要讲话时指出：“坚持和发展中国特色社会主义，要求中国共产党加强自身建设，也要求各参政党加强自身建设。希望同志们准确把握建设中国特色社会主义参政党的基本要求，继承优良传统，把握时代要求，不断提高政治把握能力、参政议政能力、组织领导能力、合作共事能力，努力把中国特色社会主义参政党建设提高到一个新的水平。”这是执政党对参政党的信任与厚

望，也对民主党派的自身建设提出了更新、更高的要求。

（一）要始终坚定政治共识

政治共识是凝聚中国力量的前提，也是巩固多党合作的基础。现阶段，执政党和参政党的政治共识就是中国特色社会主义。民主党派要按照建设中国特色社会主义参政党的要求，始终把凝聚政治共识作为首要任务，加强对中国特色社会主义理论体系的学习，加强对以习近平同志为核心的党中央一系列新思想、新观点、新论述的学习，进一步增强道路自信、理论自信、制度自信、文化自信，始终做到信念不移、立场不变、方向不偏。

（二）要充分发挥职能作用

作为中国特色社会主义参政党，民主党派在实现中华民族伟大复兴中国梦中的责任更加重大，舞台也更加宽广。民主党派要立足新起点，高标准要求，高水平履职。要着眼全局，紧扣中心，既关注经济社会发展中带有战略性、全局性、前瞻性的重大问题，又聚焦人民群众反映最强烈、最亟待解决的突出问题，多献睿智之言，多提务实之策。要突出民主党派“政党的政治优势，组织的系统优势，联系的广泛优势，成员的智力优势和利益的超脱优势”，全面发挥作用。

（三）要着力加强自身建设

民主党派作为接受中国共产党领导的参政党，要肩负起中国特色社会主义参政党的职责使命，学习借鉴中国共产党的成功经验，把自身建设作为一项重大工程，持之以恒地不断推进。在加强自身建设的工作实践中，民主党派要遵循“一个目标、两条主线、四个能力、四个建设”的原则。“一个目标”，就是以建设中国特色社会主义参政党为目标；“两条主线”，就是以政治方向建设和参政能力建设为主线；“四个能力”，就是提高政治把握能力、参政议政能力、组织领导能力、合作共事能力；“四个建设”，就是全面加强思想建设、组织建设、制度建设、作风建设。

三、建设高素质中国特色社会主义参政党的制约因素

建设高素质中国特色社会主义参政党关键在于民主党派要加强自身建设。当前，民主党派在自身建设中主要存在如下制约因素。

（一）民主党派理论研究较为薄弱

中国共产党作为执政党，在长期执政过程中，逐步形成了“建设什么样的党，怎么建设党”的理论体系，把执政党的建党学说提高到了一个新境界。相比之下，民主党派作为参政党，其理论研究还比较薄弱，目前尚处于初级阶段，“建设怎样的参政党、怎样建设参政党”，理论上还不成熟，这是参政党理论研究首先要解决的问题。

（二）民主党派成员的整体素质有待提高

一是思想呈现多样性。改革开放使中国社会发生了深刻变革，社会进入转型期，出现了经济成分、生活方式、组织形式的多样化，带来了人们在思想观念、思维方式和价值取向方面的变化。这些变化也反映到党派成员的思想上，呈现出思想多样性的特征。二是新生代民主党派成员存在着政治经验的相对欠缺，政治把握能力比较薄弱。对统战知识和民主党派的历史和职能了解不多，对中国共产党领导的多党合作制度缺乏正确的理解，对如何接受中国共产党的领导在认识程度上有着先天的不足。三是部分民主党派成员的政党意识不强，对履行民主党派的职能缺乏热情，制约着参政党整体功能作用的发挥。

（三）民主党派在开展各项活动中存在的问题

如民主党派经常举办报告会、研讨会、学习会、座谈会等学习活动，但关注较多的往往是活动的过程，忽略活动的效果；又如，民主党派在重要事件、重大活动中，能注意紧跟形势，抓住契机，但对深入成员思想实际的教育相对较少；再如，民主党派政治思想教育普遍存在形式较陈旧、手段较落后，忽视现代手段，信息传递和交流缺少有效途径；等等。

四、建设高素质中国特色社会主义参政党的思考建议

加强参政党建设是中国特色社会主义的内在要求，是发展中国特色政党制度的必然要求，是提高参政党参政能力的现实要求，也是加强执政党建设的客观要求。在新的历史时期，面对新的机遇和挑战，民主党派如何适应时代发展要求，建设高素质中国特色社会主义参政党？笔者认为可以从以下几方面入手。

（一）以思想建设为抓手，加强民主党派成员能力建设

1. 开展民主党派的理论研究

民主党派的理论研究，是中国共产党领导的多党合作和参政党实践发展的必然要求，是一个政党在政治上成熟的标志。民主党派要重视理论研究队伍的建设，充分发挥民主党派理论人员的作用，不断加强理论研究和探讨。在条件允许的情况下，成立一些参政党建设理论研究机构，开展征文活动，发动广大民主党派成员围绕“建设什么样的参政党”“怎样建设参政党”等问题，从参政党历史地位、政党理念、参政宗旨、参政环境、参政方式、参政机制等方面加强理论研究和探讨，不断丰富和完善包括多党合作和政治协商在内的相关理论体系。而且，要在参政党思想理论方面有所建树，不断发展参政党的建党学说。从思想上和理论上探索中国民主党派自身发展规律，建立参政党的建党学说。

2. 加强民主党派成员政党意识的教育培养

政党意识是政党政治纲领的具体体现，在政党的活动和发展中具有重要的地位和作用。民主党派的政党意识是指民主党派成员对本党派的性质、宗旨、政治地位及历史责任以及党派的纲领和任务的自我认识，是民主党派成员政治觉悟和党性的集中体现。民主党派政党意识是党派的灵魂，是维系成员的精神纽带，对党派成员起着凝聚力量和发动号召作用。民主党派作为中国特色社会主义参政党，其政党意识主要包括两方面内容：一是坚持共产党领导、多党合作，走中国特色社会主义政治发展道路的意识；二是充分发挥民主党派的参政议政和民主监督职能作用的意识。要利用多种形式，采取灵活多样的方法，引导广大民主党派成员充分认识我国政党制度的历史特点和优越性，明确中国特色社会主义参政党所处的地位、历史使命，不断深化对民主党派性质、地位、作用和使命的认识，为正确履行参政党职能提供保证，为巩固多党合作的政治格局奠定坚实的思想基础。

3. 将思想教育寓于活动之中

开展丰富多样的活动，在实践中提高自身素质，寓教于学、寓教于情、寓教于乐。活动形式要多、内容要新、效果要好。活动要尽量使民主党派成员乐于参与、便于参与，有渗透力、有凝聚力，要为他们营造良好的精神氛围，以形式多样的活动促进民主党派成员思想进步，使他们的心灵得到净化和升华，为提高民主党派成员“四个能力”提供有力的思想保障。

（二）以参政议政为重点，切实履行参政党职能

参政议政是民主党派的重要职能，也是多党合作的重要内容，更是建设高素质中国特色社会主义参政党的基本要求。因此，民主党派要以参政议政为重点，切实履行参政党职能。民主党派要组织党派成员认真开展社会调查，广泛收集社情民意，注重上下结合和内外协作，在进行充分科学论证的基础上，提出有针对性和有建设性的意见、建议，并通过一定的组织程序向党委和政府反映。在开展参政议政中，可以运用以下方法：一是把握四个“度”，站在“政治责任感”的高度，保持“出主意、想办法”的热度，掌握“帮忙不添乱”的尺度，锤炼“能否被采纳”的大度；二是突出三个“围绕”，围绕改革、发展、稳定的大局，围绕人民群众的切身利益，围绕社会普遍关注的问题；三是注意四个“要素”，要言之有物，即要善于发现问题，揭露矛盾，要言之有据，即调查研究必须充分掌握第一手材料，要言之有策，即要拿出解决问题的办法，要言之有彩，即要提高文字能力，耐读耐看。从而，真正做到参政参到点子上，议政议到关键处。

（三）以素质为核心，加强民主党派组织建设

民主党派的组织发展应从长远的角度着眼，以政治认同感、综合素质、参政议政能力这三点作为组织发展对象的主要考察点，确保民主党派组织的健康发展。在实践操作中，要注意做好三个方面的工作。一要明确组织发展工作的目的性。要为参政议政服务，为扩大影响力、增强凝聚力服务，为构建人才队伍服务。二要在组织发展工作中吸纳多方人才，发展主攻专业领域专家，为自身参政议政工作进一步向广度、深度拓展提供人才基础。要将组织发展与培养后备干部结合起来，注意发展有参政议政能力、行政领导能力的优秀人才，夯实人才储备基础。三要规范组织发展程序、审批程序、协商程序，保持严肃性和一致性。

（四）以创新为手段，增强民主党派组织活力

1. 民主党派应丰富组织活动内容和形式，倡导组织生活由单一型向多样型、由封闭型向开放型转变，提高组织生活质量

通过内容新颖丰富、形式活泼多样的组织生活，调动广大党员参加组织活动的积极性。开展活动要做到三个“结合”，即与参政议政和反映社情民意相结合，与社会服务工作相结合，与重要节日庆祝活动相结合。通过内容丰富的活动，让民主党派成员充分展示自己的风采，发挥各自的专长，也为民主党派成员提供互相学

习、互相交流、互相帮助、共同提高的机会。

2. 民主党派应充分运用现代信息技术，提升民主党派组织的能力和活力

一是把现代信息技术、网络技术应用到民主党派的各项活动中，不断完善自身组织建设，实现组织管理技术和水平的升级换代，进而实现党派内的组织结构由松散到紧密联系的优化。通过优化组织结构，夯实参政议政的基础。同时，组织结构的优化也可以进一步增强参政党社会资源的汲取能力和整合能力，提升参政党在社会结构和政治体系中的影响力。二是逐步建立民主党派成员信息数据库，加强成员的动态管理。三是组建编辑队伍和特约信息员队伍，加强信息宣传工作。四是建好各级基层组织的网站，用好现有的各级基层组织的网站（页）和民主党派成员内部QQ群，充分运用信息化技术手段，增强舆论引导和对新兴媒体的运用；关注网络舆情，加强分析研究，提高应对化解能力。

3. 民主党派应鼓励成员积极参与基层社会管理工作，进一步拓展社会功能

民主党派作为中国特色社会主义参政党，要发挥其介于国家与社会、执政党与一般社会组织、政府和公民之间的这种组织优势，拓展其社会管理和社会纽带的社会功能。为了更好地拓展其社会功能，民主党派应鼓励其成员积极参与到基层社会管理工作中。一方面有助于民主党派有效协助执政党搞好国家和社会治理工作，为基层民主作出贡献；另一方面有助于民主党派增加信息的获取渠道，及时掌握党政部门决策的制定、实施情况和实施结果的第一手资料，有助于提高其参政议政的质量。

雷慧敏，广州市越秀区光塔街办事处妇联原副主席、社工师、经济师，民革广州市越秀区基层委员会委员，广州市社会主义学院新型政党制度理论研究中心特约研究员。

试论民主党派政党性质的演进

崔 珏

政党的性质取决于政党组织的社会基础、政治纲领和政治实践。我国各民主党派性质在民主革命时期、社会主义发展初期、改革开放新时期的社会发展变迁中，经历了从阶级联盟性质政党到政治联盟特点政党，再到政治联盟特点的参政党、中国特色社会主义参政党的演进过程。各民主党派政党性质的演进既与民主党派社会基础的变化、政治纲领的发展相关联，又在很大程度上受执政党指导思想、方针政策的影响，显现出中国参政党独具特色的发展历程。

一、阶级联盟性质的政党

各民主党派成立之初，在国共两大政党之间代表中间势力，其社会基础是民族资产阶级、城市小资产阶级和同这些阶级相联系的知识分子、爱国民主人士。其政治纲领主要是反帝爱国和要求民主，具有进步性。

1941年，由“三党三派”联合组成的民盟，“为国内在政治上一向抱民主思想各党派一初步结合”。后经过发展，盟内不仅包含中国青年党、国家社会党、第三党、乡村建设派、中华职业教育社、救国会，还吸纳了一些无党派民主人士，由“民主政团同盟”发展为“民主同盟”。民盟发布的《对时局主张纲领》包含贯彻抗日主张、实践民主精神、加强国内团结、督促并协助国民党抗战、确立国权统一、军队属于国家、厉行法治、尊重思想学术自由等十个方面。随后又发起两次民主宪政运动，成为抗战时期国共以外的第三方面政治力量。可见，民盟成立之初就是一个鲜明的阶级联盟性质的政党，政治基础是抗日救亡，争取民主。

从另一民主党派组织——民建的情况看，其创建者主要是民族工商业者和文教界知识分子，1945年12月，在重庆成立时，民建制定的政纲、组织原则和章程，体现了民族工商业者在战后谋求发展的强烈愿望。在成立宣言中，它以“平民”的立场和视角提出了政治、经济、社会建设的主张，并表明：“我们愿以纯洁平民的协力，不右倾，不左袒，替中国建立起来一个政治上和平奋斗的典型。”其《章程》总则第二条明确提出：“本会以团结各界思想进步行动踏实之分子，合力推进民主政治，并以互助方式发展各种有利建国之事业为宗旨。”[1]这表明组织的社会基础涵盖广大的中间阶级和阶层。

1949年新中国成立，新政权属于工人阶级、农民阶级、小资产阶级和民族资产阶级四个阶级联盟。各民主党派在政治上接受中共领导，参加新政协，参与创建中华人民共和国，成为阶级联盟性质的新民主主义政党。这在新中国成立初期各民主党派制定的章程中都有所反映。例如，1949年11月民盟一届四中全会上讨论通过的《中国民主同盟盟章》，是民盟成立以来的第一部正式章程，其中规定：“中国民主同盟是人民民主统一战线的一个组成部分，是一个以知识分子，特别是小资产阶级知识分子为中心的政治联盟。”[2]并表示以中国人民政治协商会议共同纲领作为自己的纲领，以团结广大的知识分子和开明的工商业者，走向进步，接受中共领导，在建立新中国事业中尽最大的努力。又如，1952年9月九三学社第二届全国工作会议扩大会议上通过的《九三学社章程》，第一条明确指出：“九三学社是以小资产阶级文教科学工作者为主要成分的阶级联盟的新民主主义政党，是中国人民民主统一战线的组成部分，以中国人民政治协商会议共同纲领为政纲，在中国共产党的领导下，团结并教育广大的文教科学工作者为彻底实现共同纲领而奋斗。”[3]

对于民主革命时期、新民主主义时期民主党派的性质，李维汉曾明确指出：“各民主党派均对一定的社会阶级或阶层，主要对民族资产阶级、城市小资产阶级和它们的知识分子，有不同程度的联系和代表性；但都是阶级联盟性质，不是单一阶级的政党。”[4]在回答中国民族资产阶级是否应该有一个单一阶级的政党时，周恩来更是一语中的：“这不是应该不应该的问题，而是由于客观条件的限制很难产生。”

二、政治联盟特点的政党

随着对农业、手工业、资本主义工商业社会主义改造基本完成，1956年我国宣

[1] 秦国生，胡治安．中国民主党派历史 政纲 人物［M］．济南：山东人民出版社，1990：360–369．

[2] 于刚．中国各民主党派［M］．北京：中国文史出版社，1987：476．

[3] 秦国生，胡治安．中国民主党派历史 政纲 人物［M］．济南：山东人民出版社，1990：772．

[4] 萧超然．中国多党合作与政治协商制度专题资料汇编［M］．北京：华文出版社，1998：226．

布进入社会主义建设时期。在社会主义改造过程中，各民主党派所代表的阶级、阶层也经历着深刻变化，知识分子成为工人阶级的一部分，原私营工商业者大部分成为劳动者。对于我国阶级状况、民主党派性质的重大变化，党的八大《中国共产党中央委员会向第八次全国代表的政治报告》明确指出："在社会主义改造完成以后，民族资产阶级和上层小资产阶级的成员将变成社会主义劳动者的一部分。各民主党派就将变成这部分劳动者的政党。"[1]大会根据我国阶级关系发生的根本变化，提出了共产党和民主党派"长期共存、互相监督"的八字方针。

1956年2月，中共中央政治局会议讨论通过并下发《关于知识分子问题的指示》。该指示确认了周恩来报告中对知识分子问题的分析定位，同时强调："知识分子的基本队伍已经成了劳动人民的一部分，在建设社会主义的事业中，已经形成了工人、农民、知识分子的联盟。"在同一时期召开的第六次全国统战工作会议上，李维汉对民主党派性质进行了比较详细的阐述。他指出："大多数民主人士和高级知识分子不但其政治立场起了根本性变化，而且他们中的许多人已经加入了工会，社会地位也起了根本变化，变成了工人阶级的一部分；资产阶级分子起了带决定性的变化；民主党派已成为为社会主义服务的、为社会主义工作的政治团体。"

然而，这些关于知识分子、民主党派的正确判断，由于1957年下半年以后出现反右斗争严重扩大化而没有落实。从反右到"文革"大约20年间，民主党派受到严重冲击。对民主党派性质的错误判断首先来自执政党方面，1957年8月《人民日报》社论指出"各民主党派在总的方面还是资产阶级性的政党，还没有成为真正为社会主义服务的政治力量"。[2]"左"的错误思想在民主党派党章修改中也直接反映了出来，一方面强调民主党派为社会主义服务的基本方向，另一方面则将自身定性为"资产阶级性的政党"。在1958年12月民革第四届全国代表大会通过的《中国国民党革命委员会章程》总纲中写道："就它的社会基础和多数成员目前的政治思想状况来看，它仍然是资产阶级性的政党，因而它的组织和成员必须进行根本改造，才能成为真正为社会主义服务的政党。"[3]团结、教育、改造成为民革组织和成员的重要任务。农工党在反右斗争扩大化中有不少领导和成员被错划为"右派分子"，1958年11月15日，农工党将全国干部会议改为第七次全国代表大会，在大会

---

[1] 薛启亮．中国民主党派史丛书　中国国民党革命委员会卷［M］．石家庄：河北人民出版社，2001：226．

[2] 各民主党派的严重任务［N］．人民日报，1957-08-29．

[3] 秦国生，胡治安．中国民主党派历史　政纲　人物［M］．济南：山东人民出版社，1990：46．

通过的《中国农工民主党章程》总纲部分也指出："目前，就它的主要社会基础和成员的政治思想状况来看，仍然是资产阶级性的政党。"要"对组织和成员进行社会主义根本改造，成为真正为社会主义服务的政治力量"[1]。这些对民主党派性质的错误判断，直接影响到民主党派在国家政治生活中的地位和作用。

改革开放后，中共首先对民主党派性质的认识问题拨乱反正。1979年6月，邓小平在全国政协五届二次会议的开幕词中指出："我国的社会阶级状况发生了根本的变化。我国工人阶级的地位已经大大加强，我国农民阶级已经是有二十多年历史的集体农民。工农联盟将在社会主义现代化建设的新的基础上更加巩固和发展。我国广大的知识分子，包括从旧社会过来的老知识分子的绝大多数，已经成为工人阶级的一部分，正在努力自觉地为社会主义事业服务"，"我国的资本家阶级原来占有的生产资料早已转移到国家手中，定息也已停止十三年之久。他们中有劳动能力的绝大多数人已经改造成为社会主义社会中的自食其力的劳动者"，"我国的各民主党派已经成为各自所联系的一部分社会主义劳动者和一部分拥护社会主义的爱国者的政治联盟，都是在中国共产党领导下为社会主义服务的政治力量"。通过分析中国社会阶级状况根本变化，科学阐明了社会主义时期民主党派的社会基础和性质。

1986年4月30日，中央统战部在对各民主党派性质进行说明时指出："各民主党派已经成为各自所联系的一部分社会主义劳动者和一部分拥护社会主义的爱国者的政治联盟，都是在中国共产党领导下，以社会主义劳动者为主体的、为社会主义服务的政党。"之前民主党派"为社会主义服务的政治力量"的表述发展为"政治联盟""为社会主义服务的政党"。

各民主党派在恢复组织活动的同时，通过召开全国代表大会修订章程，逐步纠正、完善对自身性质的表述。1979年，各民主党派修订章程，围绕国家工作重心的转移，提出了为现代化建设服务的任务，对政党性质的表述在突出各自主体界别的同时，一致明确为"一部分社会主义劳动者和一部分拥护社会主义的爱国者的政治联盟，是在中国共产党领导下的为社会主义服务的政治力量"。在1983年和1988年的章程中，几乎所有党派都将性质表述为"社会主义劳动者和拥护社会主义爱国者的政治联盟，是为社会主义服务的政党"。尤其是民进，1988年11月第六次全国代表大会修订的章程，提出："中国民主促进会是从事教育、文化、出版、科学和其他工作的知识分子组成的、致力于建设有中国特色的社会主义的政党，是中国共产

[1] 秦国生，胡治安．中国民主党派历史　政纲　人物［M］．济南：山东人民出版社，1990：632–633．

党领导的多党合作制中具有政治联盟特点的一个民主党派。”[1]较早在政党性质概括中提出“有中国特色的社会主义政党”“中国共产党领导的多党合作制”这些概念，体现了民主党派对组织特性的初步认识。

整个20世纪80年代，各民主党派章程对于自身性质的表述经历了“为社会主义服务的政治力量”到“为社会主义服务的政党”的变化，更出现了“中国特色社会主义政党”的表述，表明各民主党派的政党意识日益清晰、凸显。

三、政治联盟特点的参政党

中国各民主党派是中国政治土壤中发展起来的政党组织，是中国共产党领导的多党合作和政治协商制度框架中的重要组成部分。它们不是执政党，也不是在野党或反对党。1989年12月中共中央颁布的《关于坚持和完善中国共产党领导的多党合作和政治协商制度的意见》指出：“中国共产党是社会主义事业的领导核心，是执政党。各民主党派是各自所联系的一部分社会主义劳动者和一部分拥护社会主义的爱国者的政治联盟，是接受中国共产党领导的、同中国共产党通力合作、共同致力于社会主义事业的亲密友党，是参政党。”民主党派开始定位为“参政党”。

如果说“政治联盟”体现的是民主党派的社会基础，是其社会联系和利益代表的方面，那么“参政党”体现的便是功能属性，是民主党派在中国政治架构中的定位，即它们应发挥何种作用，与执政党、国家政权是何种关系。

我国实行多党合作制度，“参政党”的提出也是执政党与各民主党派协商讨论、一致认同的结果。这一概念逐步出现在20世纪90年代各民主党派制定的章程中。1997年各民主党派章程，大都明确规定民主党派是“同中国共产党通力合作，共同致力于社会主义事业的参政党”。在此基础上，增加了发挥参政党作用的内容：坚持“长期共存、互相监督、肝胆相照、荣辱与共”方针，参加国家政权，参与国家大政方针和国家领导人选的协商，参与国家事务的管理，参与国家方针、政策、法律、法规的制定执行。在国家政治生活中积极发挥参政议政、民主监督作用。

各民主党派从来不是群众性政党组织，中华人民共和国成立尤其改革开放后更是以知识分子为主体的政党组织。抗战时期因其反帝爱国、争取民主，是“团结、抗战、进步”的组织，社会主义时期是“团结、建设、进步”的组织，在维护社会和谐发展、推进中国特色社会主义政治建设中发挥独特的作用，是具有进步性的政党组

[1] 秦国生，胡治安．中国民主党派历史 政纲 人物［M］．济南：山东人民出版社，1990：500．

织。同时，各民主党派联系着社会不同阶层和群体，代表、反映他们的利益、愿望和诉求。对于改革开放以来社会结构变化中出现的新社会阶层和利益群体，各民主党派也有部分吸纳，有广泛的社会基础。对此，江泽民在2000年12月召开的全国统战工作会议上，肯定民主党派“一直具有进步性和广泛性相统一”的特点，强调“民主党派的进步性，是与它们积极参加我们党领导的建立中华人民共和国和建设中华人民共和国，实现中国的独立、统一、民主和富强的历史伟业紧密联系在一起的”。2002年11月召开的党的十六大报告中，将社会变革中出现的新社会阶层界定为“中国特色社会主义事业的建设者”。各民主党派社会基础也相应地从原来的“二者的政治联盟”发展为“三者的政治联盟”，即劳动者、建设者和爱国者的政治联盟。

2005年2月，《中共中央关于进一步加强中国共产党领导的多党合作和政治协商制度建设的意见》进一步完善了各民主党派性质的表述：“民主党派是各自所联系的一部分社会主义劳动者、社会主义事业建设者和拥护社会主义爱国者的政治联盟，是接受中国共产党领导、同中国共产党通力合作的亲密友党，是进步性与广泛性相统一、致力于中国特色社会主义事业的参政党。”

2007年，民盟、农工党、九三学社、台盟等党派将上述关于民主党派性质的新表述写入新修订的党章中，如《台湾民主自治同盟章程》总纲部分将台盟性质概括为：台湾民主自治同盟是由台湾省人士组成的社会主义劳动者、社会主义事业建设者和拥护社会主义爱国者的政治联盟，是接受中国共产党领导、同中国共产党通力合作的亲密友党，是进步性与广泛性相统一、致力于中国特色社会主义事业的参政党。民革、民盟、民进、农工党、致公党、台盟等党派则根据这些内容提出了自身建设的三个原则，即以坚持中国共产党领导与发扬社会主义民主、体现政治联盟特点、体现进步性与广泛性相统一为原则。

至此，民主党派政党性质的规定基本完善，从社会基础来看，民主党派是“三者”的政治联盟；从政党关系来看，民主党派是与执政党长期合作的政党；从政党功能属性来看，民主党派是参政党。

四、中国特色社会主义参政党

民主党派的性质问题，是中国政党制度理论和中国社会主义政党理论的基本问题。1989年，各民主党派参政党地位确立后，中国共产党对民主党派“参政党”的表述一直在不断深化和发展。2002年12月底，胡锦涛同志在走访各民主党派中央和全国工商联时提出“把民主党派建设成为同中国共产党亲密合作、能够经受住各种困难和风险的考验，致力于建设中国特色社会主义事业的参政党”。至2010年5月，中共中央统战部署名“佟一”的文章指出，民主党派“已成为中国特色社会主义参政党”。[1]8月12日，《人民日报》发表评论员文章《推进多党合作持续发展》，也沿用了各民主党派是“中国特色社会主义参政党”的表述。

2013年2月6日，习近平同志在党外人士新春座谈会上指出“各民主党派是同中国共产党通力合作的中国特色社会主义参政党”。[2]这一论断将中国特色社会主义与参政党结合在一起，是对各民主党派长期致力于社会主义事业的实践的总结，是对各民主党派政党性质和政治地位的现实状况的准确判断。

民主党派的性质是随着社会发展而发展变化的，其演进过程与民主党派社会基础的变化、政治纲领的发展相关联，又很大程度上受执政党指导思想、方针政策的影响。尤其是在政治属性上，各民主党派性质问题经历了由新中国成立初期的“新民主主义政党”“为社会主义服务的政治团体”到“资产阶级性的政党”的曲折过程，又经历了改革开放以后从“为社会主义服务的政党”“致力于中国特色社会主义事业的参政党”到“中国特色社会主义参政党”的不断深化。把各民主党派确立为中国特色社会主义参政党，既体现了时代特征，又肯定了民主党派的政党属性，揭示出中国特色社会主义与各民主党派的本质联系。

“中国特色社会主义参政党”的提出，对推动民主党派的发展具有理论价值与实践意义。中国特色社会主义参政党，意味着可以从多个层面认识今天的民主党派。第一，民主党派是政党。各民主党派都在党章中规定了所联系的阶层、群体，反映他们的意见和利益诉求。民主党派有明确的纲领、任务、目标，有稳定的全国性组织体系，有制度化的参与政治生活的权利和途径。第二，民主党派是中国特色的政党。各民主党派在中国的政治土壤中成长、发展起来，经历了追求爱国主义、民主主义，到与中共合作，坚持和发展中国特色社会主义道路。第三，民主党派是社会主义政党。民主党派在其政治纲领中都明确“高举中国特色社会主义伟大旗帜，坚持中国特色社会主义道路、理论体系和制度，遵循社会主义初级阶段的基本路线”[3]，表明各民主党派认同社会主义核心价值观、社会主义发展道路。民主党派开展参政议政、民主监督、政治协商也是在社会主义制度框架中进行的。第四，

[1] 佟一. 民主党派要致力于树立和践行社会主义核心价值体系［J］. 中国统一战线，2010 (4).

[2] 张烁，刘建生. 习近平同党外人士共迎新春［N］. 人民日报，2013-02-08 (1).

[3] 中国民主建国会章程［Z］. 2012.

民主党派是参政党。它们参加国家政权，参与国家大政方针和国家领导人选的协商，参与国家事务的管理，参与国家方针、政策、法律、法规的制定执行，在国家政治生活中开展参政议政、民主监督、政治协商。而明确我国民主党派具有政党的普遍性、社会主义的规定性、参政党的特殊性，有助于构建我国政党理论话语体系，增进理解与沟通，更好地宣传我国的政党制度，扩大我国政党制度的影响力。

在实践方面，从“服务”“致力于”社会主义的政党发展为“中国特色社会主义参政党”，民主党派作为政党组织的主动性提高。中国特色社会主义不仅是执政党的目标，也是参政党的追求。民主党派是发展中国特色社会主义的重要力量，也是中国特色社会主义制度中的重要组成部分。由此，民主党派在其章程中确定的“围绕加快完善社会主义市场经济体制、加快转变经济发展方式，努力促进中国特色社会主义经济建设、政治建设、文化建设、社会建设和生态文明建设的协调发展参政议政”等工作任务更具有合理性。[1]

中国特色社会主义参政党的提出，也为民主党派自身建设提出了更加明确的方向和目标。各民主党派必然按照中国特色社会主义参政党的要求，加强思想建设、组织建设、制度建设，不断提高政治把握能力、参政议政能力、组织领导能力、合作共事能力和解决自身问题的能力，履行好参政议政、民主监督、政治协商职能。此外，中国特色社会主义参政党建设，还应适应社会发展需要，注重政党社会功能开发。在现代社会政治舞台上扮演重要角色的政党组织，不仅是大多数国家政治系统运行的核心，而且对经济发展、社会和谐发挥着重要作用。民主党派参政党地位的确立，一方面是由于其历史贡献，另一方面是现实制度安排，今天更需要通过更有效地发挥积极作用来获得社会认可和支持。因此，要进一步发挥民主党派介于国家与社会、执政党与一般社会组织、政府与公民之间这种特定的组织优势，着重拓展其社会整合、社会管理和社会沟通的功能，增强利益综合和利益表达功能，协调关系，化解矛盾，促进和谐，协助执政党推进国家和社会治理现代化。

崔珏，广州市社会主义学院教授、新型政党制度理论研究中心主任。

本文刊于《中央社会主义学院学报》2016年第1期。

[1] 中国国民党革命委员会章程［Z］.2012.

民主监督的三维解读

徐映奇

“民主监督”这一特定的中国政治概念，从提意见到互相监督、从互相监督到民主监督、从民主监督到成为党和国家监督体系的中坚力量，一路走来，不断地发展完善，凝聚着中国共产党人的高超智慧，为世界民主政治的推进，提供了中国方案。中国特色社会主义进入新时代，为民主监督的进一步发展开创了新的时代，使得民主监督进入“双”新时代的发展阶段。

一、民主监督的含义：从西方语境到中国话语

监督（supervise）是对现场或某一特定环节、过程进行监视、督促和管理，使其结果能达到预定的目标，即监察、督促，与古代汉语的表述具有一致性。

把“民主”和“监督”组成一个词，在英文（西方政治学或马列经典著作）中表述为democratic supervision（民主的监督），这是一种同义词的反复。因为民主本身就是一种国家的制度安排，与权力的行使紧密相连，而监督也主要是针对权力的滥用而设，监督本身就是一种权力的行使，这样在西方语境中“民主的监督”便成了同义词的反复。列宁在《我们怎样改组工农检察院》和《宁肯少些，但要好些》[1]文章中，便直接使用“监督”或“检察”，而不使用“民主的监督”。如今，即便用英文democratic supervision作为关键词，通过百度、谷歌检索，结果几乎都是与中国相关的信息。可以说，“民主监督”已经一定程度上成为中国特定的政治概念。所以，在政治学上，“民主”“监督”“民主监督”都可以指与国家管理统治权力有关的监察和督促，是监督主体“人民（公民）”对监督客体“国家管理统治权力”的监察和督促，与国家制度密不可分。

[1] 中共中央马克思恩格斯列宁斯大林著作编译局．列宁专题文集：论社会主义［M］．北京：人民出版社，2009：361-380．

在中国，使用“民主监督”这一政治概念，从广义上来看，是指一切反映民意、代表人民群众行使权力对共产党的各级组织及党员、人民政府及其工作人员实施的监察和督促；从狭义上来看，特指人民政协、各民主党派和无党派人士的一项职能。通常我们都采用狭义的概念，认为民主监督是指非国家机关的组织和个人，运用宪法和法律赋予的权力，通过对执政党和国家机关及其工作人员的公务行为提出批评、建议、申诉、控告、检举等形式，对公共权力及其主体的行为进行的监察和督促，它不具有法律的强制性，但体现人民民主原则，包括人民政协的民主监督和民主党派的民主监督。当然，尽管政协民主监督和党派民主监督在性质、目的上存在一致性，但在监督主体、客体、内容、形式上存在着一定的差异性。

从性质上来看，2017年3月，中共中央办公厅印发了《关于加强和改进人民政协民主监督工作的意见》（以下简称《意见》），这是中共中央颁发的第一个关于加强和改进政协民主监督工作的专门文件。《意见》明确表述：人民政协民主监督是在坚持中国共产党的领导、坚持中国特色社会主义基础上，参加人民政协的各党派团体和各族各界人士在政协组织的各种活动中，依据政协章程，以提出意见、批评、建议的方式进行的协商式监督。2015年9月，中共中央颁发的《中国共产党统一战线工作条例（试行）》（以下简称《条例》）规定：民主党派和无党派人士的民主监督是指在坚持四项基本原则的基础上，通过提出意见、批评、建议的方式对中国共产党进行的政治监督。《意见》虽然把政协民主监督定位为“协商式监督”，但从性质来看，它与党派民主监督一样，都是政治监督，即都是在坚持中共领导为前提，通过提出意见、建议和批评进行监督，而非权力和法律的监督。

从目的上来看，政协民主监督的目的是协助党和政府解决问题、改进工作、增进团结、凝心聚力。党派民主监督的目的虽然在《条例》中没有专条规定，但在第十四条中指出：“中国共产党处于领导和执政地位，更需要自觉接受民主党派的监督。”尽管表述不一，但本质上一致，都是协助党和政府解决问题、改进工作、增进团结、凝心聚力。

就监督主体而言，政协民主监督中包含着以民主党派为主体的民主监督，党派民主监督也包含了民主党派在政协里面开展的民主监督，二者存在交叉性和相同性，也意味着二者在内容和渠道上不可避免地存在交叉和重叠。但是，二者的区别是主要的。一是监督主体的身份定位不同。政协民主监督的主体是政协委员，党派民主监督的主体是参政党。虽然党派是政协的参加单位和界别，党派成员在政协机构履行着民主监督的职能，但党派是以政协委员的身份来履行民主监督职能的，而党派民主监督是以政党的身份对执政党进行民主监督。因此，不能把党派界别委员在政协开展民主监督与党派对执政党进行的民主监督等同起来。二是监督主体的代表性不同。政协是爱国统一战线组织，政协委员的代表性几乎覆盖了社会各个阶层、各个行业、各个领域，因此政协民主监督主体的广泛性和代表性更加突出。而党派民主监督是政党互相监督的一个方面，党派民主监督主体的唯一性即政党性更加突出。

就监督客体（监督的对象）而言，党派民主监督的对象是中国共产党；政协民主监督的对象则有两类：一是贯彻执行党和国家重大方针政策和重要决策部署的党政部门及其工作人员；二是参加政协的单位和个人。

就监督内容而言，政协民主监督的内容包括："国家宪法法律和法规实施情况；党和国家大政方针、重大改革举措、重要决策部署贯彻执行情况；国民经济和社会发展规划、年度计划落实情况，财政预算执行情况；涉及人民群众切身利益的实际问题解决落实情况；国家机关及其工作人员遵纪守法、加强作风建设、密切联系群众、开展反腐倡廉等情况；政协提案、建议案和其他重要意见建议办理情况；参加政协的单位和个人贯彻统一战线方针政策、遵守政协章程、执行政协决议情况；党委交办的其他监督事项。"党派民主监督的内容没有专条规定，但《条例》通过规定党派民主监督的十种形式去反映它的监督内容。如第一种形式"在政治协商中提出意见和建议"，而《条例》规定"政党协商主要包括下列内容：中国共产党全国和地方各级代表大会、中央和地方各级党委的有关重要文件；宪法的修改建议，有关重要法律的制定、修改建议，有关重要地方性法规的制定、修改建议；人大常委会、政府、政协领导班子成员和人民法院院长、人民检察院检察长建议人选；关系统一战线和多党合作的重大问题"。显然，这些内容不在政协民主监督内容之列。

就监督的形式而言，2006年《中共中央关于加强人民政协工作的意见》规定了政协民主监督的五种形式："政协全体会议、常委会议、主席会议向党委和政府提出建议案；各专门委员会提出建议或有关报告；委员视察、委员提案、委员举报、大会发言、反映社情民意或以其他形式提出批评和建议；参加党委和政府有关部门组织的调查和检查活动；政协委员应邀担任司法机关和政府部门特约监督人员等。"《意见》对这五种形式进一步作了细化规定：一是会议监督。政协全体会议、常务委员会会议的大会发言应增加监督性内容比重，政协全体会议视情安排界别小组（联组）专题讨论监督性议题。政协常务委员会会议、主席会议、专题协商会、协商座谈会、对口协商会等应安排一定数量的监督性议题。根据议题安排，可邀请有关负责同志出（列）席会议、听取意见、互动交流。二是视察监督。对于涉及改革发展稳定重大问题的监督性议题，政协应根据每次监督任务组织委员视察团，深入实际、深入基层、深入群众，听取情况介绍，实地察看，座谈讨论，着重发现工作中的问题和不足，与有关负责同志交换意见，提出批评和建议，推动党和政府决策部署贯彻落实。三是提案监督。政协应组织政协委员和参加政协的各党派、各人民团体以及政协各专门委员会，通过提案提出意见、批评、建议，开展监督。在政协重点提案中应有民主监督性提案，由党委办公厅（室）、政府办公厅（室）、政协办公厅（室）共同交有关部门办理，党政及政协负责同志应加强督办。四是专项监督。政协要围绕法律法规实施和党委、政府重要工作落实确定专项监督议题，由政协办公厅（室）和专门委员会组织力量，开展监督性专题调研，抓住重点问题，深入一线明察暗访，摸准情况，分析原因，提出改进意见建议，必要时应持续跟踪监督。五是其他形式监督。党委和政府有关部门组织的调查、检查、听证等活动，应视情吸收政协委员参加。政协可应有关部门邀请，推荐特约监督员或组织民主监督小组。重视发挥政协社情民意信息、委员来信来访、委员举报和民主评议等在民主监督中的作用。各级政协要结合实际积极探索创新民主监督方式方法。加强人民政协民主监督同党内监督、人大监督、行政监督、司法监督、社会监督、舆论监督等监督形式的协调配合，更好发挥人民政协民主监督作用。

对于党派民主监督的形式，《条例》规定了十条："（1）在政治协商中提出意见和建议；（2）在党委主要负责人召开的专门会议上对党委领导班子及其成员提出意见和建议；（3）对党委党风廉政建设和反腐败工作提出意见和建议；（4）向党委及其职能部门提出书面意见和建议；（5）参加党委有关方针政策、重大决策部署执行和实施情况的检查，参加廉政建设情况检查、其他专项检查和执法监督工作；（6）受党委委托就有关重大问题进行专项监督；（7）民主党派成员、无党派人士中的人大代表在人大会议中提出意见和建议，参加人大及其常委会和各专门委员会组织的有关调查研究；（8）在政协召开的各种会议、组织的视察调研中提出意见，或者以提案等形式提出批评和建议；（9）对人民法院、人民检察院工作提出意见和建议；（10）担任司法机关和政府部门的特约人员参加相关监督检查工作。"仅第八条和第十条与政协民主监督形式相同，其余的则是有别于政协民主监督的特有形式。

总之，中国语境下的民主监督，就是政协民主监督和党派民主监督的总称，是中国特有的政治现象，是中国人民在中国共产党领导下的创造，凝聚的是中国人民的政治智慧。

二、民主监督的探索：从权力监督到政治监督

在中国共产党历史上，对于民主监督，无论思想理论，还是实践载体，都进行了卓有成效的主动探索，在理论与实践上不断完善，取得丰硕成果，使民主监督成了中国特有的政治现象。

就“监督”而言，1922年，陈独秀在《共产党在目前劳动运动中应取的态度》中指出：“共产党在联合战线中有两个重大任务：一是比其他党更要首先挺身而出，不怕牺牲，为劳动阶级的利益而奋斗；二是监督其他党，不使他们有利用劳动运动而做官发财的机会。”[1]从政党监督视角进行过理论探讨。在实践上，最早应追溯到1925年2月成立的首个地方纪律监察机构——中共广东区委监察委员会，这是基于陈公博、周佛海等相继违反党的纪律而动议建立的，为中共中央成立专门的纪律检查机构，提供了宝贵经验。1927年4月，在武汉召开的中共五大会议上，广东区委监委委员杨匏安介绍了广东成立区监察委员会的重要经验。为此，在王荷波、杨匏安等提议下，大会第一次选举产生了中央监察委员会。

而开创“民主监督”先河的，则是在1931年7月召开的鄂豫皖苏区第二次苏维埃代表大会上选举产生的“工农监察委员会”，同时还颁布了《鄂豫皖苏维埃政府工农监察委员会条例》。这比1931年11月中央苏区建立的工农检察人民委员部还要早4个月。鄂豫皖苏区“工农监察委员会每乡为3人，每区为5至7人，每县为11至13人。鄂豫皖苏区设立工农监察院，领导整个工农监察委员会工作，定额为20人至30人，候补酌量定若干人数”。各级工农监察委员会必须进行十七项工作，如经常参加苏维埃会议和各团体会议，督促执行上级苏维埃的法令和决议；清算苏维埃政府合作社、经济公社以及各机关的账目，切实预算和决算；监委在工作上要动员广大群众，特别是贫农团、工会，帮助政治保卫局和监委本身工作；调查各地方分配土地情形，有无徇私舞弊或阻碍分配土地行为；深入群众，从谈话中调查群众对革命的主张意见等。如发生徇私舞弊等现象，开除其委员职务，在群众面前声讨其罪恶，以至交法庭按法审判。可以看出，监察委员会的主要工作涉及作风建设、群众

[1] 苏杭．陈独秀与中共二大［J］．党的文献，2013（1）：82．

路线、经济审查、自身建设等诸多方面。

到了延安时期，中国共产党在陕甘宁边区、晋察冀等地区局部执政，便开始探索让人民当家作主来监督政府，从而跳出王朝兴衰更替历史周期率的新路。《陕甘宁边区施政纲领》规定：“人民则有无论何种方式控告任何公务人员非法行为之权利。”1943年4月，《陕甘宁边区政纪总则草案》规定：“凡政务人员，对政府工作或负责人员，有建议和批评之权利”，“各下级政府或政务人员，如接得人民向上级政府控告的诉状，特别是控告政务人员的诉状，须随时负责转呈上级政府，不得有任何阻难，亦不得置之不理。”1941年11月修正通过的《陕甘宁边区各级参议会选举条例》第十六条规定，各级参议员在任期内如有不称职的，得由该级议员选举之法定人数十分之一以上的选民提议，经由该选举单位投票免之。

也就是在这一时期，中国共产党又进一步提出了党外人士“民主监督”思想。1938年，毛泽东在谈到抗日民族统一战线的互助互让原则时，就指出相互“规过”，是朋友间的美德，也是友党间应该提倡的作风。友党“规过”便是一种监督。1941年11月，毛泽东在《陕甘宁边区施政纲领》发布会上说：“共产党员必须倾听党外人士的意见，给别人说话的机会，别人说得对，我们应该欢迎，并要和别人的长处学习；别人说得不对的，也应该让别人说完，然后慢慢加以解释，国事是国家的公事，不是一党一派的私事。因此，共产党只有对党外人士实行民主合作的义务，而无排斥别人、垄断一切的权利，共产党是为民族、为人民谋利益的政党，它本身决无私利可图，它应该接受人民的监督，而决不应该违背人民的意旨，它的党员应该站在民众之中，而决不应该站在民众之上。”据此建立的“三三制”民主政权，即在参政会中，代表人员为中共党员大体占三分之一，中间分子和其他分子大体各占三分之一，更是中共坚持与党外人士合作，推进民主监督的实践。如党外人士李鼎铭以提案形式提出的精兵简政建议，得到毛泽东的支持，被认为是“改进机关主义、官僚主义、形式主义的对症药”。可以说，精兵简政的民主监督开创了党外人士“民主监督”的先河。

中共历史上，第一次将“民主”与“监督”联系在一起，是在1945年6月，毛泽东与黄炎培关于“历史周期率”的著名讨论，毛泽东认为：“我们已经找到新路，我们能够跳出这个周期率。这条新路就是民主。只有让人民来监督政府，政府才不敢松懈。只有人人起来负责，才不会人亡政息。”民主本义是一种国家制度，是与国家权力相关的制度安排，人民（公民）有权通过一定形式行使权力，监督国家权力机关。所以，毛泽东所说的民主就是人人起来负责，人民起来监督政府，

"民主""监督"都是人民对权力的监督形式，即权力监督，包括建议权、批评权和罢免权。

基于此，新中国成立初期人民政协代行国家权力机关，在《中国人民政治协商会议共同纲领》第十九条中规定："在县市以上的各级人民政府内，设人民监察机关，以监督各级国家机关和各种公务人员是否履行其职责，并纠举其中之违法失职的机关和人员。"当然，此时党派监督作用的确定，同样基于权力监督的考虑。如1950年第一次全国统战工作会议，确定了民主党派"参、代、监、改"作用，"监"就是监督执政党和政府的工作。不过，一些学者就此认定，这是日后作为党派一项职能的民主监督的开始，值得商榷，因为此"监"（权力监督）非彼"监"（政治监督），二者存在本质上的区别。作为党派职能的政治性的民主监督，是随着一届全国人大召开政协性质和"三大改造"完成党派性质发生变化后，毛泽东开始探索"互相监督"时才开始的。

1954年9月，第一届全国人民代表大会召开后，人民政协不再代行人大的职责，性质、职能发生变化，成为统一战线组织，不具有国家权力机关监督、检查、质询、弹劾的权力。政协的作用，在于广泛联系各方面的人民群众，充分反映他们的意见和批评、建议，以利于党和政府集中正确意见，及时发现和纠正工作中的缺点和失误。

政协性质职能的这一变化，伴随着1956年底社会主义改造基本完成后党派性质的重大变化，监督、民主的相关内涵，由新中国成立初期的权力监督，逐渐转变成政治监督。1956年4月，毛泽东在《论十大关系》中提出中国共产党和民主党派的关系是"长期共存、互相监督"。在论述党和非党的关系时，明确表示不赞成苏联共产党的一党制。认为："究竟是一个党好，还是几个党好？现在看来，恐怕是几个党好，不但过去如此，而且将来也可以如此，就是长期共存，互相监督。"同年6月，李维汉在全国人大一届三次会议上所作的《巩固和扩大人民民主统一战线》发言中指出："中共中央已经提出了共产党和民主党派长期共存、互相监督，首先是对共产党起监督作用的方针。"李维汉强调，这个方针的提出，就是再次宣告，同党外人士实行民主合作，是共产党的一条"固定不移"和"永远不变"的原则。李维汉的解读，把"监督"和"民主"进行结合，但是已经明显开始去"权力化"了。1957年2月，毛泽东在最高国务会议第十一次会议上作了《关于正确处理人民内部矛盾的问题》的讲话，对监督的必要性和原则进行了阐述："各党派监督的事实，也早已存在，就是各党派提意见，作批评。所谓互相监督，当然不是单方面的，共产党可以监督民主党派，民主党派也可以监督共产党，为什么要让民主党派监督共产党呢？这是因为一个党同一个人一样，耳边很需要听到不同的声音。大家知道，主要监督共产党的是劳动人民和党员群众。但是有了民主党派，对我们更加有益。当然，各民主党派和共产党相互之间所提的意见，所作的批评，也只有在合乎我们在前面所说的六条政治标准的情况下，才能够发挥互相监督的积极作用。”[1]同年4月，邓小平在西安干部会上提出“共产党要接受监督”的重要思想。认为监督来自三个方面，一是党的监督，二是群众的监督，三是民主党派和无党派民主人士的监督。他指出：“共产党总是从一个角度看问题，民主党派就可以从另一个角度看问题，出主意。这样，反映的问题更多，处理问题会更全面，对下决心更有利，制定的方针政策会比较恰当，即使发生了问题也比较容易纠正。”这里已经可以看出毛泽东、邓小平把权力监督和政治监督明显区分开来，政协、党派的这种监督是政治监督而不是权力监督。毛泽东提出了“长期共存，互相监督”的方针，基本是把监督作为民主党派对共产党提出意见、批评的政治监督。但这种监督性质的变化并不是把政治监督与国家权力完全割裂，而是依然与社会主义民主密切相关。

把“民主”和“监督”组成一个词，即“民主监督”，第一次正式使用是在1980年12月中共中央办公厅转发的《全国统战部长座谈会纪要》中，把它作为政协的主要任务提出来的，“政协是我国政治体制中贯彻社会主义民主，实行互相监督的重要形式，它的主要任务应当是实行政治协商和民主监督”。1982年，中共十二大正式将“长期共存，互相监督”八字方针发展为“长期共存、互相监督、荣辱与共、肝胆相照”十六字方针。据此，1982年12月通过的政协章程，对民主监督作为政协的主要职能进行了完整的表述，“民主监督是对国家宪法、法律和法规的实施，重大方针政策的贯彻执行、国家机关及其工作人员的工作，通过建议和批评进行监督”等内容。至此，中国特色政治语境下的作为政治监督性质的“民主监督”正式形成。

随后，作为“政治监督”性质的“民主监督”应用到了民主党派上。1989年，中共中央下发《关于坚持和完善中国共产党领导的多党合作和政治协商制度的意见》，规定：“发挥民主党派监督作用的总原则是：在四项基本原则的基础上，发扬民主，广开言路，鼓励和支持民主党派与无党派人士对党和国家的方针政策、各

[1] 毛泽东．毛泽东选集：第五卷［M］．北京：人民出版社，1977：388–395．

项工作提出意见、批评、建议，做到知无不言，言无不尽，并且勇于坚持正确的意见。”作为政治监督（民主监督）性质的三种表现形式，意见、批评、建议完整提出，并沿用至今。至此，中国特色政治概念的政治性“民主监督”，开启了“人民政协民主监督”和“民主党派民主监督”两种形式的发展路径。

1993年，八届全国人大一次会议通过宪法修正案：中国共产党领导的多党合作和政治协商制度将长期存在和发展，民主党派的政治定位上升为国家意志，党派民主监督有了合法依据。

1994年3月，中国人民政治协商会议第八届全国委员会第二次会议通过了《中国人民政治协商会议章程（修正案）》，把参政议政列入政协的主要职能，进一步明确政治协商、民主监督以国家和地方的大政方针、重大问题为中心议题，以各级领导机关为具体对象，以会议为主要形式，并依据一定的程序和规则进行。1995年1月，《政协全国委员会关于政治协商、民主监督的暂行规定》修订为《政协全国委员会关于政治协商、民主监督、参政议政的规定》，在中国人民政治协商会议第八届全国委员会第九次会议上正式通过施行，政协民主监督更具操作性。

2000年12月，江泽民在全国统战工作会议上指出：“特别是要完善民主监督机制，畅通下情上达的渠道，加大民主监督力度。”胡锦涛在十六届四中全会上诚恳地说：“真诚接受民主党派监督，巩固同党外人士的联盟。”2006年7月，胡锦涛在全国统战工作会议上的讲话强调，既要重视做好民主党派的思想引导工作，又要真诚接受他们的民主监督。2005年，《中共中央关于进一步加强中国共产党领导的多党合作和政治协商制度建设的意见》（中发〔2005〕5号文）指出：由于中国共产党处于领导和执政地位，更加需要自觉接受民主党派的监督，要保护民主党派和无党派人士民主监督的政党权利，文件还明确民主监督的内容和形式，民主党派民主监督有了明确受保障的制度条文。2006年，《中共中央关于加强人民政协工作的意见》更是首次明确提出，“人民政协的民主监督是我国社会主义监督体系的重要组成部分，是在坚持四项基本原则的基础上通过提出意见、批评、建议的方式进行的政治监督。它是参加人民政协的各党派团体和各族各界人士通过政协组织对国家机关工作及其工作人员的工作进行的监督”。

自中国特色政治语境下的作为政治监督性质的“民主监督”正式形成，“人民政协民主监督”和“民主党派民主监督”两种民主监督形式的发展路径开启以来，中共中央这一系列的文件表明，中国共产党实现了民主监督从方针政策到制度安排的创新，丰富了马克思主义政党与政治学说，创立了既符合又适合中国国情的民主政治制度和具有中国特色的新型政党制度。

三、民主监督的地位：从思想认识到政治体系

从上述中国共产党民主监督理论与实践的探索进程中可以看出，始于中国共产党成立之初的1922年，陈独秀对于“监督”的思想认识，止于2006年《中共中央关于加强人民政协工作的意见》首次明确提出民主监督是我国社会主义监督体系的重要组成部分，80多年间，民主监督的地位随着探索的步步深入，逐渐提升，由一般性的思想认识嵌入现行的政治体系。

促成民主监督地位提升的转折性事件，就是1982年的《中国人民政治协商会议章程》（以下简称《章程》）。《章程》首次提出人民政协的民主监督功能，指出，政协是“是我国政治生活中发扬社会主义民主的一种重要形式，……对国家的大政方针和群众生活的重要问题进行政治协商，并通过建议和批评发挥民主监督作用”，并且认为这种监督不同于人民代表大会的监督。人民代表大会运用国家权力实行监督，具有法律的约束力。人民政协的监督不具有国家权力的性质，没有法律约束力，是一种民主监督。在是否行使国家权力这一点上，人大和政协是根本不同的。但是，这种区别对于建设高度的社会主义民主来说，恰恰可以起到相辅相成的作用。人民政协实行民主监督的基本方式是建议和批评，协助国家机关改进工作，提高工作效率，克服官僚主义，则是民主监督的建设性目的。1984年，邓颖超在全国政协六届二次会议开幕词中首次把民主监督作为一个概念进行了解释：“民主监督，就是在共同政治准则的基础上，互相提意见，作批评。”总之，在厘清民主监督与人大监督关系的基础上，在政治体系中，确立了民主监督的合法性，批评了有了人大监督就不需要民主监督的错误观点，指明了民主监督的方向，开辟了民主监督的政治空间，奠定了民主监督内容和形式的基础。

民主监督在明确政治体系定位、取得合法性后，便在中国的政治空间中迅速发展。1989年，中共中央下发《中共中央关于坚持和完善中国共产党领导的多党合作和政治协商制度的意见》，规定了发挥民主党派监督作用的总原则。同年，《政协全国委员会关于政治协商、民主监督的暂行规定》明确提出了民主监督的内容和形式：主要对象是“国家机关及其工作人员”，重点是“国家宪法与法律法规的实施情况，中共中央与国家领导机关制定的重要方针政策的贯彻执行情况，国民经济和社会发展计划及财政预算执行情况”，以及“参加政协的各单位和个人遵守政协章

程和执行政协决议的情况”。核心是维护国家权力的依法运行和国家大政方针政策的正确贯彻实施。形式有“政协全国委员会的全体会议、常务委员会议或主席会议向中共中央、全国人大常委会、国务院提出建议案”。这里虽然没有明确指出，但实际上已经把民主监督纳入了社会主义监督体系。直到2006年《中共中央关于加强人民政协工作的意见》首次作出规定，民主监督才正式成了我国社会主义监督体系的重要组成部分。

民主监督融入政治体系，发挥应有作用，需要强化民主监督的制度化、规范化和程序化建设。

中共十八大以来，着力加强监督以推动社会主义民主政治的发展，实现国家治理体系和治理能力现代化。2012年，党的十八大报告强调要“加强党内监督、民主监督、法律监督、舆论监督，让人民监督权力，让权力在阳光下运行”。2013年，中共十八届三中全会通过的《中共中央关于全面深化改革若干重大问题的决定》强调，要“健全民主监督、法律监督、舆论监督机制，运用和规范互联网监督”。2015年，中共中央颁发《关于加强政党协商的实施意见》，将政党协商作为中国共产党领导的多党合作和政治协商制度的重要内容，指出民主监督作为社会主义协商民主体系重要组成部分，标志着党派民主监督工作走向制度化、规范化的道路。2015年《中国共产党统一战线工作条例（试行）》规范了民主党派民主监督的十种形式，对民主监督的内容、形式和机制完善等方面加以充实和完善。

2016年《中国共产党党内监督条例》规定：“中国共产党同各民主党派长期共存、互相监督、肝胆相照、荣辱与共。各级党组织应当支持民主党派履行监督职能，重视民主党派和无党派人士提出的意见、批评、建议，完善知情、沟通、反馈、落实等机制。”2016年启动了各民主党派中央对精准扶贫的专项监督。为加强民主监督，2017年中共中央办公厅印发《关于加强和改进人民政协民主监督工作的意见》，强调“参加人民政协的各党派团体和各族各界人士在政协组织的各种活动中，依据政协章程，以提出意见、批评、建议的方式进行协商式监督”。民主监督的制度安排日趋合理，便于操作，更加完善。

中共十九大报告指出：“构建党统一指挥、全面覆盖、权威高效的监督体系，把党内监督同国家机关监督、民主监督、司法监督、群众监督、舆论监督贯通起来，增强监督合力。”2018年3月，第十三届全国人民代表大会第一次会议通过了《中华人民共和国监察法》，中华人民共和国国家监察委员会是最高监察机关。国家监察体制改革是建立中国特色监察体系的创制之举，中共中央从全面从严治党出发，将国家监察体制改革纳入全面深化改革总体部署，积极推进改革及试点工作并取得重要阶段性成效，在此基础上使改革实践成果成为宪法规定，具有坚实的政治基础、理论基础、实践基础和充分的法理支撑。

从中共十九大报告、宪法修正到《中华人民共和国监察法》的实施，中国特色社会主义监督体系建设，按照坚持中国共产党统一指挥的保障力量，发挥国家机关监督、民主监督、司法监督的中坚力量，夯实群众监督和舆论监督的基础力量整体推进，正日益彰显政治效能。可以预见，民主监督上升为党和国家监督体系中的一支中坚力量，融入现行政治体系后，必将影响整个政治体系的运转，改变整个政治体系的权力结构和运作方式，成为一支保障中国整个政治体系在人民民主的轨道上运转，推动人民民主深化和实践的重要力量。

总之，考察民主监督从"监督"到"民主监督"概念的深化，从权力监督到政治监督性质的演变，从思想认识到政治体系地位的提升，可以更加全面地了解中国特色的政党制度。作为中国基本政治制度的中国共产党领导的多党合作和政治协商制度，其形成的历史其实就是中国共产党处理党派关系的历史，而处理党派关系的历史与逻辑起点，便是各党派之间的监督问题。中国共产党在从监督、互相监督、民主监督的理论与实践探索中，取得了丰硕的民主监督理论成果和实践经验，使中国共产党领导的多党合作和政治协商制度更加完善。据此而形成的新型政党制度，不仅拓展了世界政党制度的实践发展路径、打破了世界政党政治的西方话语霸权，而且创造了世界民主政治的崭新实现形式。

徐映奇，广州市社会主义学院副教授、新型政党制度理论研究中心副主任。

本文刊于《广州社会主义学院学报》2019年第1期。

我国民主党派民主逻辑演进与发展路径探析

孟凤英

在我国多党合作制度框架下，民主监督是民主党派和无党派人士的基本政治职能之一，是多党合作制的内在要求，也是社会主义政治文明的重要体现。分析民主党派民主监督的逻辑演进并探索其发展路径，不仅有利于坚持和完善中国特色政党制度，而且有利于推动民主党派的自身建设和中国梦的实现。

一、民主党派民主监督的逻辑演进

习近平总书记在中南海召开党外人士座谈会时强调，长期以来，各民主党派同中国共产党长期共存、互相监督，肝胆相照、荣辱与共，履行民主监督职能，在帮助中国共产党科学决策、民主决策、依法决策上作出了重要贡献。中国共产党作为执政党，必须虚心接受各民主党派监督。自此，民主党派民主监督问题成为统一战线和民主党派关注的热点问题。

“民主监督”是从西方传入的一个政治学词汇。在马克思著作中与西方政治学研究中的本义是一致的，即“民主的监督”（democratic supervision），是与国家管理统治权力有关的监察和督促。在当代中国统一战线话语体系中，民主党派民主监督是指民主党派“在坚持四项基本原则的基础上，通过提出意见、批评、建议的方式对中国共产党进行的政治监督”[1]。随着时代的发展进步，其内涵不断演进。

（一）新民主主义革命时期的合作革命

民主监督是我国民主党派的基本职能之一，也是具有中国特色的政党监督形式。这一形式源于近代中国新民主主义革命中中国共产党和各民主党派的共同

---

[1] 中共中央关于进一步加强中国共产党领导的多党合作和政治协商制度建设的意见［R］. 2005-02-18.

合作。

近代中国是中华民族遭受外来侵略、中华文明陷入全面危机的“三千年未有之大变局”。在外来侵略和西方文明的双重撞击下，近代中国面临争取民族独立、人民解放和实现国家富强、人民幸福这两项历史任务。这两项任务紧密交织，第一项任务是第二项任务实现的前提条件。因此，通过革命方式争得民族独立和人民解放，成为近代中国发展的主题。面对艰巨的革命任务，中国共产党和各民主党派毅然走上合作革命道路。1922年，陈独秀在《共产党在目前劳动运动中应取的态度》一文中指出：“共产党在联合战线中有两个重大任务：一是比其他党更要首先挺身而出，不怕牺牲，为劳动阶级的利益而奋斗；二是监督其他党，不使他们有利用劳动运动而做官发财的机会。”[1]从历史进程来看，民主党派民主监督与中国共产党和各民主党派的合作进程几乎同步，特别是，在抗日战争时期民族矛盾成为主要矛盾的情况下，中国共产党与各民主党派同仇敌忾，既进行了很好的合作，也进行了互相监督。1938年，毛泽东谈到抗日民族统一战线的互助互让原则时指出，互助就不是互害，损人利己……凡无理的事必须以严正态度对待之，才是待己待人的正道。互相规过，是朋友间的美德，也是友党间应该提倡的作风。“规过”的实质就是监督。在抗日战争和人民解放战争期间，中国共产党与各民主党派通过国民参政会等组织形式发表意见，提出主张，既保持着同国民党的良好合作，又同国民党的独裁专制进行不懈的斗争，为取得新民主主义革命的胜利作出了积极贡献，它们之间的良好合作革命奠定了民主党派民主监督的逻辑基础。

（二）社会主义革命和建设时期的“长期共存、互相监督”的曲折发展

1949年，中国人民政治协商会议颁布的《中国人民政治协商会议共同纲领》指导了中华人民共和国政权的建立，也成为“规范和衡量全国一切党派、团体、个人的行为活动的共同准则”[2]。

面对建设新中国的艰巨任务，中国共产党和各民主党派继续团结合作，共同投身巩固新政权和恢复国民经济的伟大斗争。正如毛泽东所说，“我们同资本家、同各民主党派合作得很好，大家互相帮助，有了错误加以批评，共同进步。同时，

[1] 苏杭．陈独秀与中共二大［J］．党的文献，2013 (1)：82．

[2] 中共中央党史研究室．中国共产党历史：第2卷 (1949—1978)：上册［M］．北京：中共党史出版社，2011：16．

也采用自我批评的办法，各民主党派也进行自我批评……过去资本家很怕我们，各民主党派也有一些怕我们。经过了六年的时间，现在他们和我们的相互信任大为增强。过去他们不信任共产党，共产党也不那么信任他们。大家在一起工作，搞久了，常常见面，慢慢地就互相信任了”[1]。这种信任促进了社会主义改造的顺利完成和社会主义建设道路的开辟。为调动各方面积极因素，建设一个强大的社会主义国家，毛泽东在《论十大关系》报告中明确提出，“究竟是一个党好，还是几个党好？现在看来，恐怕是几个党好。不但过去如此，而且将来也可以如此，就是长期共存，互相监督”[2]。

“长期共存、互相监督”既是对多党合作的充分肯定和保障，也大大激发了民主党派民主监督的政治热情。特别是，在中国共产党衷心欢迎民主党派帮助整风的情况下，民主党派民主监督呈现出爆发式发展。“各方面人士在各种座谈会上和报刊上广泛而集中地对党的工作提出批评意见，这种局面新中国成立以来未曾有过。”[3]然而，民主党派民主监督的热情和信任面临考验。随着社会主义建设的快速推进，中国共产党改变了原来的设想，开始向社会主义急速迈进，党的领导方式和执政体制也发生了变化，党和国家政治生活的民主化进程中断，特别是反右运动的扩大化，以知识分子为主体的民主党派成员不仅在政治上受到严厉批判，在组织上、行政上也分不同情况进行了处理，民主党派民主监督不复存在。

（三）改革开放新时期的政治监督

改革开放是当代中国一次伟大的觉醒，在中国共产党和各民主党派的共同努力下，民主党派组织和工作陆续恢复，多党合作关系也逐步恢复和发展。党的十二大报告在总结多党合作历史经验的基础上，明确提出了“长期共存、互相监督、肝胆相照、荣辱与共”的多党合作基本方针，为民主党派民主监督提供了政治指导。2005年，中共中央颁布的《关于进一步加强中国共产党领导的多党合作和政治协商制度建设的意见》（以下简称《意见》）中明确指出，“中国共产党与民主党派实行互相监督。这种监督是在坚持四项基本原则的基础上通过提出意见、批评、建议的方式进行的政治监督，是我国社会主义监督体系的重要组成部分。”成为21世纪

[1] 毛泽东．毛泽东文集：第七卷［M］．北京：人民出版社，1999：5．

[2] 毛泽东．毛泽东文集：第七卷［M］．北京：人民出版社，1999：34．

[3] 中共中央党史研究室．中国共产党历史：第2卷（1949—1978）：上册［M］．北京：中共党史出版社，2011：443．

民主党派民主监督发展的指针。习近平总书记对民主党派民主监督高度重视。2013年初，他在同党外人士共迎新春时强调，要继续加强民主监督。对中国共产党而言，要容得下尖锐批评，做到有则改之、无则加勉；对党外人士而言，要敢于讲真话，敢于讲逆耳之言，真实反映群众心声，做到知无不言、言无不尽。要求中共各级党委主动接受、真心欢迎民主党派和无党派人士监督，切实改进工作作风，不断提高工作水平。在庆祝中国人民政治协商会议成立六十五周年大会上，习近平再次强调，要加强人民政协民主监督，完善民主监督的组织领导、权益保障、知情反馈、沟通协调机制。近年来，在中共中央的领导下，各民主党派纷纷组织相关人员奔赴全国各个地区进行“脱贫攻坚民主监督”大调研，有效协助地方党委和政府出谋划策，精准扶贫，取得了丰硕的成果，切实发挥了民主党派在国家政治生活中的监督作用。

二、多维度深化我国的民主党派民主监督

20世纪90年代以来，伴随着国际国内局势的变化，中共中央提出要加大民主党派监督力度，各级党委和政府要自觉接受监督。中共中央2005年《意见》和2015年《中国共产党统一战线工作条例（试行）》（以下简称《条例》）都强调，民主党派和无党派人士的民主监督是在坚持四项基本原则的基础上，通过提出意见、批评、建议的方式对中国共产党进行的政治监督，还明确了民主监督的十种形式，有效推动了我国民主党派民主监督的良性发展。但实践中仍存在民主监督的外部环境颇有局限、民主监督的意愿不够强烈、民主监督能力不足、民主监督的体制机制不健全等问题，在一定程度上制约了民主党派民主监督的成效。因此，习近平总书记强调指出：“要从制度上保障和完善民主监督，探索开展民主监督的有效形式。”[1]这为我们多维度深化民主党派民主监督指明了方向。

（一）从理念上深化对民主党派民主监督的政治认识

理念是支配人们行动的向导。深化民主党派民主监督，首先要从理念上深化对民主党派民主监督的政治认识。第一，民主党派民主监督是我国多党合作制的重要基石。多党合作制是中国共产党与各民主党派在中国革命、建设和改革的长期合作

---

[1] 朱虹．民主党派民主监督的创新与发展［N/OL］. (2017-07-26) . http://www.rm2x6.com.cn/c/2017-07-26/1679950.shtml .

实践中形成的一个政治命运共同体。民主党派作为友党和参政党，有责任、有义务利用自身优势和资源、履行民主监督职能，从高站位、大视角提出真知灼见，为中国共产党科学执政出智慧、出力量。第二，民主党派民主监督是我国政治监督体系的重要分子。当前，在我国政治监督体系中，主要有执政党的纪律监督、人民代表大会的立法与法院检察院的司法监督、政府机关的行政监督、政协和民主党派的民主监督等。其中，立法、司法行政监督是国家监督、权力监督，执政党的纪律监督、民主党派的民主监督是政党监督。当前立法、司法和行政监督作为权力监督的刚性作用不断增强，执政党的纪律监督作为党内监督其严厉程度也不断提高，民主党派民主监督“是我国政治体系内的一种纠错机制，也是一种社会反馈机制，其存在能使社会保持一定的弹性，使社情民意广泛及充分地得以表达，有利于执政党和政府及时了解情况和处理问题”[1]。唯有如此认识，才能真正发挥政党监督的作用，有效避免执政党的“权力真空”，促进人民民主的发展。第三，民主党派民主监督是我国民主政治建设的重要推力。社会主义民主政治的本质和核心就是人民当家作主。民主党派民主监督是公民有序政治参与的重要标志，对社会主义民主政治建设发挥独特的推动作用，表现在政治性、民主性和党派性三个方面。民主党派民主监督以党派为组织，开展高层次、有组织的政治活动，集政治性、民主性和党派性于一体，合力推进社会主义民主政治建设。

（二）从制度上深化民主党派在民主监督中的政治作为

制度具有稳定性、长期性和权威性。邓小平指出：“制度好可以使坏人无法任意横行，制度不好可以使好人无法充分做好事，甚至走向反面。”[2]因此，深化民主党派民主监督的政治作为，也要加强民主监督制度建设。第一，加强参与民主监督制度建设。2015年，《条例》第十四条规定了民主监督的十种形式，是执政党对民主监督的一种顶层设计，要使这些形式落实到位，保障民主党派参与民主监督，就要建立健全民主监督参与制度。第二，加强民主监督保障制度建设。民主党派民主监督是对执政党的政治监督，是非权力、非约束性的政党监督。因执政党在政治上话语权的强大，对民主党派民主监督内容可接受也可不接受，所以，要保障民主监督，一要保护制度，即保护民主党派开展民主监督不受干扰、不被打击报复，提出意见、建议和批评时不因为一些偏差而被追责的保护制度；二要采取信息公开制

[1] 张惠康．参政党民主监督功能研究［M］．北京：中共中央党校出版社，2011：17．

[2] 邓小平．邓小平文选：第二卷［M］．北京：人民出版社，1994：333．

度，即执政党和政府要通过党务、政务公开方式，让民主党派全方位了解执政党和政府工作，实现信息对称，民主党派才能有效监督；三要考察调研制度，即由统战部牵头定期组织民主党派成员围绕党委和政府有关议题开展考察、调研活动，让民主党派在了解更多社会实情的基础上更加有效监督。第三，加强民主监督组织制度建设。民主监督是民主党派三大职能中相对偏弱的一项，这与民主党派组织建设不够完善有关系。目前，民主党派各级组织基本没有民主监督的职能机构，也没有行之有效的常态化民主监督工作计划，更缺乏高素质、能力强的民主监督队伍，制约着民主党派的民主监督。因此，加强民主党派民主监督组织制度建设，一要设立民主监督的专门机构（民主监督部或处），配备专职人员，以党派名义积极开展民主监督活动；二要制订党派开展民主监督的年度计划，围绕党委、政府年度重大工作和重大事项安排，明确党派的年度监督内容、监督形式及时间安排；三要加强民主监督人才队伍建设，充分发挥其民主监督作用。

（三）从机制上深化民主党派民主监督的政治成效

民主党派民主监督体制直接关系民主监督的政治成效。鉴于民主党派民主监督中存在信息不对称、沟通不畅、反馈不到位的情况，我们应建立健全协作督办、工作问责、效益评估等机制。第一，建立健全协作督办机制。民主党派作为监督主体，要将在每次开展民主监督中所提出的意见、建议和批评进行归类建档制成“专报”，并安排党派专门机构或专职人员负责跟踪落实；党委和政府部门应当设立专门机构或专职人员负责收集、整理民主监督的意见、建议和批评并督促落实；民主党派和执政党的督办部门定期或不定期召开民主监督督办会，讨论、分析“专报”情况及问题，促进成果落实到位。第二，建立健全工作问责机制。针对一些民主党派组织和成员民主监督不积极、被监督机构不配合等情况，既要推进民主党派民主监督工作，也要建立民主党派上一级组织对开展民主监督工作不作为的下一级党派组织及相关领导人诫勉或警告，以及执政党上一级组织对在落实民主党派民主监督的意见、建议和批评中不作为、乱作为的下一级党组织和部门领导人诫勉或警告的制度，保障民主党派民主监督中提出的问题得到落实，确保民主执政、科学执政、依法执政。第三，建立健全效益评估机制。民主党派民主监督是民主党派与执政党联系互动的一种政治行为，也是中国民主政治良性运作的具体体现。因此，民主党派民主监督在政治生活中发挥多大作用、产生多大效益，需要科学的评估机制来保障和推进。主要评估民主监督的意见、建议和批评的时效性、针对性、可行性；落实民主监督的意见、建议和批评的进度、程度、深度；民主监督的意见、建议和批评给被监督部门工作带来的正能量等，并把效益评估结果纳入执政党和民主党派机关绩效考核内容，以此督促和鼓励相关职能部门认真做好此项工作。同时，邀请第三方评估机构和新闻媒体参与，让效益评估结果更具客观性、公正性、权威性，保障民主监督的政治成效。

孟凤英，广州大学马克思主义学院教授、广州市社会主义学院新型政党制度理论研究中心特约研究员。

本文刊于《世纪桥》2017年第12期。

关于党外人士政治引导的几个理论问题

李小宁

政治引导，即中国共产党对各民主党派、无党派人士和统一战线各方面成员所进行的政治引导，其目的是要使各方面党外人士在政治基础、政治原则、政治方向、政治立场等方面同中国共产党保持一致。对政治引导的理论探讨可以从两个方面着手：一方面是厘清政治引导的内涵；另一方面是研究怎样有效地进行政治引导，即当前对党外人士进行政治引导的重点和主要内容。

一、政治引导的内涵

讨论“政治引导”的内涵，涉及政治学和政治社会学的三个重要概念：第一个是“合法性”，第二个是“合法化”，第三个是“政治社会化”。

（一）合法性与合法化

“合法性”（Legitimacy）是政治学的核心概念之一，通常指统治者的权威被统治者所认可。“合法性”的思想源远流长。中国古代就有“水能载舟，亦能覆舟”的民本思想。西方近代启蒙思想家卢梭（J.J.Rousseau）也曾提出：“即使是最强者也决不会强得足以永远做主人，除非他把自己的强力转化为权利，把服从转化为义务。”[1]最早系统探讨“合法性”问题的是德国社会学家马克斯·韦伯（Max Weber），他把“合法性”定义为人民“自愿服从”的一种政治统治。[2]韦伯认为，任何形式的统治，只有当它被人们认为具有“正当”理由时，才为人们所服从，从而具有合法性。而所谓正当性，就是指对某种合法秩序的信念。韦伯在此基础上引申出权威的概念，并把权威分为三种理想类型：传统型权威、魅力型权威和法

[1] 卢梭 . 社会契约论［M］. 北京 : 商务印书馆 , 1980 : 12 .

[2] 韦伯 . 经济与社会［M］. 北京 : 商务印书馆 , 1997 : 239-241 .

理型权威。韦伯之后，“合法性”问题引起了政治学家和社会学家的广泛关注。美国社会学家帕森斯（Talcott Parsons）认为：合法性来自社会的价值规范系统，即社会的“制度模式根据社会系统价值基础被合法化”。[1]美国政治学家伊斯顿（David Easton）认为，政治体系的合法性主要来自成员的信仰，即相信政治当局、政治系统的典则符合他们心目中的“道义原则和是非感”，因而觉得服从当局、遵奉典则的要求“是正确的和适当的”。[2]美国政治学家阿尔蒙德（Gabriel Abraham Almond）提出：“如果某一社会中的公民都愿意遵守当权者制定和实施的法规，而且还不仅仅是因为若不遵守就会受到惩处，而是因为他们确信遵守是应该的，那么，这个政治权威就是合法的。”[3]德国哲学家、社会学家哈贝马斯（Juergen Habermas）认为，一种政治是否包含着被认可的价值，才是有无合法性的最好证明。他提出了一个著名论断：“合法性意味着某种政治秩序被认可的价值。”[4]

上述关于“合法性”的思想包含着人类政治文明的三点基本经验。第一，任何一种形式的政治统治都不可能靠强力长期维持，必须把权力转化为权威，把服从转化为义务。统治者只有在被统治者同意的基础上才能维持长治久安。第二，权威的内核是“正当性”，即人们相信某种政治秩序是正确的和适当的。此信念足以支配人们的行动，使人们自愿服从统治。第三，人们依据社会价值系统来判断某种形式的政治统治是否具有正当性、合法性。凡是与社会价值系统相符合的，就是正当的、合法的；反之则非。

与“合法性”相伴生的概念是“合法化”（Legitimation），其基本含义是统治者证明或宣称自己的统治是合法的，以获得承认或授权。这两个概念的区别在于，“合法性”所表示的是与特定价值系统相一致的属性；而“合法化”则表示主动建立与特定价值系统相联系的过程。合法化可以看作在合法性可能被否定的情况下对合法性的维护，或者说，是在合法性的客观基础受到怀疑时，为达成关于合法性的某种共识而作出努力的过程。合法化为政治权威提供合法性。[5]

从关于“合法性”和“合法化”的思想中不难看出，我们所说的“政治引导”，实质上是我们党为了维护和巩固自身的政治领导与执政地位，宣称并证明自

[1] 帕森斯 . 现代社会的结构与过程［M］. 北京：光明日报出版社，1988：161 .

[2] 伊斯顿 . 政治生活的系统分析［M］. 北京：华夏出版社，1999：298 .

[3] 阿尔蒙德 . 比较政治学：体系、过程和政策［M］. 上海：上海译文出版社，1987：35-36 .

[4] 哈贝马斯 . 交往与社会进化［M］. 重庆：重庆出版社，1989：184 .

[5] 张康之 . 合法性的思维历程：从韦伯到哈贝马斯［J］. 教学与研究，2002 (3) .

己具有合法性，以期取得党外人士认可，形成政治共识，使其自觉自愿服从的合法化过程。在民主政治已经成为当今世界政治发展主流的形势下，我们党要建构合法性，实现合法化，就必须科学执政、民主执政、依法执政，使自己的政治领导和执政地位从民主价值中获得支持。

（二）政治社会化

“政治社会化”（Political socialization）是政治社会学的一个重要概念，可以表述为：政治社会化是个体在社会政治互动中接受社会政治文化教化，学习政治知识、掌握政治技能、内化政治规范、形成政治态度、完善政治人格的辩证过程；是社会政治体系的自我延续机制和功能运行机制。

首先，政治社会化是社会与个体的政治互动过程。社会个体是这一过程的客体，但又发挥着积极的能动作用。通过内化政治文化，个体形成政治人格和政治自我，不断丰富自己的政治知识，形成政治态度，提高政治素质。

其次，政治社会化是社会对其成员的政治文化教化。社会组织和群体是政治社会化的实施主体，居于支配地位，起着主导作用。社会组织和群体把现存政治体系认可的政治思想、政治观念、政治价值规范和政治行为准则灌输、传授给个体，以便传承政治文化、维系政治系统的运行和延续。[1]

从政治社会学的角度来看，“政治引导”就是政治社会化的过程。在这个过程中，我们党作为政治社会化的实施主体，把中国特色社会主义核心价值体系（特别是政治理想、政治观念、政治价值规范和政治行为等）准则灌输、传授给党外人士，使中国特色社会主义成为党同党外人士的政治共识；而党外人士作为政治社会化的客体，通过内化中国特色社会主义核心价值体系，形成符合中国特色社会主义要求的政治人格和政治自我，最终在政治态度、政治原则、政治方向、政治立场等方面同我们党保持一致。这个过程不是单向的，而是互动的，党外人士作为客体并非消极地接受政治教化，只有依靠他们积极主动地学习，中国特色社会主义才能内化为自觉的行为准则。

二、当前对党外人士政治引导的重点和主要内容

针对当前党外人士中存在的突出问题，政治引导的重点是坚持走中国特色社会

[1] 李元书．政治社会化的含义、特征、功能［J］．政治学研究，1998（2）．

主义道路。政治引导的主要内容包括三个依次递进的层面：一是规范政治行为，二是坚定政治信念，三是校正价值取向。

（一）规范政治行为

政治行为是人们关于政治生活的各种活动，包括人们在政治生活中的思想倾向以及在这些思想倾向指导下产生的行动。对党外人士的政治引导，无论从最终目标，还是从实际过程来看，其实质都是要规范党外人士的政治行为，使之同我们党的政治纲领、政治路线、政治决策保持一致。

党的十七大的主题是高举中国特色社会主义伟大旗帜，而十七大之后，个别民主党派成员和私营企业主却以公开信的形式宣扬西方的多党制、议会制，公开同十七大唱反调。虽然这只是个别现象，但要引起我们足够的重视。有鉴于此，统一战线在当前和今后一个时期，对党外人士政治引导的重点，仍然是坚持走中国特色社会主义政治发展道路，关键是要使党外人士无论在言论还是在行动上都能自觉维护党的领导。

（二）坚定政治信念

自觉的行为来自坚定的信念。从合法性和合法化的角度来看，就是要使党外各方面人士确信当代中国以中国共产党为领导核心的政治格局是正确的和适当的，确信当代中国的政治发展已经走在符合世界政治发展潮流的民主道路上。从政治社会化的角度来看，就是要把坚定不移地走中国特色社会主义民主政治发展道路，内化为党外人士的政治信念和政治立场。

党的十七大重申我国的民主政治发展必须走中国特色社会主义政治发展道路，决不照搬西方的政治模式。2005年发表的《中国的民主政治建设》白皮书和2007年发表的《中国的政党制度》白皮书，向世人宣示了中国特色社会主义政治发展道路的具体内容，表明我们已经开创了一条具有中国特色的社会主义民主政治发展道路。但是，由于西方国家利用它们在自由、民主等话语方面的强势地位，长期对我实施西化的战略，一些党外人士虽然承认当前只能坚持中国共产党的领导，但内心认为中国的民主政治发展应当以西方的民主制度模式为目标。因此，当前对党外人士政治引导的一个重要课题，就是要解决为什么中国不能照搬西方政治发展模式的问题，要帮助党外人士树立坚定不移地走中国特色社会主义政治发展道路的信念。

（三）校正价值取向

坚定的政治信念根源于正确的价值判断。从合法性和合法化的角度来看，我们对党外人士的政治引导，就是要不断证明当代中国的政治理念和政治制度是符合民主价值的，以便使党的领导从民主价值系统中获得正当性和合法性。从政治社会化的角度来看，就是要不断向党外人士灌输社会主义民主价值观，引导党外人士抵御西方的自由民主价值观。

《中国的政党制度》白皮书开宗明义提出人类文明发展的多样性决定了各国政党制度模式的多样性。近年来，国内一些媒体炒作民主是“普世价值”，实质是借“普世价值”这个命题来宣扬西方国家民主政治制度的“普遍适用”。在这个根本的价值判断问题上，我们必须加以澄清，否则很容易给一些别有用心的人钻空子，也会搞乱党外人士的思想。民主是人类政治文明的共同成果，是各国政治发展的共同目标，但在发展道路上，只能从本国的国情出发，选择自己的发展道路。在政治发展道路上使用“普世价值”这个字眼，很容易误导人们以为某一种民主制度、某一条政治发展道路可以放之四海而皆准，通行全世界。

李小宁，中央社会主义学院统一战线理论教研部原副主任、教授，广州市社会主义学院新型政党制度理论研究中心学术顾问。

本文为2008年中央统战部“新的历史条件下党外人士政治引导课题”研讨会文稿。

特约监察员与特邀监察员的比较与启示

王高贺

2018年8月，《国家监察委员会特约监察员工作办法》出台，中央纪委国家监委决定建立特约监察员制度。自2018年底起，国家监委以及浙江、广东、北京、江苏、上海等地监委陆续召开第一届特约监察员聘请会议，选聘了数量不一的特约监察员。特约监察员既是一种新生事物，又呈现出一定的“老面孔”。说特约监察员“新”，是因为其伴随着新时代监察体制改革而产生，是完善新组建的监察委员会的配套措施；说特约监察员“老”，是因为其由特邀监察员发展而来，具有30年的实践基础。特约监察员与特邀监察员在众多方面既有明显区别，也存在着千丝万缕的联系。要充分发挥特约监察员职能，应借鉴特邀监察员在30年探索中形成的丰富经验，改进不足之处。

一、特邀监察员到特约监察员的 30 年制度演进

1989年5月，监察部印发了《关于聘请特邀监察员的几点意见》，决定建立特邀监察员制度，随后聘请了首批21名特邀监察员。特邀监察员制度是监察部对如何构建中国特色监督制度的一种积极探索，其中着重回答了两大问题。一是中国特色监督制度如何体现中国共产党同各民主党派的密切合作？中国共产党领导的多党合作和政治协商制度是我国一项基本政治制度，对发展社会主义民主具有极其重要的影响。1989年，《中共中央关于坚持和完善中国共产党领导的多党合作和政治协商制度的意见》出台，其中提出：“聘请一批符合条件和有专门知识的民主党派、无党派人士担任特约监察员、检察员、审计员和教育员等。”[1]邀请一定数量的民主党派和无党派人士参与中国特色监督制度改革事业，是发挥民主党派参政议政、民

[1] 中共中央关于坚持和完善中国共产党领导的多党合作和政治协商制度的意见［N］. 人民日报，1990-02-08 (1).

主监督作用的重要途径，有助于把党内和党外监督有效结合起来，充分显示我国新型政党制度的优越性。二是中国特色监督制度如何体现群众路线？1945年，毛泽东在和黄炎培的“窑洞对”中指明了中国共产党跳出历史周期率的新路：“这条新路，就是民主。只有让人民来监督政府，政府才不敢松懈。只有人人起来负责，才不会人亡政息。”[1]中华人民共和国成立后，中国共产党长期执政必须发挥人民群众的监督力量是普遍共识，但在如何发挥人民群众监督作用上存在不小分歧。在一段时期内的探索中出现了严重曲折，以群众运动的方式开展监督工作，造成的破坏性和后遗症很大。改革开放以后，我们党总结了几十年开展监督工作的经验教训，否定了用群众运动反腐败的做法，提出新时期反腐倡廉不搞群众运动，但要紧紧依靠群众的原则。特邀监察员制度正是在这一原则指导下的制度创新，特邀监察员来自不同行业的第一线，与群众有着直接的广泛联系，能听到群众真实的呼声，并及时向监察机关反映，成为联结监察机关与人民群众的桥梁纽带。

1990年底，国务院发布了《中华人民共和国行政监察条例》，规定监察机关根据工作需要可以聘请兼职监察员，在国家层面正式确立了特邀监察员制度。监察部根据《中华人民共和国行政监察条例》和实际工作需要，密集出台了《关于发挥特邀监察员作用的意见》《关于改进特邀监察员工作的几点意见》《监察部聘请特邀监察员办法》，特邀监察员的职责、义务、权利、管理办法、履职保障等得到了进一步明确。1993年，中国特色监督制度改革取得重大进展。为解决党的纪律检查和行政监察在工作上重复交叉、整体监督力量受限的问题，中央决定实行纪委和监察机关合署办公，一套工作机构履行检查、监察两项职能。新的监督体制为特邀监察员施展本领提供了更宽阔的舞台，相关法律法规不断完善，特邀监察员制度在全国范围内得到广泛推行，特邀监察员队伍不断扩大。到2007年，全国31个省、自治区、直辖市，95%以上的地（市），65%以上的县，建立了特邀监察员制度，各级特邀监察员达到3万多人，成为促进中国特色监督制度改革事业发展的一支重要力量。[2]

党的十八大之后，以习近平同志为核心的党中央把反腐败斗争提到一个新的高度，认为我国腐败现象蔓延势头尚未有效遏制，必须以零容忍态度惩治腐败，着力构建“不敢腐不能腐不想腐的”有效机制，把权力关进制度的笼子里。2013年，

---

[1] 黄炎培．八十年来：黄炎培回忆录(片段)［M］．北京：中国文史出版社，2017：248-249．

[2] 魏武，张景勇，李亚杰．万众一心创伟业 肝胆相照谱新篇：写在各民主党派全国代表大会陆续召开前夕［N］．人民日报，2007-11-28(10)．

中央纪委、监察部根据反腐败工作新形势、新任务、新要求，在总结实行20多年特邀监察员制度的经验基础上，制定了《监察机关特邀监察员工作办法》，对特邀监察员的选聘范围和程序、换届和任期、履职权限和纪律要求进行了新的调整，促使特邀监察员与监察机关转职能、转方式、转作风的改革趋势相适应。党的十九大以来，国家监察体制改革取得重大突破，新组建了监察委员会，并与同级纪委合署办公，监督监察对象实现了对行使公权力人员的全覆盖，监督监察权力和资源得到有效整合，党内监督和国家监察实现了有机统一。改革后的监察机关被赋予了巨大权力，但随即而来一个难题——谁来监督监督者。习近平总书记指出："党的十八大以来，我多次谈到'谁来监督纪委'、防止'灯下黑'，这就是监督者要接受监督的问题。这对行使监督权的机构和同志同样适用。"[1]国家监委按照党中央深化国家监察体制改革决策部署和《中华人民共和国监察法》有关规定，在不断强化内部同体监督的同时，积极推动监察机关依法接受外部异体监督，破解监督监督者的难题。特约监察员就是在这一背景下应运而生的，是对谁来监督监督者社会关切的一种回应。2018年8月，中央纪委国家监委印发了《国家监察委员会特约监察员工作办法》，对特约监察员的聘请、换届、解聘、职责、权利、义务、履职保障进行了详细规定。特约监察员制度是适应新时代监察机关和监察工作职责新定位的重要措施，为推动监察机关依法接受民主监督、社会监督、舆论监督提供了重要保障。

二、特约监察员与特邀监察员的主要异同

监察员从"特邀"到"特约"，名称的变化并不意味着二者之间关系的中断，而是国家监察委员会根据时代和形势不同进行的主动调整，充分体现了继承与发展的有机统一。新时代监察机关要做好特约监察员工作，必须准确把握其中的不变与变。

"不变"主要体现在三个方面。一是监督的初衷没有变。《监察机关特邀监察员工作办法》第一条指出，建立特邀监察员制度是为了贯彻监察工作应当依靠群众的原则，充分发挥人民群众对国家行政机关及其工作人员的监督作用。《国家监察委员会特约监察员工作办法》第一条强调，建立特约监察员制度是为了深化国家监察体制改革，充分发挥中央纪律检查委员会和国家监察委员会合署办公优势，推动

---

[1] 习近平.在新的起点上深化国家监察体制改革［J］.求是，2019(5)：4–9.

监察机关依法接受民主监督、社会监督、舆论监督。从中可以看出，特邀监察员制度和特约监察员制度作为建立健全中国特色监督制度体系的有机组成部分，都着眼于发挥人民群众对权力监督的不可替代作用，30年来推动公职人员规范用权、营造良好政治生态的初衷没有变，一以贯之的努力没有变。二是兼职工作身份没有变。特邀监察员和特约监察员作为监察工作队伍的重要组成部分，不脱离本职工作岗位，是以兼职的身份履行监察员职能。把监察员设置为兼职最重要的原因是他们来自群众，生活在群众中间，在群众中具有广泛的影响力，便于及时、全面、准确地掌握群众关于监督监察方面的诉求和意见，有效弥补监察机关与群众联系的不足之处。三是严格要求没有变。特邀监察员和特约监察员以兼职身份工作，并不代表监察机关对其的纪律要求可以打折扣。一旦成为特邀监察员或特约监察员，纪律要求就与专职监察工作人员一致，必须模范遵守宪法、法律和监察机关的工作制度，保守国家秘密、工作秘密以及因履行职责掌握的商业秘密和个人隐私，廉洁自律，不得以特约监察员身份谋取任何私利和特权，对于滥用职权、徇私舞弊、玩忽职守、泄露秘密的依法给予处分。

特约监察员与特邀监察员相比，在保持上述不变的同时，进行了众多调整，变化幅度之大超过了之前的历次调整。监察员从“特邀”到“特约”的一字之差体现了所处环境的深刻变化及其背后的制度差异。廉政问题研究专家庄德水认为，特约监察员制度是在特邀监察员制度实践基础上推出的，虽然只是从“特邀”到“特约”的一字之变，但体现了监察员制度的变革。“特邀”给人的感觉是临时性的、任务性的，而“特约”更体现了权利、责任、义务的高度统一。[1]相对于特邀监察员，特约监察员的变化是多方位的，其中最主要的变化体现在以下三个方面。

一是选聘标准进行了新的调整，更加强调特约监察员的公信力。第一，选聘范围更加广泛。早期的特邀监察员主要从民主党派中选聘，《关于聘请特邀监察员的几点意见》明确规定选聘范围为各民主党派和全国工商联所推荐的在京人士。监察部第一届特邀监察员共有21名，其中18人属于民主党派，3人来自工商联，中共党员为零。《监察部聘请特邀监察员办法》适当扩大了特邀监察员的选聘范围，规定可以在政府部门、民主党派、人民团体、企业、事业单位中聘请。到监察部第三届特邀监察员时，第一次出现中共党员身影，总共34名特邀监察员，来自民主党

[1] 陈磊.《国家监察委员会特约监察员工作办法》发布专家解析［EB/OL］. http：//www.xinhuanet.com/politics/2018-09/19/c_1123450269.htm.

派、工商联、社会团体、无党派、中共党员的数量分别为21人、2人、1人、3人、7人。[1]特约监察员的选聘范围比特邀监察员更广泛，《国家监察委员会特约监察员工作办法》规定："特约监察员主要从全国人大代表中优选聘请，也可以从全国政协委员，中央和国家机关有关部门工作人员，各民主党派成员、无党派人士，企业、事业单位和社会团体代表，专家学者，媒体和文艺工作者，以及一线代表和基层群众中优选聘请。"[2]各地监察机关参照上述办法选聘特约监察员，选聘范围大大拓宽，中共党员所占的比重也有显著增加。如广东省监察委员会第一届特约监察员共有25名，来自10多个职业领域，中共党员多达20人。第二，选聘更加注重被推荐人的意愿。选聘特邀监察员规定要遵循组织提名和本人自愿相结合的原则，但在实际操作中以组织提名为多，对本人的意愿注重不够。如担任过广东省监察厅首届特邀监察员的王守昌曾说："从内心讲，我并不愿意干这些工作，当然谈不上什么投入，无奈致公党和统战部推荐了我，广东省监察厅接受推荐聘请了我。"[3]选聘特约监察员首道程序就强调监察机关要会同有关部门、单位提出特约监察员推荐人选，并征得被推荐人所在单位及本人同意，把真正热心全面从严治党、党风廉政建设和反腐败工作的人选聘为特约监察员。第三，对选聘年龄要求放宽。特邀监察员要求受聘时年龄一般不超过60周岁，特约监察员没有明确的年龄要求，强调身体健康即可，这扩大了特约监察员选聘的年龄空间。

二是各项职能排序有了新的变化，更加强调发挥特约监察员的监督作用。特约监察员和特邀监察员的主要职能包括四项。第一，参谋咨询。大多数特约监察员和特邀监察员是专家或技术骨干，知识渊博，思想活跃，在各自领域具有一定代表性和影响力。监察机关注重发挥他们的特点和优势，研究反腐倡廉形势、部署重要工作、制定相关法律法规、出台重大政策、起草重要文件鼓励他们建言献策，发挥参谋、助手和顾问的作用。第二，桥梁纽带。特约监察员和特邀监察员具有良好的群众基础，深入基层、联系群众是他们的经常性行为，能及时地把群众的真实呼声反馈给监察机关，发挥桥梁纽带作用。第三，舆论引导。特约监察员和特邀监察员具有双重信息的优势，既了解人民群众，也熟悉监察工作，能以自己的切身体会宣传

[1] 王冠，任建明．特约（邀）监察员制度研究：基于规范性文件的考察与特邀监察员的实证分析［J］．学术界，2019（1）：116-128．

[2] 中央纪委国家监委印发《国家监察委员会特约监察员工作办法》［EB/OL］．(2018-09-02)．http://www.ccdi.gov.cn/yaowen/201809/t20180902_178929.html．

[3] 王守昌．当一名称职的特邀监察员［J］．同舟共进，1996（11）：30-32．

监察工作的方针、政策和成效，增强人民群众对监察工作的理解和支持。第四，监督监察。特约监察员和特邀监察员要对监督对象履行职责情况进行监督，帮助监察机关查找不足，提出改进工作的意见。特约监察员与特邀监察员的上述四项职能的重要性排序不同，其中最大的差别体现在监督职能上。监督由特邀监察员的第四职能上升到了特约监察员的第一职能。《国家监察委员会特约监察员工作办法》明确规定，要着重发挥特约监察员对监察机关及其工作人员的监督作用，着力发挥其参谋咨询、桥梁纽带、舆论引导作用。“着重”和“着力”的不同用词揭示了监督在特约监察员各项职能中处在首要地位，为特约监察员合理分配履行各项职能的时间和精力提供了判断标准。

三是监督对象实现了“瘦身”，更加强调对监督者进行监督。特邀监察员制度自建立以来，一直把特邀监察员的监督定位为双重监督。第一，对监察机关的监督对象进行监督。《中华人民共和国行政监察法》规定：“监察机关是人民政府行使监察职能的机关，依照本法对国家行政机关、国家公务员和国家行政机关任命的其他人员实施监察。”[1]监察机关的监督对象也是特邀监察员的监督对象，特邀监察员要了解并反映上述人员执行国家法律、法规、政策和决定、命令的情况。特邀监察员的监督属于群众监督，但又不同于一般的非强制性群众监督。特邀监察员在履行监督职能时，被赋予了与专职监察机关人员同等的权限，是通过特定方式把非强制性监督转化为强制性监督的一种制度安排。第二，对监察机关及其工作人员进行监督。特邀监察员要对监察机关及其工作人员履行职责情况进行监督，提出加强和改进监察工作的意见。特邀监察员的监督对象非常广泛，但总体监督力量有限，以全国三四万兼职特邀监察员监督近千万行政机关工作人员，监督效果自然不会理想。《国家监察委员会特约监察员工作办法》对特约监察员的监督对象进行了“瘦身”，特约监察员的监督不再是双重监督，而是只对监督者进行监督，即对监察机关及其工作人员履行职责情况进行监督。特约监察员的监督对象在数量上显著减少，有助于其集中精力履行监督职能，提升监督效果。

三、充分发挥特约监察员作用的主要途径

通过比较可以看出，特约监察员在履行职能上比特邀监察员有更多有利条件，

[1] 中华人民共和国行政监察法［J］. 党风通讯，1997（7）：20–22.

但我们不能因此过分乐观。从特邀监察员30年实践来看，在多方肯定特邀监察员作用的背后，“摆花瓶”“装门面”的质疑声始终没有中断。一些地方监察机关对特邀监察员重聘轻用，甚至聘而不用的现象一直存在。笔者作为广东省监察委员会第一届特约监察员，深知特约监察员是一种新生的监督力量，尚存在边界不清、职责不明、渠道不通、合力不足等问题。要促使特约监察员完成从“形”到“实”的转变，需要监察机关、特约监察员与广大群众通力合作。

（一）监察机关重视是充分发挥特约监察员作用的前提

监察机关和特约监察员在“约”上的地位是不同的，监察机关是发约者，监察员是应约者，发约者的态度直接影响着应约者履职的积极性和信心。从特邀监察员制度的30年演进来看，特邀监察员履职效果与监察机关的重视程度成正比，凡是特邀监察员工作开展好的地方都是监察机关高度重视的地方。同样的道理，要充分发挥特约监察员的作用，首先要求监察机关高度重视这项工作，为特约监察员履职创造一个良好环境。

（1）准确定位。特约监察员因新时代深化国家监察体制改革而生，旨在推动监察机关依法接受群众监督。在我国监督制度体系中，特约监察员扮演多大的角色需要准确定位，定位过高或过低都不利于特约监察员作用的发挥。如果定位过高，以数量有限的兼职特约监察员监督庞大的监察工作队伍，效果一旦不理想就容易引起各方质疑甚至否定特约监察员制度；如果定位过低，则不易引起监察机关、广大群众乃至特约监察员自身的重视，特约监察员开展工作将遇到多种障碍。目前，监察机关对特约监察员的定位不够明确，大都强调特约监察员制度是监察工作的重要组成部分，但如何重要并没有明确指出来，这在一定程度上影响了特约监察员对自身价值的判断。定位不清问题在特邀监察员制度探索中一直存在，社会各界给予特邀监察员的评价是重要力量、特殊力量、奇兵等，但都没能明确讲出特邀监察员的制度边界。习近平总书记关于纪检监察工作的系列重要论述为界定特约监察员制度效能提供了重要启迪，他指出“在党和国家各项监督制度中，党内监督是第一位的”。[1]监督监察机关及其工作人员首先要建立有效的内部监督，实际上也是如此，各级纪检监察机关建立了党内专门监督部门——纪检监察干部监督室，这是监督监督者的主体力量。特约监察员制度在我国监督制度体系中属于配套性制度，其

[1] 习近平总书记关于强化监督重要论述摘录［EB/OL］. 2018-05-18 . http://fanfu.people.com.cn/n1/2018/0508/c64371-29972360.html.

作用发挥是辅助性的，监察机关在对特约监察员的选聘、履职以及考核都应框架在这一定位之内。

（2）科学分工。各地监察机关选聘特约监察员的人数不一，但通常都在50人以下，如北京36人、上海40人、广东25人等。要使几十名特约监察员的力量发挥出最大的监督作用，必须对其进行科学分工。目前，多地监察机关没有做到这一点。从要求上讲，监察机关工作队伍中的每个人都要接受特约监察员的监督。但由于受多方面局限，容易陷入“老虎吃天无从下口”的困境，导致实际上人人都监督不了的局面。也有一些地方监察机关对特约监察员分工不当，如按照监督、咨询、联系、宣传四项职能把特约监察员分成四组，每一组只负责一种职能，割裂了特约监察员各个职能之间的有机联系。特约监察员分工没有统一的模板和标准，各地监察机关应根据各自实际情况进行探索。参考特邀监察员的一些成功做法，特约监察员分工可以从横向和纵向两个角度进行。从横向角度讲，特约监察员对同级监察机关及其工作人员的监督是具体的，不能笼统地把每个特约监察员面对全体监督对象，而应给每个特约监察员设立固定的联系部门，促使其监督对象明确化和集中化。以国家监委为例，其拥有50名特约监察员和31个职能部门，应把50名特约监察员相对均匀地分散到31个职能部门中去。每名特约监察员都有明确的监督对象，便于其集中精力提升监督效果。从纵向方向来看，国家、省、市、县不同级别的特约监察员的工作侧重点应有所不同。虽同为特约监察员，但不同层次的特约监察员之间存在着或大或小的差异，不能对其工作要求进行“一刀切”。一般来说，基层监察机关选聘的特约监察员实践经验比较丰富，应更多地直接参与或协助一些具体工作；较高层次监察机关选聘的特约监察员的专业素养比较高，可以在监督、咨询等方面多发挥作用。

（3）拓展渠道。特约监察员是以兼职的形式履行职能，没有固定的时间对监督者进行监督，监督者和被监督者之间存在着“天然”屏障。在特约监察员与监察机关之间能否构建丰富的联系渠道，缩小彼此之间的距离，在很大程度上决定着特约监察员制度的成败。《国家监察委员会特约监察员工作办法》规定监察委员会要为特约监察员依法开展工作搭建必要平台，但如何搭建仍需各级监察委员会进一步探索。总体来看，在特约监察员联系监察机关及其工作人员上存在两大问题。一是联系渠道偏少。目前，各级监察机关已搭建的平台主要包括：组织特约监察员参加或者列席有关会议，邀请特约监察员参加监督检查、调查研究、专项工作，定期为特约监察员邮寄与监察机关工作相关的报刊和党规党纪资料，建立情况通报制度，设立特约监察员信箱等。现有这些渠道与监督监督者的繁重任务和复杂形势还不够匹配，应进一步拓展联系渠道。二是现有渠道应有作用没有发挥出来。特约监察员制度运行一年来，上述平台和渠道大多停留在文件里、计划中，如特约监察员信箱很少收到来信，邀请特约监察员参加监督监察、专项工作、调查研究尚未启动。特约监察员与监察机关工作人员的联系以邮寄报刊资料的“空中对话”为主，彼此之间难得见上一面，监督监督者的应有作用发挥不出来。监察机关应拓展联系特约监察员的渠道，并使其通畅起来。鉴于当前的突出问题，有必要在监察机关设立特约监察员工作室，扩大监督者和被监督者的直接联系，让监督者充分了解被监督者的履职情况，有效发挥特约监察员的监督“威力”。

（4）适当激励。激励理论是行为科学的重要理论之一，也是个体行为研究的主要问题，旨在调动激励对象的主动性和创造性，促使其产生更加积极的行为。激励机制已经被广泛地应用到社会各个领域，要充分发挥特约监察员的能动性，适当的激励不可或缺。《国家监察委员会特约监察员工作办法》对特约监察员的履职保障进行了详细规定，但唯独缺少相关的激励措施，只是提到特约监察员因履行规定职责所支出的相关费用，由监察委员会按规定报销，这是不够的。各级监察委员会在实际工作中应借鉴特邀监察员制度中的激励方法，“对忠于职守、成绩突出、勇于同违法违纪行为作斗争的特邀监察员予以表彰，或者建议其所在单位给予表彰、奖励”[1]。特约监察员一般是各行业中的佼佼者，经济条件也相对较好，担任特约监察员不是为了增加收入，而是投身于热爱的监察体制改革事业，因而对其应以精神激励为主。按规定，监察机关每年对特约监察员进行动态管理和考核，对于考核优秀的应颁发优秀特约监察员证书，并给予通报表扬，有重大贡献的要辅之以一定的物质奖励。这既是对认真履职的特约监察员的肯定和鼓励，也能对部分履行情况不理想的特约监察员起到鞭策作用。

（二）特约监察员自觉是充分发挥特约监察员作用的关键

监察机关为特约监察员创造良好履职环境是外因，特约监察员究竟能发挥多大的作用，关键在其自身的努力程度。特约监察员接受了监察机关的邀约，并签订了履职承诺书，就应认真履行各项职责和义务，高质量地完成监察机关托付的各项工作。

---

[1] 中华人民共和国监察部办公厅. 特邀监察员工作［M］. 北京：中国方正出版社，1997：299.

（1）提高认识。特约监察员是监察机关会同有关部门、单位经过五大程序精挑细选出来的，肩负着监督监督者的庄严使命。当前，部分特约监察员对自身从事工作的重要性认识不足，尚未完成自我身份认同。第一，对特约监察员存在认识误区。有的特约监察员把自身看作监察工作的陪衬和点缀，认为起不了多大作用。从特邀监察员的身份认同来看，大都会经历一个由是否管用到管点儿用再到很管用的转变过程。曾任监察部特邀监察员的李敬总结道："担任特邀监察员工作，发挥参政议政和民主监督作用，起初在思想上还缺乏足够的认识，觉得这项工作不一定有什么实际工作可干。"[1]这种转变过程所需时间并不一致，有长有短，少数特邀监察员甚至在聘期内都没有完成身份认同，动态考核不合格被清理出特邀监察员队伍或者自己主动退出的现象并不鲜见。《国家监察委员会特约监察员工作办法》规定特约监察员每届任期与本届领导班子相同，一届任期是5年。但特约监察员作为一种新生事物，其启动时间晚于本届监察机关领导班子1年。除国家监察委员会特约监察员外，各地特约监察员都是在进入2019年后获得聘任的，聘期到2023年，实际任期是4年时间。这对特约监察员的身份自我认同提出了更紧迫的要求，不能在是否有用的质疑中徘徊太久，应尽快认识到自身从事工作的神圣性，积极开展工作。也有的把特约监察员看作一种荣誉或者结识达官贵人的资源，这些认识是错误的。特约监察员不是荣誉，更没有特权，志在谋求公利，要呈现出显著的"超脱性"。第二，开展工作的主动意识不强，"等靠要"心态比较普遍。部分特约监察员等待监察机关直接安排工作，履职的主动性和创造性不足。这种问题在之前部分特邀监察员身上也不同程度存在，曾任监察部副部长的徐青强调："其实你们利用自己的特殊身份有许多间接参与的机会，可以做一些比我们自己做效果还要好的宣传工作，在这方面发挥的作用远比参加办几个案件、收转一些群众来信要大得多。"[2]特约监察员也应结合自身优势主动开展工作，积极了解和反映有关行业、领域廉洁从政从业情况，自我营造良好的履职环境。

（2）处理好本兼职工作关系。大多数特约监察员是一兼两职，从人大代表和政协委员中选聘出来的特约监察员要一兼三职，存在着主观上想做好与客观上工作忙、时间紧的矛盾。如何看待和处理这对矛盾，是摆在众多特约监察员面前的突出问题。结合《国家监察委员会特约监察员工作办法》和30年特邀监察员制度的探

[1] 中华人民共和国监察部办公厅.特邀监察员工作［M］.北京：中国方正出版社，1997：254.

[2] 中华人民共和国监察部办公厅.特邀监察员工作［M］.北京：中国方正出版社，1997：100.

索，合理处理特约监察员的本兼职工作关系，应着重把握好三大原则。第一，奉献性。不少特约监察员是单位领导或骨干力量，本职工作至关重要，特约监察员工作也不能忽视。在分配工作时间时不能在本兼职工作之间有加有减，而应整体做加法，即在保持本职工作强度不降低的情况下，增加特约监察员工作时间，休息时间相对减少。这要求特约监察员具有高尚的道德品质和强烈的社会责任感，不图私利，不图清福，只图为社会、为人民多作贡献。习近平强调："我们共产党人讲奉献，就要有一颗为党为人民矢志奋斗的心，有了这颗心，就会'痛并快乐着'，再怎么艰苦也是美的、再怎么付出也是甜的，就不会患得患失。这才是符合党和人民要求的大奉献。"[1]特约监察员无论是不是中共党员，都应具备这样的奉献精神，以"功成必定有我"的积极心态履行职能。第二，适度性。特约监察员的精力是有限的，在讲奉献的原则下也要把握好适度性，不能一直处在工作超负荷状态。一是履职适度，专职监察机关工作人员能做的事情尽量不安排给特约监察员，多让他们参加短期、重要的业务活动；二是时间适度，以限定每个月不超过4个工作日为宜；三是工作方法适度，坚持统一安排和自主探索相结合。第三，选择性。监察机关安排活动时应遵循原则性和灵活性相统一的原则，把活动分为两类：一是必须参加的活动，如监察机关组织的相关会议、年度动态考核等；二是个人选择的活动，让特约监察员结合自身特长和优势选择有所参加或不参加，如舆论监督可以侧重让来自新闻媒体行业的特约监察员参加，理论研究和调查研究重点发挥学者型特约监察员的作用，执法监察、查案办案的任务主要让来自政法系统的特约监察员担当。

（3）增强监督本领。监督监督者是一项复杂的系统工程，对特约监察员的监督本领提出了很高的要求。与此相对比，大多数特约监察员之前从事的行业与监督工作没有直接关系，监督知识和能力普遍欠缺。要履行好监督监督者的职能，特约监察员必须勤于学习，全方位地提升监察业务素质，克服本领恐慌，成为从事监察工作的行家里手。第一，充分利用好监察机关提供的学习机会。监察机关会组织特约监察员参加学习培训，定期寄送阅读资料。如广东省监察委员会为每位特约监察员订阅一份《中国纪检监察报》，并每月邮寄《广东纪检监察研究》《广东党风》杂志。遗憾的是，不少特约监察员并没有珍惜监察机关提供的学习机会，对邮寄来的资料是"收而不读"。这种状况亟须改变，特约监察员应认真对待监察机关邮寄来的阅读资料，从中了解和把握党中央和省委对纪检监察工作的决策部署、党风廉

[1] 习近平.办公厅工作要做到"五个坚持"［J］.秘书工作，2014（6）：4-8.

政建设和反腐败工作情况以及监察机关自我监督情况。第二，加大自主学习力度。仅靠监察机关提供的学习机会是不足以应对复杂的监察工作的，特邀监察员应该坚持干什么学什么、缺什么补什么。曾担任监察部特邀监察员的张常群说："我是搞自然科学的，对行政监察工作以前一窍不通。通过4年的特邀监察员实践，我又学到了一门社会科学知识，等于攻读了行政监察专业的博士生。"[1]张常群由监察工作生手变成行家里手，对时下特约监察员提供了明确启示——增强学习监察知识的自觉性。首先，深入把握习近平总书记关于监察工作的系列重要论述。以习近平同志为核心的党中央高度重视新时代监察体制改革事业，围绕着为何改、改什么、怎样改、如何评作出了一系列新判断，为特约监察员开展工作提供了强大的思想武器。其次，系统学习《中华人民共和国监察法》《中国共产党廉洁自律准则》《中国共产党巡视工作条例》《中国共产党党内监督条例》《中国共产党纪律处分条例》《中国共产党问责条例》，以及《中国共产党纪律检查机关监督执纪工作规则》《国家监察委员会特约监察员工作办法》等相关法律法规，这是特约监察员开展工作的基本功。最后，深入研究国家监察体制改革中的难题。新时代国家监察体制发生了重大变化，有不少重要关系和难题尚未厘清，如同级党委、纪委、监委之间是什么关系，纪委监委如何实现监督监察资源最优化等。特约监察员既要学习已有知识，也要创造新知识，对新时代国家监察体制改革中的难题开展研究，提出具有创新性的意见建议。

（三）广大群众参与是充分发挥特约监察员作用的保障

特约监察员监督属于群众监督，能否得到广大群众的认同和支持，在很大程度上影响着监督监督者的效果。通过上面比较已经看出，特约监察员的监督不再是双重监督，原属于特邀监察员反映、转递人民群众对监察对象违反行政纪律行为的检举、控告的重要职责在《国家监察委员会特约监察员工作办法》中被取消了，但根据这项职责而形成的监察员与群众联系的渠道不能随之消失，而应得到保持和进一步强化。总体来看，特约监察员与广大群众的有机联系尚未形成。要促使广大群众参与到特约监察员工作中，亟待做好两方面工作。一是提高特约监察员的知名度。知名度代表着影响力，特约监察员知名度越高，对广大群众的吸引力就越强。按规定，监察机关要向社会公布特约监察员名单，这是提高特约监察员知名度的重要途

[1] 中华人民共和国监察部办公厅．特邀监察员工作［M］．北京：中国方正出版社，1997：144．

径。但不少地方监察机关并没有向社会公布名单，也有的公布的信息过于简单，广大群众难以了解他们，参与特约监察员工作就无从谈起。监察机关聘请特约监察员后，应及时通过网站、报纸、公众号等多种方式向社会尽可能多地公布特约监察员信息，如政治面貌、工作单位、专业特长、社会影响、工作计划、联系方式等，让广大群众对其有更多的了解。除此之外，监察机关要建立特约监察员工作情况通报制度，把特约监察员工作纳入政务公开范畴，加大对特约监察员工作的宣传力度，增强特约监察员在广大群众中的影响力。二是构建丰富的联系渠道。一方面，保持传统联系渠道。在30年特邀监察员制度探索中，特邀监察员和广大群众之间形成了多种沟通方式，其中影响最大的是特邀监察员接待日制度。监察机关专门为特邀监察员设立了接待室，每周安排一天到两天接待群众，特邀监察员轮流上岗，赢得了群众的信任和好评。也有些特邀监察员在工作单位或家里接待群众，定期接待和预约接待相结合，取得了良好的社会反响。目前，这些联系方式在特约监察员身上基本中断了，监察机关要积极引导和帮助特约监察员采纳这些已被证明行之有效的做法，促使特约监察员与广大群众经常性地面对面交流。另一方面，构建新的联系渠道。新时代互联网对人们的价值观念以及人际交往的影响越来越大。习近平总书记强调："互联网是一个社会信息大平台，亿万网民在上面获得信息、交流信息，这会对他们的求知途径、思维方式、价值观念产生重要影响，特别是会对他们对国家、对社会、对工作、对人生的看法产生重要影响。"[1]广大群众上了网，民意也就上了网。特约监察员要善于运用微信、微博、公众号、电子邮箱等网络渠道了解民意、收集建议、反馈问题，成为广大群众与监察机关名副其实的联络员。

王高贺，暨南大学党内法规研究中心研究员、马克思主义学院硕士生导师、广州市社会主义学院新型政党制度理论研究中心特约研究员。

本文刊于《河南社会科学》2020年第2期。

[1] 习近平．在网络安全和信息化工作座谈会上的讲话［N］．人民日报，2016-04-26（2）．

历史论

Lishilun

中国新型政党制度的思想渊源与逻辑演进探析

孟凤英

中国新型政党制度（中国共产党领导的多党合作和政治协商制度）作为我国社会主义制度的重要组成部分，是马克思主义多党合作思想与中国实际相结合的产物，是在总结我国新民主主义革命时期多党合作的基本经验、伴随新政协的召开而确立的中国特色政党制度，“是中国共产党、中国人民和各民主党派、无党派人士的伟大政治创造，是从中国土壤中生长出来的新型政党制度”[1]，是我国新时代制度体系的重要内容。在庆祝中国共产党成立百年之际，探究中国新型政党制度的理论依据，总结分析其基于逻辑发展的历史进程，对于我国新时代凝聚一切积极力量，坚持和完善我国新型政党制度和治理体系，推进中华民族伟大复兴的中国梦的实现，有着十分重要的理论和现实意义。

一、中国新型政党制度的思想渊源

马克思主义多党合作思想是马克思主义政党制度最基本的组成部分之一。马克思、恩格斯、列宁根据不同国情、历史条件和革命实际，提出了无产阶级政党与国内其他政党实行多党合作的思想，是中国新型政党制度得以形成和发展的思想渊源与理论依据。

1. 马克思、恩格斯的多党合作思想

马克思、恩格斯根据欧洲19世纪三四十年代各国所处的具体历史条件与阶段以及特殊的国际环境和具体的革命实践，在他们起草的《共产党宣言》中，比较系统地阐述了无产阶级政党与其他政党合作的基础、条件、对象、范围和策略原则等基

[1] 习近平．习近平新时代中国特色社会主义思想学习纲要［M］．北京：学习出版社，人民出版社，2019．

本问题，奠定了无产阶级政党多党合作思想的理论基础。

第一，马克思、恩格斯明确了无产阶级政党实施多党合作的对象。一是主张共产党同其他工人政党合作。马克思、恩格斯指出："共产党人的最近目的是和其他一切无产阶级政党的最近目的一样的：使无产阶级形成为阶级，推翻资产阶级的统治，由无产阶级夺取政权。"[1]在这里，马克思、恩格斯提出了共产党同其他工人政党合作的政治基础。二是主张共产党同其他社会主义民主党合作。马克思、恩格斯在《共产党宣言》中指出："共产党人到处都努力争取全世界民主政党之间的团结和协调"，[2]共同"反对现存的社会制度和政治制度"。[3]同时，马克思、恩格斯也强调，在合作时切不可放弃分析、批评和斗争，无论是在一国范围内的合作，还是国际范围内的联合。三是主张共产党同资产阶级政党在一定条件、一定时期相联合。马克思、恩格斯指出，只要资产阶级政党敢于反对封建主义，与共产党有共同的利益，就要同资产阶级政党合作。例如，他们认为："在德国，只要资产阶级采取革命的行动，共产党就同它一起去反对君主专制、封建土地所有制和小市民的反动性。"[4]"以便工人能够立刻利用资产阶级统治所必然带来的社会和政治的条件作为反对资产阶级的武器，以便在推翻德国的反动阶级之后立即开始反对资产阶级本身的斗争。"[5]在中国，国共第一次合作就是这一主张的初步实践。

第二，马克思、恩格斯论述了多党合作的范围。马克思、恩格斯认为，共产党人既可以在国内范围进行多党合作，也可以在国际范围进行多党合作。马克思、恩格斯指出："在波兰人中间，共产党人支持那个把土地革命当作民族解放的条件的政党，即发动过1846年克拉科夫起义的政党。"[6]在德国，马克思、恩格斯支持爱森纳赫派和拉萨尔派在科学社会主义的原则基础上实行合并，但提醒要注意拉萨尔派的机会主义，合并的第一个条件是"他们不再做宗派主义者，不再做拉萨尔派"。[7]这些思想，对一国范围内共产党与其他有共同利益的政党合作，具有重要的指导意义，也正是我国新型政党制度形成的理论依据。同时，马克思、恩格斯主张，共产党在独立自主与国际主义相结合的原理下，可以实现国际范围的多党合

[1] 马克思，恩格斯．马克思恩格斯选集：1卷［M］．北京：人民出版社，1995：285．
[2] 马克思，恩格斯．马克思恩格斯选集：1卷［M］．北京：人民出版社，1995：307．
[3] 马克思，恩格斯．马克思恩格斯选集：1卷［M］．北京：人民出版社，1995：307．
[4] 马克思，恩格斯．马克思恩格斯选集：1卷［M］．北京：人民出版社，1995：306．
[5] 马克思，恩格斯．马克思恩格斯选集：1卷［M］．北京：人民出版社，1995：306．
[6] 马克思，恩格斯．马克思恩格斯选集：1卷［M］．北京：人民出版社，1995：306．
[7] 马克思，恩格斯．马克思恩格斯选集：3卷［M］．北京：人民出版社，1995：321．

作。在国际共产主义运动中，早期的共产主义者同盟，以及后来的共产国际等，都是在不同的历史阶段和历史条件下，在国际范围内进行的多党合作的生动实践。中国新型政党制度正是在共产国际的指导下形成和发展的。

第三，马克思、恩格斯论述了多党合作应遵循的策略原则。马克思、恩格斯认为，多党合作应遵循一定的策略原则，才能保证共产党的政治目标。一是必须遵循求同存异的原则。马克思、恩格斯反复强调："共产党人不是同其他工人政党相对立的特殊政党。"[1]他们有共同的利益，这是合作的政治基础。但工人阶级及其政党内部之间，在觉悟程度、思想观点、政治态度等方面，又有不同之处，在合作中要坚持求大同、存小异的原则。二是共产党与民主政党合作要有共同的政治基础。马克思、恩格斯主张在"反对现存的社会制度和政治制度"的斗争中，"努力争取全世界的民主政党之间的团结和协议"。[2]这些有共同政治基础的合作，即使是一定时期的和有条件的，但对以后的无产阶级革命也是有利的。三是共产党在同其他民主政党合作时，必须保持独立性和领导权。恩格斯也曾指出：共产主义者始终应支持自由资产阶级同政府斗争，"只是应当注意，不要跟着资产者自我欺骗"，[3]就是说，无产阶级政党在同资产阶级政党合作时，要保持自己的独立性和领导权。这就为中国新型政党制度始终坚持中国共产党的领导提供了理论指导。

2. 列宁的社会主义多党合作思想

列宁高度重视多党合作问题，其理论上的许多论述，在社会主义国家产生了广泛的影响，至今指导着新时代中国新型政党制度的伟大实践。

第一，列宁论述了在苏维埃范围内实行多党合作的重要性和必要性，即"四个有利于"。一是有利于革命向前发展。列宁指出："无产阶级不同小资产阶级人民群众结成联盟，对于无产阶级来说，争取共和国的斗争就是不可思议的，这还不明白吗？没有无产阶级和农民的革命专政，要取得这一斗争的胜利是毫无希望的，这还不明白吗？"[4]二是有利于发挥苏维埃的组织力量和领导作用。列宁强调要同社会民主党合作，他指出："不要怕同革命资产阶级民主派一道最坚毅果断地参加共和变革会玷污自己。"[5]他还认为，社会民主党积极地参加苏维埃，一方面可以加

[1] 马克思，恩格斯．马克思恩格斯选集：1卷［M］．北京：人民出版社，1995：285．
[2] 马克思，恩格斯．马克思恩格斯选集：1卷［M］．北京：人民出版社，1995：307．
[3] 马克思，恩格斯．马克思恩格斯选集：1卷［M］．北京：人民出版社，1995：246．
[4] 列宁．列宁全集：10卷［M］．北京：人民出版社，1987：23．
[5] 列宁．列宁全集：10卷［M］．北京：人民出版社，1987：28．

强党同人民群众的联系，利用苏维埃的组织力量；另一方面可以通过苏维埃引导群众积极参加革命，克服其自发性，努力使苏维埃发挥起义领导者和临时革命政府的作用。三是有利于增强苏维埃的革命性。苏维埃实质上是社会主义者和革命民主派没有正式缔结的广大的战斗联盟。社会民主党同其他革命政党在苏维埃范围内实行合作，既可以限制反动党派和某些宗派集团混入革命队伍，又可以用革命的战斗联盟来对抗专制制度同资产阶级的联盟，尽可能地扩大和加强革命势力在群众中的影响，缩小直至消灭反动势力的影响。社会民主党还可以在苏维埃内部同小资产阶级政党的妥协性、动摇性和不彻底性展开斗争，争取把绝大多数群众团结在社会主义民主党周围。即通过在苏维埃范围内实行多党合作，增强苏维埃的革命性。四是有利于革命的正确方向。列宁认为，实现在苏维埃范围内的多党合作，将有利于俄国革命沿着社会主义方向前进。一方面，苏维埃承认了国际社会主义民主党的思想领导；另一方面，苏维埃发挥了临时革命政府的作用，行使了新的国家政权的职能，最后发展成为苏维埃国家政权机关。这些都具有普遍的国际意义。

第二，列宁论述了在苏维埃范围内实行党内合作所应遵循的四项原则。列宁依据马克思主义多党合作的学说，总结俄国革命过程中多党合作的实践经验，提出了社会民主党与其他革命政党在苏维埃范围内实行合作所应遵循的四项原则。一是有的放矢原则。列宁认为，无产阶级政党要确定对其他政党的态度，确定同哪些政党实现合作，必须首先分析不同政党的阶级结构，考虑不同阶级的相互关系，以及各政党在革命过程中能发挥多少积极作用。这样，无产阶级政党在选择合作对象时，才能做到有的放矢，心中有数，处于主动地位，不致被假象所迷惑。二是求同存异原则。列宁认为，要实现多党合作，各政党必须在一定时期或者某些问题上有共同的利益；同时，无产阶级政党为了自己的根本利益同其他政党结成合作关系，可以作出某些必要的妥协和让步。这一原则决定合作能否实现，合作的牢固程度，以及合作时间的长短。当然，有共同的利益并不否认各政党之间会存在策略上或政策上的分歧，乃至存在某些原则性的分歧，但这并不妨碍各政党之间的合作。只要无产阶级政党把握好分寸，适时做一些妥协和让步，就能同其他革命政党保持良好的合作关系。例如，布尔什维克同孟什维克虽然对1905年事变细节的估计存在分歧，但在武装起义问题上的一致导致了两党的合作与采取统一的行动。三是独立性原则。列宁认为，无产阶级及其政党在多党合作的过程中，必须时刻意识到本阶级同激进资产阶级、小资产阶级在思想理论上的差别，意识到党性原则和历史使命，始终如一地坚持自己独立的政治纲领和策略路线，并同其他政党的不彻底性、妥协性和动摇性进行坚决的斗争。四是多数掌握政权原则。列宁指出："我们坚持苏维埃政权的原则，即由最近一次苏维埃代表大会上的多数掌握政权的原则；我们过去同意，并且现在仍旧同意同苏维埃中的少数分掌政权，但这个少数必须诚恳忠实地服从多数，并执行全俄苏维埃第二次代表大会批准的，采取渐进的坚定不移的步骤走向社会主义的纲领。"[1]在这里，列宁坚持了苏维埃多数掌握政权的原则，也表达了在苏维埃政权内实行多党合作的思想。

总之，列宁在马克思主义政治学的发展史上，首次提出了国家政权中实行社会主义多党合作制的初步构想，首次论证了实行多党合作的重要性和必要性，初步论述了实行多党合作的阶级基础、政治基础和策略原则，十月革命胜利后，也曾经试图建立多党合作的政治体制，尽管苏维埃俄国的客观历史条件决定了其一党制，但是列宁的多党合作思想在中国新型政党制度形成和发展的实践，发挥了重要的指导意义。

二、中国新型政党制度的逻辑演进

中国共产党成立百年之际，在马克思列宁主义的多党合作思想指导下，我国新型政党制度顺应近现代中国历史发展的逻辑，得以逐步演进和完善。它大体历经了萌芽合作期、密切合作期、曲折发展期、恢复发展期、创新发展期五个阶段，体现了制度自信和改革创新的统一，是我国新时代协调各方关系、凝聚民族力量、保持社会和谐发展、推进中华民族伟大复兴中国梦实现的中国特色政党制度。

1. 萌芽合作期：新民主主义革命时期中国共产党与其他政党的初试合作

中国共产党成立后，在领导中国革命斗争中，初步认识到要取得胜利就必须联合其他革命党派共同奋斗的重要性。因此，在新民主主义革命的历史进程中，中国共产党立足中国实际情况，探索并实践多党合作。中国共产党成立之初，尝试在总结历史的经验教训基础上，把马克思主义的统一战线理论与中国实际相结合，初步明确党的奋斗目标并认识到多党合作在政治力量结构变革中的重要作用。毛泽东指出："中国无产阶级应该懂得：他们自己虽然是一个最有觉悟和最有组织性的阶级，但是如果单凭自己一个阶级的力量，是不能胜利的。而要胜利，他们就必须在各种不同的情形下团结一切可能的革命的阶级和阶层，组织革命的统一战线。中

[1] 列宁．列宁全集：33卷［M］．北京：人民出版社，1985：71．

国社会的各阶级中，农民是工人阶级的坚固的同盟军，城市小资产阶级也是可靠的同盟军，民族资产阶级则是在一定时期中和一定程度上的同盟军，这是现代中国革命的历史所已经证明的根本规律之一。”[1]但因自身的力量、理论和经验不足，在国民革命时期，中国共产党接受共产国际的指导，与当时国内最大的政党——国民党合作，建立国民革命联合战线，“借壳锻炼谋发展”，使中国共产党由知识分子政党转变为深入社会基层、代表工农利益的大众型政党。从中共二大通过的《关于“民主的联合战线”的决议案》号召一切革命党派联合资产阶级民主派、组织民主联合战线到共产党员以个人名义加入国民党、帮助孙中山改组国民党；从国共联合北伐到土地战争时期的“福建事变”；从抗日战争时期的“联蒋抗日”“逼蒋抗日”到中国共产党抗日根据地的“三三制”政权；从解放战争时期中国共产党同各民主党派的反独裁合作到“党派协商、共同纲领、联合政府”的“政协路线”确定，表明中国共产党初步尝试从理论到实践的多党合作，积累的有益经验为中国新型政党制度的确立奠定了基础，标志着中国新型政党制度的萌芽。

2. 密切合作期：中华人民共和国成立前后到 1957 年反右运动，中国共产党与各民主党派的亲密合作

1948年，人民解放战争取得决定性胜利，中共中央总结新民主主义革命的多党合作经验，发布“五一口号”，号召“各民主党派、各人民团体、各社会贤达迅速召开政治协商会议，讨论并实现召集人民代表大会，成立民主联合政府”。各民主党派积极响应，其领导人同中共中央携手筹备并召开了第一届政协会议，通过了起宪法作用的《中国人民政治协商会议共同纲领》，从宪法高度明确了共产党和民主党派在国家政治生活中的地位和任务，明确了共产党与各民主党派的关系。毛泽东指出：“我国一切民主党派和人民团体在法律上处于平等地位”，“应当严格地尊重各民主党派和人民团体在宪法赋予的权利义务范围内的政治自由和组织独立性”。标志着中国新型政党制度的确立。中国共产党与各民主党派密切合作，成功推进了社会主义改造；在我国即将进入社会主义之际，毛泽东在《论十大关系》中指出，“究竟是一个党好，还是几个党好？现在看来，恐怕是几个党好。不但过去如此，而且将来也可以如此，就是长期共存、互相监督”，“所谓互相监督，当然不是单方面的，共产党可以监督民主党派，民主党派也可以监督共产党”。强调“长期共存、互相监督”是我国具体历史条件的产物，也是我国的方针。因此，中

[1] 毛泽东 . 毛泽东选集 : 第二卷［M］. 北京 : 人民出版社 , 1991 .

华人民共和国成立初期的7年多，中国共产党与各民主党派密切合作，同心同德，中国新型政党制度在中华人民共和国政治生活中得以确立和良性运作，取得了社会主义革命的胜利和社会主义建设初期的伟大成就。

3. 曲折发展期：从1957年反右到党的十一届三中全会，中国新型政党制度的发展历经曲折

在我国新型政党制度中，中国共产党居于领导地位，其认识路线的正确与否对这一制度有着重要的制约和影响作用。1957年初，全国人民怀揣对社会主义的美好期待，满怀激情建设社会主义，但由于党对社会主义认识和实践上的局限，我国新型政党制度经历了一段曲折的历程。以1957年春中国共产党开门整风为开端，民主党派等党外人士提出了一些善意的意见和建议，但由于毛泽东对当时政治形势的错误估计，民主党派被戴上了资产阶级政党的帽子，一批民主党派成员被错划为右派分子，新型政党制度遭到破坏。特别是“文革”期间，林彪江青反革命集团全盘否定中华人民共和国成立以来的多党合作政策，肆意践踏多党合作方针，各民主党派的中央和地方领导机关被红卫兵砸烂，机关干部被下放，一些民主党派负责人被逮捕，民主党派被停止活动，新型政党制度名存实亡。

4. 恢复发展期：从党的十一届三中全会到党的十八大，新型政党制度得到恢复和发展

党的十一届三中全会的召开，为我国新型政党制度的恢复发展开辟了广阔的道路。以邓小平同志为主要代表的中国共产党人高举毛泽东思想伟大旗帜，恢复并发展了我国的新型政党制度。他充分肯定了民主党派的地位和作用。他认为，在新民主主义革命和建立中华人民共和国的斗争中，各民主党派都发挥了重要作用。中华人民共和国成立以后，各民主党派和工商联推动和帮助各自的成员接受社会主义改造、参加社会主义建设和反对国内外敌人的斗争，也都作出了宝贵的贡献。改革开放新时期，各民主党派和工商联仍然具有重要的地位和不容忽视的作用；科学阐明了新时期民主党派的社会基础和性质，认为我国各民主党派“都已经成为各自所联系的一部分社会主义劳动者和一部分拥护社会主义的爱国者的政治联盟”；将多党合作的八字方针发展为“长期共存、互相监督、肝胆相照、荣辱与共”的十六字方针；指明了中国新型政党制度是中国政治制度的特点和优点等，这不仅划清了中国社会主义政党制度与西方国家资本主义政党制度的区别，而且明确了各民主党派的政党性质，为多党合作的制度化、规范化发展奠定了理论基础。

以江泽民同志为主要代表的中国共产党人坚持并发展了中国新型政党制度。明确了中国新型政党制度是我国的一项基本政治制度，是我国政治制度的特点和优点；指出民主党派在我国国家政权中“参政党”地位；首次概括了我国政党制度的显著特征是共产党领导、多党派合作，共产党执政、多党派参政；提出了衡量我国政党制度的四条标准；强调了保持宽松稳定、团结和谐的政治环境是多党合作的一条重要原则，要求对民主党派采取求同存异和体谅包容的态度，团结民主党派成员。

以胡锦涛同志为主要代表的中国共产党人完善了中国新型政党制度。他指出，中国新型政党制度是建设社会主义政治文明的重要内容，强调坚持和完善中国新型政党制度、促进政党关系和谐；概括了多党合作的重要政治准则；提出发展是中国共产党执政兴国、民主党派参政议政的第一要务；完善了衡量我国政治制度和新型政党制度的标准；对我国民主党派性质和地位作了新表述，强调民主党派是同中国共产党通力合作的亲密友党；提出了民主党派“一参加三参与”的参政议政基本点、充分发挥民主党派的民主监督作用等，坚持并完善了中国新型政党制度。

5. 创新发展期：党的十八大以来，以习近平同志为核心的中共中央新一代中央领导集体承前启后，对我国新型政党制度作了创新性发展

党的十八大以来，中共中央高度重视新型政党制度的发展与完善，指出新型政党制度是近代以来中国人民争取民族独立、追求民主进步的斗争中逐渐形成和确立的中国特色政党制度，是“对人类政治文明的重大贡献”，并用三个“新”和三个“有效避免”系统深刻地概括了新型政党制度的鲜明特色和独特优势；中国共产党的领导是坚持和发展新型政党制度的根本政治保证，习近平指出：“中国特色社会主义最本质的特征是中国共产党领导，中国特色社会主义制度的最大优势是中国共产党领导”；[1]强调了新型政党制度的共同思想政治基础；提出了落实新型政党制度的实践要求，“中国特色社会主义进入新时代，多党合作要有新气象，思想共识要有新提高，履职尽责要有新作为，参政党要有新面貌”，要求各民主党派要做中国共产党的“好参谋、好帮手、好同事”；加强并完善了新型政党制度的制度建设，先后出台了《中共中央关于加强社会主义协商民主建设的意见》《中国共产党统一战线工作条例（试行）》《关于加强政党协商的实施意见》等一系列重要文

---

[1] 习近平 . 决胜全面建成小康社会 夺取新时代中国特色社会主义伟大胜利［M］. 北京：人民出版社，2017：20 .

件，为新时代坚持和完善新型政党制度保驾护航。

总之，我国的新型政党制度以时间为主线，顺应历史逻辑得以萌芽、确立、发展和创新，呈现出越来越好的态势，体现了马克思主义与时俱进的理论品质，成为我国新时代制度体系和制度自信的重要内容之一。

孟凤英，广州大学马克思主义学院教授、广州市社会主义学院新型政党制度理论研究中心特约研究员。

中华人民共和国成立以来政党协商思想的历史演进

莫岳云

政党协商思想是中国共产党为实现共同的政治目标，与各民主党派、无党派人士进行政治协商的基本理念、思维和理论，它既体现在党的领导人重要讲话和相关论述中，也体现在社会主义协商民主制度和政党协商制度中，包括政党协商含义、原则、内容、形式、程序和保障机制等。它伴随着中国新型政党制度的形成发展而逐步发展，在推进政党协商实践发展和中国社会主义民主政治的发展中都发挥了极其重要的作用。在庆祝中国人民政治协商会议和中华人民共和国成立70周年之际，回顾中国新型政党制度的发展，梳理政党协商思想的演进过程，站在新时代的历史高度，揭示各个不同时期政党协商思想的内容和特点，对于推动中国特色社会主义协商民主的广泛多层制度化发展，推进国家治理体系和治理能力现代化，都具有极其重要的理论意义和现实意义。

一、中华人民共和国成立初期政党协商基本思想的提出

中华优秀传统文化中蕴含的兼容并蓄、求同存异的政治文化和由中国革命文化所催生的统一战线为政党协商思想提供了深厚的思想文化基础。虽然“政党协商”一词是党的十八大以后才正式提出的，但中国共产党对政党间的政治合作与协商问题的理论思考，在新民主主义革命时期开始萌生，于中华人民共和国成立初期初步提出。1938年10月，毛泽东在党的六届六中全会上所作的《论新阶段》的政治报告中指出：“在一切有愿意和我们合作的民主党派和民主人士存在的地方，共产党员必须采取和他们一道商量问题和一道工作的态度。”[1]在中华人民共和国成立前夕召开的党的七届二中全会上，毛泽东指出：“我们必须把党外大多数民主人士看

[1] 毛泽东. 毛泽东选集：第二卷［M］. 北京：人民出版社，1991：526.

成和自己的干部一样，同他们诚恳地坦白地商量和解决那些必须商量和解决的问题。”[1]既认识到中国共产党与党外人士协商合作的必要性，也注重协商过程中的倾听、讨论。这些论述，反映了中共政党协商思想开始萌发。

在1949年6月至9月召开的新政协筹备会和中国人民政治协商会议一次会议上，中国共产党对政党协商思想有了明确的表述。周恩来指出，“凡是重大的议案提出来总是事先有协商的，协商这两个字非常好，就包括这个新民主的精神”[2]，如果在讨论的过程中遇到少数与多数不同的结果，少数就要服从多数，但遇到双方意见比数相同的特殊情况时，就要进行妥协商量。在这期间，中国共产党就“中国人民政治协商会议”的名称、参加新政协筹备会的单位及名额、“三大文件”的起草与制定和“四个决议案”的拟定通过等方面都与党外人士进行反复沟通、统一思想，充分体现出协商性、民主性。一届政协会议的成功召开，标志着中国新型政党制度的形成，为政党协商思想的发展奠定了良好的制度基础。

中华人民共和国成立后，中国共产党面临的执政环境发生了重大变化，工作重心由乡村转向城市，工作重点围绕着巩固新生政权、恢复和发展被严重破坏的国民经济进行，人民民主统一战线也进入了新的历史发展阶段。当时中国的阶级状况是“中间大两头小”，如果不顾及各阶级的利益，不给各党派表达利益诉求的机会，就想把国家建设好是不可能的。而各民主党派、无党派人士中拥有一大批富有知识和技术的人才，他们与民族资产阶级和各界知识分子有着广泛的联系，社会影响力非常大，因此中华人民共和国成立后，中国共产党必须与民主党派、无党派人士建立起新型的合作关系，并邀请其一道协商议事，共同管理国家事务。

从中华人民共和国成立到1956年，以毛泽东同志为核心的党的第一代中央领导集体，不断深化对民主党派性质的认识，摒弃党内外对民主党派认识的各种错误思想，积极支持帮助民主党派的发展，积极主动与民主党派商量国是。这一阶段的政党协商思想散见于毛泽东、周恩来、李维汉等领导人的讲话和中共中央颁布的《人民民主统一战线的新形势与新任务》《关于民主党派工作的决定》《中共中央关于统一战线工作的指示》《论十大关系》等相关文献中。这一阶段提出的政党协商思想主要有以下四个方面。

第一，虚心倾听民主党派、无党派人士的意见。这是开展政党协商的前提。

---

[1] 毛泽东．毛泽东选集：第四卷［M］．北京：人民出版社，1991：1437.

[2] 中国人民政治协商会议全国委员会研究室，中共中央文献研究室第四编研部．老一代革命家论人民政协［M］．北京：中央文献出版社，1997：17.

1951年1月，周恩来在中共中央统战部举行的茶话会上指出，“党内有些同志在处理党外关系的问题上，常常发生一种怕麻烦的情绪”[1]，“见了党外人士羞羞答答，不敢和他们接触”[2]，甚至认为与他们接触我们的党性就变差了，这些想法都是错误的。他说：“假使我们躲避人家，那怎么能领导？你瞧不起人家，人家也会瞧不起你。只有你到他们中间去，和他们接触，又不被他们同化，才能领导他们前进。”[3]他多次强调，中共党员要敢于和民主党派、无党派人士打交道，和他们多来往，直接或者间接，多主动结交党外的朋友，或固定朋友或新朋友，多熟悉他们的情况，多听不同的意见，多知道各方面的意见，“不同的意见不一定都对，但你要听了才有比较……习惯于只限在自己的小圈子里，只喜欢听相同的意见，听不到不同的意见，对不熟悉的事也不愿意去熟悉，把自己局限起来，这样工作就会越做越窄了”。[4]在与民主党派、无党派人士进行协商的过程中，要“自由交谈”“虚心倾听”他们的意见。

第二，尊重民主党派独立平等地位。作为社会主义事业的领导核心，中国共产党对民主党派实行政治领导，但并不意味着中国共产党与各民主党派在其他领域都要保持领导与被领导的关系，而是一种平等的友党关系。正如李维汉指出的：这绝不意味着我们党有超越它们之上的权力，把它们当作附属的团体或命令、干涉或者控制它们。“各民主党派都有它们组织上的独立性，它们同我们党之间是平等的友党关系。我们党必须承认和尊重它们这种独立平等的地位。”[5]做到平等协商，这是开展有效协商的必备条件。

第三，强调该商量的事情必须和民主党派、无党派人士进行商量。毛泽东于1951年11月批转《中财委关于交通部党组对团结民主人士问题检讨报告的通报》中指出：要使党外人士有职有权，这绝不只是一句简简单单的空话，共产党员应该要保证这句话不折不扣地实现，尽到该尽的责任，遇事多和党外人士商量，“不能因

---

[1] 中共中央统一战线工作部，中共中央文献研究室．周恩来统一战线文选［M］．北京：人民出版社，1984：199．

[2] 中共中央统一战线工作部，中共中央文献研究室．周恩来统一战线文选［M］．北京：人民出版社，1984：204．

[3] 中共中央统一战线工作部，中共中央文献研究室．周恩来统一战线文选［M］．北京：人民出版社，1984：204．

[4] 中共中央统一战线工作部，中共中央文献研究室．周恩来统一战线文选［M］．北京：人民出版社，1984：437．

[5] 中共中央统战部研究室．历次全国统战工作会议概况和文献［M］．北京：档案出版社，1988：286．

为党内已有决定，而就不去同党外人士商量，该商量的必须商量，该请示的必须请示，该经过的必须经过”[1]，做任何决定，应当有应该参加的民主党派、无党派人士来参加，确保他们看到应该看到的文件，知道应该知道的事情。

第四，遵循“事先协商”“求同存异”的原则。凡重大问题要事先与民主党派、无党派人士进行协商沟通。周恩来指出，“新民主主义的议事精神不在于最后的表决，主要是在于事前的协商和反复的讨论”[2]，“就是会前经过多方协商和酝酿，使大家都对要讨论决定的东西事先有个认识和了解，然后再拿到会议上去讨论决定，达成共同的协议”[3]，而不同于旧民主主义议事中只有少数人了解或者临时提出意见进行讨论。协商过程难免会有不同意见和分歧，对此，李维汉强调：我们“处理的办法是积极同他们协商，耐心倾听他们的意见，然后加以认真的分析，正确的，接受过来，不妥当的，加以解释，错误的，加以批驳……取得大多数人的协议，然后付诸执行”[4]。中央统战部《关于加强政协地方委员会工作的意见》中明确指出：“协商本身包括必要的妥协和等待，特别是在采取重大措施的时候，如果没有同有关的党外人士进行充分的协商，宁肯慢一点作决定。”[5]周恩来也多次强调，“只要大的方面有了共同性，小的方面存在差别是允许的”[6]。经过充分的协商和沟通，求同存异实施。“事先协商”“求同存异”的原则从中华人民共和国初期开始确立并延续至今。

这一时期，政党协商的内容主要围绕着以下五个方面展开。一是宪法和其他基本法律、法规、条例的协商。如《中华人民共和国宪法》《中华人民共和国土地改革法》《中华人民共和国劳动保险条例》等基本法律、法规、条例的出台，都经过政党协商。二是中共中央有关重要决议、文件的协商。如《关于中央人民政府各项

---

[1] 中共中央党史和文献研究院．建国以来毛泽东文稿：第2册［M］．北京：中央文献出版社，1988：507–508．

[2] 中共中央统一战线工作部，中共中央文献研究室．周恩来统一战线文选［M］．北京：人民出版社，1984：134．

[3] 中共中央统一战线工作部，中共中央文献研究室．周恩来统一战线文选［M］．北京：人民出版社，1984：129．

[4] 中共中央统战部研究室．历次全国统战工作会议概况和文献［M］．北京：档案出版社，1988：16．

[5] 中共中央文献研究室．建国以来重要文献选编：9册［G］．北京：中央文献出版社，1994：186．

[6] 中共中央统一战线工作部，中共中央文献研究室．周恩来统一战线文选［M］．北京：人民出版社，1984：202．

工作报告的决议》《中国人民政治协商会议章程》等有关重要文件的制定等。三是土地改革、镇压反革命、抗美援朝以及社会主义改造等关系到国家政权建设和改革发展稳定的重大问题的协商。四是遏制通货膨胀、统一财政管理、调整工商业等有关国家财政经济若干重大问题的协商、决策。五是关于召开人民代表大会等重要会议的协商。协商形式多种多样，有人民政协协商、双周座谈会协商、最高国务会议协商、民主协商座谈会协商等形式，也有往来书信的书面协商，尤其是其中的双周座谈会协商和民主协商座谈会协商在这一时期发挥了重大作用。

中华人民共和国成立初期，由于政党协商思想的贯彻实施，构建起了中共与民主党派、无党派人士之间和谐的政党关系，注重协商的平等性、事先性、组织独立性，确立起“长期共存、互相监督”的八字方针，培育起了他们对国家的政治认同和参政的积极性，在政党协商内容的多元化、政党协商形式的多样化等方面做了大量的探索性工作，协商成效十分突出。正因为这样，这一阶段党和国家的大政方针与各项政策得以正确制定及实行，少有重大决策失误。当然，这一时期对政党协商的认识也存在一些不足，如不尊重民主党派的独立性、不愿协商、不能平等协商、敷衍态度、形式主义等比较突出。1957年后，由于中共反右派斗争的扩大化以及“文化大革命”运动的开展，错误定性民主党派，民主人士遭受迫害，民主党派组织遭到重创，各民主党派从中央到地方相继被迫停止了活动，多党合作事业遭受严重挫折，政党协商处于停滞状态。近20年的时间里，虽然对民主党派的政策时有调整，缓和与民主党派之间的关系，但在社会主义民主被严重破坏的大环境下，政党协商思想并没有得到实质性的发展。

二、改革开放新时期政党协商思想的发展

“文化大革命”结束后，统一战线工作逐步恢复起来，各级政协组织、统战部门、民主党派组织、工商联组织也陆续开始活动和工作，在“文革”和历次政治运动中遭受迫害的民主人士逐步得到平反，这为政党协商思想的发展提供了前提条件。进入改革开放新时期，社会阶层状况和人们利益诉求及思想观念都发生了重大转变，推进政党协商显得尤为重要。1981年底召开的第十五次全国统战工作会议强调，“建国以来，我们党在决定一些重大问题的时候，总是经常和民主人士充分协商。实践证明，凡是这样做了的，效果都好，民主人士也满意。今后我们还应该坚

持这样做”[1]。这就为新时期政党协商理论与实践探索指明了方向。从党的十一届三中全会到党的十八大召开前，邓小平、江泽民、胡锦涛等主要领导人从不同层面和角度对政党协商思想作了阐述，中共中央先后出台了一系列文件，多次召开全国统战工作会议、党外人士座谈会等，不仅推进了政党协商的制度化、程序化和规范化，而且发展了党的第一代中央领导集体提出的政党协商思想。

第一，深化对民主党派性质和职能的认识。邓小平在1979年6月举行的全国政协五届二次会议上指出：各民主党派“都已经成为各自所联系的一部分社会主义劳动者和一部分拥护社会主义的爱国者的政治联盟，都是在中国共产党领导下为社会主义服务的政治力量”[2]。1986年4月，中共中央在《关于新时期党对民主党派工作的方针任务的报告》中明确指出，“各民主党派都不是在野党，更不是反对党，而是同中国共产党通力合作的共同致力于社会主义事业的亲密友党”[3]。1989年12月，中共中央在14号文件中明确了中国共产党是“执政党”、各民主党派是“参政党”[4]的定位。2005年2月，又进一步明确：“民主党派是各自所联系的一部分社会主义劳动者、社会主义事业建设者和拥护社会主义爱国者的政治联盟，是接受中国共产党领导、同中国共产党通力合作的亲密友党，是进步性与广泛性相统一、致力于中国特色社会主义事业的参政党。”[5]中国共产党对民主党派性质的认识随着实践的发展不断深化。与此同时，中国共产党不断帮助民主党派加强思想、组织和制度等方面的自身建设，政治上信任、工作上支持、生活上给予关怀照顾，解决了民主党派干部的工作条件、干部待遇、新老成员交替、领导班子建设和民主党派机关的编制、经费等问题。尤其是再次强调了注重民主党派组织的独立性建设问题。1979年10月，《新的历史时期统一战线的方针任务》提出：“要尊重民主党派的组织独立性，发挥民主党派的监督作用，放手让它们对党的方针政策和国家事务发议论、作批评、提建议”。[6]1982年10月，中共中央批转的《关于从

---

[1] 中共中央统战部研究室．历次全国统战工作会议概况和文献［M］．北京：档案出版社，1988：467-468．

[2] 邓小平．邓小平文选：第二卷［M］．北京：人民出版社，1994：186.

[3] 中共中央文献研究室．十二大以来重要文献选编：下［G］．北京：中央文献出版社，2011：50．

[4] 中共中央统战部一局．新时期民主党派工作方针政策汇编：1979—1999［G］．内部发行，2000：36．

[5] 中共中央文献研究室．十六大以来重要文献选编：中［G］．北京：中央文献出版社，2011：674．

[6] 中共中央统战部研究室．历次全国统战工作会议概况和文献［M］．北京：档案出版社，1988：457．

民主党派撤出我党党员问题的报告》要求撤出中华人民共和国成立后中国共产党向民主党派中派进的中共党员，以增强民主党派的独立性，提高党外人士的积极性，确保政党协商有效进行。民主党派的职能也由中华人民共和国成立初期的“参、代、监、改”深化为“政治协商、民主监督、参政议政”，使民主党派的参政议政作用得以充分发挥。

第二，提出“协商民主”是我国社会主义民主的主要形式。1991年3月，江泽民指出：“人民通过选举、投票行使权利和人民内部各方面在选举和投票之前进行充分协商，尽可能就共同性问题取得一致意见，是我国社会主义民主的两种重要形式。”[1]这是中国共产党首次从社会主义民主的高度来定位“协商”。李瑞环也曾指出：“这种民主协商方式，是我国民主政治建设的一大创造，也是我国社会主义民主制度的一大特色、一大优势。”[2]2007年，国务院新闻办公室发布的《中国的政党制度》白皮书首次使用“协商民主”概念，指出“选举民主与协商民主相结合，是中国社会主义民主的一大特点”[3]。这里，不仅提出了“协商民主”的概念，而且明确了“协商民主”是我国社会主义民主的主要形式。与选举民主是一种间接的民主形式不同，协商民主是一种直接的民主形式。两种民主形式相辅相成，共同推进中国社会主义民主政治建设的发展。

第三，进一步明确政党协商的基本问题。伴随着《中共中央关于坚持和完善中国共产党领导的多党合作和政治协商制度的意见》等一系列重要文件相继出台，政党协商有了更加完善的制度规范，政党协商思想的内容也得以不断发展。

从协商心态来看，强调“敞开思想，畅所欲言”。要做好政党协商，必须做好民主党派成员的工作，鼓励他们解放思想、畅所欲言。1979年4月5日，《中共中央批准中央统战部关于爱国民主党派当前工作中几个问题的请示》中重申：“对于国家大事和有关政策问题，要注意吸收民主党派的代表人物参与协商，听取他们的意见；在有党外人士参加的会议以及有关的活动场所，要鼓励和支持他们敞开思想，畅所欲言，欢迎他们积极地提出建议和批评；要坚决实行‘三不主义’，做到‘知无不言，言无不尽；言者无罪，闻者足戒’；要认真对待他们的建议和批评，实事

---

[1] 政协全国委员会办公厅，中共中央文献研究室．人民政协重要文献选编：中［G］．北京：中国文史出版社，2009：506.

[2] 中共中央文献研究室．十四大以来重要文献选编：上［G］．北京：中央文献出版社，2011：175.

[3] 中华人民共和国国务院新闻办公室．中国的政党制度［N］．人民日报，2007-11-16（15）.

求是地进行分析处理。对于原则性的错误看法，要引导他们经过学习讨论，明辨是非，提高认识。”[1]1986年，《关于新时期党对民主党派工作的方针任务的报告》中要求，“党委主要负责同志，应经常与民主党派负责人见面，同他们交朋友，谈思想，虚心倾听意见。请他们参加有关会议，了解有关情况，阅读有关文件”[2]，鼓励他们反映真实情况，讲真心话。在注重与党外人士多沟通、多交流和协商过程中注重耐心倾听、求同存异之外，在党外人士有职有权的基础上，这一时期更突出了“有责”，并建立起相关的联系制度，“定期向党外干部通报情况，和他们共同总结工作，交流经验，研究问题”。[3]

从协商内容来看，政党协商内容更丰富、更具体。2005年，中共中央颁布《关于进一步加强中国共产党领导的多党合作和政治协商制度建设的意见》，明确将“中共全国代表大会、中共中央委员会的重要文件；宪法和重要法律的修改建议；国家领导人的建议人选；关于推进改革开放的重要决定；国民经济和社会发展的中长期规划；关系国家全局的一些重大问题；通报重要文件和重要情况并听取意见，以及其他需要同民主党派协商的重要问题等”[4]作为政党协商的重要内容。

从协商形式来看，政党协商形式更为多样化。“文革”期间被严重破坏的民主协商会得到恢复，“双周座谈会”的传统也以其他类型的会议协商形式继承下来，而不再只以“双周座谈会”命名。这一时期的协商形式有民主协商会、高层次小范围的谈心活动、协商座谈会等会议协商以及书面协商等。

从协商程序来看，政党协商程序更加规范。这一时期对协商之前、协商过程中、协商之后的各阶段要做什么、如何做都进行了明确说明。具体步骤：一是中共中央根据年度工作重点，研究提出全年政治协商规划；二是将协商的议题提前通知各民主党派和有关无党派代表人士，并提供相关材料；三是各民主党派对协商议题集体研究后提出意见和建议；四是对民主党派和无党派人士提出的意见和建议认真

[1] 中共中央统战部一局．新时期民主党派工作方针政策汇编：1979—1999［G］．内部发行，2000：4．

[2] 中共中央文献研究室．十二大以来重要文献选编：下［G］．北京：中央文献出版社，2011：69．

[3] 中共中央统战部一局．新时期民主党派工作方针政策汇编：1979—1999［G］．内部发行，2000：79．

[4] 中共中央文献研究室．十六大以来重要文献选编：中［G］．北京：中央文献出版社，2011：676．

研究，并及时反馈情况。要求在协商过程中充分发扬民主，广泛听取意见，求同存异，求得共识[1]。

从党的十一届三中全会到党的十八大召开前，伴随着中国共产党领导的多党合作和政治协商制度走向制度化、程序化和规范化，对政党协商内容、形式和程序等基本问题的认识得到进一步深化及发展，政党协商思想的适用范围不断得到扩大，尤其是“协商民主”作为社会主义民主的主要形式之一的地位得到了明确，中国共产党与民主党派、无党派人士之间的协商合作成为新时期社会主义民主政治的特点、优势和提高中国共产党执政能力建设的重要内容。

三、新时代政党协商思想的系统形成

中国特色社会主义进入新时代，面对国内外形势的新特点和我国社会主要矛盾的新变化，以习近平同志为核心的党中央提出了新的任务，即推进“五位一体”总体布局和“四个全面”战略布局，实现“两个一百年”奋斗目标和中华民族伟大复兴的中国梦。为了实现这一历史任务，亟须凝心聚力，团结各党派、各民族、各阶层共同奋斗。党的十八大以来，党中央高度重视推进政党协商建设，习近平总书记在一系列重要讲话中都对协商民主和政党协商问题作了重要论述；在党的十八大报告、十八届三中全会决议、十九大报告、十九届四中全会决议以及《关于加强政党协商的实施意见》等重要文献中，不仅对中国特色社会主义协商民主制度特别是政党协商的制度规范做了系统阐述，而且对政党协商的基本思想作了全面、深入、系统的解读，尤其是2015年10月中共中央发布的《关于加强政党协商的实施意见》（以下简称《意见》），系统明确了政党协商的含义、内容、形式、程序和保障机制，以及如何加强和完善党对政党协商的领导等，标志着我党政党协商思想的系统形成。

第一，提出和界定了政党协商的概念。政党协商在我国已有长期的实践，但政党协商概念首次提出是在《意见》中，并对政党协商概念作了明确界定，指出：“政党协商是中国共产党同民主党派基于共同的政治目标，就党和国家重大方针政策和重要事务，在决策之前和实施之中，直接进行政治协商的重要民主形式。”[2]这不仅揭示了政党协商的特定内涵，而且明确了“政党协商是中国共产党领导的多

[1] 中共中央文献研究室．十六大以来重要文献选编：中［G］．北京：中央文献出版社，2011：676．

[2] 中办印发《关于加强政党协商的实施意见》［N］．人民日报，2015-12-11 (1).

党合作和政治协商制度的重要内容，是社会主义协商民主体系的重要组成部分，是中国共产党提高执政能力的重要途径”[1]。

第二，将政党协商作为实现社会主义协商民主的首要渠道。《关于加强社会主义协商民主建设的意见》对新形势下开展社会主义协商民主作出了全面部署，指出要“重点加强政党协商、政府协商、政协协商，积极开展人大协商、人民团体协商、基层协商，逐步探索社会组织协商”[2]。将政党协商作为社会主义协商民主七种渠道之首，这不仅是因为政党协商最重要，而且因为政党协商贯穿社会主义协商民主形成和发展的全过程，起步最早，运行最成熟，效果最明显，可以对其他形式的协商渠道起到示范作用。正因为如此，习近平总书记强调“要用好政党协商这个民主形式和制度渠道”[3]。

第三，明确了政党协商的主体、内容与形式。关于政党协商的主体，除中国共产党和民主党派、无党派人士之外，《意见》还将工商联这一具有统战性的人民团体和商会组织列入其中[4]。政党协商的七项内容，较前更丰富，在2005年中共中央《关于进一步加强中国共产党领导的多党合作和政治协商制度建设的意见》的基础上，增加了“有关重要法律的制定、修改建议”“年度经济社会发展情况”“统一战线和多党合作重大问题”以及“关系改革发展稳定等重要问题”[5]。《意见》列举政党协商的形式，分别为“会议协商”“约谈协商”“书面协商”三种，并根据具体内容将会议协商细分为“专题协商座谈会”“人事协商座谈会”“调研协商座谈会”“其他协商座谈会”等，协商形式较前多样与创新。2017年初，《关于支持民主党派中央开展重点考察调研》文件的出台，进一步推动了调研协商座谈会的深入发展。

第四，明确了政党协商的基本程序和保障机制。这一时期，中央根据协商形式的不同，分别对三种协商形式的协商程序作了明确规定，包括协商前、协商中、协商后分别应该做什么、该怎么做，使政党协商更具操作性。如会议协商程序包括全年协商计划制订、会前告知民主党派、民主党派提前研读准备意见以及协商过程中相互交流谈论等。尤其是在协商程序方面，相比之前，这一时期更突出了政党协商计划的制订。从2015年底开始，中央统战部等部门就制订下一年的政党协商计划进行多次沟通，在听取相关意

---

[1] 中办印发《关于加强政党协商的实施意见》[N]. 人民日报，2015-12-11 (1).

[2] 中共中央印发《关于加强社会主义协商民主建设的意见》[N]. 人民日报，2015-02-10 (1).

[3] 中共中央统战部. 关于加强政党协商的实施意见学习问答[M]. 北京：华文出版社，2017：42.

[4] 中办印发《关于加强政党协商的实施意见》[N]. 人民日报，2015-12-11 (1).

[5] 中办印发《关于加强政党协商的实施意见》[N]. 人民日报，2015-12-11 (1).

见的基础上，将制订的协商计划向中共中央报送，并明确每年的政党协商计划都要提交中央政治局常委会审议，并将其制度化、常态化。协商保障机制是这一时期政党协商思想发展的创新点，首次明确且系统化提出将知情明政、考察调研、工作联系、协商反馈四种机制作为政党协商的保障机制，创新发展了我党的政党协商思想。

第五，强调要加强和完善党对政党协商的领导。坚持中国共产党的领导是政党协商制度的重要内容。《意见》强调："各级党委要切实加强领导，把握正确方向，充分发扬民主，广泛集智聚力，确保政党协商规范有序、务实高效、充满活力。"具体要求有三个。一是高度重视政党协商。把政党协商列入党委重要议事日程，统一领导、统筹安排，切实纳入决策程序，从制度上保障协商成果落地。二是营造宽松和谐氛围。党的领导干部不仅要带头发扬民主，真诚协商、务实协商，还要鼓励和支持民主党派讲真话、建诤言。三是加强协商能力建设。党的领导干部不仅要强化政党协商意识，熟悉政党协商方法，而且要支持民主党派提高履职能力和协商水平[1]。

政党协商思想的系统形成，对于推进社会主义协商民主广泛多层制度化发展、提升国家治理体系和治理能力现代化，有着极其重要的作用。从制度层面来看，政党协商作为中国特色社会主义民主政治的重要内容和形式，有机嵌入国家治理体系和治理能力现代化的运行过程。从功能角度来看，政党协商所追求的价值目标高度融合于国家治理体系和治理能力现代化所蕴含的价值追求中，通过政党协商，发挥了民主党派和无党派人士的智囊作用，整合了各民主党派的力量，提高了中国共产党的执政能力。

中华人民共和国成立以来，政党协商思想从提出、发展，到系统形成，既是中国共产党理论探索的成果，也是中国共产党与各民主党派、无党派人士长期合作协商实践的经验总结；政党协商思想随着政党协商不断走向程序化、规范化、制度化并逐步走向成熟、走向创新。同时，政党协商思想反过来指导政党协商实践的深入发展，有力地推进社会主义协商民主的进程以及国家治理体系和治理能力现代化。

莫岳云，华南理工大学马克思主义学院教授、广州市社会主义学院新型政党制度理论研究中心学术顾问。

本文刊于《理论导刊》2019年第12期。

[1] 中办印发《关于加强政党协商的实施意见》[N]. 人民日报，2015-12-11 (1).

“五一口号”发布60年来
我国多党合作和政治协商的基本经验

李小宁

1948年4月30日，中共中央发布纪念“五一”劳动节口号（以下简称“五一口号”），号召“各民主党派、各人民团体、各社会贤达迅速召开政治协商会议，讨论并实现召集人民代表大会，成立民主联合政府”。各民主党派和无党派民主人士对此积极响应，并在随后筹备新政协的过程中，公开表示愿意接受中国共产党领导。由此，形成了中国共产党领导的多党合作和政治协商的政治格局，为建立中华人民共和国奠定了基础。60年后的今天，中国共产党领导的多党合作和政治协商制度已经成为我国社会主义民主政治制度的重要组成部分。认真总结60年来的基本经验，对于在新的历史条件下进一步加强我国多党合作和政治协商制度建设，发展社会主义民主政治，建设社会主义政治文明，具有重要意义。

一、坚持走中国特色政治发展道路

中国共产党领导的多党合作和政治协商制度，是在开辟新民主主义政治发展道路过程中形成的，是在探索社会主义政治发展道路过程中发展完善的。巩固与发展中国共产党领导的多党合作和政治协商制度，必须坚持中国特色社会主义政治发展道路不动摇。

“五一口号”是近代中国政治发展道路的历史转折点。近代以来中国人对政治发展道路的探索，经历了一个不断试错的过程。从戊戌维新到清末立宪，以康有为、梁启超为代表的资产阶级改良派试图效仿日本，走君主立宪制道路，无果而终；辛亥革命后孙中山、宋教仁领导资产阶级革命派效仿西方建立资产阶级民主共和国，尝试多党竞争的议会制道路，结果以袁世凯称帝的闹剧收场；20世纪30年代，国民党蒋介石集团“以德为师”，实行“一党专制、个人独裁”，建立法西斯统治，最终被人民革命的洪流席卷而去。经过半个世纪的探索，西方各国的主要政治制度模式几乎全在中国尝试了一遍，最终由于不适合中国国情而失败。历史的实践证明，由资产阶级领导的、效仿西方政治制度的旧民主主义政治发展道路，在半殖民地半封建的中国走不通。1948年，以“五一口号”为标志，民主党派和无党派民主人士在自己长期的政治实践中选择了中国共产党的领导，他们所代表的广大中间势力转到了人民革命这一边，中国共产党倡导的新民主主义的具有中国特色的政治发展道路，成为全中国绝大多数人民的共同选择。1949年中国人民政治协商会议胜利召开，制定《中国人民政治协商会议共同纲领》，宣告中华人民共和国成立，为我国开辟了一条崭新的政治发展道路。正是在这个过程中，确立了中国共产党领导的多党合作和政治协商制度的政治格局。

中华人民共和国成立后，中国共产党在执政条件下进一步加强同各民主党派、无党派人士的团结合作，不断推进多党合作和政治协商的理论创新及实践发展。1956年社会主义改造基本完成后，根据中国阶级状况发生的深刻变化，中国共产党提出了“长期共存、互相监督”的八字方针，明确共产党存在多久，民主党派就存在多久，共产党可以监督民主党派，民主党派也可以监督共产党；由于共产党居于领导、执政地位，主要是民主党派监督共产党。社会主义条件下我国多党合作和政治协商的基本格局由此确立。自1978年实行改革开放以来，根据形势和任务的变化，中国共产党明确多党合作和政治协商是我国政治制度的一个特点及优势，确立了中国共产党与各民主党派“长期共存、互相监督、肝胆相照、荣辱与共”的方针，提出了一整套关于多党合作和政治协商的理论与政策，使坚持和完善多党合作和政治协商制度成为中国特色社会主义理论与实践的重要组成部分。1989年，中国共产党制定了《中共中央关于坚持和完善中国共产党领导的多党合作和政治协商制度的意见》，多党合作和政治协商走上了制度化轨道。1993年召开的第八届全国人民代表大会第一次会议，将“中国共产党领导的多党合作和政治协商制度将长期存在和发展”载入宪法，我国多党合作和政治协商制度有了明确的宪法依据。2002年党的十六大以后，从建设社会主义政治文明的高度，中国共产党先后制定了《中共中央关于进一步加强中国共产党领导的多党合作和政治协商制度建设的意见》和《中共中央关于加强人民政协工作的意见》，使多党合作和政治协商制度进一步规范化与程序化。今天，中国共产党领导的多党合作和政治协商制度作为我国一项基本政治制度，是中国特色社会主义政治发展道路的重要内容。

20世纪90年代苏联解体、东欧剧变后，国际共产主义运动处于低潮，一些国家放弃了原来的政治发展道路，转而效仿、照搬西方的政治制度。西方某些敌视中国的势力，依仗他们在自由、民主等话语领域的强势地位，极力歪曲与攻击中国的政治制度和政党制度，加紧对中国实施西化战略。国内也有个别人公开主张实行西方的多党制、议会制，主张走民主社会主义道路，走中国台湾的道路。在政治发展道路问题上，我们将长期面临来自各个方面的干扰。中国共产党在第十七次全国代表大会上明确提出，要高举中国特色社会主义伟大旗帜，坚持中国特色社会主义道路和中国特色社会主义理论体系。多党合作和政治协商必须以此为根本。否则，各行其道，就会成为两股道上跑的车，“道不同，不相为谋”。衡量我国的政治制度和政党制度，不能以别国的模式为标准，而要从我国的国情出发，以能否促进社会生产力的持续发展和社会全面进步，能否保持和发挥社会主义制度的特点与优势，能否实现和发展人民民主、增强国家的活力，能否保持国家政局的稳定和社会安定团结，能否实现和维护最广大人民的根本利益为标准。坚持和完善我国的多党合作和政治协商制度，要借鉴人类政治文明的有益成果，但绝不能照抄照搬别国政治制度的模式。

二、坚持中国共产党的领导

“五一口号”是民主党派、无党派人士接受中国共产党领导的历史起点。发展与完善我国的多党合作和政治协商制度，必须始终坚持中国共产党的领导。

中国共产党的领导地位是在长期革命、建设、改革实践中形成并巩固起来的，是历史的选择、人民的选择。中国共产党在80多年的奋斗历程中，领导中国人民完成了新民主主义革命的任务，实现了民族独立和人民解放；建立了人民当家作主的国家政权，维护了国家统一和各民族团结；建立了社会主义制度，实现了中国历史上最广泛最深刻的社会变革；开创了中国特色社会主义事业，为实现国家富强和人民幸福探索出了一条正确道路。中国是一个有着960万平方千米国土、14亿人口、56个民族的发展中大国。在这样一个幅员辽阔、人口众多的统一的多民族国家进行现代化建设，必须有一个坚强的领导核心。中国共产党代表中国先进生产力的发展要求，代表中国先进文化的前进方向，代表中国最广大人民的根本利益。中国共产党的坚强领导是中国实现社会主义现代化的根本保证，是维护国家统一、社会和谐稳定的根本保证，是把亿万人民团结起来共同建设美好未来的根本保证。

坚持中国共产党的领导，始终是我国社会主义多党合作和政治协商事业取得成功的根本保证。我国多党合作政治格局的基本特征是：共产党领导、多党派合作，共产党执政、多党派参政。中国共产党的领导，是多党合作和政治协商的首要前提。没有中国共产党的领导，就没有多党合作和政治协商。60年前，民主党派和无党派民主人士响应“五一口号”，接受中国共产党的领导，初步形成了我国多党合作和政治协商的政治格局。60年来，民主党派和无党派人士坚持中国共产党领导，一同从新民主主义走上社会主义，又沿着社会主义道路形成并发展了我国各政党民主团结、生动活泼的和谐政治关系，使多党合作和政治协商不断制度化、规范化、程序化，在促进我国社会主义革命和建设、改革开放和现代化建设、推动祖国统一大业中，发挥了重大作用。

坚持中国共产党的领导，必须不断改善党的领导。中国共产党对民主党派的领导是政治领导，即政治原则、政治方向和重大方针政策的领导。政治协商是实现这种领导的重要民主形式。要善于通过广泛深入的协商和讨论，使中国共产党的主张成为各民主党派的共识。既要坚持中国共产党的领导，又要促进多党派合作；既要提高中国共产党的执政能力，又要发挥民主党派参政议政的作用；既要重视做好民主党派的思想引导工作，又要真诚接受他们的民主监督；既要全面推进中国共产党自身建设新的伟大工程，又要积极支持民主党派加强自身建设。把坚持党的领导和扩大人民民主有机结合起来，不断巩固与发展我国多党合作和政治协商事业。

三、坚持和谐的政党关系

“五一口号”是构建新型政党关系的历史契机。中国共产党同各民主党派在反对共同敌人、实现共同理想的斗争中，并肩战斗，互相支持，结成了亲密的友党关系，创立了世界政党史上独具特色的新型政党关系。中国共产党同各民主党派既亲密合作又互相监督，而不是互相反对。中国共产党依法执政，各民主党派依法参政，而不是轮流执政。60年来的经验表明，正确处理中国共产党和民主党派的关系，保持和促进我国政党关系和谐，是发展社会主义民主政治、建设社会主义政治文明的重要内容，也是构建社会主义和谐社会的重要内容。

保持和促进和谐的政党关系，必须坚持以中国化的马克思主义为指导，巩固共同的思想基础，保持多党合作正确的方向。指导思想是灵魂，是旗帜。我国新民主主义和社会主义革命的胜利，多党合作和政治协商制度的确立，是在马克思主义中国化的最初成果——毛泽东思想的指引下实现的。我国改革开放和社会主义现代化建设的辉煌成就，多党合作和政治协商制度的不断发展与完善，是在马克思主义中国化的最新成果——邓小平理论、“三个代表”重要思想和科学发展观的指引下取得的。只有坚持以科学理论为指导，才能正确认识形势，统一思想，明确方向。在新的历史条件下，中国共产党和各民主党派、无党派人士都要掌握中国特色社会主义理论的科学体系与精神实质，善于运用其立场、观点和方法去解决面临的各种重大问题。要坚持团结—批评—团结的公式，在重大是非、重大原则问题上，坚持正确的政治方向。

保持和促进和谐的政党关系必须坚持求同存异，营造宽松稳定、团结和谐的政治环境。统一战线是同和异的矛盾统一体。在多党合作中，“同”是指各个政党思想政治基础、根本利益和奋斗目标的同一性、一致性；“异”是指不同政党阶级基础、群众基础及其具体利益和要求的差异性、多样性。没有一致性就没有合作的基础；没有多样性就没有合作的必要。中国共产党是中国工人阶级的先锋队，同时是中国人民和中华民族的先锋队，代表中国最广大人民的根本利益。民主党派是各自所联系的一部分社会主义劳动者、社会主义事业建设者和拥护社会主义爱国者的政治联盟，反映和代表各自所联系群众的具体利益与要求。多党合作和政治协商体现了中华民族“和而不同”的政治智慧，根植于中华文化的丰壤沃土。中国共产党要鼓励民主党派和无党派人士做挚友和诤友，支持和鼓励他们说心里话，敢于讲不同意见。只要出发点是为了把中国的事情办好，有的意见就是讲错了也不要紧，可以通过实践逐步把思想统一到正确的认识上来。

保持和促进和谐的政党关系必须坚持以人为本，照顾同盟者利益。以人为本是科学发展观的核心，照顾同盟者利益是巩固和壮大统一战线的重要原则。坚持以人为本、照顾同盟者利益，是实现中国共产党的领导、保持政党关系和谐的重要条件。民主政治的实质是实现和维护公民的基本权利，而权利则是法律承认并加以保护的利益。在当前社会利益结构不断调整、公民政治参与不断扩大的情况下，照顾民主党派成员和无党派人士的利益尤为重要。中国共产党作为执政党，要建立健全照顾同盟者利益的机制，努力畅通民主党派和无党派人士反映意见与要求的渠道，支持他们履行参政议政、民主监督的职能，选拔和推荐更多的非中共干部担任领导职务，加强同他们合作共事，共同维护和谐的政党关系。

四、坚持人民政协制度

“五一口号”是民主建国的政治纲领，也为人民政协制度奠定了基础。60年前的4月，一边是国民党蒋介石集团召开一党包办的伪国民大会，自导自演选总统，以“宪政”的名义行专制独裁之实；一边是中国共产党发布“五一口号”，邀集各派民主力量另起炉灶，召开政治协商会议，成立民主联合政府。在专制统治和民主建国之间，民主党派选择站在了中国共产党一边。60年来的经验表明，发展社会主义民主政治必须坚持人民政协制度，必须善于通过人民政协这一重要机构发扬社会主义民主。

人民政协是中国人民爱国统一战线的组织，是中国共产党领导的多党合作和政治协商的重要机构，是我国政治生活中发扬民主的重要形式。1949年召开的中国人民政治协商会议第一届全体会议，是一个经民主协商产生的具有广泛代表性的机构，由这个机构代行全国人民代表大会的职权，制定《中国人民政治协商会议共同纲领》作为临时宪法，通过民主方式产生国家机构的组成人员，宣告中华人民共和国的成立，使中华人民共和国建立在全国人民同意和拥护的坚实基础上。

社会主义制度建立以后，我国成为工人阶级领导的、以工农联盟为基础的人民民主专政的社会主义国家。人民民主专政要求在人民内部实行最广泛的民主。人民代表大会是与这种要求相适应的根本政治制度，中国共产党领导的多党合作和政治协商制度是与这种要求相适应的基本政治制度，两项制度相辅相成。人民通过选举、投票行使权利和人民内部各方面在作出重大决策之前进行充分协商，尽可能取得一致意见，构成社会主义民主的两种重要形式。选举民主与协商民主相结合，拓展了社会主义民主的深度和广度。经过充分的政治协商，既尊重了多数人的意愿，又照顾了少数人的合理要求，保障最大限度地实现人民民主。

经过多年的实践，我国多党合作制度中的政治协商形成了两种基本方式：一种是中国共产党同各民主党派的协商；另一种是中国共产党在人民政协同各民主党派和各界代表人士的协商。今天，人民政协由34个界别组成，包括中国共产党、各民主党派、无党派人士以及各界代表人士。加强人民政协的政治协商，是发展社会主义民主政治、建设社会主义政治文明的重要内容。60年前，中国共产党、各民主党派、无党派民主人士以及各界代表人士通过召开政治协商会议共同缔造了中华人民共和国；60年后，进一步发挥人民政协的作用，充分发挥我国社会主义政治制度和政党制度的优势，我们一定能够巩固和发展民主团结、生动活泼、安定和谐的政治局面，把社会主义民主政治不断向前推进。

李小宁，中央社会主义学院教授、广州市社会主义学院新型政党制度理论研究中心学术顾问。

本文刊于《中国政协理论研究》2008年第2期。

试析抗日战争时期民主党派的进步性特征

李　玲

进步性是民主党派一个鲜明的政党特征，也是我们实行中国共产党领导的多党合作和政治协商制度的基础与条件。抗日战争时期（1931—1945年），民主党派通过对国共关系及时局发展的判断，尤其是通过对国共两党在对待抗日、民主等重大问题上态度的对比，进一步认识到，中国共产党是其可靠和值得信赖的朋友，从而在思想上开始走上了自觉之路，与共产党的关系也从最初的排斥、不合作到开始趋向合作，最终走上与中国共产党相互支持、联合斗争之路，充分显示出不断进步的时代特征。考察抗战时期民主党派追求进步的历程，总结民主党派的进步性特征，分析其不断进步的原因，有助于我们进一步加深对民主党派历史的认识。

一

抗日战争时期民主党派的进步性体现在从不认同中国共产党的新民主主义革命、对中共持批评和排斥态度，转向支持共产党的团结抗日主张，公开呼吁联共抗日，积极促成第二次国共合作的实现。

中国的民主党派是在大革命失败后开始产生并逐步发展起来的。各民主党派形成时的社会基础，主要是民族资产阶级、城市小资产阶级及其知识分子，以及其他爱国民主分子。其所联系和代表的不是单一阶级，也就是说，各民主党派不是单一阶级的政党，而是阶级联盟性质的政党。尽管各民主党派反帝爱国、要求民主的政治主张，同中国共产党在新民主主义时期的最低纲领基本一致，但在相当长的一段时间里，因政治理念的不同，其大多对共产党存有偏见。他们既严厉批评蒋介石的专制独裁政策，也不认同共产党的武装斗争和阶级斗争理论，认为共产党是在“盲目地追求未来的理想”，结果只能“使中国社会更贫乏混乱”。[1]他们希望在

[1]　中共中央党校中共党史教研室．中国民主党派史文献选编［M］．北京：中共中央党校科研办公室，1985：386．

国共两党之外走第三条道路，因此，其在抗战爆发前对中共持排斥态度，双方少有交往。

1935年华北事变后，民族危机进一步加深，抗日救亡成为各阶层爱国人士的共同心声。正在长征路上的中国共产党发表了《八一宣言》，提出“停止内战，一致抗日”，表示“共产党愿意与一切愿意参加抗日救国的党派、团体、人士共同成立国防政府，并且愿意与一切愿意抗日的部队成立抗日联军”。与此同时，中国共产党还对各党派爱国人士表达了合作抗日的意愿，表示“愿意很诚意诚恳地与之统一战线以共同担负起救中国的责任”。[1]随后，中国共产党还根据时局的变化，及时修改了自己的政治主张，主动放弃武力推翻国民党政权的暴动政策，采取了以“逼蒋抗日”达到两党合作与建立抗日民族统一战线的策略方针。民主党派对中共以民族大义为先，摒弃前嫌要求抗日的政治理念产生共鸣，“大家相互秘密宣传阅读并奔走相告，心情十分激动。一致认为《八一宣言》说出了我们的心里话，反映了我们的愿望和要求”。[2]第三党率先公开响应中国共产党的《八一宣言》，放弃既反蒋又排共的态度，制定了联共抗日的方针和行动纲领，并把力量倾注于促成国共两党的再次合作。1936年7月15日，救国会领袖沈钧儒、章乃器、陶行知、邹韬奋联名发表了《团结御侮的几个基本条件与最低要求》公开信，指出“我们赞成中国共产党《八一宣言》中提出的停止内战，联合各党各派共同抗日的主张”，要求蒋介石立即停止对内军事行动，“和红军停战议和，共同抗日”。[3]此文章发表后，经多家报刊转载并印成小册子在上海、香港等地流传，产生了巨大影响。

民主党派人士以鲜明的立场和坚决的态度，公开响应和支持共产党的团结抗日主张，为“联共抗日”奔走呐喊，无疑对举国抗日局面的形成，起到了巨大的舆论推动作用。毛泽东称赞：“先生们抗日救国的言论和英勇的行动，已经引起全国广大民众的同情。”[4]正因为这一原因，国民党当局以救国会“有意为共产党张目，并削弱民众对于政府及国民党之信仰”的罪名，逮捕了沈钧儒等7人，制造了轰动海内外的“七君子事件”。显然，在共同抗日的主题下，民主党派与中国共产党之间的关系开始好转，双方间的互动与往来也在抗日的主题下进一步展开。

---

[1] 中央档案馆．中共中央文件选集(10册)［M］．北京：中共中央党校出版社，1991：565．

[2] 沙千里．漫话救国会［M］．北京：文史资料出版社，1983：4．

[3] 中共上海市委党史资料征集委员会．“一二·九”以后上海救国会史料选辑［M］．北京：上海社会科学院出版社，1987：170．

[4] 毛泽东．毛泽东书信选集［M］．北京：人民出版社，1983：70．

西安事变发生后，形势微妙复杂，大规模内战有一触即发之势。中国共产党以民族利益为重，抛弃阶级私仇，提出了和平解决的方针，得到各党派爱国人士的拥护和支持。在各方面的努力斡旋下，西安事变最终得以和平解决，蒋介石被迫口头同意“停止内战，联共抗日”。为力争国共合作早日实现，何香凝等民主人士接连撰写文章或发表讲话，敦促蒋介石恪守诺言，取信于民，并在1937年2月召开的国民党五届三中全会上，与宋庆龄、冯玉祥、柳亚子等国民党民主派人士联名提出恢复孙中山先生订立的联俄、联共、扶助农工三大政策案，“以救党国于危亡，以竟革命之功业”。6月15日，第三党领导人彭泽民以国民党元老的身份，在《抗战行动》上发表《致全国各界领袖书》，呼吁各党派、各团体“一致团结、共赴国难”，敦促政府“立下决心，重订国策”，“予人民以共同团结努力之具体救亡方针”，“收全民一致协力之宏效”。[1]7月10日，救国会发表了《为保卫北方紧急宣言》，呼吁立即实行举国一致的抗战。致公党、中华职业教育社、乡村建设派等党派，也纷纷发表言论，督促国民政府联合各党各派立即实行全民族的抗战。

“七七事变”后，为表示抗战决心和与国民党合作的诚意，中共中央起草了《中国共产党为公布国共合作宣言》交给国民党，约定由国民党中央通讯社发表。但国民党方面却故意拖延，迟迟不向民众公开发表。1937年8月，宋庆龄发表《中国是不可征服的》文章，指出：“国民党如果愿意遵循孙中山联合农工的政策，它绝不应拒绝共产党在救国工作中所给予的帮助，国共合作是绝对必要的。”[2]她敦促国民党立即恢复孙中山的三大政策，实现国共合作，以抵抗日本帝国主义的侵略。经中国共产党的积极努力和各党派人士的全力推动，加上日本的侵略已严重威胁到蒋介石的统治，国民党被迫决定联共抗日。9月23日，蒋介石发表承认中共合法地位及两党合作抗日的谈话，至此，各民主党派及全国人民盼望已久并为之奋斗的抗日民族统一战线最终形成。

二

抗日战争时期民主党派的进步性体现在从全力维护国民政府的政治权威，转向质疑蒋介石团结抗日的诚意，最终在维护团结反对分裂斗争中，进一步认清国民党消灭异己坚守独裁的真面目，从而动摇了“拥蒋”态度，政治立场进一步倾向中共。

[1] 中国农工民主党党史资料研究委员会．中国农工民主党历史参考资料：3辑［M］．1982：25．
[2] 宋庆龄．宋庆龄选集［M］．北京：人民出版社，1992：115．

1937年全面抗战爆发后，国民党当局对合作抗日持积极姿态，政治上也表现出前所未有的开明。如为提高社会各界的政治参与热情，蒋介石主动邀请各党各派精英到庐山会谈。此外，为“团结全国力量，集中全国之思虑与识见，以利国策之决定与推行”，组织了国民参政机关。[1]对此，社会各界普遍持肯定态度，“当时全国人民，我们共产党人，其他民主党派，都对国民党政府寄予极大的希望”。[2]尤其是民主党派人士，尽管其一直以来对国民党的专制独裁不满，但是仍寄希望于掌握着全国政权和武装的蒋介石，能够有效组织全国的人力、财力和物力，带领全国人民团结抗战。因此，其更是过高估计了蒋介石的合作诚意和抗日积极性，乐观地认为国民党既已实行抗战，并建立了民意机关，就一定会实行民主，改变独裁方针，放弃一党专政，从而和各党派开诚相见，共谋抗日民主的建国大业。有民主人士称赞：“今天政府愿意大家来，大家亦愿意来，一面是政府开诚延纳，一面是大家竭诚拥护。团结在此，民主在此，统一在此，进步在此。气象光昌，三十年来所未有。”[3]

随着抗日相持阶段的到来，蒋介石的抗日锐气渐减，反共反民主的活动却日益升级。1939年1月，国民党五届五中全会通过了“溶共、防共、限共、反共”的方针，设立了“防共委员会”，随后又制定了《限制异党活动办法》《共党问题处置办法》等反共文件。中国共产党本着团结抗战的恳切愿望，致电国民党，指出“抗战高于一切，团结必能胜敌，国共两党之长期团结，乃与团结全国，团结抗日各党派，实现民族解放之伟大事业，丝毫不可分离”。然而，国民党却无视中国共产党的正义主张，不仅公开发表了上述反共方针，而且不断挑起反共军事摩擦，严重危及国共合作。1941年春，国民党顽固派制造了震惊中外的“皖南事变”，民主党派人士对国民党这种明目张胆破坏团结抗战的恶行极为愤慨，对国民党团结抗战的真实态度产生怀疑和反思。他们或发表谈话，或举行集会，强调国共团结的重要意义，批评蒋介石“把孙中山的遗训置诸脑后，破坏团结抗日”，指出“离开了团结而侈谈抗战，是不能想象的事”。他们表示“弹压共产党则中国有发生内战之危险，今后必须绝对停止以武力攻击共产党，必须停止弹压共产党的行动。”中华民族解放行动委员会在香港的党员联合各界人士400余人，联名给蒋介石及国民政府

[1] 孟荣源．中国国民党历次代表大会及中央全会资料：下册［M］．北京：光明日报出版社，1985：489．

[2] 毛泽东．毛泽东选集：第三卷［M］．北京：人民出版社，1991：1037．

[3] 梁漱溟．梁漱溟全集：第六卷［M］．济南：山东人民出版社，1992：185．

发出制止内战通电。显然，“皖南事变”发生后，民主党派人士“完全同情共产党”，责难国民党，这种明确支持是自抗战以来从未有过的。对此，毛泽东指出：“蒋从来没有如现在这样受内外责难之甚，我亦从来没有如现在这样获得如此广大的群众。”[1]

国民党顽固派在反共的同时，“对内政治控制加强”，“对共产党、民众团体、爱国民主人士和人民群众的言论行动严格控制”，“竭力压迫抗日救亡运动，扼杀民主自由”。[2]1940年5月，国民政府军政部长何应钦在国防最高会议上诬蔑救国会领导人沈钧儒等要在重庆发动“暴动”，命令军警监视他们的行动，引起沈钧儒等人的不满和抗议。[3]救国会领导人邹韬奋在全国创办的宣传抗日与民主的生活书店被查封达95%，“布满各地的55家分支店，除其中有5处系因战局关系而撤退者外，其余被毁灭者达44处之多”。到了1940年6月，“不及半个月仅存的6家分店又接连遭难，被查封与迫令停业者达4个之多”。[4]邹韬奋因不堪忍受迫害，愤然辞去国民参政会参政员之职，出走香港。国民党的倒行逆施激起了民主党派的愤慨，他们对国民党蒋介石集团的态度由此发生变化。流亡香港的邹韬奋在当地的《华商报》上连续发表文章，揭露蒋介石反共反民主的真面目，并把抗战初期对国民党的信任形容为“发傻”，指责国民党在政治生活中的一切行为，“表面上是一回事，骨子里又是一回事”。[5]

国民党顽固派发动“皖南事变”及对民主人士的政治迫害，使国内各阶级、各党派间的关系发生了新的变化。“各小党派及中间派，对国民党大为失望”，从一开始一致拥护蒋介石政府的合法地位以谋求抗战的统一，逐步转化为对国民政府的失望和愤怒，从而动摇了“拥蒋”态度，其政治立场进一步倾向中共。正如南方局的工作人员许涤新所说：“在皖南事变之前，不少民主党派是站在中间立场的，有的甚至倾向国民党；皖南事变以后，他们痛切地感到国民党的横暴和自身生存的危机，虽然仍旧标榜中间立场，但却逐步向我党靠拢。”[6]章伯钧等第三党领导人在

[1] 毛泽东．毛泽东文集：第二卷［M］．北京：人民出版社，1993．

[2] 沙千里．救国会与国民参政会［M］．国民参政会纪实（续编）．重庆：重庆出版社，1987：479．

[3] 万理，赵国江．抗日战争时期中国共产党与民主党派的关系演变［J］．重庆社会主义学院学报，2008：(2)．

[4] 邹韬奋．抗战以来［M］．上海：上海书店出版社，1949：183．

[5] 邹韬奋．韬奋文集：三［M］．北京：生活・读书・新知三联书店，1978：168—182．

[6] 中共中央党史研究室科研管理部．见证红岩：回忆南方局：上［M］．重庆：重庆出版社，2004：219．

重庆与中共代表谈判时，对周恩来明确表示，“如果贵党对国事有何主张，需要各党派表态支持，则不需事先征求我的意见，尽可将我的名字写上”。[1]

三

抗日战争时期民主党派的进步性体现在从初期要求保障党派的合法权利，争取言论、出版、集会、结社自由等一般性的民主诉求，发展到公开反对国民党一党独裁，要求实行民主宪政，最终与中国共产党并肩战斗，共同发起了联合政府运动。

如何确保人民言论、出版、集会、结社之自由以及保证各党派之合法权利，是抗战期间民主党派人士迫切希望得到解决的重要问题。因为“目前最与民众有关的，是民主自由。民众没有参与政治的机会，没有抗战的言论出版集会结社的自由，永不能提高其积极性”。[2]因此，在全力维护抗日民族统一战线的同时，各民主党派充分利用国民参政会这个合法平台，为争取基本的民主权利进行了不懈的努力。无论是《请撤销图书杂志原稿审查办法，以充分反映舆论及保障出版自由案》，还是《加强民权主义的实施，发扬民主以利抗战案》；无论是《抗战建国之后方政治必须选任人才案》，还是《该确立民主法治制度以奠定建国基础案》，都是各党派参政员对基本权利的呐喊与抗争。

然而，蒋介石不仅对人民最基本的民主诉求置之不理，而且反其道而行之。一方面，割裂抗日与团结的关系，颁布《限制异党活动办法》，制造反共军事摩擦，放纵国民党内破坏抗日民族统一战线的行为；另一方面，割裂抗日同民主的关系，强化舆论管制，钳制抗日言论，压制国内的民主呼声，纵容国民党内的反民主倾向。国民党的倒行逆施引起了各党派的强烈不满，“许多曾一度支持过政府的人们”，因“遭到独裁政权越来越残酷的伤害”，拥护国民党政权的立场开始动摇。他们决心进一步加强与中国共产党的合作，将争取民主权利的斗争推向一个更高的层次。

1939年9月，在国民参政会一届四次会议上，民主党派参政员与中共参政员联手，对国民党一党独裁进行了猛烈的抨击。第三党参政员章伯钧等36人联署提交了《请结束党治立施宪政以安定人心发扬民力而利抗战案》，明确指出，要坚持抗战，安定人心，奠定建国基础，必须“以结束党治立施宪政为第一义”。此提案还用世界各国并未因抗敌而脱离宪政的事实驳斥了国民党，“借口抗战而谓宪政未可

[1] 薛启亮．中国民主党派史丛书：中国农工民主党卷［M］．石家庄：河北人民出版社，2001：120．
[2] 孟广涵．国民参政会纪实：上卷［M］．重庆：重庆出版社，1985：469．

立即实行者，其理由自不成立”。并提出组织起草宪法，提高国民参政会职权，“于最短期内，颁布宪法，结束党治，全国各党各派，一律公开活动，平流并进，永杜纠纷，共维国命”。[1]王造时等37人联署提交了《为加强精诚团结以增强抗战力量而保证最后胜利案》，要求“从速完成地方自治，实行宪政，纳政党政治于民主政治之常轨”。张申府等21人联署提交了《建议集中人才办法案》，要求“承认各党派之合法存在”，“用人但问其才不才，不问其党不党。切戒以党之不同，即外视之，或歧视之，或防范之”。[2]随后，各种推进宪政运动的组织纷纷成立。由此，“以国民参政会一届四次会议通过的《请政府定期召集国民大会实行宪政决议案》与国民参政会宪政期成会成立为标志，抗战以来第一次晴天霹雳的宪政运动很快就在全国各地开展了起来”。[3]虽然这次宪政运动因蒋介石的失信而归于失败，但是在宪政运动中，各民主党派“把我党看作坚持民主的中心势力”，[4]从而增进了各民主党派与中国共产党之间的了解和信任，为双方的进一步合作打下了坚实的基础。

1944年，国民党军队在豫湘桂战役中丧师失地，引发了抗战以来最严重的政治危机。各党派人士普遍认为大溃败的根源在于国民党的一党专政。因此，要求改革、刷新政治的呼声日益高涨。1944年9月15日，林伯渠代表中共中央在国民参政会三届三次会议上，提出了“希望国民党立即结束一党统治的局面，由国民政府召集各党各派，各抗日部队、各地方政府、各人民团体的代表，开国事会议，组织各抗日党派联合政府”。[5]这一号召立即得到了各民主党派和全国人民的热烈响应，从而使正在开展的宪政运动发展成声势浩大的联合政府运动。

1944年9月24日，民盟中央主席张澜在重庆迁川大厦礼堂主持了由各党派领导人和民主人士500多人参加的集会，提出要改变政治腐败、军事溃退和经济萧条的状况，挽救危局，必须立即走“召开各党派会议，实行联合政权这一条路”，舍此别无他途。他呼吁国民党接受中共和各党派的合理要求，进行“彻底改革”，并警告“如再没有新的改革，亡国之痛，就在眼前”。[6]自此，各党派从最初呼吁保障

[1] 孟广涵．国民参政会纪实：上卷［M］．重庆：重庆出版社，1985：584–585．

[2] 张军民．中国民主党派史（新民主主义时期）［M］．北京：华夏出版社，1989：304．

[3] 闻黎明．第三种力量与抗战时期的中国政治［M］．上海：上海书店出版社，2004：99．

[4] 中共中央统战部，中央档案馆．中共中央抗日民族统一战线文件选编：下册［M］．北京：档案出版社，1986：678．

[5] 孟广涵．国民参政会纪实：下卷［M］．重庆：重庆出版社，1995：342．

[6] 解放日报，1944–10–17．

言论出版集会结社自由等一般性的民主诉求，发展到要求“召开国事会议和联合政权”。[1]这也就冲破了国民党一党专政的限制，把斗争目标集中到了国民党政权的治权上。

争取民主政治的斗争，推动了民主党派逐步走向联合并不断追求进步。为满足全国各阶层人士的要求和愿望，1944年9月，中国民主政团同盟改名为“中国民主同盟”，以吸纳更多的无党派人士参加。10月10日，中国民主同盟发表了《对抗战最后阶段的政治主张》，在军事、政治、外交、经济、文化、教育等方面提出了革新意见，尤其在政治方面旗帜鲜明地提出：“立即结束一党专政，建立各党派之联合政权，实行民主政治。”并称这是“一年来在野党派共同的主张”。[2]民盟主席张澜随后发表谈话，重申：“成立联合政权，实为今日解决国事，挽救危亡所必须。故中国民主同盟亦主张联合政权。”[3]显然，在“结束一党专制”“成立联合政权”这一政治目标上，以民盟为代表的中间党派与中共是完全一致的，这是民主党派与中国共产党政治主张融为一体的重要开端，也是各民主党派在政治上不断进步的具体体现。更重要的是，这一转变直接影响着抗日战争结束后中国政治的发展走向。

（四）

抗日战争时期，在一次次重大政治斗争面前，民主党派能紧跟时代步伐，不断追求进步，其原因是多方面的。主要有以下两个方面。

首先，民主党派自身所具有的阶级特性和强烈的爱国主义思想是其不断进步的内在驱动力。

民主党派是以民族资产阶级、上层小资产阶级及其知识分子为主体的政党，其成员绝大多数是有相当社会声望的中上层知识分子，他们具有强烈的爱国心和反帝反封建的革命积极性。尽管民主党派内部组织成分十分复杂，其成员构成“常常从统治阶级内部的反对派一直包含到进步分子”，在领导层和骨干成员中，也存在着不同的政治倾向。以民盟为例，“右的有民、青两党，他们和反动派有千丝万缕的联系……中翼有职教社和乡建派，而第三党、救国会以及许多文化界民主人士，则

[1] 新华日报，1944-09-25.

[2] 中国民主同盟中央文史资料委员会.中国民主同盟历史文献(1941-1949)［M］.北京：文史资料出版社，1983：32，47.

[3] 重庆抗战丛书编纂委员会.重庆国民政府［M］.重庆：重庆出版社，1995：277.

是民盟的左翼。这样就使得民盟在政治倾向上，有的向前，有的向后，有时主张正确，有时又很动摇”。[1]但是民主党派内部的爱国中坚分子，无论是在民族危亡关头，还是在民主与反民主的殊死决斗中，“始终谨守着一个确定不移的大原则，那就是必使国家得到和平、统一、团结；必使国家渐次走上民主的正轨，成为一个真正的民主国家”。始终坚持把民主作为辨别是非曲直、区分敌友的重要标准，自觉抵制和克服内部各种错误思想倾向，与自身内部的某些错误倾向作斗争。随着历史的发展不断修正和克服自身弱点，不断完善自己。在联合政府运动中，民主党派内部的进步势力对极少数右翼进行了坚决的批判，从而使民主党派进一步走向光明。

其次，中国共产党的团结争取是其不断进步的外在推动力。

抗战期间，民主党派作为一种中间势力，其政治态度的转变更多的是围绕着国民党政治统治的张弛和共产党政策取向的不同而改变。“九一八事变”发生前后，处于极“左”路线控制下的中共中央，在对待民主党派问题上还缺乏正确的认识，以“左”的眼光看待邓演达及其第三党，导致相互间的误解和隙缝不断扩大。随着政治上的不断成熟，中国共产党确立了正确的方针，重新调整了对中间势力的政策。在政治上，全力支持民主党派的民主要求，及时提出建立包括各民主党派在内的民主联合政府的口号，极大地团结了民主党派中的大多数。在实际斗争中，坚持“又团结又斗争”的原则，“对接近我们的党派、团体及个别分子，应扶助其发展。对其他党派应影响他，善意地批评他，以促其进步或分化”。[2]正是中国共产党坦荡的胸襟、诚挚的爱国情怀、坦诚的合作精神，不仅使原来“同情”共产党的民主党派和民主人士密切了与共产党的关系，加强了合作；而且使一些原来敌视共产党的党派和人士也逐渐走出了偏见与隔膜的误区，不同程度地沿着团结合作的方向，调整与共产党的关系。

李玲，广州市社会主义学院副教授、新型政党制度理论研究中心副主任。

本文刊于《天津市社会主义学院学报》2016年第3期。

[1] 中共中央统一战线工作部，中共中央文献研究室．周恩来统一战线文选［M］．北京：人民出版社，1984：151．

[2] 南方局党史资料征集小组．南方局党史资料：统一战线工作［M］．重庆：重庆出版社，1990：37．

试论中华人民共和国成立前后的民建港九分会

李　玲

民建港九分会成立于1949年2月，是中华人民共和国诞生前民主建国会（以下简称“民建”）在香港建立的一个地方组织。民建港九分会成立后，在中国共产党统一战线旗帜引领下，以“华侨工商俱乐部”为主要活动平台，广泛团结香港、澳门工商界进步人士，积极投身华南地区的爱国民主运动，为中国人民解放事业作出了特殊贡献，为民建广州市分会的建立奠定了坚实基础。

一

1945年12月16日，以黄炎培、胡厥文、章乃器等为代表的知识界、工商界和金融界中上层爱国人士，无惧国民党政府的政治高压，在重庆组建了“民建”。民建成立后，一方面积极参与和推动中国人民争取和平民主反对内战独裁的斗争；另一方面大力发展地方组织、进一步壮大组织力量。1946年6月，国共内战全面爆发，国民党统治区的白色恐怖不断升级。为应对日趋恶化的政治生态，1947年7月，民建总会召开常务理、监事联席会议，讨论如何根据国内风云变幻的局势，开拓海外组织工作、筹建香港分会等事宜。该会议决定，由章乃器、孙起孟、何民麟等7人具体负责海外组织的筹备工作。[1]10月，国民党政府逆流而行，悍然宣布中国民主同盟为“非法团体”，并强令其自动解散。民盟总部被迫宣布解散后，各民主党派在内地失去了公开合法活动的环境，不得不转入秘密状态。11月18日，民建在沪的理监事召开会议，对今后的活动方式及发展方向等问题进行讨论后决定：①为保存实力，避免不必要的牺牲，在沪理监事化整为零、分散到各个小组，每周利用聚餐、茶会的方式进行活动；②章乃器、孙起孟、施复亮等人以香港为阵地，继续开展反独裁争民主活动，并利用一切机会和条件，加快推进民建香港分会的筹备进度。

[1] 章翼军．回忆先父章乃器［EB/OL］．(2016-03-01)．http://www.cndca.org.cn/2016/03/01.

章乃器到香港后，与友人李葆和合资创办了港九地产公司，经营地产业务。[1]在开展商业经营活动的同时，以民建总会驻港代表身份加强与中共驻港机构负责人及其他在港民主党派领导人的团结合作，共同推进华南地区的民主运动，并在斗争中广泛团结工商界人士，物色发展新会员，为筹建民建香港分会创造条件。

1949年，随着解放战争向南推进，越来越多为躲避战火或为经营工商业的商界人士，以及为躲避国民党特务追踪迫害的民主人士来到香港。接受了中共中央邀请出席新政协会议的民建总会领导人，也先后从内地秘密进入港岛，准备伺机北上解放区参加新政协会议。此时，聚集在港九地区的民建会员已有40多人，[2]一批追求进步的港九工商界人士更加成熟，建立香港地方组织的条件也已具备。2月19日，在港民建会员召开大会，宣告港九分会正式成立。主持会议的何民麟在开幕式上高度评价了民建自成立以来在推进中国民主进程中的“光辉史迹”，并强调指出：港九地区作为民建总会在华南及海外开展民主运动的重要据点，不仅任务艰巨，而且责任重大。“希望会员诸君”团结起来，尽责尽力，为“建造一个新民主主义的新中国”努力奋斗。[3]盛丕华代表民建总会致贺词。中共驻港机构负责人及民盟代表也到会祝贺。[4]刚从内地抵达港岛的黄炎培在会上发表了热情洋溢的讲话，勉励各位会员要充分利用港九地区特殊的地理位置及政治生态，争取更多的“自由时间与空间”，开展爱国民主运动，朝着既定的目标前进。[5]大会通过的章程规定：理事会为最高执行机构，下设总务组、财务组、研究组、会员组。由会员召开大会选举7~17人为理事，组成理事会。再由理事互选3~7人为常务理事，组成常务理事会，分工处理会务。[6]民建港九分会是继民建重庆分会、民建上海分会之后，民建总会建立的又一个地方组织。民建港九分会的成立，不仅为民建总会搭建了一个团结海外工商界人士开展民主运动以及培养锻炼骨干的平台，也为中国共产党领导的人民民主统一战线增添了一支重要的同盟力量。

二

民建港九分会成立大会通过的《民主建国会港九分会章程》明确规定：“本会

---

[1] 章翼军 . 回忆先父章乃器［EB/OL］. (2016-03-01) . http://www.cndca.org.cn/2016/03/01.

[2] 民建广东省委会 . 广东民建史［M］. 广州 : 广东人民出版社 , 2010 : 5 .

[3] 民建中央宣传部 . 中国民主建国会历史文献选编（第一辑）［M］. 北京 : 书目文献出版社 , 1992 : 162 .

[4] 民建广东省委会 . 广东民建史［M］. 广州 : 广东人民出版社 , 2010 : 5 .

[5] 民建中央宣传部 . 中国民主建国会历史文献选编（第一辑）［M］. 北京 : 书目文献出版社 , 1992 : 161 .

[6] 民建中央宣传部 . 中国民主建国会历史文献选编（第一辑）［M］. 北京 : 书目文献出版社 , 1992 : 164 .

以团结各界思想进步、行动踏实之分子，合力推进民主政治并以互助方式发展各种有利建国之事业为宗旨。”[1]为实现这一宗旨，民建港九分会因地制宜，重点开展了以下四个方面的活动。

一是依托进步平台，宣传进步思想，团结进步人士，培养骨干人才。二战结束后的香港，聚集了来自世界各地的人群，在这个鱼龙混杂的社会，不少商行、工厂、企业的经营者为“抱团取暖”，往往以各自的籍贯为标识结成不同的帮派群体，如广州帮、潮州帮、客家帮、上海帮、福建帮等。[2]1946年，许涤新等专门从事经济统战工作的中共党员来到香港。他们通过各种方式与途径，广泛结交工商界朋友，从而与黄长水、陈祖沛、陈君冷等思想进步的旅港工商界人士建立了联系，并从中了解到工商界进步人士迫切希望建立一个在当地拥有合法地位及固定活动场所的社团，以团结更多的志同道合者，争取更多的政治经济权益。[3]在许涤新等人的大力推动和具体指导下，由黄长水负责，陈祖沛、陈君冷协助，开始了紧张的筹备工作。[4]1947年初，一个合法注册的社团——“香港华侨工商俱乐部”宣告成立，黄长水被推举为主任。该俱乐部以定期聚餐为主，辅以郊游、参观等形式开展活动。参加者多是工商界中上层人士，其中，既有港九地区不同地域帮派的工商金融界进步人士，如粤帮陈君冷、陈祖沛、周康仁，沪帮费彝民、王宽诚、郭宜兴，闽帮庄成宗、林诚致，等等；也有从内地到香港开展各种工商业经营活动以及在香港政府、银行、企业工作的知名人士；还有一些往来于旅居国和香港之间的侨商及个别外籍商人。[5]民建总会驻港代表以工商俱乐部为据点，与中共驻港机构负责人团结合作，宣传进步思想，团结进步人士，并从中发现人才、培养骨干。香港是国际贸易金融中心，金融和贸易是俱乐部成员普遍关注的问题。因此，每周一次的聚餐会，或邀请许涤新、马寅初、千家驹、章汉夫等有影响的专家学者、社会名流前来演讲作报告；或由陈君冷、费彝民等俱乐部骨干组织参会人员进行专题讨论。[6]由于俱乐部广泛吸纳追求进步的中间派商人加入，允许持不同观点的正当商人参

---

[1] 民建中央宣传部．中国民主建国会历史文献选编（第一辑）［M］．北京：书目文献出版社，1992：164．

[2] 许涤新．周恩来领导对民族资产阶级的统战工作［EB/OL］．(2006-01-05)．http://www.sina.com.cn.

[3] 李清泳．黄长水和“香港华侨工商俱乐部”［J］．中国工商，1990（7）．

[4] 许涤新．周恩来领导对民族资产阶级的统战工作［EB/OL］．(2006-01-05)．http://www.sina.com.cn.

[5] 彭世珍．赤子情深报效祖国：黄长水先生传略［M］．广州市政协学习和文史委．广州文史（第六十七辑）．广州：广东人民出版社，1999．

[6] 李清泳．黄长水和“香港华侨工商俱乐部”［J］．中国工商，1990（7）．

加，而且活动形式灵活多样、活动内容紧贴现实接地气，越来越多的工商界人士及其亲朋好友加入活动行列。陈祖沛忆及此事时提到，由于参加俱乐部活动的人越来越多，有时甚至连椅子都不够坐，有的人只能站着听课、参加讨论。[1]总之，工商俱乐部存在的4年时间里，其社会影响不断扩大，不仅成为港九地区各进步社团及工商界进步人士联络感情、沟通信息的一个重要场所，而且成为民建总会团结进步人士、培养骨干人才的重要平台。据资料记载，民建港九分会成立时“有新会员二十一人、老会员二十八人”，[2]其中的21位新会员，多数是通过俱乐部活动认识了民建并选择加入民建。陈君冷等一批工商界进步人士，正是在俱乐部活动中脱颖而出，成长为民建港九分会的中坚力量。

二是组织港九工商界“东北观光团”，实地考察解放区政治经济现状，亲身体验解放区新变化新气象，向海外传递中国共产党的新民主主义工商业政策。随着解放战争的胜利发展，香港地区的右翼媒体经常刊登反共文章，诋毁抹黑中国共产党的工商业政策，在华南地区造成了极其恶劣的负面影响。有鉴于此，中共驻港机构一方面利用进步舆论阵地，向香港社会各界展开正面的经济统战宣传；另一方面针对港九地区各进步社团及正当商人“都想展开解放区贸易”，但又对中共政策心存芥蒂的纠结心理，[3]倡议他们回到内地观光，近距离观察了解中共的经济政策，以消除顾虑。民建港九分会积极响应，马上行动起来，以“香港工商俱乐部”名义，动员了30多位工商界人士组成“东北观光团”。1950年5月，“东北观光团”在黄长水团长，陈君冷、马万祺、莫应溎副团长的率领下，回到祖国东北、华北等地参观访问。[4]“东北观光团”是中华人民共和国成立后由港澳工商界人士组成的第一个人数较多、规模较大的考察团，其所到之处均受到中共各级领导人的高规格礼待。在京期间，观光团成员受到朱德及主管中央财经工作的陈云等中共中央领导人的欢迎和接见，聆听了中央人民政府负责人对中华人民共和国经济建设构想与宏图的详细介绍，以及对港澳同胞、海外侨胞参加中华人民共和国建设的殷切期待。当抵达广州时，广东省、广州市政府设宴招待观光团全体成员，叶剑英、方方、古大存等中共华南分局和广东省的领导亲临宴会。考察期间，观光团成员先后参观了工

[1] 陈祖沛.矢志不移跟党走［M］.北京社会主义学院.多党合作纪实.北京：中国文史出版社，1993.

[2] 民建中央宣传部.中国民主建国会历史文献选编（第一辑）［M］.北京：书目文献出版社，1992：161.

[3] 香港工商界对解放区贸易的意见［Z］.广东省档案馆.广东革命历史文献汇集.甲58.

[4] 民建广州市委会.爱国华侨黄长水［M］.广州市政协学习和文史委.广州文史（第六十七辑）.广州：广东人民出版社，1999.

厂、农村、商店、学校，亲眼看到了当家作主的工农大众忘我工作、建设国家的精神风貌，亲身体验了共产党人艰苦俭朴、团结民主的工作作风。百闻不如一见，在解放区所目睹的一切，使大家见证了中国历史上“未曾有过的新事物”。观光团返回香港后，港九地区各界社团纷纷邀请观光团成员介绍北上观感。陈君冷等观光团成员不顾港英当局的政治戒律，先后到各个社团作报告，宣传中国共产党“公私兼顾、劳资两利”及“保护民族工商业”的财政经济政策，全方位介绍“祖国空前团结进步的盛况”，批驳香港反共媒体“对解放区的一切造谣和污蔑”，[1]在港澳工商界引发巨大反响。[2]

三是发挥自身优势与解放区开展经贸往来，以实际行动支援祖国人民解放事业。解放战争后期，由于解放区遭受国民党当局的全面封锁，各种物资日益匮乏。1948年冬，平津战役决战在即，天津胜利指日可待。许涤新等人不失时机，在工商俱乐部聚餐会上动员在场的工商界朋友行动起来，与中国共产党领导下的华北解放区开展经贸活动，从经济上支援祖国人民的解放事业。陈祖沛、黄长水、陈君冷、郭宜兴等工商俱乐部骨干率先响应，并作出如下决定：一是由香港大成行总经理陈祖沛牵头，会同黄长水的泉昌公司、郭宜兴的恒达公司及三光公司，组成“新中公司”；二是以新中公司名义广泛筹集物资，尤其是解放区急需的紧缺物资：三是租用英国籍货轮“三民号”，由陈祖沛亲自押船，冒险首航刚解放的天津港。[3]1948年3月28日，满载汽油、柴油、橡胶、汽车轮胎、药品等货物的“三民号”开始了这次意义深远的航行。黄长水、陈君冷、郭宜兴、黄佩球等工商俱乐部骨干和香港大成行全体职员到码头送行。“三民号”成为满载货物开往华北解放区的第一艘货轮。离开天津时，陈祖沛安排把老解放区积压的各种土产物品，装船运回香港销售，从而为解放区赚取了一笔可观的资金。陈祖沛“首航解放区贸易成功”，不仅扫除了港澳工商界人士的疑虑，而且开辟了津港两地的通商航线，随后，港澳地区“跟解放区做生意的人越来越多了”。[4]天津市解放军军管会曾高度评价陈祖沛北上之行，誉之为“支持解放区，热爱中华人民共和国”的壮举。[5]

---

[1] 华商报，1949-04-27．

[2] 丁国桢．香港英当局无理驱逐陈君冷 民主建国会提出抗议［N］．人民日报，1950-10-14．

[3] 彭世珍．一位老工商业者的道路：记陈祖沛［M］．广州市政协学习和文史委．广州文史（第五十六辑）．广州：广东人民出版社，1999．

[4] 陈祖沛．矢志不移跟党走［M］．北京社会主义学院．多党合作纪实．北京：中国文史出版社，1993．

[5] 彭世珍．一位老工商业者的道路：记陈祖沛［M］．广州市政协学习和文史委．广州文史（第五十六辑）．广州：广东人民出版社，1999．

四是参与并筹办各种活动庆祝中华人民共和国成立。辽沈、平津和淮海三大战役的胜利，极大地提升了香港工商界进步人士的爱国热情。民建港九分会以此为契机，一方面加强与中共驻港机构的联系与合作，携手推进华南地区的爱国民主运动；另一方面充分利用工商俱乐部这个合法社团，号召各位会员广泛发动所联系群体，积极投入庆祝人民解放战争胜利、迎接中华人民共和国诞生的各项工作中。1949年4月，为庆祝南京解放，中共驻港机构决定以华商报报社的名义，向香港当局申请举办一个面向香港各界人士的公开的招待会。在这个不同政治势力博弈激烈的地区举办如此规模的招待会，在历史上尚属首次，需要得到港岛各方进步力量的配合与支持。民建港九分会与其他进步团体一起，首先在舆论上积极配合，与在港各民主党派联合致电中共领导人毛泽东、朱德祝贺南京解放，表示将广泛动员华南地区各界人士暨海外侨胞，积极行动起来，“迎接声援南下大军”，“促进大江以南全地区之解放”。[1]与此同时，通过工商俱乐部的骨干分子，或在《华商报》《群众》等刊物发表文章，或举办各种宣讲活动，向工商界朋友宣传举办招待会的目的和意义；其次从行动上全力支持，招待会召开时，几乎全体工商俱乐部的成员来到会场，全程参加了招待会活动。1949年10月14日广州解放，民建港九分会与香港各进步社团合议发动香港各界爱国人士组团到广州慰问南下解放军。慰问团按界别分为工商、教育、文艺以及工人、妇女等小组，担任工商组组长的陈祖沛，为慰问活动取得成功发挥了积极作用。1950年1月，黄长水、陈祖沛等10多位工商俱乐部骨干受广州市邀请，返穗参加第一次人民代表大会。[2]该会议结束后，工商俱乐部的聚餐会即以“新广州”为主题，向参加聚餐活动的各界人士，宣传中国共产党领导下的广州所出现的新变化新气象，动员大家通过各种方式支援中华人民共和国新广州建设。1950年10月1日是中国共产党建国后的第一个国庆日，为加深香港各界人士对中华人民共和国新政权的认同感，进一步增强香港同胞与海外侨胞对祖国的凝聚力和向心力，民建港九分会成立了由莫应溎、陈君冷等人组成的香港各界庆祝国庆筹备会，准备通过开展一系列活动，热烈庆祝祖国国庆。在筹备过程中，民建港九分会常务理事陈君冷不顾个人安危，事事一马当先，因活动过于频繁，“招致香港当局的嫉视”，港英当局以“杀鸡儆猴”方式迫令其立即出境。[3]尽管如

[1] 民建中央宣传部．中国民主建国会历史文献选编（第一辑）[M]．北京：书目文献出版社，1992：176．

[2] 李清泳．黄长水和“香港华侨工商俱乐部”[J]．中国工商，1990（7）．

[3] 丁国桢．香港英当局无理驱逐陈君冷　民主建国会提出抗议[N]．人民日报，1950-10-14．

此，仍阻挡不了工商界进步人士的政治热情，1950年10月1日，莫应溎率领“香港工商俱乐部”及各界进步人士，在港岛升起了第一面五星红旗。

三

新中国成立前后民建港九分会在华南地区开展的各项进步活动，为中国人民的解放事业作出了特殊的贡献，为民建广州分会的建立奠定了坚实的基础。

其一，民建港九分会在华南地区的民主运动中，充分发挥同盟军作用，与中国共产党携手合作共同战斗，进一步发展巩固了解放战争时期的人民民主统一战线。统一战线是中国共产党在新民主主义革命时期战胜敌人的一大法宝。全面内战爆发后，香港地位日显重要。中共中央十分重视利用香港的特殊环境为国内解放战争服务，先后派出得力的专业干部到香港开展统战工作，以彻底打破国民党“一统海外舆论宣传”的格局，进而“把众多来港的文化人士、民主人士、青年学生”以及港九地区的工人、市民、工商业经营者等各界人士组织起来，“开展各种轰轰烈烈的群众运动”。[1]1946年10月，受周恩来委派到香港“负责工商统战和党的宣传工作”的经济学家许涤新，来到香港担任香港工委常委兼财经委书记。[2]香港是一个自由贸易港，聚集在港九地区的工商界人士，不仅派别不同、思想各异，而且在政治上对国共两党的认知各不一致。有的积极靠拢中共，有的对中共缺乏信任，有的则持反共立场。随着解放军攻势向南方各大城市推进，内地的工厂、企业、商行纷纷向华南及港台地区撤退，加上各种反共舆论的扩散，更增添了港九地区紧张和恐慌的气氛。为争取更多同盟者，中共香港工委因势利导，进一步加大对居港工商界人士的统战工作力度，通过各进步社团，广泛团结各界进步人士。民建港九分会一俟成立，即与中共携手合作，成为中共开展和推进华南地区民主运动的一个得力助手和可靠的同盟军。民建港九分会与其他进步社团最大的区别在于，作为以香港工商界人士为主体的政治团体，其深知解放区经济政策是工商界关注的一个重点问题，因此，充分利用工商俱乐部这个平台，配合中共香港工委宣传解释新民主主义经济政策以及解放区工商业运营状况，揭露国民党官僚资本对民族工商业的侵害及国统区的经济崩溃现状，团结更多的工商界人士和广大的海外侨商，支持并援助中国共产党领导的解放事业。针对侨商因对解放区土改不明真相而产生的不安情绪，“东北观光团”返港后，马上推动香港华商总会，把所了解到的有关土改政策法令

---

[1] 袁小伦 . 战后初期中共利用香港的策略运作［J］. 近代史研究 , 2002 (6) .

[2] 许涤新 . 风狂霜峭录［M］. 北京 : 生活・读书・新知三联书店 , 1989 : 339 .

以及解放区实行土地改革后出现的巨大变化，以香港华商总会的名义向世界各地华侨华人展开宣传，解答他们所提出的疑问，揭发驳斥各种谣言，从而使更多的华侨华人认识到，中国共产党领导的新民主主义革命，不仅给工商业者“解除了枷锁”，更为他们“带来了新生的光明”。[1]

其二，民建港九分会在华南地区的民主运动中，充分发挥自身的优势与影响，广泛团结香港、澳门工商界进步人士，从经济上支援人民解放事业，为中华人民共和国的诞生作出了特殊贡献。由于港英当局的政治打压，民建港九分会成立后，更多的是依托“香港工商俱乐部”这一公开合法的社团开展活动。香港工商俱乐部的核心骨干普遍具有双重身份，他们既是某个企业、公司的企业主、经理人，也是民建港九分会理事会的理事、常务理事，在港九地区有着广泛的社会关系和人脉资源。如陈祖沛是著名企业大成行总经理，他名下共有8个分行和6家工厂，[2]其中的8个分行遍布于天津、上海、广州、武汉、长沙、重庆、青岛等各大城市，在海内外华人企业界中享有很高的声望及影响力；[3]祖籍福建的黄长水，作为“港菲出入口商会”理事长和“旅港福建民主建设促进会”负责人，对在港从事工商业经营活动的“闽帮”有较大的号召力。解放战争后期，在新的历史条件下，他们的优势和特殊作用日显重要。在中国共产党统一战线旗帜引领下，他们充分利用各自的社会资源与人脉关系开展进步活动，一方面通过工商俱乐部的聚餐活动，团结大批工商界进步人士，共同投身于民主政治运动；另一方面通过工商俱乐部的时事宣讲会，配合中共进行“新民主主义与工商政策之教育宣传”，[4]消除持中间立场的工商界朋友对中共的疑惧，推动他们不断进步，并尽己之力支援祖国人民解放事业。据中共驻港机构工作报告所言，在民建港九分会的全力配合下，经过香港工委财经委的不懈努力，使香港工商界有了巨大的变化，其中，“过去不谈政治的，现在谈起政治”；“过去惧怕我们的，现在敢与我们接触”；“过去暗中与我们接触的，现在敢于在大庭广众中大谈解放区的工商政策”。[5]承上所叙，津港贸易之动议就是通过工商俱乐部完成的。由于国民党政府及

[1] 薛启亮. 中国民主党派史丛书(中国民主建国会卷)［M］. 石家庄：河北人民出版社，2001：101.

[2] 杜志成．“三民号”两航华北解放区［J］. 中国工商，1988 (1).

[3] 彭世珍．一位老工商业者的道路：记陈祖沛［M］. 广州市政协学习和文史委．广州文史（第五十六辑）. 广州：广东人民出版社，1999.

[4] 香港分局经委致中央及统战部电：港经委半年工作报告 (1949年1月12日)［C］. 中央档案馆等．中共中央香港分局文件汇集．1989.

[5] 香港分局经委致中央及统战部电：港经委半年工作报告 (1949年1月12日)［C］. 中央档案馆等．中共中央香港分局文件汇集．1989.

右翼媒体长期对中共进行“妖魔化”宣传，不少港商对中共存有偏见、隔阂较深。对于与中共领导下的华北解放区做生意，各种质疑的声音不时出现，诸如，与中共通商是否存在风险？是否“有利可图”？共产党能否公平交易？等等。陈祖沛首航华北解放区贸易，为港商提供了一个全面认识中国共产党及其政权的机会，“对于戳穿国民党的造谣污蔑”，减少港商对共产党的顾虑，加强港商对共产党的理解和信任，“收到了较好的效果”。[1]而且通过公平贸易，获利颇厚的港商，对中共的认知有了一个质的飞跃，纷纷称赞共产党政府“照顾商人”、共产党管理下的“各机关办事效率高”。[2]香港工商界由此对中共的政治态度发生重大变化，正如香港工委财经委给中共中央的工作报告中所说：“设法与解放区通商成为今天香港的一股巨流”。[3]更重要的是，通过津港贸易，打破了国民党对解放区的经济封锁，有利于解放战争的胜利推进，有利于新政权的经济恢复与重建。

其三，民建港九分会在华南地区的民主运动中，锻炼了骨干力量，壮大了干部队伍，为民建广州地方组织的建立打下了坚实的干部基础。二战结束后，虽然港九地区言论相对自由，但是港英当局对港人的政治活动仍控制较严。尤其是解放战争后期，内地人民反独裁、反迫害、反饥饿、争民主、争温饱的斗争不断高涨，工人、学生运动此起彼伏，香港地区更是风声鹤唳，草木皆兵。港英当局进一步强化对港岛的社会管制，先后颁发法律法规，加大对民主进步活动的打压力度。1948年10月27日，港英当局立法会通过《1948年度便利维护公众秩序与治安条例》，1949年5月通过《取缔社团活动条例》，1949年8月3日通过《驱逐不良分子出境条例》《修订1922年紧急法》《公众秩序法例》《社团登记条例》，等等，都是严重损害香港民众政治权益的条例。仅以《取缔社团活动条例》和《驱逐不良分子出境条例》为例，其恶劣影响正如《群众》周刊所言：按照条例的相关规定，不仅中国所有政治党派和社会团体在港的爱国民主活动将被全面禁止，而且“在港的每一个中国人的民主权利亦被剥夺净尽”。[4]在日趋严峻的政治环境下，民建港九分会各中坚分子不畏政治高压，继续开展各种形式的爱国民主活动。在斗争中，领导骨干得到了锻炼，组织的整体力量得到了发展。1947年10月加入民建的陈君冷，在民主运动中经受了考验，在政治上不断成

---

[1] 成都市政协文史学习委员会．成都文史资料选编·解放战争卷（上）［M］．成都：四川人民出版社，2007：442．

[2] 商人可以提供意见［N］．华商报，1949-05-21（3）．

[3] 香港分局经委致中央及统战部电：港经委半年工作报告（1949年1月12日）［C］．中央档案馆等．中共中央香港分局文件汇集．1989．

[4] 群众，1949，3（25）．

熟，成为工商俱乐部的骨干。他不仅积极参与并主持俱乐部活动，而且广泛联系发动各界人士加入俱乐部行列，并动员了其中的进步人士陈祖沛、王宽诚、陈广生、黄穗如、郑可和等加入民建。[1]此外，在民建总会驻港代表及中共驻港机构负责人的具体指导下，陈君冷牵头组建了“民建港九小组”，并担任小组召集人，带领小组成员开展活动，积蓄了力量与经验，为民建港九分会的建立发挥了重要作用。民建港九分会成立后，陈君冷被推举为常务理事，继续为爱国民主运动鼓与呼，最终因频繁抛头露面，引发了港英当局的注意与忌恨，于1950年底被港英当局驱逐出境，民建总会为此向港英当局提出强烈抗议。[2]黄长水是香港工商界著名的爱国进步人士，早在1947年就加入了民建，在斗争中成长为工商俱乐部的中坚力量。1949年3月，港英当局反共分子突然袭击工商俱乐部并传讯黄长水。1950年底，港英当局继驱逐陈君冷出境后，又把黄长水、吴槐庭、莫应溎等俱乐部骨干人士“劝令”离境。陈君冷、黄长水等人先后离开香港，回到祖国大陆，继续发挥自身优势和影响力，为社会主义建设事业服务，为多党合作事业服务。

广州解放后不久，民建全国会务推进委员会常务委员会决定在广州建立分会，并成立了由简玉阶、田钟灵、陈子彬、陈君冷等9人组成的筹备委员会。1950年5月12日，民建广州市分会筹备委员会正式成立。12月，从香港回到广州的陈君冷被任命为筹备委员会的第一召集人。[3]从此，民建广州市分会筹备委员会在陈君冷等人的带领下，按照民建总会制定的《民主建国会筹备分支会的原则和办法》《民主建国会分会筹备委员会组织通则》等相关规定，开展筹备工作。经过紧张筹备，1951年7月22日，民建广州市分会正式成立，在港九地区经受过政治磨炼的陈君冷被任命为民建广州市分会主任委员。

李玲，广州市社会主义学院副教授、新型政党制度理论研究中心副主任。

本文刊于《广东省社会主义学院学报》2019年第1期。

[1] 民建广州市委会．倡导教育救国的陈君冷［M］．广州市政协学习和文史委．广州文史（第五十六辑）．广州：广东人民出版社，1999．

[2] 民建广州市委会．倡导教育救国的陈君冷［M］．广州市政协学习和文史委．广州文史．（第五十六辑）．广州：广东人民出版社，1999．

[3] 民建广东省委会．广东民建史［M］．广州：广东人民出版社，2010：5．

以笔为矛：各民主党派的言论机关与进步刊物

迟云平

无论是风雨飘摇的硝烟年代，还是蓬勃发展的和平岁月，各民主党派及无党派爱国人士的笔杆都从未停下，救国强国的探索之路从未停息……尤其是大革命失败后，国共以外的“第三方面”力量崛起，以民主为职志的各民主党派前赴后继地创办报刊作为宣示阵营、发表政见、影响舆论和推动民主建国的重要手段。小小编辑社，薄薄一张纸，满腔热血志，化为笔下文，行却报国心，他们用纸墨真情诠释了“苟利国家生死以，岂因祸福避趋之”的家国情怀。

习近平总书记在“七一”重要讲话中提出“以史为鉴，开创未来”，站在“两个一百年”奋斗目标的历史交汇点上，回望来时路，方能走好新征程。笔者将循着历史的脉络，整理不同阶段各民主党派的言论机关与进步刊物，重现先贤们以笔为矛，不懈斗争、上下求索的历史痕迹。

一、从“旧政协”的“第三方面”到“新政协”的民主党派

中国民族资产阶级民主运动研究的权威人士菊池贵晴的遗作《中国第三势力史论》中指出，所谓“第三势力”，是指“1927年7月大革命失败到1945年8月抗日战争胜利这一时期，不属于国民党和共产党任何一方，以中立姿态进行活动的40余个党派”。菊池贵晴明确指出“第三势力”是个小党派的总称，其社会基础是无党派爱国民主人士。这些小党派也意识到在国共两党之间自己作为一个第三者的调停立场，为了应对国共矛盾激化带来的民族统一战线崩溃的危机，以及国民党一党专制的法西斯体制带来的亡国危机，他们试图走出一条中间路线，并有意识作为“第三方面”采取行动。其中，颇有代表性的当为“三党三派”。

1923年，以曾琦、李璜为代表的中国青年党，成立于法国巴黎，以“全民革命外抗强权，力争中华民国之独立与自由，内除国贼，建设全民福利的国家”为宗

旨。1924年10月10日创办《醒狮》作为机关喉舌，主张“国家主义”。1927年11月19日出至第162期时，因与国民党有矛盾遭封禁；12月10日恢复出版，1930年9月出至第221期停刊。全面抗战爆发后，1938年3月创办《国光》旬刊，广泛宣传其系列抗日建国主张，出版至7月共12期停刊。

1930年8月，以邓演达、谭平山等为代表，主张继续贯彻孙中山“联俄、联共、扶助农工”的三大政策，在上海创建中国国民党临时行动委员会，即农工党的前身，并创办半月刊《革命行动》作为机关刊物。因其政治主张既不同于国民党又区别于共产党，当时被称为“第三党”。9月1日，邓演达在创刊号刊登《政治主张》，声称第三党的最终目标就是在中国建成一个社会主义社会，随后，第三党一度迅速扩张，1931年4月又创办了《革命行动日报》，用大量事实揭露和批判国民党反动派屠杀共产党的暴行。该报立场鲜明，笔锋犀利，切中时弊，以至于蒋介石勃然大怒，声称“此党不亡，国无宁日”！1931年，邓演达被捕，上述两报随之停刊。1935年11月，中国国民党临时行动委员会改名为“中华民族解放行动委员会”，1938年3月创办《中华论坛》和《抗战行动》旬刊，在国统区开展民主抗战宣传，发动成员参加爱国民主运动，拥护中共抗日主张。抗战胜利后，中华民族解放行动委员会又于1946年3月在香港创办《人民报》。

1931年，张君劢、张东荪、罗隆基等人在北平发起成立中国国家社会党，寓再造中华民国之意，1932年5月20日在广州创刊发行《再生》月刊，1933年在北平改为周刊发行，到1937年终刊，1939年在重庆又以旬刊形式发行。有别于其他民主党派的言论报刊，《再生》表现出鲜明的知识分子民主言论特色，其定位为学术性刊物，主要探讨民主与独裁、政党与国家自由、效率、经济民主、政治民主等宪政问题，主张中国走一条中间政治路线。1946年2月24日，怀着对中华人民共和国的民主宪政和政治文明的美好期许，其发行的《〈再生〉党派专号》半月刊（第5期，总104期）中转载了中共、各民主党派与爱国民主人士关于反对内战、通过和平的道路实现中国社会政治的改革，建立一个新民主主义中国的主张。

以黄炎培先生为代表的中华职业教育社在开展职业教育的同时高举爱国主义大旗，号召民众积极投入抗战。1931年12月23日其在上海创办了《救国通讯》为机关刊物，1933年12月终刊，共发行60期，1934年1月改名为《国讯》，1948年4月9日被国民党查禁封闭，经历了17个年头。《国讯》被查封后的21天，5月1日中华职业教育社出版了《展望》周刊，《展望》出版到1949年3月的第18期，再次被国民党当局查禁封闭，共出版了42期。直至1949年6月1日复刊，出了3期上海解放临时特刊。早在1937年迁社重庆后，黄炎培积极参加由中国共产党领导的抗日民族统一战线的各项活动，竭力推进宪政运动的发展，并于1944年1月创办了《宪政月刊》，反映社会各界对于宪政问题的真知灼见。

第一次国共合作破裂后，中国农村经济濒临破产，在建设农村、复兴农村的呼吁声中，梁漱溟、晏阳初、王鸿一等人发起乡村建设运动，为凋敝的农村寻求出路。与其他民主党派言论报刊自一诞生便为国民党当局打压不同，乡村建设协会作为主张用改良主义方法解决中国农村问题，似为“自成一派”的话语类别。其机关报刊于1929年3月15日创办，原名《村治月刊》，由梁漱溟担任主编，1930年4月后曾停刊。1930年6月复刊，更名为《村治》，改为半月刊，卷期另起。“七七”事变后，因人力、财力不足，《村治》不得已于1937年8月1日起宣告改为不定刊，随之乡村建设运动无形解体，同年终刊。《村治》发表了大量关于中国农村教育、经济、人口、农民运动等方面的调研报告，开辟评论、各地乡村运动、乡村状况调查等栏目，有时也转载国外农村相关信息，在中国早期乡村自治思潮中占有重要地位。

1936年西安事变和平解决，中共逼蒋抗日，十年内战局面基本结束，受抗日民族统一战线方针的感召，此时大多数像第三党这样奉行中间路线或反蒋的民主党派也转为联蒋抗日。随着“一二·九”运动的爆发，更在全国掀起抗日救国新高潮。1936年1月，沈钧儒等人组织成立上海各界救国联合会，一时，各会机关刊物纷纷涌来。由邹韬奋主编的《大众生活》于1935年11月16日创刊，1936年2月底出至第16期被国民党当局查封，1941年5月11日在香港复刊，12月6日停刊，共出刊30期；《上海文化界救国会会刊》于1936年3月28日创刊，至4月30日共出刊5期；《上海职业界救国会会刊》于1936年7月8日创刊，至9月15日共出刊3期；《救亡情报》于1936年5月6日创刊，12月25日休刊，共出刊30期；《国难教育》于1936年7月11日创刊，至7月18日共出刊2期；《学生报道》于1937年1月1日创刊，至2月5日共出刊3期。1937年8月24日《救亡日报》创刊，经国民党和共产党协商，由双方派出人员并共同提供经费，郭沫若任社长，夏衍任总编辑，同年11月22日停刊，1938年1月1日在广州复刊，10月21日广州沦陷后停刊，1939年1月10日在桂林复刊，1941年2月28日被国民党勒令停刊。《全民周刊》1937年12月11日创刊，至1938年7月后与《抵抗》合并，改名为《全民抗战》，1941年2月22日被查封，共出刊157期。从刊物名称来看，当时上海农、工、商、学及妇女各界爱国知识分子和各阶层、各党派人士均投身抗日洪流，纵然各有立场，但在民族危急时刻能怀着抗日救国的大目标，摒弃分歧，走到一起。在1936年6月14日《救亡情报》第6期刊登的《全国各界救国联合会成立大会宣言》《抗日救国初步政治纲领》中，救国会明确主张“促成全国各实力派合作抗敌，建立一个统一的抗敌政权”。这些主张和中国共产党关于抗日民族统一战线的主张相吻合，反映了中国广大民众的共同愿望和要求。毛泽东充分肯定了救国会的主张，同时明确表示，中国共产党愿意在《抗日救国初步政治纲领》上签名，并指示中共党员积极投身救国会组织的救国活动。

1941年3月，由中国青年党、中国国家社会党、中华民族解放行动委员会、乡村建设派、中华职业教育社等小党派的联合体——中国民主政团同盟在重庆成立，1942年上半年，救国会加入。同年9月18日，为了躲避国民党当局的扼杀，民主政团同盟指派梁漱溟前往香港创办机关报《光明报》（《光明日报》的前身），在海外建立言论阵地，宣传民盟的政治主张。办报一事得到了中共中央领导人周恩来的大力支持，经中共驻港办事处及救国会海外组织的热情帮助和资助，《光明报》得以创刊。《光明报》经历了两次停刊。第一次因太平洋战争爆发12月13日停刊，直到1946年9月18日才复刊，并以旬刊的形式出版；第二次是1947年7月19日停刊，1948年5月复刊，以半月刊形式出版。1943年9月，各民主党派掀起了第二次民主宪政运动。民主政团同盟领导人纷纷出面主办刊物，宣传民主宪政，如1944年1月由黄炎培创办、张志让主编《宪政》月刊；5月16日左舜生主编《民宪》，《民宪》于1945年8月25日终刊，共出刊15期。

在民族危难中诞生的各民主党派，其初衷是站在国民立场上发抒政见，充当民主喉舌角色，在许多问题上虽与中共立场不同，但面对民族利益和国家生存等原则性问题，在时代洪流驱动下，双方越走越近。

二、从人民民主统一战线的“组成部分”到与中国共产党通力合作的“亲密友党”

1945年8月，抗战胜利后，国民党的新闻事业中心向上海、南京一带转移，并抢先在收复区扩展言论阵地。中国共产党也针锋相对地开展布局，并与民主党派加强联合，经常在机关刊物《新华日报》《解放日报》《群众》中积极转载民主党派的信息文章，反映民主人士主张，争取天下归心。双方不仅在舆论上互相声援，在实际行动上也是互相支持。1945年10月9日，《救亡日报》总主编夏衍，根据周恩来指示在《救亡日报》基础上创办《建国日报》，但报头栏标仍保留“上海文化界救国会主办，社长郭沫若，总主编夏衍”一行字样，以示其与《救亡日报》一脉相承。《建国日报》仅出版15天，于10月24日被国民党上海市党部查封。与此同时，其他民主党派机关刊物也纷纷复刊或创刊。中国民主促进会的机关刊物《周报》于1945年9月8日创刊于上海，被查禁停刊于1946年8月，共出刊50期。《民主》于1945年10月创刊，于1946年10月休刊，共刊54期。同样作为上海三大民主刊物的《文萃》由中共地下党员创办，于1945年10月9日创刊，至1947年3月，共出刊72期。《文萃丛刊》于1947年3月至7月21日，共出刊9期。《昌言》于1946年5月4日创刊于上海，该刊仅出版2期。1946年6月1日该刊“六月号”出版后，即因未获政府批准而遭查禁。民主建国会《平民》周刊于1946年1月12日至2月9日共出刊4期，《民讯》于1946年10月10日创刊，1947年10月被迫停刊，共出刊4期。中国人民救国会的《民主生活》于1946年1月9日创刊，共出刊12期。《民主青年》于1945年12月创刊，1946年6月被封禁。《民主教育》于1945年11月1日创刊，1946年夏停刊。九三学社张西曼主编的《民主与科学》于1945年1月在重庆创刊。三民主义同志联合会《民联》于1945年11月创刊，1946年1月休刊，共出刊3期。《民潮》于1946年9月创刊，1947年9月休刊，共出刊12期。中国致公党《上海洪声》于1947年4月在上海创刊，1948年8月停刊，共发行16期。《公论》于1947年12月创刊，1949年5月停刊，共出刊6期。台湾民主自治同盟《新台湾丛刊》于1947年9月创刊，至1948年5月共出刊6辑。中国农工民主党《现代新闻》于1947年5月创刊于上海，至1947年6月25日共出刊7期。

其时的民主党派报刊舆论均倒向共产党，他们一方面大力揭露国民党政府的两面手段；另一方面坚决支持中共立场，高举“和平、民主、团结”的旗帜，极力推进和平建国构想的实施。虽然大多报刊只是昙花一现，但在当时，却照亮了时代的星空。

和其他民主党派的创报活动结局一样，作为当时成员众多的中国民主政团同盟在国内创办的各类报刊也不同程度地受到当局政府打压，或过早夭亡，或时断时续，如寒夜摇曳明灭的烛火，不胜冽风。1944年9月19日，中国民主政团同盟扩大了组织基础，改称“中国民主同盟”（以下简称“民盟”），此后各地方组织迅速壮大，纷纷出版机关刊物。《民主周刊》创刊号于1944年12月9日在昆明出版。“李闻惨案”发生后，《民主周刊》于1946年8月2日遭国民党当局查封停刊。从创刊到停刊，共出版了3卷71期；为适应不同读者需求，自1945年3月起增办《民主周刊增刊》3期。《民主星期刊》于1945年10月1日创刊，《唯民周刊》于1946年4月创刊，1947年3月因被查封而停刊，出版至第4卷第10期。《民主报》于1946年2月创刊，1947年5月停刊。《民主周刊》北平版于1946年1月创刊，1946年12月终刊，共出刊15期，后改为《民主半月刊》，共出刊4期。《民主周刊》桂林版于1946年1月创刊，1947年11月休刊，共出刊36期。《民主星期刊》南方版于1946年4月创刊，1946年6月休刊，共出刊12期。《民主与文化》于1946年5月创刊，1946年6月休刊，共出刊2期。《民宪》东南版于1945年9月至11月期间刊行，共出刊3期。

国民党当局镇压人民舆论的罪恶勾当引发了中共和民主党派合力发起要民主、争自由的舆论战斗“拒检运动”。1945年8月7日，重庆国讯书店不送国民党当局审查，而自行出版了黄炎培撰写的《延安归来》一书。接着，由《宪政月刊》《国讯》《中华论坛》《民主世界》《再生》《民主与科学》等民主党派机关刊物联合发表声明，宣布自9月1日起不再送检。中国共产党领导的机关刊物《群众》《新华日报》也宣布自即期起不再送检。民主党派和共产党旗鼓响应，在其时的舆论上为共产党赢得“万众归心”营造了良好的氛围。1948年中国共产党发布“五一口号”，各民主党派积极响应，《人民日报》刊登的各民主党派与无党派民主人士联合拥护中共“五一口号”的通电和给毛泽东的复电，在政治上实现了从同情、倾向中国共产党到公开自觉接受中国共产党领导的转变，各民主党派和爱国人士纷纷北上，揭开了双方亲密合作、建设中华人民共和国的新篇章！

三、从致力于中国特色社会主义事业的参政党到中国特色社会主义参政党

中华人民共和国成立后，中国共产党取得了政权，各民主党派逐渐从民主合作向参政党角色转换。在寒冬中夹缝求生的民主党派报刊活动迎来暖春，并在改革开放的大潮中进一步蓬勃发展。为了更好地参政议政，各民主党派积极利用界别优势相继创办了报刊、网站、简报等宣传阵地，还拥有自己的出版社。

民革中央主办有向海内外公开发行的报纸《团结报》和内部发行刊物《团结》杂志，并有团结出版社。《团结报》创刊于1956年4月25日，《团结》创刊于1950年，初名《民革汇刊》，1985年改名叫《民革工作》，1987年改名为《团结》。

民盟中央有向国内外公开发行的月刊《群言》和机关内部刊物《中央盟讯》，并有群言出版社。1949年6月16日创刊的《光明日报》，自1953年1月1日起成为各民主党派、中华全国工商联和无党派人士联合主办的报纸。1957年11月《光明日报》改由中共中央宣传部和中共中央统战部领导。《光明日报》以《光明报》为前身，1949年由李健

生题写正楷刊头，1959年元旦由沈钧儒题写欧体刊头，1967年改换为毛体刊头至今。

民建中央主办有内部刊物《民讯》和公开发行的经济理论刊物《经济界》，并有民主与建设出版社。《民讯》于1949年7月1日复刊，1950年11月10日改为《民建会讯》半月刊。

民进中央主办有向国内外公开发行的月刊《民主》杂志，并有开明出版社。《民进》创刊于1951年5月，1959年复刊。中共十一届三中全会以后，民进中央出版内部刊物《民进通讯》《民进会讯》，1989年8月创办《民主》杂志综合性月刊。

1950年12月15日，农工党中央创办了以加强全党社会主义思想教育为宗旨的《学习通讯》。1956年10月1日，农工党中央将《学习通讯》改刊为《前进报》，出刊38期后停刊整顿，1959年4月15日《前进报》改称为《前进》半月刊，共出刊30期。1961年4月15日，《前进》由报纸改为杂志月刊，“文革”期间被迫停刊，1979年8月复刊，1995年更名为《前进论坛》。

致公党中央主办有内部刊物《中国致公》杂志和《中国发展》综合性期刊，并有中国致公出版社。《致公通讯》于1952年9月创刊，“文革”期间停止出版，1980年复刊，1994年更名为《中国致公》。

九三学社中央主办有国内外公开发行的刊物《民主与科学》杂志和内部刊物《九三中央社讯》，并有学苑出版社。《九三社讯》于1950年1月31日创刊，1958年更名为《红专》，1988年9月更名为《民主与科学》并试刊，1989年12月正式出版《民主与科学》（创刊号）。内刊《九三中央社讯》于1989年1月创刊。

台盟中央于1989年创办内部双月刊《台盟》，还主办了《海峡快讯》《台情分析》两个刊物，通过对台湾岛内各种重大事件的及时报道与客观分析，为开展涉台研究工作提供参考。

作为中国特色社会主义参政党，各民主党派的报刊、出版社、网络和微信公众号等新媒体手段，在履行参政议政、民主监督、参加中国共产党领导的政治协商职能，切实加强五种能力建设，践行“四新”“三好”时代定位，发展好、完善好新型政党制度中发挥了积极作用。这恰正是：以笔为矛击时弊，如椽巨笔谱华章。

迟云平，广州软件学院执行董事、副研究员、广州市社会主义学院新型政党制度理论研究中心特约研究员。

多党合作制度与社会主义协商民主的历史探究和政治价值

李际卫

社会主义协商民主是中国共产党从开创中国特色社会主义伟大事业新局面的全局提出的一个具有深远意义的重大命题，是中国共产党和中国人民对民主形式的伟大创造和制度创新。作为现代民主政治的一种重要民主形式，社会主义协商民主体现了中国特色社会主义“道路自信”“理论自信”“制度自信”“文化自信”。因此，考察多党合作制度与社会主义协商民主间的相互历史关系，分析多党合作制度与社会主义协商民主在当代中国特色社会主义伟大事业的政治价值，在推进中国特色社会主义道路、中国特色社会主义理论体系、中国特色社会主义制度和中国特色社会主义文化等方面具有重要的理论价值与实践指导意义。

从政治生态的角度考量，我国的政治架构由人民代表大会制度这一根本政治制度，中国共产党领导的多党合作和政治协商制度（以下简称“多党合作制度”）、民族区域自治制度和基层群众自治制度三个基本政治制度构成，在这些政治架构中都蕴含着社会主义协商民主所倡导的价值理念和运行机制，也形成了各自的协商特色，如人大的立法协商，政协的政治协商，民族区域的民族协商，基层群众的自治协商。其中，多党合作制度中的政治协商已有70多年的实践经验、并有人民政协这一实践平台作为组织保障，积累了丰富的理论基础和制度资源。从这一层面出发，我们甚至可以认为社会主义协商民主制度的前身和核心就是多党合作制度。换言之，多党合作制度与社会主义协商民主制度密不可分，两者互为促进。社会主义协商民主制度伴随着多党合作制度的形成而形成、发展而发展。

一、多党合作制度与社会主义协商民主的历史探究

唐太宗李世民曾经说过：“夫以铜为镜，可以正衣冠；以古为镜，可以知兴替；以人为镜，可以明得失。”这说明历史是一面镜子，我们应以史为鉴。从历史角度出

发，多党合作制度，是在中国人民反对帝国主义侵略、反封建主义压迫与反官僚资产阶级统治的历史过程中逐步形成和发展的，是在改革开放新形势下中国特色社会主义现代化建设进程中不断成熟和完善的，是我国的一项基本政治制度，其形成发展过程始终蕴含着协商民主的价值理念，是中国共产党同各民主党派和其他社会力量从“联合革命”到“协商建国”再到“合作治国”实行协商民主的一种制度安排。

（一）从党内合作到党外合作与联合革命式协商

在新民主主义革命时期，中国共产党初步探索和创造政党间合作的先例，1922年党的二大决议提出：“我们共产党应该出来联合全国革新党派，组织民主的联合战线，以扫清封建军阀推翻帝国主义的压迫，建设真正民主政治的独立国家为职志。”[1]“民主的联合战线”思想提出的目的是建立革命统一战线，实现的手段是多党合作，（这里所指的是党内合作，因为中国共产党是以个人名义加入中国国民党），为协商民主（更多的是指革命政治协商）提供了理论空间和实践载体，1923年在孙中山先生改组国民党和实行“联俄、联共、扶助农工”三大政策的推动下，1924年至1927年三年多的国共第一次合作，就是以协商的方式解决中国革命前途和命运的有效尝试。尽管国共第一次合作以失败告终，但其宝贵的协商实践为协商民主的形成提供了实践基础。在抗战时期，西安事变后，国共进行了第二次合作，建立起抗日民族统一战线，中国共产党在敌后抗日革命根据地内实行“三三制”抗日民主政权，“三三制”即在人员分配上，应规定为共产党员占三分之一，非党的左派进步分子占三分之一，不左不右的中间派占三分之一。“三三制”抗日民主政权是中国共产党实行多党合作（这里的含义是指党外合作）的成功尝试，也是中国共产党从政权组织结构层面对协商民主政治的探索，为1949年协商建国提供了坚实的实践基础，所以学术界基本认为“三三制”抗日民主政权是我国协商民主的萌芽。这一历史时期对我国协商民主形成和发展的贡献主要在于：在两次国共合作以及敌后抗日民主政权组织实践中积累了“如何协商”“怎样有效协商”的经验；在革命过程中中国共产党与各民主党派及其他爱国社会力量建立了患难与共、同舟共济的党内外合作关系。

（二）党外合作与协商建国式协商

1949年9月，中国人民政治协商会议第一届全体会议在北京中南海怀仁堂举

---

[1] 中央档案馆．中共中央文件选集：第一册［M］．北京：中共中央党校出版社，1989：66．

行，各界576名代表共聚一堂，民主协商讨论建国，通过了第一份决议，选举产生了中央人民政府，制定了《中国人民政治协商会议共同纲领》《中国人民政治协商会议组织法》和《中央人民政府组织法》，确立了国号、国徽、国歌和纪年。从会议前政协代表的产生到会议中有关协商议题确定再到会议后形成的决议，始终贯穿着协商的核心精神和价值理念，协商的成果也是丰富多彩的。中国人民政治协商会议第一届全体会议的成功召开，标志着多党合作制度的正式确立，也标志着协商民主这种新型社会主义民主形式在中华人民共和国开始出现，为中国共产党同各民主党派在更大范围内的团结民主合作提供了制度载体和平台保障。协商建国、共享政权的开国之路主要贡献在于明确了新民主主义协商议事的核心精神，确定了先协商后决策的运行原则，是我国协商民主的重要实践和重要标志，为中华人民共和国成立后多党合作有效运行和协商民主良性发展奠定了坚实的基础。

（三）多党合作与合作治国式协商

中华人民共和国成立后，以毛泽东为代表的第一代中央领导集体秉承“国事是国家的公事，不是一党一派的私事”协商合作治国的理念，继续探索多党合作制度，因新民主主义革命基本完成，中共党内对于各民主党派存留问题和多党合作必要性产生分歧，1949年底，中国人民救国会宣布解散，部分民主党派也酝酿解散。对此，毛泽东专门指出：“究竟是一个党好，还是几个党好？现在看来，恐怕是几个党好。不但过去如此，而且将来也可以如此，就是长期共存，互相监督。”[1]1956年，在党的八大会议上，中共中央将“长期共存，互相监督”作为多党合作的方针以中共党的决议确定下来。社会主义三大改造完成后，民主党派的性质由阶级联盟转变为政治联盟，为在社会主义建设条件下继续推行多党合作事业提供了政党基础。党的十一届三中全会以来，面对改革开放新时期国内外形势的变化，中国共产党提出了与民主党派“长期共存，互相监督，肝胆相照，荣辱与共”十六字基本方针，将多党合作制度确立为我国的一项基本政治制度，写入中共党的报告、政治纲领和宪法，使多党合作制度上升为执政党意志和国家意志。2005年，中共中央颁发《中共中央关于进一步加强中国共产党领导的多党合作与政治协商制度建设的意见》，明确了政治协商的原则、内容和程序。2007年，《中国的政党制度》白皮书第一次确认选举民主和协商民主的概念。并强调“选举民主与协商民主

[1] 毛泽东．毛泽东选集：第五卷［M］．北京：人民出版社，1977：278．

相结合，是中国社会主义民主的一大特点。在中国，人民代表大会制度与中国共产党领导的多党合作和政治协商制度，有着相辅相成的作用”。[1]2012年，党的十八大报告正式提出：“社会主义协商民主是我国人民民主的重要形式。”“健全社会主义协商民主制度。”[2]这一时期，既是多党合作制度发展的黄金时期，也是社会主义协商民主突破原有政治协商这一范围实现理论质的飞跃时期。当然，多党合作中政治协商是社会主义协商民主的重要表现形式，在协商形式上发挥了引领作用，影响和带动了其他层面如立法协商、行政协商、基层协商等多种协商形式，是对马克思主义政党理论和民主理论的创新性发展。

二、多党合作制度与社会主义协商民主的政治价值

党的十八大报告中提出：“中国特色社会主义道路，中国特色社会主义理论体系，中国特色社会主义制度，是党和人民九十多年奋斗、创造、积累的根本成就，必须倍加珍惜、始终坚持、不断发展。”[3]党的十八大后，习近平总书记在不同场合提出了文化自信的命题。2016年5月17日，习近平总书记在哲学社会科学工作座谈会上指出：“我们说要坚定中国特色社会主义道路自信、理论自信、制度自信，说到底是要坚定文化自信。”在纪念中国共产党成立95周年大会上，习近平明确提出要“坚持中国特色社会主义道路自信、理论自信、制度自信、文化自信”。党的十九大报告强调，“全党要更加自觉地增强道路自信、理论自信、制度自信、文化自信，既不走封闭僵化的老路，也不走改旗易帜的邪路，保持政治定力，坚持实干兴邦，始终坚持和发展中国特色社会主义”。[4]“四个自信”的重要论述，是中共基于复杂多变的国际形势和改革开放渐入深水区的国内状况所作出的历史抉择和政治宣言，是对中国特色社会主义伟大实践的最新概括，科学地回答了中国该走什么样的发展道路，该发展什么样的理论体系，该坚持什么样的社会制度，该立足什么样的精神文化，清晰地表明了中国共产党全面开启社会主义现代化国家新征程、实现中华民族伟大复兴、夺取新时代中国特色社会主义新胜利的决心和信心。中国特色社会主义道路、制度、理论、文化，四者相互联系、相互制约，中国特色社会主

[1] 中华人民共和国国务院新闻办公室．中国的政党制度［EB/OL］．(2007-11-15)．http://www.gov.cn/guoqing/2007-11/15/content_2616295.htm．

[2] 本书编写组．十八大报告辅导读本［M］．北京：人民出版社，2012：26，27．

[3] 本书编写组．十八大报告辅导读本［M］．北京：人民出版社，2012：12．

[4] 本书编写组．党的十九大报告辅导读本［M］．北京：人民出版社，2017：17．

义道路是实现途径，中国特色社会主义理论体系是行动指南，中国特色社会主义制度是根本保障，中国特色社会主义文化是精神力量，四者统一于中国特色社会主义伟大实践。

（一）道路自信：协商民主是我国推进国家治理体系和治理能力现代化的实现途径

中国特色社会主义道路，是实现中国梦、社会主义现代化和中华民族伟大复兴的必由之路。道路选择决定前进方向，关乎国家民族的前途命运、亿万人民的幸福生活。在中国这样一个经济文化十分落后、处于社会主义初级阶段的最大的发展中国家，探索民族复兴道路是一项复杂、系统的工程任务。习近平主席在2013年出访俄罗斯，在莫斯科国际关系学院发表演讲明确提出："鞋子合不合脚，自己穿着才知道；一个国家的发展道路合不合适，只有这个国家的人民才最有发言权。"[1]实践性作为马克思主义哲学唯物辩证论最显著特点之一，判断认识是否真理，是依客观上社会实践的结果如何而定。真理的标准只能是社会的实践。习近平总书记的鞋子理论，强调的就是这种实践性特点，实践出真知，只有经过实践，才知道鞋子是否合脚；也只有经过实践，才知道中国走的道路是否合适，而不是如西方学者弗朗西斯·福山所宣称的"普适性的西方自由民主成为人类政府的最后形式"，[2]波黑内战与种族屠杀，中东穆斯林原教旨主义兴起，阿富汗、伊拉克危机，这些都雄辩地说明没有所谓的"普适的自由民主道路"。只有独立自主走自己的路，才能取得革命建设改革的胜利，从根本上改变中国人民和中华民族的前途命运。坚持中国特色社会主义道路，源自中国革命、建设和改革的全过程与伟大实践。

党的十八届三中全会通过的《中共中央关于全面深化改革若干重大问题的决定》明确指出："全面深化改革的总目标是完善和发展中国特色社会主义制度，推进国家治理体系和治理能力现代化。""国家治理体系和治理能力是一个国家制度和制度执行能力集中体现。""推进国家治理体系和治理能力现代化，就是要使各方面制度更加科学、更加完善，实现党、国家、社会各项事务治理制度化、规范化、程序化，善于运用制度和法律治理国家，提高党科学执政、民主执政、依法执

---

[1] 习近平在莫斯科国际关系学院的演讲［EB/OL］.（2013-03-24）. http://news.xinhuanet.com/world/2013-03/24/c_124495576_4.htm.

[2] 塞拉·本哈比 . 民主与差异：挑战政治的边界［M］. 黄相怀，严海兵等，译 . 北京：中央编译出版社，2009：1 .

政水平。”[1]推进国家治理体系和治理能力现代化的实现途径之一就是社会主义协商民主，社会主义协商民主从其本质和功能来说是国家治理的重要内容与具体体现。国家治理现代化本质是通过深化改革、依法治国的手段协调处理好各方面的关系，以保证人民当家作主的主体地位。社会主义协商民主是与统一战线、人民政协相继而生的，是为巩固和发展多党合作这一基本制度而服务的，实现大团结、大联合，而作为保障人民当家作主的人民民主形式的协商民主与选举民主同等重要，选举民主和协商民主分别依托人民代表大会制度和多党合作制度共同构成了我国独特的双轨并行的民主模式。两种民主形式相互补充、相互促进，选举民主侧重于多数人的意见，协商民主关注于少数人的意见，既尊重了多数人的意见又照顾了少数人的意见，达到了两者的统一。

国家治理能力的现代化实质上是治理者管理经济社会各方面能力的现代化，而其关键在于治理者的现代化。在中国现有政治体制中，中共与各民主党派是执政党和参政党的关系，作为国家的共同治理者，执政党和参政党的能力建设就成为当前全面深化改革中亟待解决的问题，而两者又自然而然落脚到了多党合作制度的巩固和完善之中。坚持中国特色社会主义发展道路，开辟特色鲜明的政治发展道路，核心在于构建社会主义协商民主的制度体系，保证人民实实在在的当家作主，真正体现了中国特色社会主义发展道路的独特性和实践性。

（二）理论自信：协商民主是我国社会主义民主政治的特有形式

理论自信体现指导思想的科学性、先进性。科学的指导思想具有旺盛的生命力，马克思主义作为科学社会主义是我们中国特色社会主义伟大事业的行动指南，与西方形形色色的错误思潮有着本质的不同，自由主义、保守主义也好，民主社会主义、国家社会主义也罢，既不符合当代中国的实际国情，也不能反映中国人民和中华民族的国家利益，更谈不上为改革开放后的中华人民共和国指明发展方向。因此，我们必须同这种改旗易帜的邪路划清界限。同样地，封闭僵化的老路，既不能适应世情、国情的发展变化，也不能与当代中国改革开放和现代化建设实践的步伐保持一致，更不能为中国进一步深化改革指出发展道路。所以，我们必须以全面深化改革的决心突破这条老路。与时俱进是马克思主义的理论品质，马克思主义指导中国革命取得胜利，形成了马克思主义中国化的第一个成果——毛泽东思想。在西

[1] 中共中央宣传部．习近平总书记系列重要讲话读本［M］．北京：学习出版社，人民出版社，2014：42-43．

方敌对势力的和平演变渗透下和面对东欧剧变、苏联解体的社会主义阵营不断缩小的逆境，以前无古人、后无来者的毅力和勇气，从我国仍处于社会主义初级阶段的最大国情出发，从人民日益增长的物质文化需要同落后的社会生产之间的基本矛盾未发生根本变化出发，坚定依靠人民群众，坚持社会主义旗帜，摸着石头过河，探索形成了科学的、系统的中国特色社会主义理论体系。

作为马克思主义中国化最新成果的中国特色社会主义理论体系，保障人民当家作主主体地位的一个重要内容就是社会主义协商民主。党的十八届三中全会通过的《中共中央关于全面深化改革若干重大问题的决定》明确指出："协商民主是我国社会主义民主政治的特有形式和独特优势，是党的群众路线在政治领域的重要体现。"[1]这里的"特有""独特"主要表现在协商民主是我国革命、建设、改革过程中内生而来的，不是照搬外国而来，尽管西方先于我们提出协商民主的概念，但是西方所指代的协商民主仍然停留着学术理论研究层面，还没有坚实的实践基础，是西方学者试图维护代议制民主而采取的补救性措施，其目的只是掩盖其自由民主的虚伪本质，维护资产阶级的统治地位。而我们讲的社会主义协商民主是实实在在的民主形式，"源自中华民族长期形成的天下为公、兼容并蓄、求同存异等优秀政治文化，源自近代以后中国政治发展的现实进程，源自中国共产党领导人民进行革命、建设、改革的长期实践，源自中华人民共和国成立后各党派、各团体、各民族、各阶层、各界人士在政治制度上共同实现的伟大创造，源自改革开放以来中国在政治体制上的不断创新，具有深厚的文化基础、理论基础、实践基础、制度基础"。[2]社会主义协商民主具有丰富的协商形式和内容，上到最高决策层面中共中央与各民主党派中央就国家经济社会发展重大问题的政治协商，下至社会基层组织就人民群众涉及切身利益的实际问题的社会协商，没有拘泥刻板的固定模式，最终理论顶层设计的目标是推动协商民主广泛多层制度化发展。

（三）制度自信：多党合作制度是社会主义协商民主的制度资源

一个国家选择什么样的社会制度，是由这个国家的生产资料所有制的性质所决定的，目前世界范围内主要存在着资本主义国家和社会主义国家，并且表现为资本

---

[1] 中共中央宣传部．习近平总书记系列重要讲话读本［M］．北京：学习出版社，人民出版社，2014：79．

[2] 习近平．习近平在庆祝中国人民政治协商会议成立65周年大会上的讲话［EB/OL］．(2014-09-22)．http://news.xinhuanet.com/yuqing/2014-09/22/c_127014744.htm.

主义国家经济社会发展水平优于社会主义国家，主要资本主义国家都集中在发达国家，社会主义国家都是发展中国家，社会主义事业还遭遇了重大的挫折。资本主义国家也未出现大规模的工人运动，这与他们政府致力于改善保障人民生活水平息息相关，体现的是资本主义社会的自我调节社会矛盾的调控能力。但是需要指出的是，资本主义社会基本矛盾有所缓和并不等于根本消除，暂时的繁荣、一时的风光并不等于也不能改变社会历史向前发展的总趋势。资本主义国家历史上爆发的历次经济危机，所暴露的深层次的本质就是资本主义制度危机，只要存在资本主义生产资料私有制，就必然存在剥削和压迫，其为资产阶级服务的制度逻辑就不会变化，因而解释经济危机发生的历史必然性就科学合理，所不同的只是发生经济危机的时间周期呈现缩小的趋势。

社会发展总是呈现曲折中发展的趋势，社会主义社会在后发展中同样面临着种种问题和难题，但是与资本主义社会相比，两者的性质完全不同，资本主义社会发生问题的根本原因在于资本主义制度本身，除非推倒而无其他方式；社会主义社会的问题是发展所面临的前进中的问题，可以通过市场或者政府的调节作用来加以协调和解决，体现出社会主义制度的优越性，这正是我们应当具备的制度自信，这也是我们应该有的制度自信，我们现在所需要做的就是充分发挥社会主义的制度优势，把社会主义社会建设成“富强、民主、文明、和谐”的现代化国家，“自由、平等、公正、法治”的和谐社会，“爱国、敬业、诚信、友善”的风序良俗。

当前，我们所面临的就是如何把制度优势的潜在性充分转化为现实性。中国特色社会主义制度是中国特色社会主义伟大事业的根本保障。这里我们重点以政治制度展开论述，前文已经论述了我国政治制度的构成，可以简称为“一根三基”。坚持人民代表大会制度这一根本政治制度，人民当家作主才有实体地位，人民民主才能彰显旺盛生命力；坚持多党合作制度，政治参与才有有序渠道，社会主义协商民主才能保持新鲜活力；坚持民族区域自治制度，民族团结进步繁荣才有坚实保障，中华民族伟大复兴才有民族基础；坚持基层群众自治制度，“民主选举、民主管理、民主监督、民主决策”才有坚实群众基础，人民依法直接行使民主权利才有坚强保证。

“选举民主与协商民主是民主政治的两个基本环节，它们是一种互补的关系，而不是一种互斥的关系。”[1]选举民主和协商民主既是民主形式又是民主过程，形

[1] 塞拉·本哈比．民主与差异：挑战政治的边界［M］．黄相怀，严海兵等，译．北京：中央编译出版社，2009：3．

式需要内容，过程需要保障，间接选举有人民代表大会制度的保障，直接选举有基层群众自治制度的保证，协商民主有多党合作制度的支撑。

（四）文化自信：民主协商是中国特色社会主义文化的优秀基因

中国特色社会主义文化源自中华民族5000多年文明历史所孕育的中华优秀传统文化，熔铸于党领导人民在革命、建设和改革过程中创造的革命文化和社会主义先进文化，植根于中国特色社会主义伟大实践。中国特色社会主义文化积淀着中华民族最深沉的精神追求，代表着中华民族最独特的精神标识，激励着中华民族最优秀的精神基因。

社会主义协商民主具有深厚的文化基础，兼容并蓄、求同存异等原则在中华民族政治文化传统中体现得淋漓尽致。中国历史上出现的如“文景之治”“仁宗盛治”“康乾盛世”等经济社会文化繁荣局面，都有一个共同的特点就是经济发达、社会和谐、文化开放。其中，北宋宋仁宗赵祯时期，议政谏言成为常态，面对最高统治者一些不合规范的朝政议事及个人情面的官员任命，文官谏言更是直言不讳，针锋相对，谏臣成为最受欢迎的官员群体，遇事商量成为一种重要的议政方式。“唐宋八大家”中的六位出现在这一时期，正是因为这种政治文化传统，赵祯成为中国历史上唯一被后人冠为“仁宗”的君主。正是因为中华民族历来强调“忠恕仁和”“合群睦众”，协商才成为议事规则中重要的一环。民间社会也崇尚着“调解说和”“协调解纷”的良好风尚。

新民主主义革命时期，中国共产党的领导人也非常注重协商这一传统。抗日战争时期，毛泽东反复强调，共产党人必须和其他党派及无党派人士多商量，多座谈，多开会，务使打通隔阂，去掉误会，改正相互关系上的不良现象，以便协同进行政府工作与各项社会事业。1949年在人民政协筹备期间，周恩来多次指出，新民主主义议事精神关键在于重大事项在正式表决前都经过充分酝酿和反复讨论，凡是重大的议案提出来总是先有协商的，协商这两个字非常好，就包括这个新民主的精神。

中华人民共和国成立以后，中国共产党坚持民主协商原则，对于重大方针政策、法律法规、重要事务、领导建议人选等都要事先进行协商，充分发扬民主。改革开放以来，党中央恢复发展我们党历来倡导的民主协商精神和传统，就国家大事与现代化建设中所遇到的经济和社会各方面的问题，同各民主党派和各界人士进行充分的民主协商，并确立了协商于决策之前和执行过程中的原则。这些优秀文化基因共同构筑起协商民主的文化资源，也是中国特色社会主义文化的重要组成部分。

多党合作制度的核心载体是政治协商制度，从多党合作制度的运行特点来考量，多党合作制度框架中的政治协商是社会主义协商民主的一个重要实践基地。经过多年的有效运行和实践探索，政治协商已形成两种制度化模式：一是中国共产党与各民主党派的协商；二是中国共产党在人民政协同各民主党派和各界代表人士的协商。两种模式均突出强调了政党间平等合作、肝胆相照、荣辱与共的协商民主理念，是民主党派实现参政议政和民主监督政党功能的重要途径。在中国共产党与各民主党派的协商过程中，协商议题的公共性、协商方式的平等性、协商参与方的责任性，等等，这些协商过程所展现的特征，与协商民主所强调的合作、参与、对话、理性、包容、责任等内核相一致。毫无疑义，多党合作制度也自然地成为社会主义协商民主形成发展完善的制度载体。随着协商民主由国家政治层面逐步向经济社会生活各个方面多层次发展，随着不同层面的协商模式的衍生成长，以政党协商为主要表现形式的多党合作制度将成为社会主义协商民主广泛多层制度化发展的重要助推器。

李际卫，广州市社会主义学院副教授、新型政党制度理论研究中心研究员。

本文刊于《广西社会主义学院学报》2016年第3期，收录时略有修改。

论孙中山三次建政广州的历史意义和现实启示

谭国戬

习近平总书记在纪念孙中山先生诞辰150周年大会上的讲话中指出：孙中山先生为中华民族作出了彪炳史册的贡献。我们对孙中山先生最好的纪念，就是学习和继承他的宝贵精神，团结一切可以团结的力量，调动一切可以调动的因素，为他梦寐以求的振兴中华而继续奋斗。

一、孙中山三次建政广州的初心不变与思想转变

孙中山先后于1917年9月至1918年5月、1921年5月至1922年8月及1923年2月21日至1925年3月12日三次在广州建立政权，其源起即在于1916年6月6日袁世凯死亡，洪宪帝制落幕。7日，副总统黎元洪依法继任为大总统；9日，孙中山发表《规复约法宣言》提议“恢复《临时约法》，相信人民代表集会”，并电复黎元洪尊重国会，恢复民国元年《临时约法》；29日，黎元洪恢复1912年《临时约法》，重开国会，再建国务院，此时，孙中山认为随着国会重开，《临时约法》恢复，中国将能直接进入宪政时期。但没想到，1917年随着“府院之争”继而“张勋复辟”，最后，段祺瑞在日本的援助下，把持中央政府大权，再次废弃《临时约法》，并派出“请愿者”包围国会，在士兵的威胁下，黎元洪被迫于同年6月12日再度解散国会，然后黎元洪也辞去总统职位。段祺瑞开始对内引兵南下，对外积极借款，欲实行武力统一，此系孙中山广州建政之源起。而在整个“府院之争”的危机期间，孙中山竭尽所能挽救共和体制，一方面要求惩治作乱的以段祺瑞为靠山的“请愿者”；另一方面恳请西南实力派针对北洋军阀实施惩罚性讨伐。

（一）第一次广州建政：依靠西南军阀，恢复《临时约法》

孙中山通过与海军总司令程璧光联系，于1917年7月8日在两艘军舰护卫下离沪

抵穗，受到来自北京的国会议员、地方议员和广东都督陈炳焜、省长朱庆澜的欢迎。孙中山也在抵达演讲中阐述自己欲挽救民国共和体制，维护国家统一的政治主张。来到广东的孙中山和国会议员复与唐继尧等联合成立军政府，旨在“戡平叛乱、恢复《临时约法》”[1]。8月25日国会议员在广州召开“非常国会”，选林森为议长，吴景濂为副议长。8月31日，通过《军政府组织大纲》，规定：中华民国为戡平叛乱、恢复约法，特组织“中华民国军政府”，9月1日孙中山被选为军政府最高首领“陆海军大元帅”。孙中山发表《坚持护法通电》，“前者段祺瑞主使叛党，蹂躏约法，解散国会。文与西南诸将帅，痛共和之中断，惧民国之沦胥，率先之主张护法讨逆。旋与海军舰队南下号召，并申请国会议员在粤开非常会议，佥谓戡定内乱，恢复约法，必须组织军政府，以资统一，而利进行。文与陆唐二公，同被举为大元帅、元帅，责以兴师讨贼之任。由是滇军奋起，西蜀联翩，湘南举兵，两粤扶义……共谋约法国会之恢复”。[2]在广州的南方军政府由国会组织由南下来粤的国会议员[3]、程璧光统率的海军舰队[4]、广东地方力量及以桂系为主的西南实力派组成，他们在对抗北方政权的目标上是一致的，但对于护法的认识却有极大的分歧，西南实力派居于自保而护法，陆荣廷和唐继尧一面表示赞同孙的主张，一面又同北洋势力暗中来往，随时准备在适当的条件下妥协。但孙中山则是希望护法运动，捍卫共和政体，实现法治中国。孙中山《反对北京政府另组新国会重开参议院通电》关于《临时约法》价值的阐述：“民国存亡，系于约法，约法无效，民国即亡。”[5]在护法战争中，孙中山先生多次发挥他的法治论，作为发动护法战争的理论根据：“共和之根本在法律，而法律之命脉在于国会。”[6]“国于天地，必有与立。民主政治赖以维系不弊者，其根本在于法律，而机枢在于国会，必举国有共同遵守之大法。斯政治之举措有常规……所谓民治，所

[1] 中国第二历史档案馆，云南省档案馆．国会非常会议宣布《中华民国军政府组织大纲》［M］．护法运动．北京：档案出版社，1993：413．

[2] 中国社会科学院近代史研究所中华民国史研究室，中山大学历史系孙中山研究室，广东省社会科学院历史研究室．孙中山全集：第四卷［M］．北京：中华书局，1985：184．

[3] 130位国会代表，约占总数的1/3。

[4] 1917年7月21日，程璧光指挥麾下15艘军舰驶离上海开赴广州。

[5] 中国社会科学院近代史研究所中华民国史研究室，中山大学历史系孙中山研究室，广东省社会科学院历史研究室．孙中山全集：第四卷［M］．北京：中华书局，1985：210．

[6] 中国社会科学院近代史研究所中华民国史研究室，中山大学历史系孙中山研究室，广东省社会科学院历史研究室．孙中山全集：第四卷［M］．北京：中华书局，1985：448．

谓法治，其大本要皆在此。”[1]

由于大家在护法认识的思想分歧，陆荣廷、唐继尧等西南实力派酝酿发起西南各省联合会议，谋与北方议和。1918年1月20日联合会议在广东督军署召开，推举岑春煊为议和总代表。2月2日，程璧光、唐绍仪、伍廷芳、莫荣新等邀请孙中山开会，拟将大元帅制改为多总裁制，孙中山不赞同，各方渐行渐远。这导致主持军政府7个月又26天的孙中山第一次广州建政失败。

（二）第二次广州建政：捍卫《临时约法》，实现法治中国

1918年5月4日，非常国会通过《修正军政府组织法》准备取消大元帅的首领制，剥夺孙中山的职权。南方军政府由单独的大元帅制变为七人政务的总裁合议制，以政学系首领岑春煊为首席总裁，孙中山、陆荣廷、伍廷芳、唐绍仪、唐继尧、林葆怿为总裁，孙中山鉴于此，知事无可为，愤然辞去大元帅之职，发表辞职通电：“吾国之大患，莫大于武人之争雄。南与北如一丘之貉。虽号称护法之省，亦莫肯俯首于法律及民意之下”。[2]他离职经汕头巡视陈炯明攻闽战线后回到上海。但孙中山第一次广州建政时，离职前为实现其护法理想，留下了两条退路：一是让桂系允许陈炯明所率的援闽粤军[3]进驻漳州，为护法保留了唯一的革命力量；二是成功地取得盐税控制权，作为维持国会非常会议之需。

改组后的护法军政府在孙中山辞职后，由岑春煊主导，谋与北方议和，1919年2月20日，会议在上海正式开始。同年2月至5月，南北谈判；5月21日，徐世昌下令停止和会，南北议和破裂。1920年初，北方北洋政府直奉结合，直皖冲突；而南方军政府桂滇[4]反目，内部危机逐渐扩大，遂使孙中山“率粤军回粤”。8月，陈炯明在“粤人治粤”的口号下，在漳州誓师，返兵攻粤，取得节节胜利，驱逐桂系，重建广东根据地。11月，孙中山从沪回穗，与唐继尧、唐绍仪、伍廷芳共理政务[5]，重开军政府政务会议。1921年元旦，孙中山正式提出南方政府才是中华民国唯一的

[1] 中国社会科学院近代史研究所中华民国史研究室，中山大学历史系孙中山研究室，广东省社会科学院历史研究室．孙中山全集：第四卷［M］．北京：中华书局，1985：480．

[2] 中国社会科学院近代史研究所中华民国史研究室，中山大学历史系孙中山研究室，广东省社会科学院历史研究室．孙中山全集：第四卷［M］．北京：中华书局，1985：471．

[3] 该援闽粤军系当时广东省省长朱庆澜受孙中山先生要求，以警卫军二十营委陈炯明为司令，作为护法北伐之师。同时通过海军总长程璧光与陆荣廷协商，由孙中山安排陈炯明率军入闽。

[4] 桂为陆荣廷，滇为唐继尧。

[5] 在七总裁中位居第四。

“正式政府”，4月2日非常国会取消军政府，7日通过决议，通过了《中华民国政府组织大纲》，并选举孙中山为非常大总统，5月5日孙中山正式就职，第二次在广州建政，继续从事护法工作。

在孙中山第二次广州建政前的上海隐居岁月，正值五四运动发生，新文化运动浪潮高涨，孙中山为此集中精力著述，寻找革命再起新策略，著述启迪民智，完成《孙文学说》和《实业计划》，而这一系列学说的付诸实现，必须先完成国家的统一，其更加坚定了他坚持捍卫国家统一的法律基础，即以《临时约法》为基础的国家统一理念，以实现中国的富强。

孙中山是一位受过西方现代科学训练的民主革命家，深知法律对一个国家生存、发展的重要作用，为把中国建设成现代法治国家，他很早就开始留意世界各国的法治经验，并在上海静居岁月细细思考，结合中国实际情况，以兹借鉴。

而陈炯明保境安民的地域主义源于他对粤东土地的深刻情感，粤东是他家族的摇篮，是他成长的土地，也是他首次推动社会、政治实验的试验场，因此，他立志成为全省的护卫者。陈炯明提出“粤人治粤”的口号，致力于实现本省建设的理想。

由于上述经历与理念，孙中山和陈炯明产生了巨大差异，陈炯明致力于“广东新建设”“联省自治”的地域民治主义与孙中山北伐统一捍卫民元《临时约法》进而实现宪政中国的法治理念越行越远。最终，1922年6月16日，随着陈炯明的部下叶举炮轰总统府，孙中山得海军之助登永丰舰指挥讨逆，与陈炯明部相持日余，至8月离舰率少数幕僚经港赴沪，第二次广州建政失败。

（三）第三次广州建政：国共合作，发动工农，创办学校

1922年6月16日陈炯明事变后，孙中山开始调整内外政策，1923年1月26日发表《孙文越飞联合宣言》，让他在国内政治舞台转为积极，打破僵局成功胜出。孙中山以不到半年时间，得到驻广西滇军杨希闵、桂军刘震寰、粤军许学智部及驻西江部分粤军之助，而在粤各界群体、海外华侨亦愿出军饷，请孙中山铲除陈炯明，于是其共同向广东进兵，陈炯明败走东江。2月，孙中山返回广州，第三次建立广州政权，其威望不降反升。3月2日，孙中山就任陆海军大元帅职位并成立大本营为最高军政机关。通过吸取前两次广州建政失败的经验，孙中山意识到要在民众间推行法治意识，需要过程及有组织性。这就需要健全党政军的组织及设立一个有序推进的步骤，以党员来宣传，动员民众来参与，这是孙中山第三次广州建政的主要成

就，体现如下。

1923年1月29日，孙中山于《申报》五十周年纪念专刊发表《中国革命史》一文，提出“军政、训政、宪政”三阶段理论，分别实行“军法之治”“约法之治”和“宪法之治”，孙中山认为中国人民“久处于专制之下，奴性已深，牢不可破”。[1]必须经过法治意识的训导，方能从专制进入共和政体。

1924年1月，孙中山在广州召开中国国民党第一次全国代表大会，向全体党员明确提出“要把国民党再来组织成一个有力量、具体的政党，以及利用政党力量去改变国家”之指示，他也多次指出并强调“以党治国”是“党义治国”而不是“党员治国”，“以党治国并不是用本党的党员治国，是用本党的主义治国，诸君要辨别得很清楚”。[2]

国民党“一大”通过的大会宣言提出了新三民主义，包含了反帝反封建的明确内容，其基本原则与中国共产党的民主主义纲领相一致，符合中国新民主主义革命的要求，成为实现国共合作的政治基础。

国民党“一大”后，孙中山积极推行扶助农工政策。同年7月，在国共两党的努力下，国民党中央农民部在广州创办了农民运动讲习所。1924年8月21日，孙中山出席广州农民运动讲习所首届学员毕业典礼，勉励学员深入农村，将农民组织起来同革命政府合作，进行国民革命和实现耕者有其田，并强调：“农民是我们中国人民之中的最大多数，如果农民不来参加革命，就是我们革命没有基础。国民党这次改组，要加入农民运动，就是要用农民来做基础。要农民来做本党革命的基础，就是大家的责任。”[3]

1924年，孙中山先生为贯彻其法治中国的理想能有序开展，高瞻远瞩，视“教育为神圣事业，人才为立国之本”，亲手于1924年1月24日和2月4日颁布大元帅令，创办一文一武两所学堂：陆军军官学校（黄埔军校）和国立广东大学（中山大学）。

1924年6月16日，在广州市长洲岛正式成立陆军军官学校，训练军事人才，在开学典礼上，孙中山亲临会场，作了热情洋溢的讲话，还宣布训词：“三民主义，吾党所宗，以建民国，以进大同……一心一意，贯彻始终”成为军校校歌。陆军军

[1] 孙中山．建国方略［M］．北京：中华书局，2011：35．

[2] 中国社会科学院近代史研究所中华民国史研究室，中山大学历史系孙中山研究室，广东省社会科学院历史研究室．孙中山全集：第八卷［M］．北京：中华书局，1986：280．

[3] 桑兵，吴义雄，关晓虹，等．孙中山史事编年：第十卷［M］．北京：中华书局，2017：5623．

官学校“以创造革命军队来挽救中国的危亡”为宗旨。

1924年11月11日，国立广东大学举办成立典礼时，孙中山因应冯玉祥邀请北上共商国家统一，准备北上号召召开国民会议未能出席，委托胡汉民向师生致训词，并亲笔题了“博学，审问，慎思，明辨，笃行”十个意味深长的字，并成为校训。

1924年孙中山发表《国民政府建国大纲》，集中阐述了他上述政治主张“宪法颁布之日，即为宪政告成之时，而全国国民则依宪法行全国大选举，国民政府则于选举完毕之后三个月内解职，而还政于民选之政府，是为建国之大功告成”，也就是说孙中山虽然提出了“训政”时期应由国民党担负起“训导”国民行使政权的责任，但更强调“训政”的最终目的是还政于民及实施宪政。

孙中山考虑到由于国民在政治、法律知识方面的缺乏，希望通过中国国民党先在党员、党军的组织健全与训练，派员训练，协助人民建立一个自治的县，逐步由县到省，从省到国进行宪政训练，最后实现宪政中国。

1925年6月19日，为了支援上海人民五卅反帝爱国运动，广州和香港爆发了规模宏大的省港大罢工，这次大罢工得到了国民党在广州的“国民政府”的有力支持。孙中山虽然在年初去世，汪精卫出任新改组的“国民政府”主席，但是孙中山遗留下来的新三民主义（联俄、联共、扶助农工）三大政策得以继续执行，国民党左派领袖廖仲恺积极支持罢工运动，提供了大量现金和物资，黄埔军校师生也和罢工工人建立了良好的合作关系，互帮互助。

二、孙中山先生的初心不变与思想转变对统一战线和法治中国的启迪

从近代至南京国民政府统治时期，除了《临时约法》之外，中国没有过一部真正意义的宪法，也没有真正意义的宪政。为什么有宪法而无宪政？而宪法又为何沦为专制统治的工具？

由前文所述可知，中国进入民主共和体制乃至对宪政的探索追求，是在西方兵临城下、人为刀俎我为鱼肉的情势下被迫开始的。这种探索本质上是对于救亡与富强的追求，在这个探索过程中，宪政成为目标之一。但宪法进入中国本质上属于制度变迁，制度变迁有两类，一类为强制性制度变迁；另一类为诱致性制度变迁，而宪法通过《临时约法》的形式进入中国属于强制性制度变迁，也就是指由政府命令和法律引入实施。它是一种非自发的、自上而下的制度变迁行为，并不是在社会经

济基础具备的前提下的诱致性制度变迁。这就从根本上决定了在中国实施宪政只能借助国家权力来实现：要尊重人民的权利先要借助执政党或国家去启迪人民的权利意识；要保障社会自治先要借助国家去创立条件和环境；要实现法治先要借助国家去创建法制。[1]

因此，宪政中国这个目标的实现，首先需要建立在一个具有近代意义的统一的民主共和体制的国家，保障中国不会沦为他国的殖民地，即保国、保种，只有一个强有力的国家政权，才能启动现代化的历程，借助政府的力量，兴办实业，建立一个发达的市场经济体系。

其次在经济体制建立及完善过程的同时，唤醒人民的权利意识、法治意识和自治能力。因为市场经济是宪政的经济基础，没有市场经济，宪政精神所要求的保障人权、制约权力的内容便没有存在基础。在市场经济体系中，主体间独立、平等，在交换中遵循自愿原则，将会唤醒人民的主体意识、权利意识、自由平等观念，只有建构在一个统一的民主共和体制国家，同时具有成熟的市场经济体系，才能使宪政的实现由强制性制度变迁变更为诱致性制度变迁。

而回顾孙中山三次广州建政的历程，孙中山由单纯捍卫《临时约法》到通过“军政、训政、宪政”三个阶段最终实现宪政中国，其实对我们今日法治中国有着重大启发。再看1949年中华人民共和国建政后的宪政历程，9月29日通过的《中国人民政治协商会议共同纲领》是中华人民共和国产生的法统。中国人民政治协商会议代表全国人民的意志，于10月1日宣告中华人民共和国成立，正式建立了一个统一的民主共和体制国家。1954年，《中华人民共和国宪法》正式颁布实施，漫长的60年过去了，2014年11月1日第十二届全国人民代表大会常务委员会第十一次会议通过设立12月4日为国家宪法日，而落实法治中国的关键在于解决以下三个问题。

（一）如何落实基层民主选举制度

从1987年开始，中国的农村都改成了村委会，也都进行了选举。选举按照国家法律的规定应该是直接选举，但实际上真正有效实行直选的并不多，这很大程度上源于民众对直接选举的认识问题，更重要的是，我们基层干部，尤其是部分党员干部没有起到先锋队的作用。

---

[1] 刘云虹．国民政府监察院研究［M］．上海：上海三联书店，2012：235．

（二）如何有效解决“政策”与“法律”的关系，切实做好简政放权

政策不是法律，容易出现朝令夕改，容易产生暗箱操作继而滋生特权阶层，因此就会不可避免地产生腐败。解决这些问题，必须做到依法行政，政务公开，构建一套公开透明的权力运行机制、权利清单，通过法律，使政治回归原则，使社会回归道德；将政治（权力）关进制度的笼子里，为人民民主（权利）的实现提供法律保障。通过简政放权，让民众学习依法办事，长久以往，萧规曹随，自然就能实现清静无为的黄老之治。“各美其美，美人之美，美美与共，天下大同”并非不能实现之愿景。

（三）如何有效落实中国共产党领导的多党合作和政治协商制度

国人呼唤下的“法治”与“民主”是一对不可分离的词汇，法治的前提在于民主，实现民主的方式有两种，一是选举；二是协商。关于选举，在前述（一）（二）里已经进行过分析；而协商如何体现呢？这就需要有效贯彻落实《中国共产党统一战线工作条例》，坚持和完善中国共产党领导的多党合作和政治协商制度。只有“长期共存、互相监督”，方能“肝胆相照、荣辱与共”。这个制度经历了近几十年的风雨历程，体现了社会主义民主政治的本质特征，充分发挥民主党派的特点和优势，积极履行参政议政、民主监督等职能。

这三个问题的关键，正是政体合法性问题。中华人民共和国于1949年通过中国人民政治协商会议而成立，成立后通过人民代表大会制度确立了基层选举制度，同时在1954年《中华人民共和国宪法》颁布后，于党的十八大正式提出了法治中国的要求。

党的十八大以来，我国坚持将依宪治国作为首要任务，中国的法治建设达到前所未有的高度。而统一战线与依法治国紧紧相连、密不可分。统一战线是党执政兴国的重要法宝，也是全面推进依法治国的重要力量；依法治国是中国共产党的治国方略，是统一战线的基本保证。我们要正确认识统一战线与依法治国的关系，充分发挥统战优势，推动中国特色社会主义法治进程。

习近平总书记指出，“推进全面依法治国是国家治理的一场深刻变革”，“只有全面依法治国才能有效保障国家治理体系的系统性、规范性、协调性，才能最大限度凝聚社会共识”。国家治理必须坚持法治，反对人治。因为人治不可能有“系统性、规范性、协调性”，更不可能凝聚社会共识。只有法治才能杜绝那种“拍脑袋、想当然、乱指挥、瞎决策”的弊病，避免国家和人民为此遭受巨大的灾难，从而保证国家长治久安。

习近平总书记同时强调："要把体现人民利益、反映人民愿望、维护人民权益、增进人民福祉落实到全面依法治国各领域全过程。"依法治国的根本目的就是让人民当家作主。坚持人民的主体地位，必须坚持法治为了人民、依靠人民、造福人民、保护人民。必须始终把人民利益摆在首位，尊重人民的主体地位，把人民对美好生活的向往作为奋斗目标；必须调动最广大人民群众参与全面依法治国的积极性和主动性，使全体人民都成为社会主义法治的主体、主人和主力。

正如孙中山第三次广州建政一般，既有《三民主义》《建国方略》的理论指引；又有黄埔建军，广东建校的举措。同时，重视优秀党员在人民群众政治工作中起到的重要引领作用，坚持从基层开展工作，务求逐步健全和完善。同样，在今天要实现法治中国并不能一蹴而就，需经历一段漫长的时间，日积月累，最终方能获得破茧成蝶的成功，但无论多漫长与困难，都必须解决好政体合法性问题，只有解决了政体合法性问题，方能实现法治中国梦。政体合法性之关键，正是坚持和完善中国共产党领导的多党合作和政治协商制度，有效落实人民代表大会的选举制度。这就是孙中山三次广州建政对我们践行法治中国梦的启迪。

谭国戬，广东南方软实力研究院副院长、广州市社会主义学院新型政党制度理论研究中心特约研究员。

不忘政党建制初心，始终坚持和不断完善新型政党制度

——纪念“五一口号”发布70周年

王　浩

2018年是中共中央发布“五一口号”70周年，回顾70年来的光辉历史，总结中国共产党同民主党派风雨同舟、肝胆相照的宝贵经验，展望中国特色社会主义新时代再创多党合作大好局面的美好未来，具有重要的现实意义和深远的历史意义。

一、“五一口号”提出的历史背景：中国共产党正确分析国际国内形势和阶级力量对比后发布的伟大号召

随着抗日战争的胜利，各民主党派更加认清了国民党反动派的真实面目，纷纷对中共的新民主主义政治纲领表示赞同，自觉自愿接受中共领导。这就为中共与各民主党派扩大合作、共商国是提供了共同的政治基础，同时为进一步扩大人民民主统一战线提供了坚实的政治前提。

1946年6月，国民党反动当局不顾广大人民的和平民主期盼，悍然撕毁停战协定和政协协议，向解放区发动全面进攻，并把枪口对准要求和平民主的进步人士。在国民党反动派的疯狂迫害下，各民主党派领导人逐渐认清了国民党当局反动独裁的真面目。

1948年以后，人民解放军的战略进攻取得辉煌胜利，中国共产党领导下的人民民主力量迅速壮大，而国民党政权陷入朝不保夕、摇摇欲坠的境地，中华人民共和国诞生的前景已经清晰地显示出来，建立新民主主义中国的历史任务已经提到中国革命的议事日程上。正是在这样的背景下，中共中央审时度势，正确分析与把握国际国内形势和阶级力量对比，于1948年4月30日在河北省阜平县城南庄召开了中共中央书记处扩大会议（又称“城南庄会议”），讨论通过了经毛泽东修改后的中共中央纪念“五一”劳动节口号（以下简称“五一口号”）。当日，通过陕北的新华

社正式对外发布，同时，新华广播电台也进行了广播，号召："各民主党派、各人民团体、各社会贤达迅速召开政治协商会议，讨论并实现召集人民代表大会，成立民主联合政府。""五一口号"分别于5月1日和5月2日在《晋察冀日报》《人民日报》头版头条全文刊发。

这一号召立即得到各民主党派和无党派民主人士的热烈响应。在香港的各民主党派代表一致表示拥护，从香港联合致电中共中央毛泽东主席，盛赞"五一口号"，同时联合通电国内外各报馆、各团体和全国同胞，积极响应中共中央"五一口号"。自1948年8月起，各民主党派和无党派民主人士欣然接受中国共产党的邀请与安排，陆续进入解放区，开始了筹备召开新政协、建立中华人民共和国的工作。正是在中共"五一口号"的感召下，当时中国社会的一切积极进步力量都被调动起来，使蒋介石反动集团陷入更加失道寡助、孤立被动的境地，推动了新民主主义革命的胜利进程，加速了中华人民共和国的成立。

二、"五一口号"的伟大意义：中国共产党新民主主义理论、统一战线理论的丰富和发展，奠定了中国共产党领导的多党合作和政治协商制度的政治格局

自抗日战争胜利以后，中国社会面临走向何方的重大历史抉择，广大人民普遍渴望建立一个独立、自由、民主、统一、富强的中华人民共和国，但通过何种方式建国以及建立一个什么样的国家却莫衷一是。在各种纷繁复杂的政治主张中，"中间路线"（其主体是民族资产阶级和上层小资产阶级及其知识分子）在民众中存在一定的影响，其政治主张的核心，是通过和平改良的方式在中国建立多党制议会政治。在复杂的斗争形势面前，中国共产党采取了区别对待的方针，对中间派、中间力量，采取争取、联合的政策；对"中间路线"则采取斗争和批判的态度。通过大量的工作，在一些大是大非的问题上澄清了"中间路线"造成的混乱，教育了中间势力，也教育了广大人民。各民主党派逐渐抛弃了"中间路线"的主张，认识到"中间路线"在中国走不通的事实和道理。

"五一口号"发表后，已经对"中间路线"有了清醒认识的各民主党派，纷纷对中共的号召表示赞同和拥护。1949年1月22日，到达解放区的各民主党派、各人民团体及无党派民主人士李济深、沈钧儒、马叙伦、郭沫若、谭平山等55人联合发表题为《我们对于时局的意见》的声明，明确宣告："在人民解放战争进行中，愿

在中共领导下，献其绵薄，贯彻始终，以冀中国人民民主革命之迅速成功，独立、自由、和平、幸福的中华人民共和国之早日实现。”1月27日，中国国民党革命委员会在沈阳发表《对时局的声明》，强调反对帝国主义、封建主义和官僚资本主义的革命“必须在中国的无产阶级政党——中共领导下，才有不再中途夭折的保证”，这是各民主党派、无党派民主人士第一次明确提出在政治上接受中国共产党的领导。

各民主党派和无党派民主人士对于“五一口号”的热烈响应，具有非同寻常的重要意义，它标志着中共同民主党派和无党派民主人士相互关系发生了历史性改变，标志着各民主党派和无党派民主人士，已经在政治上实现了从同情和倾向中国共产党，到公开自觉接受中国共产党的领导的转变，这种转变是中共同民主党派和无党派人士关系的根本性、历史性转变。民主党派和无党派民主人士在中国革命即将胜利的重要历史关节点，认同了中国共产党的民主政治价值理念，心悦诚服地承认和接受了中国共产党的领导，这是统一战线和多党合作发展史上具有里程碑意义的重要历史界标，中国共产党领导的多党合作和政治协商模式由此初步奠定。“五一口号”对于确定中国政党政治格局，形成中国共产党领导的多党合作和政治协商制度，具有奠基性的作用。

在新政协筹备和召开过程中，突出体现了共产党领导下的平等合作和共同协商精神。该会议通过的《中国人民政治协商会议共同纲领》成为多党合作的共同政治基础和行动准则，为中国特色政党制度的建立奠定了不可动摇的政治基础，也正是在制定《中国人民政治协商会议共同纲领》的过程中，缔造了中国共产党领导的多党合作和政治协商制度这一基本政治制度。中国各民主党派从此正式融入中华人民共和国的政权体系，崭新的独具中国特色的政党制度诞生了。

三、“五一口号”的重要启示：不忘政党建制初心，继续团结携手共进，始终坚持和不断完善中国共产党领导的多党合作和政治协商制度

中国共产党领导的多党合作和政治协商制度，是我国的一项基本政治制度，是根植于中国大地之上、适应中国国情的新型社会主义政党制度。这一基本政治制度是在中国革命、建设和改革的历程中孕育、形成和发展起来的，是由中国共产党和各民主党派共同创造的。我们重温“五一口号”，可以时刻提醒我们，国家大事不

是一党一派的私事，做好国家的事情需要各方的努力，精诚合作。

2018年3月4日，习近平总书记在看望参加全国政协十三届一次会议的民盟、致公党、无党派人士、侨联界委员时，特别提到了2018年是纪念“五一口号”发布70周年。在中国特色社会主义进入新时代开启新征程之际，习近平总书记重提70年前催生人民政协制度的“五一口号”，是要我们不忘政党建制初心，继续团结携手共进。实践证明，共产党领导的多党合作和政治协商制度是“从中国土壤中生长出来的新型政党制度”，具有统筹各方利益和协调各方关系的优势，是马克思主义政党理论同中国实际相结合的产物，能够真实、广泛、持久地代表和实现最广大人民根本利益、全国各族各界根本利益，有效避免了旧式政党制度代表少数人、少数利益集团的弊端；具有共同思想政治基础的团结合作优势，它把各个政党和无党派人士紧密团结起来为着共同目标而奋斗，有效避免了一党缺乏监督或者多党轮流坐庄、恶性竞争的弊端；具有集聚众智凝聚共识的政治参与优势，它通过制度化、程序化、规范化的安排集中各种意见和建议、推动决策科学化民主化，有效避免了旧式政党制度囿于党派利益、阶级利益、区域和集团利益决策施政导致社会撕裂的弊端；具有中华优秀传统文化优势，它不仅符合当代中国实际，而且符合中华民族一贯倡导的天下为公、兼容并蓄、求同存异等优秀传统文化，是对人类政治文明的重大贡献。这对于我们进一步坚定“四个自信”，实现中华民族伟大复兴的中国梦，具有重要的现实意义和深远的历史意义。

王浩，广州市社会主义学院副教授、新型政党制度理论研究中心研究员。

本文刊于《广州社会主义学院学报》2018年第2期。

价值论

Jiazhilun

当代中国党际协商民主发展现状

徐映奇

民主催生政党，政党促进民主，这就决定了政党必须实行包括党内民主、党际民主的政党民主。党际民主是政党间的民主。协商民主是民主的一种重要形式，它既可以发生在公民社会领域，也可以发生在国家政治领域。在政党政治成为世界潮流的今天，尽管各国实行不同的政党制度，但不同政党间的协商应是一种发展趋势。党际存在竞争，也存在合作，党际民主的建设与发展，应以协商民主的视野重新考量。所以，党际协商民主，就是协商民主的价值、原则和精神在政党政治生活中的具体运用，是政党在发展和发挥作用的过程中，自身所达到的协商民主程度和进步状态，是政党创造和吸纳人类政治文明成果的本领与技能的体现。当代中国党际协商民主发展现状，依据协商民主要素，可以从以下8个方面进行分析。

一、从协商主体看

一般来说，协商主体是指公共权威机构的政府、多元利益格局中的个体、不同文化背景中的族群以及治理过程中的机构或团体等。协商民主理论认为，主体须具备两个主要条件。一是政治美德。包括理性、宽容和责任。只有具有理性和宽容，才能避免情绪化的争论，才能保证协商可持续进行；只有具有责任心，才能实现协商达成的共识。二是协商能力。包括发起协商的能力、掌握基本背景知识以及认知事物的能力、陈述自己理由的能力、说服他人的技巧等。其中，“主要的是参加信息交流和对话的能力”，[1]否则只能在协商中充当录音机或传声筒。

当代中国党际协商民主的主体是参加协商的中共与各党派、无党派人士、工商联和各族、各界人士。协商是各政治组织间的互动过程，也是政治组织与政治精英

[1] 杰弗里·斯多克.协商民主和公民权利［M］.童丽霞，译.陈剩勇，何宝钢.协商民主的发展［M］.北京：中国社会科学出版社，2006：54.

间的互动过程。协商既可在中共和各民主党派之间进行，也可在各政党主要负责人之间进行，更可在政党集体与个体之间进行。其中最重要的是中共与各民主党派之间进行的协商。中国党际协商民主主体具有较高的政治美德和协商能力，并能够就一些重大的经济、政治、文化和社会问题等提出真知灼见。

当然，人民政协作为统一战线的组织形式和多党合作的重要机构，是政治协商的组织者和工作平台，其本身并不是政治协商主体。政协与人大、政府在工作配合和协调中也有某种协商，但不属于政治协商，参与协商的双方或多方也不能构成政治协商主体。[1]协商主体间无论在形式上还是在实质上，其权利和地位都应当是平等的，否则就不是协商，而是征求意见或通报情况。目前，中国党际协商主体因地位、资源、机会的不均衡，存在实质上的不平等问题，应引起重视。

二、从协商客体看

中国党际协商民主的客体主要涉及当代中国的经济、政治、文化、社会生活中各种问题。从国家层面来看，既有关系国计民生的重大问题，又有影响群众具体利益的各项决策。比如，中共十三届四中全会以来，中共与各民主党派中央、全国工商联和无党派人士就三峡工程、西部大开发、振兴东北地区等老工业基地、抗击非典、加强宏观调控、建设社会主义新农村等问题进行了充分的协商。就各个地方而言，对需要协商的重大问题更是丰富具体。比如，不少地方规定，市政府工作报告、财政和计划报告、市法检两院工作报告、市级领导人选、重大改革方案、重大建设项目和社会关注的重大问题、行政区划与重要机构变动、城市总体规划方案以及市委提出的需经人大通过的法检两院主要负责人人选和人大常委会通过的政府组成单位负责人人选等都属于重大决策而纳入协商的范畴。

不过，协商的政治性议题，特别是执政党制定的国家和地方大政方针、提出的立法建议、重要人事任免建议、出台重大改革举措等方面的内容偏少。协商议题泛化现象不少，将原本不宜也不能协商的议题，如执政党党内事务（召开党代会、党内重要人事任免、出台重要文件）、人大立法事项、司法机关执法行为等，在政协进行协商。推进党际协商民主发展，要突出、规范协商的政治议题，特别是关系国计民生的重大问题，要在中共领导下进行广泛、充分协商。

---

[1] 张献生.关于我国政治协商的主体问题［J］.上海市社会主义学院学报，2009 (2).

三、从协商领域看

中国党际协商民主是在专门化机构中进行的。一是人民政协。它主要通过设置党派界别来联系社会各个阶级阶层，通过委员代表参与协商来扩展民主和实现人民群众有序的政治参与。在参加政协的34个界别中，各党派排名位置仅次于中共。作为中国人民爱国统一战线的组织和中国多党合作制度的重要组织机构，人民政协是我国政治生活中发扬社会主义民主的重要形式。“各民主党派在政协的各种会议上以本党派名义发表意见，开展视察、提出提案、举报、反映社情民意以及参与调查和检查活动的权利得到充分尊重和保障。”[1]政协是党际协商民主的主领域。“政协是中国协商民主的经典形式。”[2]

二是中共的统战部。它是统一战线工作的专门机构，其基本职能是“了解情况，掌握政策，调整关系，安排人事”。当前，“负责联系各民主党派和无党派代表人士，及时通报情况，反映他们的意见和建议；研究、贯彻中国共产党领导的多党合作和政治协商制度及对民主党派的方针、政策；落实中央关于发挥民主党派、无党派人士参政议政和民主监督作用的工作；支持、帮助各民主党派加强自身建设。”“负责党外人士的安排，会同有关部门做好培养、选拔、推荐党外人士的工作。”“调查研究党外知识分子的情况，反映意见，协调关系，提出政策建议；联系党外知识分子的代表人物。”等新职能的规定，充分说明统战部是中国党际协商民主的又一主领域，其内部设有党派工作局或处专门负责联系各民主党派，组织党际协商，协助民主党派加强自身建设。

其他如人大、政府和参事室，也是重要的党际协商领域。党派成员在其中有一定的数量，因此在人大立法中，在作出重大决策前，在选举重要领导人之前，在政府决策执行中，在听取参事建议时，都有党际协商发生。当然在这些领域进行的协商主要不是以党派名义进行的，但应视为党际协商民主的一种。

目前，针对中国党际协商领域的局限，伴随民主政治发展进程，开拓网上党际协商、政协外党际协商等新领域应成为今后一个时期努力的方向。

四、从协商结果看

协商必须有结果，这种结果也就是协商民主所强调的共识。共识是一种通过协

[1] 中华人民共和国国务院新闻办公室．中国的政党制度［N］．人民日报，2007-11-16．

[2] 陶文昭．协商民主的中国视角［J］．学术界，2006（5）．

商达成的理性协议，“是指人们基于大致相同的原因而赞同讨论的结果”。[1]“共识是合法决策的基础。”[2]协商民主达成的共识是为决策服务的，为公共利益的实现提供前提。

中国党际协商民主所达成的共识，一是确立了建设中国特色社会主义的远大目标。二是确立了“长期共存、互相监督、肝胆相照、荣辱与共”的永久性价值。

在此共识下，中国党际协商主体对执政的各种路线方针政策的意见基本一致。因此，围绕中心，服务大局的操作层面的党际协商，尽管不同政党有不同的看法，但往往易于形成共识，协商效率高。“当冲突关乎利益而并非原则时，促成妥协较为容易也更合理。”[3]即相对于价值层面的共识而言，工具层面的共识往往比较容易达成。“在保持宽松稳定、团结和谐的政治环境中，中国共产党与各民主党派实行广泛的政治合作，照顾同盟者的政治利益和物质利益，团结他们一道前进。”[4]

党委和政府提出的协商议题在原则上都能达成一致或基本一致，但不同的意见、观点和利益要求能否得到充分表达？怎样整合？能否进入决策程序？如何在决策中得以体现等问题，必须通过建立和完善协商平台、诉求渠道、协商反馈机制与效果评价体系加以解决。

五、从协商原则看

协商必须有原则，这也是协商民主理论关注的重心。当代中国党际协商民主在长期的运作中，形成的主要原则有以下6个：①坚持执政党领导，但主要是政治领导。中国任何形式的民主运作都必须取决于中共领导、人民民主和依法治国三者有机统一的社会主义民主政治建设方向，因此中国的现实政治必然基于社会主义和人民民主两大规定性而展开。②社会主义法治原则。这既是确保党际协商民主有序开展的需要，也是落实依法治国方略、建设社会主义政治文明的重要内容。③平等原则。协商民主强调包括程序性和实质性两方面的政治平等，即协商的主体在参与协商的权利、发起协商的能力、协商中的发言机会以及保证协商得以进行的资源分配等方面应基本平等。④长期性原则。毛泽东提出“两个万岁”；周恩来说，“我们

[1] 约翰·S.德雷泽克.协商民主及其超越［M］.丁开杰等，译.北京：中央编译出版社，2006：40.

[2] 陈家刚.协商民主：概念、要素与价值［J］.中共天津市委党校学报，2005(3).

[3] 安东尼·阿伯拉斯特.民主［M］.孙荣飞，段保良，文雅，译.长春：吉林人民出版社，2005：106.

[4] 中华人民共和国国务院新闻办公室.中国的政党制度［N］.人民日报，2007-11-16.

党的寿命有多长，民主党派的寿命就有多长，一直要共存到将来社会的发展不需要政党的时候为止”。[1]邓小平说：“我们党同其他几个党长期共存，互相监督，这个方针要坚持下来。”[2]⑤宽容合作原则。协商主体在根本上都是一个独立的利益单位，必须本着包容的精神，遵循合作共存的原则，确立通过合作共存来实现各自利益要求的基本价值理念。毛泽东说：“让人讲话，天不会塌下来，自己也不会垮台。不让人讲话呢？那就难免有一天要垮台。”协商主体“有意见就说，说错了也不要紧，只要方向对”[3]，充分体现了中国党际协商民主宽容合作的精神。⑥民主集中制原则。只有坚持民主，才能进行协商；只有进行适当的集中，才能在适当的路径上达成共识。

这些原则体现了在协商民主基本理论上的一些共性，更有中国党际协商民主自身的规定性。相对来说，在平等原则中，协商主体因地位、资源、机会的不均衡，造成实质不平等，也使得在民主集中制原则中，集中多于民主的现象时有发生。

六、从协商形式看

中国党际协商民主的两大主要形式：一是中共与各党派的协商，二是中共在政协与各党派和各界代表人士的协商。

中共与各党派的协商：中共中央邀请各民主党派领导人举行民主协商会，就中共中央将要提出的大政方针进行协商；中共中央主要领导人根据形势需要，不定期邀请党派领导人举行高层次、小范围的谈心活动；中共中央或中共中央委托有关方面召开党派和无党派代表人士座谈会，听取党派提出的政策性建议或讨论某些专题；除会议协商外，党派中央还可就国家大政方针及其他重大问题向中共中央提出书面建议。民主协商会一般每年举行一次；政党座谈会一般每两个月举行一次，遇到重大问题则随时交流和讨论；谈心会和书面协商的时间则不固定。此种党际协商民主体现为中共与党派“在国家权力机关、政府、政协以及各种社团组织、社会基层单位和企业事业单位中的合作共事”。“存在于统一战线和多党合作的各个领域和各个环节，使我国的协商民主最经常、最大量、最普遍地体现在国家政治和社会

[1] 中共中央统一战线工作部，中共中央文献研究室．周恩来统一战线文选［M］．北京：人民出版社，1984：348，350．

[2] 邓小平．邓小平文选：第二卷［M］．北京：人民出版社，1994：267．

[3] 中共中央统战部研究室．中华人民共和国统一战线五十年大事年表［M］．北京：华文出版社，2000：71．

生活中。”[1]既有会议协商，也有书面协商；既有中共处于主导地位的协商，也有党派积极主动的协商；既有临时性的遇事协商，也有日常合作共事中的协商；既有在人大的协商，也有在一府两院的协商。因为“共产党员只有对党外人士实行民主合作的义务，而无排斥别人、垄断一切的权利”。[2]

中共在政协与各党派的协商：它和政协的活动紧密联系，主要体现在政治协商、民主监督和参政议政过程中。各党派充分运用政协的各种协商方式，进行协商讨论。

政治协商方面主要包括政协的常委会会议、主席会议、秘书长会议、专门委员会会议、中共中央主要领导人每年元旦和全国政协全体会议期间同各党派共商国是、担任政协委员的党派成员列席人大主要会议参与协商讨论、各党派参加政协同政府有关部门进行的专题协商会。这些会议属于正式的面对面的决策前的党际协商。

民主监督方面主要包括政协全体会议、常委会会议、主席会议向党委和政府提出建议案；各专门委员会提出建议或有关报告；委员视察、委员提案、委员举报、大会发言、反映社情民意或以其他形式提出批评和建议；政协委员参加党委和政府有关部门组织的调查与检查活动；政协委员实职安排担任司法机关和政府部门特约监督人员等。其既有各种会议监督，也有提案和举报等书面监督；既有视察、调查和检查等临时性的监督，也有任期式的专职监督；既有间接性的监督，也有直接性的监督。特别是委员视察，视察地方党委和政府贯彻落实中央方针政策情况，体现了更高层次的协商民主。

参政议政方面包括通过调研报告、提案、建议案或其他形式，向中共和国家机关提出意见与建议，有会议式的商讨，也有书面式的意见和建议。其基本步骤是：选择协商议题——开展调查研究——进行商讨形成调研报告、提案和建议案——提出书面报告、提案、建议案。

政治协商、民主监督和参政议政具有“三位一体”的内在关系，三者是相互交织的，而且协商领域也不是完全固定的，可发生在政协中，也可发生在人大和政府中。当前，党际协商民主形式的多样性问题还有进一步探讨的空间。如专题协商会的制度化问题，历史上曾经实行的最高国务会议、双周座谈会、人大常委会与政协

---

[1] 庄聪生．协商民主是中国特色社会主义民主的主要形式［J］．中共中央党校学报，2006 (4)．

[2] 毛泽东．毛泽东选集：第三卷［M］．北京：人民出版社，1991：809．

常委会联席会议等的创新问题，借助于网络平台开展的网上议政、网上反映社情民意、网上公布提案内容和提案办理反馈等形式。

七、从协商程序看

从某种意义上讲，民主就是程序，没有程序，就没有民主。尽管政协规章制度没有专门规定党际协商程序，但中国党际“在决策之前进行协商”和“就决策执行过程中的重要问题进行协商”便是一种党际协商民主的决策程序的规定。前者属于事前协商，主要是为了决策更加科学化民主化；后者属于事中协商，主要是为了进一步考虑决策时没有能够纳入（或没有完全纳入）协商程序的制约因素。

党际协商民主的基本程序是：提出议题——接受议题——准备材料——陈述偏好——进行辩护——筛选偏好——达成共识——形成决策——执行决策——反馈信息——再度协商——修正决策。从提出议题到达成共识，完成一个独立的协商民主过程，属于事前协商。共识转化为决策后便进入决策执行过程中的协商，属于事中协商。党际协商主体都有提出协商议题的平等机会，一般由中共提出，党派可以主动提出或参与议题的提出。事实如此，按照惯例，党派的主要领导人大都在人大担任副委员长（主任）或在政协担任副主席，事先就参与了动议过程。

八、从协商制度看

制度在民主的整个运行过程中始终处于核心地位，它规范着民主各要素间的关系，指导民主主体行为，约束民主组织行为，维护民主客体权益。缺乏制度规定的民主，是无序的民主。中国党际协商民主运行具有一系列的制度规范。

国家法律法规层面的制度：从新中国成立之初到1954年一届人大召开之前的《中国人民政治协商会议共同纲领》《中国人民政治协商会议组织法》《中华人民共和国中央人民政府组织法》是对党际协商民主制定的最早的实体规范。之后的宪法更是以国家根本大法的形式肯定了党际协商民主的存在基础和作用——中国共产党领导的多党合作和政治协商制度将长期存在和发展，对于党际协商民主发展具有重要意义。

执政党和国家政策规范包括以下4点。①《论十大关系》对“党和非党的关系”作的专门论述，第一次正式提出了处理中国政党关系的“长期共存，互相监督”方针，认为“长期共存、互相监督的方针实际上是扩大民主（注：本质上是党际协商民主）”。②《关于正确处理人民内部矛盾的问题》的讲话，把我国政党关系归结为人民内部矛盾，重申中共与党派的“八字方针”。③中共代表大会政治报告。党的八大报告批评了党内存在的“清一色”的宗派主义错误观，肯定了党派社会基础和自身性质的转变。党的十二大报告正式提出：我们党要继续坚持“长期共存，互相监督，肝胆相照，荣辱与共”的方针，加强同各民主党派、无党派民主人士的合作。党的十三大报告提出了建立社会协商对话制度的任务。党的十五大报告把坚持和完善中国多党合作制度提高到建设有中国特色社会主义民主政治的高度，纳入党在社会主义初级阶段的基本纲领。党的十七大报告提出要加强同民主党派合作共事，支持民主党派和无党派人士更好履行参政议政、民主监督职能，选拔和推荐更多优秀党外干部担任领导职务，促进政党关系和谐。④中发〔1989〕14号文、中发〔2005〕5号文和中发〔2006〕5号文。前者首次以中共中央文件的形式、从国家政治生活的角度比较完整地概括了我国的政党关系，明确了中国多党合作制度是一项基本政治制度，是社会主义的政党制度；提出了民主党派是参政党，确定了各民主党派在国家政权和国家政治生活中的地位；阐明了民主党派参政的基本点和发挥监督作用的总原则，全面系统地提出了民主党派参政议政，民主监督的渠道、内容和方式。实现了从多党合作的政治组织模式向多党合作制度化的质的飞跃。而《中共中央关于加强人民政协工作的意见》（中发〔2006〕5号文件）则第一次提出了“中国两种民主形式”（选举民主与协商民主）的思想。

人民政协的各种规章制度：自政协成立以来，制定了一系列对党际协商民主具有实体意义的规章制度，主要是《中国人民政治协商会议章程》。《中国人民政治协商会议章程》规定了政协组织原则，政协的性质、任务和各政党必须共同遵守的准则。1994年修改后的《中国人民政治协商会议章程》增加了“中国共产党领导的多党合作和政治协商制度将长期存在和发展”，从而直接同《中华人民共和国宪法修正案》相衔接起来；增加了“是中国共产党领导的多党合作和政治协商的重要机构”，从而进一步明确了人民政协的性质及其在国家政治生活中的地位和作用；增加了“组织参加本会的各党派、团体和各族各界人士参政议政”，从而将政协基本职能由两项延伸为三项。2003年修改的《中国人民政治协商会议章程》重申了政协和党派的性质以及党际协商民主的地位和作用，对新时期统一战线的构成作了新规定，增加了“社会主义事业的建设者”的内容。

当代中国党际协商民主的这一系列较为完备的制度规范，保障了这一民主形式的健康运行。可贵的是，这些制度规范会随着形势的发展变化得到不断的修正，使得当代中国的党际协商民主具有旺盛的生命力。

徐映奇，广州市社会主义学院副教授、新型政党制度理论研究中心副主任。

本文刊于《湖南省社会主义学院学报》2015年第5期。

多党合作制度运行中的问题及对策研究

李　玲

中国共产党领导的多党合作和政治协商制度（以下简称“多党合作制度”）作为我国的一项基本政治制度，已有70多年的实践历史，是符合中国国情、体现中国特色的社会主义政党制度，其内在特征为“共产党领导、多党派合作，共产党执政、多党派参政”。中共十八大报告和十八届三中全会提出要健全社会主义协商民主制度，推进协商民主广泛多层制度化发展，并把中国共产党同各民主党派间的协商明确为社会主义协商民主的重要内容，充分表明多党合作制度与社会主义协商民主间的紧密关系。因此，以社会主义协商民主为视角，深入考察多党合作制度运行过程中面临的协商困境，探讨多党合作制度与社会主义协商民主制度相适应的方法路径，具有重要的理论价值和实践意义。

一、多党合作制度运行过程中协商问题的多维审视

（一）中国特色政党协商理论滞后于政党协商实践

（1）对中国特色协商民主理论的研究起步晚。从实践角度观察，中国特色协商民主已在政党协商层面运行多年，并积累了丰富经验。改革开放以后，民主实践形式更是从政党协商向国家和社会层面推进，并探索总结出党际协商民主、国家政权机关协商民主、人民政协协商民主、基层群众自治组织协商民主等协商形式。[1]但是，如果从理论层面深入考察，可以发现，长期以来以执政党文件规范民主政治运作的惯性思维，影响了大陆学界对中国特色政党制度，包括对中国特色协商民主制度的理论创新和理论构建。20世纪90年代末，随着西方协商民主理论论著的引

[1]　全国政协办公厅研究室党总支课题组 . 运用协商民主的方法推进党内基层民主建设［N］. 人民政协报，2014-06-11 .

入，尤其是在陈家刚博士把deliberativedemocracy（原意是“深思熟虑的民主”）翻译为“协商民主”之后，学者们才开始结合本土的政治协商实践，从理论层面展开研究。

（2）对协商民主的内涵以及中西方协商民主间的关系缺少必要的共识。“deliberat-ivedemocracy”是个外来词，中国的“政治协商”却根植于本土，如何界定两种不同概念的内涵，如何分析中西方协商民主的主要特征和发展前景，如何解读中西方协商民主间的关系，等等，对于这些涉及理论创新和理论建构的重要问题，一直以来都存在较大的分歧，缺少权威的阐析和基本的共识。由于缺乏共识，在深入研究中国协商民主实践时，常常出现如下场景：一方面极力强调中国政党制度及本土协商民主的内生性；另一方面习惯用西方协商民主理念来观照中国民主政治实践。或者完全忽视两种民主范式间的本质区别，直接以西方协商民主理论为分析工具，来解释我国民主政治的特点；有的研究者甚至直接将西方协商民主套用于我们的民主政治实践。

（3）对中国特色协商民主理论研究的关注度不够高。由于协商民主引入我国的时间不是很长，国内学者对协商民主理论的研究仍主要集中在协商民主的理论来源、发展过程、主要内涵、在中国实行协商民主的可行性以及对中国当代政治走向的积极意义等层面，关于协商民主理论的实践应用，或者说协商民主理论对于政治建设和社会管理的作用及意义则较少涉及。总体的研究状况正如中国人民政协理论研究会常务副会长李昌鉴所言：“目前结合我国现实政治环境进行理论探讨的有分量的成果较少，在理论上有新突破、对实际工作有指导性的就更少。”[1]

（二）多党合作框架内部具体的制度规范和操作程序的缺失

（1）协商的制度规范有待进一步明确和落实。从多党合作制度的运行过程来看，其内部的政党关系及政党协商并不缺制度约束和制度规范。如1989年颁布的《中共中央关于坚持和完善中国共产党领导的多党合作和政治协商制度的意见》；2005年颁布的《中共中央关于进一步加强中国共产党领导的多党合作和政治协商制度建设的意见》；2006年颁布的《中共中央关于加强人民政协工作的意见》；等等，都属于多党合作的纲领性文件，引领并指导着制度运行和政党实践。然而，深入研究相关多党合作的文件，可以发现，一个突出问题就是文件规定过于宏观，原

[1] 李昌鉴.关于中国的协商民主制度［J］.中国政协理论研究，2008(3).

则性、概括性的论述偏多，而操作层面的具体制度规范则较少。以中央层面的政党协商为例，在协商内容方面，相关文件尽管规定了协商的内容主要是国家和地方的大政方针政策及重要事务，但对于哪些属于大政方针政策？哪些属于重要事务？哪些属于事关全局的重大问题？文件并没有具体指出。

（2）协商的操作程序有待进一步完善和统一。与协商的具体制度相对应，协商的操作程序详细规定着执行制度的措施与流程，同样是制度体系的重要组成部分。“现在的问题是，大家普遍感到所建立的民主制度太原则化了，缺乏必要的程序、细节等操作性的规范，因而无法得到实际的应用。”[1]仍以中央层面的政党协商为例，中共中央2005年5号文件强调“要进一步完善协商的程序”，明确“协商的议题提前通知各民主党派和有关无党派代表人士”，“对民主党派和无党派人士提出的意见和建议要认真研究，并及时反馈情况”。但对于协商议题确定之后，什么时间通知协商参与方？协商结果应该什么时候反馈？等等，诸如此类的具体操作程序，相关文件并未作出明确规定。

（3）协商的评议奖罚机制有待进一步明晰和确立。一个健全的制度体系，不仅要明确规定“做什么”“如何做”，而且要建立与这项制度相匹配的评议奖罚机制，以督促制度的落实和到位。例如，如何衡量和评估协商的绩效？一直以来，并没有一个统一的量化的评价标准。仅以民主党派这一协商的重要参与方为例，民主党派参与中共党委主导召集的各种形式的协商活动已形成制度，并日渐常态化。然而，至今为止，综观各种媒体对协商活动的报道以及各民主党派对参与协商的成绩总结，可以清楚地看到，都无一例外地笼统地以中共方面采纳了多少条建议，或所提意见、建议得到了中共方面的高度重视，或所提意见、建议得到了中共领导批示，作为评判成果的主要标准。

（三）多党合作制度的行为主体：执政党与参政党的政治理念、政治责任和政治能力有待提升

（1）从执政党的角度考察，中共各级领导干部多党合作的政治意识与责任意识有待加强。现实中，在中共党员和各级领导干部中确实存在着一些错误的思想及做法。如一些地方党委及其领导缺乏多党合作的政治意识和统战理论知识，头脑中仍然存在对民主党派的错误认识，对民主党派的发展怀着一种不放心甚至疑心的心

---

[1] 刘俊杰. 中国党际协商民主的价值取向与发展趋向［J］. 中共天津市委党校学报，2013，3（4）.

理，不愿意支持党派组织在本单位本部门发展成员；部分党员领导干部缺乏多党合作的责任意识和统战政策素养，轻视政党协商，常常把协商视作通报，把协商会开成情况通报会；有的党员领导干部缺乏接受参政党监督的自觉意识，内心不愿意接受监督，以至于民主党派的批评、意见、建议很多时候被束之高阁，置之脑后，得不到应有的重视。

（2）从参政党的角度审视，民主党派参与协商的能力与水平有待提高。目前，由于多党合作制度正处于一个全新的发展完善期，民主党派作为当代中国政党制度的重要行为主体，同样处于一个重要的转型建设期。相对于执政党而言，一方面，参政党无论是所拥有的人力资源，还是所掌握的信息资源都不够丰富；另一方面，参政党无论是整体形象，还是在政策形成过程中的影响力也不够突出。特别是一些地方组织和基层组织，在参与协商过程中，由于受各种客观因素的影响，尤其是受自身能力与水平的限制，所提意见和建议的技术含量不够高，实操性不够强，对执政党及政府决策所起的作用自然也是有限的，从而也就影响了自身协商功能的有效发挥。[1]

二、从推进社会主义协商民主广泛多层制度化发展的高度，加强和完善多党合作制度建设

（一）加强多党合作理论研究，构建中国特色政党协商理论体系，为社会主义协商民主广泛多层制度化发展提供理论资源

（1）要注重中西方协商民主的比较研究。中国的政治体制决定了中国特色的政党制度不会按照西方协商民主的路径行进，但不影响我们从西方协商民主的理念与技术操作中获得资源和启发。正如著名学者牛旭光所言：“我们所讲的中国式协商民主虽然不可能完全套用西方的模式，但同样作为协商民主，必然会有一些共性，有一些共同的规则，有一些共同的要求，有一些共同的规律性的东西。”[2]一方面，可以通过理论层面的比较研究，准确把握中西方协商民主在基本内涵、运行机制和制度安排等方面的重大差异，彻底厘清中国特色协商民主与西方协商民主间

[1] 刘俊杰．中国党际协商民主的价值取向与发展趋向［J］．中共天津市委党校学报，2013，3（4）．曲宏明，沈艳．中国特色政党制度的民主价值与功能开发［J］．中央社会主义学院学报，2009（4）．

[2] 牛旭光．协商民主与人民政协［J］．理论动态，2007（17）．

的根本区别。另一方面，要以科学严谨的学术研究态度，对照中国几十年的协商民主实践，实事求是地评价并吸收西方协商民主的合理内核，以完善中国特色的协商民主内涵和政党协商的理论底蕴，为构建具有中国特色的政党协商理论提供帮助。

（2）要注重协商民主与政治协商的比较研究。“尽管西方协商民主并不等同于我们所熟知的‘政治协商’，但是‘中国协商民主的发展却必须依赖于政治协商’这样一种基本的制度形式及其在长期实践中所积累的经验素材。”[1]正是由于中国式协商民主的整体发展仍然处于初级阶段，而政治协商依托多党合作制度这一制度化平台已生长发育了整整73年，因而能够从理念建构、经验积累两大方面深刻影响中国式协商民主在其他层面的发展，尤其能够在协商民主的现实运转与未来发展中起到关键的观念引领和制度扶持作用。[2]因此，深入研究协商民主与政治协商的内涵外延、本质特征及实现形式，充分厘清协商民主与政治协商之间的关系，是当下理论研究和实践领域面临的共同话题。

（3）要注重研究成果的及时转化。从已有的研究成果来看，西方社会的协商民主发展是理论与实践同时进行的过程。反观国内，尽管已形成了研究协商民主的热潮，但是学者们对于协商民主的研究仍处于理念引入后的消化吸收以及探讨建构的层面。政党政治作为现代社会的一种普遍形态，广泛而深刻地影响着政治发展的进程。在这样一种政治生态下，协商民主对政党制度有哪些要求，既有的政党制度对协商民主又有哪些制约，都直接关系到民主政治发展的水平和方向。因此，必须结合本土政党协商的实践经验，加大对政党协商理论研究的力度。尤其是要对协商民主的本质属性、制度架构、渠道目的、基本原则以及实现形式等重大问题形成一个基本的理论共识，再以理论共识为基础，构建一个有中国特色的政党协商理论与实践共同发展的理论模式，以回应并解答政党协商实践中所遇到的各种困境与问题。

（二）加强制度建设，完善多党合作制度的运行机制，为社会主义协商民主广泛多层制度化发展提供制度资源

（1）在坚持现有制度的同时，根据新形势、新任务，从长远考虑，从制度的稳定性出发，不断充实完善制度的新内容，使之符合社会主义协商民主建设的

---

[1] 江国华．协商民主及其宪政价值：以支持政治协商制度为视角［J］．湖南科技大学学报(社会科学版)，2007(4)．

[2] 徐锋．党际协商在中国式协商民主中的地位和作用［J］．上海市社会主义学院学报，2014(1)．

要求。中共中央总书记习近平在庆祝中国人民政治协商会议成立65周年大会上强调："社会主义协商民主，应该是实实在在的、而不是做样子的。""协商就要真协商，真协商就要协商于决策之前和决策之中，根据各方面的意见和建议来决定和调整我们的决策和工作，从制度上保障协商成果落地，使我们的决策和工作更好顺乎民意、合乎实际。"目前，针对多党合作制度化建设方面不同程度存在的协商表面化、形式化和随意性问题，必须尽快建立一个科学、规范、系统，形式、内容、载体相统一，运行、考评激励相配套的协商制度体系，"确保协商民主有制可依、有规可守、有章可循、有序可遵"，最终实现"从制度上保障协商成果落地"。

（2）要围绕现有制度的落实，注重在研究制定与制度相配套的规范和程序上下功夫。"从理论上说，有制度就必然有规范，有规范就有程序。没有程序就不可能规范，没有规范也就不成其为制度。"[1]综观多党合作各项制度及其贯彻执行情况，可以发现，凡是在制度中，对步骤、顺序、形式等要素规定得比较科学、合理、清晰、操作性强的，贯彻落实就比较好。反之，执行的弹性就较大，产生的随意性也较多。因此，为减少政党协商的随意性，应该尽快制定并出台一部具有全国指导性作用的协商意见，对协商主体、内容、形式、程序以及协商成果运用等，作出明确具体的规定，从而使协商活动有一个更具权威性的、全国统一的规范准则，避免各地的协商活动，因各自的规程要求各不相同、标准各不统一，而出现的"八仙过海，各显神通"境况；另外，也可以使协商成为有程序可走、有环节可循、有责任可究、有绩效可评、有方法可依的规范体系。

（3）建立健全评议奖罚机制，对制度与规范的执行进行全方位的监督和制约。首先通过建立一套全国统一的条文清晰的协商成果评议准则，改变长期以来对协商成果所使用的模糊不规范的评议用词，进一步激发民主党派参与协商的热情和动力。此外，还应该建立一套行之有效的协商—反馈—评价的监督制约机制，以约束协商参与方尤其是协商主导方，能够严格依据制度规定的内在要求运行制度。鉴于中共强大的组织力量与执政地位，政党协商的有效运行必须有机制作保障，这一机制的核心就是执政党对协商结果能及时回应，以促使协商各方形成良性的互动，从而保证把民主党派话语表达的权利转化为有效的政治影响力。比如，必须严格按

[1] 齐卫平．制度界面的协商民主形式：多党合作和政治协商［J］．上海市社会主义学院学报，2007(5)．

照协商“三在前”的原则，使每一项重大政策建议，都能在党委决策之前，在人大通过之前，在政府实施之前，充分吸收民主党派的意见和建议，使协商真正成为执政党和政府科学决策、民主决策系统工程中的一个链条，减少和避免“不说白不说，说了也白说”的不良情绪产生，减少并最终杜绝“随意性”“走过场”等逆制度化、规范化的协商现状，确保政党协商的严肃性与权威性。

其次可以借助舆论监督这一平台，尝试选择一些事关人民群众切身利益的非涉密的协商议题，“由电视台现场直播党际之间的互动活动，每一项讨论都在公众视野之下，使中国共产党和民主党派在合作的精神下，彼此沟通、辩论、说服，而让其中较佳的论证脱颖而出”。[1]通过这种全民关注的方式，使协商议题所取得的共识成为全社会关注的公共话题而处于公共视野的监督之中，“避免因为领导人主观意志和集体走过场而使协商民主落空”。[2]

（三）加强政党制度行为主体的建设，全面提升政党协商的效能，为社会主义协商民主广泛多层制度化发展提供示范模式

（1）执政党要进一步加强民主作风建设，改进领导方式，确保政党协商的实效性。中国共产党作为执政党，既是中国政党制度的主导力量，也是政党协商的核心主体。中国共产党各级领导干部的政治作风、政治素养如何，是否具备多党合作的政治意识和责任意识，都在相当程度上决定着我国多党合作的运行状况，影响着我国政党制度的发展和完善，进而影响着协商民主的实际效能。因此，执政党的各级领导干部首先要提高领导的开明度，充分尊重民主党派的话语权。民主走向协商是现代民主发展的必然趋势。按照西方政治学家哈贝马斯的观点，民主不是简单的投票和表决，其本质上是一种交往行为，是一种以语言为媒介、通过话语论证达成相互理解和协调一致的过程。[3]而中国的政党协商正是“一种民主展开的过程与方式。它以存在多元的政治协商主体为前提，强调通过意见、利益的有效沟通、协调与整合，达成相同的统一，实现整体的发展和多方的共赢”。[4]换言之，多党合作框架中政党协商的有效运行，核心在民主，关键在协商。因此，居于协商主导地位的执政党，能否充分发扬民主，切实尊重民主党派的协商话语权，对协商效果尤为

---

[1] 贺东航．“民主监督”与“政治协商”的深化：论充分开发我国政党制度的资源［J］．社会主义研究，2006（1）．

[2] 叶小文，张峰．协商民主与国家治理［N］．光明日报，2014-01-09．

[3] 哈贝马斯．作为“意识形态”的技术和科学［M］．李黎，译．上海：学林出版社，1999：91．

[4] 林尚立．协商政治与中国的政治形态［N］．人民政协报，2006-12-25．

重要。为了避免协商沦为走形式、走过场的政治游戏，一方面，中共各级地方党委要坚持党委总揽全局、协调各方的原则，准确把握政治协商的政治方向，在严格坚守“党的领导不容协商，党的基本理论、基本路线、基本纲领、基本政策不容协商，党和国家的基本政治制度不容协商”的协商底线的基础上，[1]充分尊重民主党派的政治参与权和表达权，允许不同思想观念的交流、交融和交锋。另一方面，要进一步强化基层党员干部尤其是领导干部的民主观念，加强作风建设，树立平等意识。毛泽东曾经说过：“我们不是一个自以为是的小宗派，我们一定要学会打开大门和党外人士实行民主合作的方法，我们一定要学会善于同别人商量问题”，要有“让人说话，天不会塌下来，自己也不会垮台”的政治自信和政治胸襟。[2]充分汲取协商民主的理念，并以平等、自由、开放的态度理性审视各方的观点，使不同意见、争论和利益诉求通过公开的、大家都乐于接受的渠道来解决，切实保障民主党派的协商建议权和监督权。

其次执政党的各级领导干部要增加执政的透明度，进一步扩大民主党派的知情权。民主本身就是一种公开透明的制度。协商民主强调的不仅仅是协商本身，更重要的是透过协商这一民主形式，实现广泛的政治参与，达成必要的政治共识。在政党协商过程中，参与各方知情的广度和深度决定着协商的程度和效度。因此，执政党的各级领导干部要本着合作发展的态度，努力改善领导方式，切实增加执政的透明度。一方面，要健全完善民主党派与政府部门的对口联系制度。对口联系是各民主党派知情协商、献计出力的重要渠道。为了充分而有效地发挥对口联系的作用，避免出现“一头热、一头冷”现象，必须健全和完善情况通报制度、信息交流制度、重大问题征求意见制度以及重要会议、重大活动参与制度，把对口联系的主要内容、主要形式通过制度予以规范，使对口联系工作有章可循，也便于双方互相监督，减少随意性。另一方面，对民主党派开展的调研和咨询，要给予必要的支持和帮助。知情渠道不畅通是民主党派面临的共性问题和突出矛盾，由于这种信息不对称的状态，造成民主党派对政府行为的计划、过程和结果知之甚少或一无所知，提出的意见和建议往往不合时宜——不是过时就是太超前，最终根本不具备可行性，更不可能被采纳。因此，执政党各级党委及政府部门要主动提供民主党派所需的材料，尽可能扩大民主党派知情的范围，从而使民主党派获得及时、有效、可靠的信

[1] 全国政协办公厅研究室党总支课题组．运用协商民主的方法推进党内基层民主建设［N］．人民政协报，2014-6-11．

[2] 毛泽东．毛泽东选集：第三卷［M］．北京：人民出版社，1991.

息材料，可以更好地与中共进行协商。

（2）参政党要加强自身建设，不断提升参与协商的能力与水平。首先要以思想建设为先导，增强政党意识，夯实协商能力建设的思想基础。一是必须明确自身的政党角色，突出自身的主体人格和主体意识，使广大成员充分认识到："民主党派是享有宪法规定的权利和义务范围内的政治自由、组织独立和法律地位平等"的合法政党，虽然其不直接掌控权力，但是承担着决策协商、权力监督、献计献策等涉及政权运作的重要任务。[1]民主党派理应以政党而非群众组织的姿态参与政党交往，在承认中共领导地位的前提下，形成对问题的独立判断，提出有价值的意见，开展真正意义的民主协商。二是必须强化政治意识，使广大成员充分认识到参政议政是参政党的安身立命之本，也是衡量参政党自身素质、作用发挥和社会影响的最终标准。面临新的形势和任务，民主党派更加需要"内强素质、外树形象"，需要通过不断提高政治参与能力与政治参与技巧，达到不断提高政治参与的水平与效度，以便尽快走出参政议政日趋边缘化的困境，并最终摆脱"政治花瓶""政治摆设"的谤议。

其次要完善利益代表机制，夯实协商能力建设的组织基础。一是明确自身的代表性，为自己所代表的群体利益而努力。与西方利益集团不同之处在于，民主党派所代表的利益群体不是压力集团，而是协助执政党进行国家治理的参与性群体，民主党派与执政党的关系正如原民建中央主席成思危所说的，不是"打橄榄球"，而是"大合唱"。[2]因此，各党派应该根据自身的功能定位，大胆明确自身代表的利益群体，并根据自己所代表利益群体的特点，积极主动介入国家的政治生活，实现利益代表的特色化，这是民主党派的立党之基和发展之源，在实践中不可忽视而应传承。二是提升责任意识，使广大成员充分认识到"政党制度是个利益博弈的平台"，[3]民主党派作为中国特色政党制度中的参政党，"负有更多地反映和代表他们所联系的各部分群众的具体利益与要求的责任"。[4]因此，在参与协商过程中，应该更多地从政党是"表达和沟通"的工具着眼，[5]通过多党合作这一制度平台，

[1] 周国裕．浅论民主党派在协商民主中的角色定位［Z/OL］．http://sxzx.sx.gov.cn/art/2011/6/30/art_1486859_1772554.html.

[2] 肖存良．参政党的政党功能开发与政党关系和谐［J］．上海市社会主义学院学报，2008(1)．

[3] 杨爱珍，许家鹏．多党合作制度的社会性价值［C］．中国政党制度研究中心论文集(八)．

[4] 江泽民在第19次全国统战工作会议上讲话。

[5] 萨托利．政党与政党体制［M］．王明进，译．北京：商务印书馆，2006：56．

反映所联系群体的利益诉求，发挥政治输入向度上的集成器作用，[1]并在平等对话的框架中实现理性的妥协，最终达到和而不同的理想境界。

李玲，广州市社会主义学院副教授、新型政党制度理论研究中心副主任。

本文刊于《广东省社会主义学院学报》2015年第3期。

[1] 徐锋.党际协商在中国式协商民主中的地位和作用[J].上海市社会主义学院学报,2014(1).

新时代加强参政党建设的理论逻辑、历史逻辑和实践逻辑

李 源

进入新时代以来，中国共产党在全面加强党的领导和党的建设上取得了巨大成就。中共十八大后，中共中央在全面加强党的领导和党的建设上，作出了积极的理论创新和实践探索，提出了“全面从严治党”的重大战略部署，使之成为党治国理政的基本方略之一。在深刻总结十八大以来管党治党的经验基础上，中共十九大报告明确指出：“中国特色社会主义最本质的特征是中国共产党领导，中国特色社会主义制度的最大优势是中国共产党领导，党是最高政治领导力量”，强调要“全面加强党的领导和党的建设”。[1]由此，在以习近平同志为核心的党中央的坚强领导下，各级党组织全面加强党建工作，使以往管党治党宽松软的状况得到根本扭转，党内政治生态明显好转。这对于巩固党的执政基础和群众基础，坚持和加强党的全面领导起到了十分重要的作用，形成了“党政军民学，东西南北中，党是领导一切”[2]的良好局面。

对此，我们必须认识到，办好中国的事情，关键在党。中国共产党作为领导中国人民掌握全国政权并长期执政的党，是实现中华民族伟大复兴的核心力量，要管好自身这个世界上最大的执政党和治理好中国这个世界上人口最多的国家，“必须坚持党的全面领导特别是党中央集中统一领导，坚持民主集中制，确保党始终总揽全局、协调各方”。[3]与此同时，也应该看到，实现党长期执政和国家长治久安，有赖于坚持和完善中国特色社会主义制度。中国共产党领导的多党合作和政治协商制度作为中国的一项基本政治制度，是植根于中国土壤、彰显中国智慧的新型政党

[1] 习近平．决胜全面建成小康社会夺取新时代中国特色社会主义伟大胜利［N］．人民日报，2017-10-28(1)．

[2] 习近平．决胜全面建成小康社会夺取新时代中国特色社会主义伟大胜利［N］．人民日报，2017-10-28(1)．

[3] 中共中央关于党的百年奋斗重大成就和历史经验的决议［M］．北京：人民出版社，2021：65．

制度，它包含中国共产党和八个民主党派以及无党派人士。在这一政党制度中，中国共产党处于领导和执政地位，各民主党派是中国特色社会主义参政党，中国共产党和各民主党派是亲密友党。[1]目前，在这一制度框架内，可以清楚地看到，参政党建设远远落后于执政党建设，特别是在当今中国共产党为加强和改善党的领导持续努力的情况下，参政党建设的滞后尤为明显，二者之间的差距日益拉大。在执政党建设和参政党建设之间找到相对适当的平衡点，不仅有利于保障制度本身发挥作用，不断发展、完善、行稳致远，也有利于更好地实践人民民主，形成有中国特色的民主体系。实现这一点，不但有赖于执政党的建设，也有赖于在坚持党的领导下，不断提高参政党建设水平，发挥其功能和作用。本文试从理论逻辑、历史逻辑、实践逻辑三个维度，论述在新时代全面加强党的领导和党的建设背景下，加强参政党建设的重要性、规律性和可行性。

一、理论逻辑：人民当家作主

从理论逻辑看，加强参政党建设可以通过两种理论加以阐释，一种是从马克思主义理论出发，另一种是从政党关系出发。

第一种理论，主要来自马克思主义的群众史观和阶级分析法。马克思和恩格斯通过对自然、社会和人类思维的科学分析，创立了历史唯物主义，找到了人民这一推动人类社会发展的根本力量。那么，究竟什么是“人民”。从内涵来看，人民是社会中的绝大多数人；从对立面来看，人民是区别于敌人的历史范畴。对此，毛泽东都有相关论述。关于人民的内涵，毛泽东曾谈道：“那末，什么是人民大众呢？最广大的人民，占全人口百分之九十以上的人民，是工人、农民、兵士和城市小资产阶级。”[2]关于人民的对立面，以及与之相关的敌友问题，毛泽东指出：“谁是我们的敌人？谁是我们的朋友？这个问题是革命的首要问题。”对此他进行了详细分析——“一切勾结帝国主义的军阀、官僚、买办阶级、大地主阶级以及附属于他们的一部分反动知识界，是我们的敌人。工业无产阶级是我们革命的领导力量。一切半无产阶级、小资产阶级，是我们最接近的朋友。那动摇不定的中产阶级，其右

[1] 中华人民共和国国务院新闻办公室．中国新型政党制度［M］．北京：人民出版社，2021：1，15，16．

[2] 毛泽东．在延安文艺座谈会上的讲话(1942年5月)［M］．毛泽东选集：第三卷．北京：人民出版社，1991：855．

翼可能是我们的敌人，其左翼可能是我们的朋友”[1]。由此，便有了敌、我、友之别。从毛泽东的论述中，我们可以看出，马克思主义的阶级分析法是区别何为人民、何为敌人的重要方法，这一判断方式在新民主主义革命时期、社会主义革命和社会主义建设时期起了很大作用。值得注意的是，具体到不同的历史阶段，人民所包含的阶级是不同的，相应地，它的对立面“敌人”也有不同的内涵。因此，我们说人民是一个历史范畴。

改革开放以后，随着社会主要矛盾的转变，党和国家的工作中心转移，多种所有制经济兴起，社会分工不断细化，新的社会阶层不断涌现，单纯以阶级来规范人民的范畴已不能完全适应社会的实际发展情况。由此，我们发现，“人民”概念的阶级色彩淡化，其具体内涵发生了较大改变，范畴也扩大了，其所指更加多元化。对此，有学者指出，“后革命年代”的“人民”概念包括：全体社会主义劳动者、社会主义事业的建设者、拥护社会主义的爱国者和拥护祖国统一的爱国者。[2]这一归纳所涉及的正是统一战线的内部构成。[3]由此，作为统一战线重要组成部分的各民主党派，是来源于人民，属于人民的。

通过上述对“人民”概念的阐述，可以看出，党的话语体系下的“人民”，无论其内涵、外延如何变化，其核心所指是不变的，即社会的绝大多数。从这个意义上来说，中国共产党作为中国最广大人民根本利益的代表，其领导地位的形成，是历史和人民选择的结果，也可以说是人民自己选择了自己。由此，中国共产党郑重宣告：“党代表中国最广大人民根本利益，没有任何自己特殊的利益，从来不代表任何利益集团、任何权势团体、任何特权阶层的利益。”[4]这既是中国共产党作为马克思主义政党的本质要求，也是党对人民的庄严承诺。

如何才能做到“代表中国最广大人民根本利益”？尤其是在当前所有制形式更加多样、新的社会阶层不断涌现、社会日趋多元化的情况下，“人民”的理论及其概念如何在现实中找到对应的群体，避免“模糊化”，是值得思考的问题。对此，加强

[1] 毛泽东．中国社会各阶级的分析(1925年12月)［M］．毛泽东选集：第一卷．北京：人民出版社，1991：3，9．

[2] 徐凌波，赵鹏．论中国共产党新闻舆论工作中“以人民为中心”概念的历史衍变［J］．新闻记者，2019(2)：8．

[3] 根据《中国共产党统一战线工作条例》，统一战线是指中国共产党领导的、以工农联盟为基础的，包括全体社会主义劳动者、社会主义事业的建设者、拥护社会主义的爱国者、拥护祖国统一和致力于中华民族伟大复兴的爱国者的联盟。

[4] 中共中央关于党的百年奋斗重大成就和历史经验的决议［M］．北京：人民出版社，2021：66．

参政党建设是其中一个重要也非常可行的抓手。通过调研，我们发现，近年来广州市各民主党派在保持传统发展领域的基础上拓宽了一些新领域，将新的社会阶层人士纳入成员发展范畴，以2018年为例，广州市各民主党派发展新的社会阶层代表人士130多人，占发展总数的近18.5%。与此同时，我们也注意到，各民主党派的成员构成代表性减弱，即作为本地区专业代表性强、社会影响大、群众认可度高的代表性人士，特别是一流人才、高层次人才和领军人物严重缺乏。这正是民主党派在发展过程中存在的问题，但从中我们会发现此问题的另一面，即民主党派精英色彩的淡化和群众基础的加强，由此带来的一个组织变化是民主党派以往依靠少数代表人物发挥作用的情况，逐渐转变为依靠党派组织“通力合作发挥集体作用为主”。[1]另外，民主党派的组织性、纪律性较一般社会组织、团体要强，是看得见、抓得住的群体。因此，在全面加强党的领导和党的建设背景下，加强参政党建设，巩固和扩大最广泛的统一战线，对于增强党的阶级基础、扩大党的群众基础、巩固党的执政地位具有重要作用；对于表达人民心声、维护人民利益、发扬人民民主具有重要作用。

从第一种理论出发，我们可以得出这样一个观点：中国的政治形态是“人民政治”，这是一个不同于西方社会精英集团间围绕执掌公共权力而进行竞争博弈的“政党政治”的“政治文明新形态”。[2]因此，第二种理论，可以从中西政党之别出发，对我国政党关系进行分析。民主是政党政治的应有之义，作为舶来品，不管是“民主”还是“政党政治”，自近代以来都经历了“中国化”的过程，生成了适合中国的、具有中国特色的政党制度，即新型政党制度。在西方的政治概念中，“民主”“从古代希腊产生时其含义就是确定的，至今没有什么变化，那就是‘人民的统治’”。[3]但是，中西方对“人民”显然有不同的理解和规范，这是基于对生产资料占有的不同而自然产生的。西方政党代表的是“部分”的利益，更确切地说，是有产的精英集团内部不同部分的利益；中国的政党，即中国共产党和各民主党派，则致力于合力实现全体中国人民的“整体”利益。因此，中国的政党是超越了特殊利益集团的最广大人民利益的代表，中国的政党政治是超越了旧式政党制度弊端的世界政党政治发展新范式。[4]由此出发，中国的政党关系，既不是精英集团

[1] 民盟中央研究室．《条例》是新时代民主党派工作的科学指南［J］．中国统一战线，2021(9)：12．

[2] 徐俊忠．中国共产党与人类政治文明新形态［J］．马克思主义与现实，2021(5)：29．

[3] 刘训练．西方现代民主话语的生成及固化［J］．政治学研究，2021(5)：120．

[4] 王彩玲．新型政党制度：一个中国故事的世界意义［N］．中国社会科学报，2021-07-29(5)．

内部轮流坐庄、恶性竞争的“两党制”“多党制”，也不是某一特权集团维持其特殊利益的“一党制”，而是通力合作、团结和谐的新型政党关系。因此，在全面加强党的领导和党的建设背景下，加强参政党建设，不断增强其思想政治建设、组织建设、履职能力建设、作风建设、制度建设，有利于各民主党派更好地成为中国共产党的好参谋、好帮手、好同事，进而“形成更广泛、更有效的民主”。[1]

与此同时，我们也要注意到，尽管中国的政党都坚持人民利益至上，但人民的“构成是非同质性的，或者说是有很大异质性的”，[2]只强调人民利益的一致性和共同性是不符合实际的，也是虚伪的。只有在巩固和扩大共同利益的前提下，照顾不同群体的具体利益诉求，才能巩固和发展团结和谐的政党关系，统一战线也才能行稳致远。统一战线是政治共同体，也是利益共同体，“利益是人类社会中个人和组织一切活动的根本动因”，[3]没有共同利益就没有统一战线，但忽视特殊利益，统一战线便不能长久。因此，尊重、维护、照顾同盟者利益是中国共产党统一战线工作的基本原则之一。各民主党派作为党外代表人士的聚集地，其各自所联系的对象各有侧重，因此每个党派都有自己的主体界别和党派特色。在中国共产党的领导下，各民主党派与中国共产党共同致力于“国家富强、人民幸福的宏图伟业”，[4]由此构成其亲密友党关系中的根本利益和共同利益；党派主体界别的差异性则构成具体利益。因此，在坚持中国共产党的领导下，既要维护、实现和发展中国共产党与各民主党派的共同利益，也要兼顾其中的特殊利益，实现二者的协调统一。尤其是在当今我国社会利益结构不断调整的时代背景下，全面加强党的领导和党的建设是十分必要的，与此同时，加强参政党建设，照顾好同盟者的利益也十分必要。这有利于实现多元利益的统筹兼顾，增强党的凝聚力、感召力和向心力，最大限度地凝聚起共同奋斗的力量。

二、历史逻辑：中国共产党的领导、带动和支持、帮助对加强参政党建设至关重要

各民主党派诞生于第一次国共合作失败之后至中华人民共和国成立之前，在革命和战争年代，这些党派均具有以下两大特征：第一，在政治理念上，主张走国共

[1] 习近平．坚持多党合作 发展社会主义民主政治 为决胜全面建成小康社会而团结奋斗［N］．人民日报，2018-03-05(1)．

[2] 徐俊忠．中国共产党与人类政治文明新形态［J］．马克思主义与现实，2021(5)：31．

[3] 《中国统一战线》编辑部．坚持尊重、维护、照顾同盟者利益［J］．中国统一战线．2021(10)．

[4] 中华人民共和国国务院新闻办公室．中国新型政党制度［M］．北京：人民出版社，2021：5．

两党以外的第三条道路；第二，与国共两党拥有军事武装力量不同，它们都没有武装做后盾，其主要活动方式是口诛笔伐、以笔为矛的非军事活动。因此，时人一般统称其为“第三方面”“中间势力”或“中间党派”，十分形象地勾勒出这些在国民党和共产党中间生存、活动的党派的形象与状态。

中间党派与国共两党的不同之处还体现在党建方面。国共两党都有一套自己相对完备的理论体系、组织架构、制度纪律，当然在这一方面，中国共产党较国民党更胜一筹。反观中间党派，则明显不足。联系前文所述中间党派的两大特征，在基本遵循着“政治与武力高度统一”“武力是政治的出发点和最终依据”[1]基本逻辑的民国政治发展框架内，中间党派的生存空间建立在国共两党既对立又合作的特定历史时空中，其生存与消亡以国共两党关系的转移而转移，“没有也不能独立地掌握自己的命运”。[2]因此，中间党派在政坛上发挥作用、获得认可的主要方式便是非武力的口诛笔伐、以笔为矛。具体而言，便是“始终是将共同目标停留在政策性主张的层次上”。[3]这导致中间党派在自身建设上严重不足，组织建设十分欠缺，其所有努力无外乎在“党派内部求取根本性政策共识”，外部“要求突破当时政治体制的约束”[4]，以使其政策主张得到社会认可，同时在国共两党间积极斡旋，以期在现实中实现其政治理想。然而，中间党派无武装的特征，决定了其政治抱负的实现在革命与战争年代是“无源之水”“无本之木”，因此中间党派呈现出来的一个特点便是根据时事的变化，不断提出一些针对当下问题的具体观点与主张，“并在表达中频繁改变自己的政治观点及态度”。[5]政治观点的表达不需要以组织建设为基础，所以中间党派的党建没必要也没动力，由此中间党派呈现出来的另一个特点便是只见党派领袖人物，而不见普通党员。因此，我们大致可以认为，在革命与战争年代，中间党派的“非武装”性，决定了其以笔为矛的斗争方式和只见领袖不见党员的组织形态。由此出发，不难发现，自中间党派发展而来的民主党派，其党建缺陷属于先天不足。

[1] 邓野．联合政府与一党训政［M］．北京：社会科学文献出版社，2020：493．

[2] 邓野．联合政府与一党训政［M］．北京：社会科学文献出版社，2020：498．

[3] 张师伟．党内民主与政治生态：民主党派党建的薄弱环节及建设工作抓手［J］．理论探讨，2016(6)：120．

[4] 张师伟．党内民主与政治生态：民主党派党建的薄弱环节及建设工作抓手［J］．理论探讨，2016(6)：120．

[5] 张师伟．党内民主与政治生态：民主党派党建的薄弱环节及建设工作抓手［J］．理论探讨，2016(6)：120．

这一缺陷在革命与战争年代始终没有得到改善。以农工党为例，农工党正式成立于1930年8月，当时的党名叫作“中国国民党临时行动委员会”（以下简称“临委会”），在此之前，该党派还经历过短暂的谭平山主持的“中华革命党”时期。在1930年正式成立之时，临委会即在其《组织工作大纲》中对党的组织建设问题有深刻反省和认识，明确提出：“一个革命的组织，仅靠开会讨论，口头训练，等等方法去维持，绝对不会有什么效果。我们虽天天说严密但事实上只有仍散漫，天天说健全，但事实上仍是无法振作。”[1]到1947年，该党派召开第四次全国干部会议，正式将党名改为“中国农工民主党”时，组织建设、制度建设、理论建设等党建工作仍处在与成立时期相似的初级状态，具体表现为“组织结构不健全，还没有建立各种必要的制度”，“党的理论还没有建立起来，文化宣传方面没有整个计划”，“还没有做到通过组织给予每个党员以具体任务，以与全党革命行动配合起来。同时，对一般党员又没有经常的训练教育”。[2]尽管对于问题的症结，该党在成立伊始便已找到解决办法，即“组织与实际争斗绝对不能分开。只有从争斗中才能产生严密的组织，只有争斗能使组织健全，何况我们所要的恰是一个争斗的行动组织，所以我们必须尽量地去发动实际争斗，使每一个党员均在争斗中生活，由这些争斗中去扩大我们的组织”。[3]然而令人唏嘘的是，这里的“争斗”在历史的机缘巧合下，变成了言论的“争斗”，这种脱离了真正能解决当时实际问题场域的“争斗”，注定是虚幻的。

民主党派的党建工作真正得到加强和改善，是在中华人民共和国成立以后，这主要得益于中国共产党的领导、带动和支持、帮助。中华人民共和国成立前夕，不少中间党派选择在中国共产党提出的“联合政府”旗帜下聚集，并在1948年中国共产党提出“五一口号”时积极响应。在此基础上，新政协会议召开，各民主党派成为其中的重要组成部分。新政协代行全国人民代表大会的职权，制定并通过了具有临时宪法性质的《中国人民政治协商会议共同纲领》，选举产生了中华人民共和国中央人民政府委员会，中华人民共和国的成立标志着中国人民站起来了。

---

[1] 中国国民党临时行动委员会组织工作大纲 (1930年8月) [M]. 中国农工民主党历史参考资料 (第1辑至第5辑). 北京: 中国农工民主党中央研究室, 2008: 109.

[2] 章伯钧. 中国农工民主党第四次全国干部会议党务报告 (1947年2月3日) [M]. 中国农工民主党历史参考资料 (第1辑至第5辑). 北京: 中国农工民主党中央研究室, 2008: 280.

[3] 中国国民党临时行动委员会组织工作大纲 (1930年8月) [M]. 中国农工民主党历史参考资料 (第1辑至第5辑). 北京: 中国农工民主党中央研究室, 2008: 109.

中华人民共和国成立后，中国共产党积极支持各民主党派的发展和建设。首先体现为，在国家法律和制度层面、在中国共产党的党内法规和制度建设层面，落实民主党派参政党的地位和身份，以此支持参政党加强自身建设。1989年，中共中央颁布《关于坚持和完善中国共产党领导的多党合作和政治协商制度的意见》，提出了参政党的科学概念，阐明了我国政党制度是中国共产党领导下的多党合作制，该制度“将长期存在和发展”的表述在1993年被写入宪法序言。2005年，《中共中央关于进一步加强中国共产党领导的多党合作和政治协商制度建设的意见》颁发，对21世纪新阶段民主党派性质内涵作了新表述。2019年，《中共中央关于加强中国特色社会主义参政党建设的意见》出台，进一步明确了民主党派作为中国特色社会主义参政党的政治身份，同时明确其党建包括五大内容，即思想政治建设、组织建设、履职能力建设、作风建设、制度建设。这一规定在《中国共产党统一战线工作条例》中也得到体现，该条例要求“各级党委应当支持民主党派加强思想政治建设、组织建设、履职能力建设、作风建设、制度建设”。[1]另外2007年国务院新闻办公室发表的《中国的政党制度》白皮书和2021年发表的《中国新型政党制度》白皮书，从中国政党制度的层面，对参政党的性质、职能作了规范。

中国共产党对民主党派发展与建设的积极支持，其次体现为，在具体层面帮助各民主党派加强自身建设。在思想政治建设方面，注重加强中国共产党对各民主党派的政治领导，即政治原则、政治方向和重大方针政策的领导，确保各民主党派在大是大非面前始终保持头脑清醒、立场坚定。为增强思想政治共识教育，中国共产党成立了各级社会主义学院，作为民主党派和无党派人士的联合党校。在组织建设方面，中国共产党和各民主党派经过充分协商，根据各民主党派组织成员的历史情况及时代发展带来的新情况，在不同历史时期通过“座谈会纪要”的形式，确定各民主党派组织发展的主要对象、重点分工、地区范围等。在履职能力建设方面，在中国共产党的领导下，通过健全平台机制、规范制度建设，如人民政协制度平台，专项民主监督制度，民主党派成员担任人大代表、在政府和司法机关中担任领导职务等，为各民主党派参政议政、民主监督、参加中国共产党领导的政治协商会议提供了重要保障。在作风建设方面，中国共产党给了各民主党派以很好的示范和引领，特别是党的十八大以来，中国共产党坚持全面从严治党，勇于自我革命，使党风政风和社会风气都得到了很大改善，面对执政党的自我净化，近年来参政党也加

[1] 中国共产党统一战线工作条例［M］. 北京：法律出版社，2021：12.

强了作风建设，具体体现在不少民主党派的各级党组织都成立了监督委员会，制定并不断完善相关监督工作办法，在党组织内部建立科学有效的制约机制，切实发挥内部监督作用，营造风清气正的政治生态。在制度建设方面，各民主党派主要在工作规划、换届选举、会议议事、奖惩办法等方面制定规章制度，做到重要工作、日常工作均有章可依。

综上所述，民主党派在中国的政治舞台上经历了从中华人民共和国成立前的“中间党派”到中华人民共和国成立后的“参政党”的身份转变。新中国成立至今，其“参政党”的政治身份愈加明晰，与之相关的法律、制度越来越健全、完善，将之进一步明确为“中国特色社会主义参政党”是符合时代进步要求的。政治身份的转变与明确也深刻影响了民主党派的党建工作，主要体现为从先天不足到逐步完善的过程。具体而言，民主党派从中间党派时期的基本没有党建，转变为参政党时期特别是新时代以来党建工作日益规范化、制度化、科学化。这一转变，有民主党派自身的不断努力，更有中国共产党一以贯之的领导、带动和支持、帮助。可以说，中国共产党对民主党派的政治引领、组织发展与制度健全的支持和帮助，对民主党派的发展至关重要，而民主党派的发展进步也迫切需要中国共产党的政治领导和示范引领。在新时代背景下，中国共产党全面加强党的领导和党的建设的同时，帮助参政党加强自身建设，既是中国共产党与各民主党派风雨同舟、通力合作的光荣历史传统的传承和发展，也是各民主党派在新时代继续发挥作用的必然要求，这是历史规律的启示。遵循历史规律是中国共产党领导的多党合作制行稳致远的一个必要条件。

三、实践逻辑：以问题为导向

理论转化为实践，是理论的目的。只有历史照进现实，才能开创未来。参政党建设在现实中如何实践，存在哪些问题，是本课题调查研究的重点。

通过调研我们发现，各民主党派在思想政治建设上均把始终坚持中国共产党的领导放在首位，坚持把政治学习摆在思想建设的首位，通过形式多样的学习教育和学习实践活动，不断增强“四个意识”、坚定“四个自信”、坚决做到“两个维护”，夯实与中国共产党亲密合作的思想政治基础，坚定不移地走中国特色社会主义政治发展道路。

在履职能力建设上，坚持把提升参政议政本领作为履职尽责的重要抓手，紧扣大局与党委政府的中心工作，完善工作机制，整合内外资源，发挥整体优势，深入开展调查研究，充分利用政协平台建言献策，坚持不懈、持之以恒地做好社会服务工作，切实提高社会服务的针对性和实效性。

作风建设有显著提升，主要体现为各民主党派的各级党组织大部分都成立了监督委员会，并制定了相关监督制度。监督委员会的主要职能是对党内部分后备干部推荐、班子成员述职与评议、组织换届等工作开展监督，这对于加强各党派内部监督，构筑内部监督的规范体系具有重要意义。

在制度建设上，将持续完善制度建设作为强化服务保障的重要内容，自觉遵守制度、严格执行制度、坚决维护制度，着力推进党派工作科学化、规范化、制度化。特别是，“三个文件”[1]和《中国共产党统一战线工作条例》的出台，促使民主党派制度建设更加规范。

在组织建设上，以保质增量为原则，认真贯彻组织发展的指导思想，坚持“三个为主”的方针，有计划地按原则稳定发展，保持整体健康有序的态势。与此同时，通过调研我们发现，组织建设是民主党派存在问题比较多的地方，这些问题既有老问题，也有新问题。

老问题主要有界别趋同化、主体界别弱化、成员构成代表性减弱等。第一个问题，界别趋同化，这一现象普遍存在且改善缓慢。这一问题的存在首先在于部分民主党派在主体发展界别上本身存在交叉。其次在非主体发展界别上，如新的社会阶层、政府机关，各民主党派的发展对象具有较大的同质性，且其基数大，数量增长较快。由此引发了第二个问题，即主体界别弱化，这既是由于民主党派在非主体界别上的发展数量增加所致，也是受其主体界别发展困难的影响。主体界别发展困难一是因为有交叉，导致民主党派在一些共同的主体界别内出现抢人现象；二是因为各民主党派的主体界别本身门槛较高，发展基数不大。因此，民主党派出现的界别趋同化和主体界别弱化，其实是一个问题的两个方面，两者在逻辑上是统一的。由此出发，导致了第三个问题，即成员构成代表性减弱，虽然近年来各民主党派成员学历层次普遍提高，但社会影响大、群众认可度高的代表性人士数量不足。调研中普遍反映，每到民主党派换届选人时，优秀人才骨干缺乏的问题尤为凸显，令人深感“人到用时方知少”。

[1] 《中共中央关于加强中国特色社会主义参政党建设的意见》《民主党派代表人士队伍建设规划(2018~2027年)》《各民主党派中央关于新时代组织发展工作座谈会纪要》。

新问题主要体现为体制内高层次人才发展困境，主要是因为一些公立医院、高校、科研院所、文化系统等一些基层单位片面理解“双带头”和“一岗双责”，一方面，导致一些党外优秀人才出于前途发展的考量，加入民主党派的意愿减弱；另一方面，已加入民主党派的成员因自己的党派身份而遭遇发展瓶颈。由此导致的是民主党派在体制内发展的两难问题：发展新党员难、老党员发展难。另外，还出现了一个新现象，即体制内民主党派成员申请加入中国共产党的要求增多。这也是目前基层的民主党派组织、统战部门和组织部门共同面临的一个亟须解决的实际问题。

从上述对加强参政党建设的理论逻辑、历史逻辑、实践逻辑的梳理中，可以得出以下观点：在新时代，加强参政党建设事关人民当家作主，其重要性不言而喻。在具体实践中，参政党建设总体虽然呈现不断加强和改善的良好态势，但是出现了一些新问题、新情况，与此同时，一些原有的问题依旧存在。这些问题要不要解决、如何解决，要求我们要用历史的眼光、发展的眼光看待问题，以事实为依据，以问题为导向，坚持党的领导，重点发挥中国共产党对推动参政党建设的积极作用。

李源，广州市社会主义学院讲师、新型政党制度理论研究中心副主任兼秘书长。

本文刊于《广州社会主义学院学报》2022年第1期。

论党际民主的程序价值

徐映奇

党际民主是指执政党与参政党以及参政党之间的民主，是民主的原则和精神在党际关系中的反映，由政党制度规范并保障它的实现。在我国，党际民主的反映与实现则集中体现在多党合作和政治协商制度这一制度化形式中。相关研究更多的是停留在党际民主的实体意义研究上，本文力图从程序价值的层面对党际民主作一理论的探讨。

一、程序价值的内涵

程序与实体相对应，是实现目标过程中的先后顺序及其有关的制度性规定。一般而言，实体关心的是目标或者价值，程序关心的是实现目标的步骤与进程。实体民主论认为，民主的要害不是程序，而是一种政治状态，民主政治的核心问题是宪政问题，宪法的具体内容直接反映这个国家的民主程度，也是实现个人权利的根本途径。程序民主论认为，民主就像一个旋转的陀螺，重要的是旋转的过程，民主政治的核心问题是人民的参与过程，这是实现民主的根本途径。简单地说，实体民主论强调人民是否有实质上的民主权利；程序民主论关注人民是否参与了民主的过程。从党际民主角度看，实体意义上的党际民主主要规定其目标与价值，而程序意义上的党际民主主要规定实现党际民主的步骤与进程。

其实，实体民主和程序民主是民主政治的一体两面，也是理解和建设政治文明不可或缺的两个方面。然而“实体民主论”与“程序民主论”的争论却有着深远的意义，表明学者终于跳出了数千年来纠缠不清的民主本体论，把重点转到了过程和关系上，对推动民主理论的发展作出了贡献。

程序价值主要有工具性价值和内在（独立）价值两个层次。工具性价值主要在于程序民主能保障实体民主的实现。一般来说，程序的设置是为了实现实体民主所追求的公正或正义。在这个意义上，程序价值在于保障实体结果的实现，具有辅助性和工具性。内在（独立）价值就是程序本身所体现的公平性和正义性，或者说是程序本身所具有内在的善的品质。一方面体现在对实体规范而言所具有的独立意义上。首先，与实体相比较，程序先行。这主要是指一定实体问题的处理必须在程序框架内进行。就民主制度而言，程序先行就是要先设置程序，没有程序性规范，一切实体规范只能停留在条文上，而不能转化为对社会生活具有影响力的制度。其次，程序问题优于实体问题，是指违反法定程序的行为和主张，即使符合实体的规定，也将被否定。它还意味着在二者冲突的情况下，我们应该选择程序合理而不是实体合理。另一方面体现在运行中能限制权力的滥用，保障公民个人的权利，这是程序内在价值的根本所在。对于程序内在价值的研究，旨在取消程序工具主义。程序工具主义的核心，是强调程序的目的在于为实体服务，即将程序只看作实现实体价值的工具。事实上，程序除了为实体服务以外，还有自身独立的内在价值，可以脱离实体而存在。这种内在价值并不以程序是否能产生好的结果为标准，而仅以程序本身是否具有内在的善的品质为标准。美国法学家罗伯特·萨默斯（Robert S. Summers）首次提出与程序工具性价值相对的“程序价值”（本文称为“程序内在价值”）理论，并分析论证了程序价值的十大内容：参与性统治、程序正统性、程序和平性、人道性及尊重个人的尊严、个人隐私、协议性、程序公平性、程序法治、程序理性、及时性和终结性等，被公认为最早确立程序正义独立地位的理论之一。[1]

二、我国党际民主中的程序价值

民主与程序结合是民主政治发展的必然趋势，民主政治发展的关键是要使民主的程序和机制运转起来，以便那些在宪法和法律中规定的民主权利真正实现。从一定意义上说，对程序价值的重视程度，标志着一个国家政治文明的程度。党际民主中的程序，就是将政党的活动方式和运行机制用具体的规则来保证。程序价值决定着党际民主价值的实现，直接影响着政治文明建设步伐，是党际民主的必然要求。

[1] 陈瑞华．通过法律实现程序正义：萨默斯“程序价值”理论评析［J］．北京：北大法律评论，1998：181-191．

从工具性价值和内在（独立）价值两个层次看，我国党际民主中的程序价值主要有以下六个方面。

程序工具性价值。从实体与程序的关系上看，程序的设置是为了实现实体制度所追求的价值，在此意义上，程序具有辅助性和工具性。我国政党制度的特征是共产党领导、多党派合作，共产党执政、多党派参政，是党际民主的制度化形式。人民政协是我国政党制度实际运作的一个实体性承载体和组织形式，也是发扬社会主义民主特别是党际民主的一个重要机构、场所。共产党和各民主党派创设了合理的协商前提与协商程序（民主协商会、民主座谈会、谈心会等），用制度化的形式赋予协商意见以合法性力量，保证了各阶层的利益诉求进入制度。可见，多党合作和政治协商制度规范并保障党际民主的实现。这种特色政党制度的前提是共产党领导，核心是团结合作，共产党处在“领导”和“执政”的地位，民主党派处在“合作”和“参政”的地位。坚持共产党领导，是保证国家能够沿着社会主义方向前进，各项制度和方针、政策能够符合全体人民的意志与利益的根本条件。共产党与民主党派是平等的，民主党派通过制度化、规范化和程序化参政，能够更好地加强和改善中国共产党的领导。共产党的领导是支持和领导人民当家作主，多党合作则是实现人民当家作主的一种方式，是我国民主政治的重要组成部分。这种合作而非竞争的党际民主是人民当家作主的社会主义民主的本质反映，也凸显我国政党之间的民主性。程序价值就在于保障实体结果的实现，可以最大限度地实现价值目标，没有程序的保障，再好的实体制度也只是一句空话。因此，我国的党际民主是程序工具性价值的集中体现。

程序先行价值。程序先行是指一定实体问题的处理必须在程序的框架内进行，无程序则无实体。以中共中央的《中共中央关于进一步加强中国共产党领导的多党合作和政治协商制度建设的意见》（中发〔2005〕5号文）和《中共中央关于加强人民政协工作的意见》（中发〔2006〕5号文）为代表的一系列多党合作和政治协商的法律制度，将多党合作中权力——权力的配置、合作的程序和合作的方法与内容以制度形式固定下来，使之成为具有稳定性、权威性、连续性和普适性的规则，又通过制度的运行，按照制度的目标，遵循既定的程序，使党际民主发挥调整作用，完成权力配置、利益协调、权利救济，最终实现人们积极有序参与政治生活的规范化目标。从制度设计的角度来看，任何制度必须首先设置程序，没有程序规范，就没有“活的制度”。程序是制度的生命，制度实施的根本在于依程序办事。如果多党合作和政治协商制度没有这些具体的规则及运行程序，有关多党合作的法律与政策的规定就只能是条文的文字阐述，不能成为具体的动态控制，使制度成为一纸空文，这是党际民主程序先行价值的体现。

程序参与性统治价值。政党是民主政治的产物，也是民主政治的高级形式。而民主，从程序内在价值上来认识，不过是人民向政府表达利益的一种方式。在现实社会生活中，政党最基本的功能就是利益表达，是以组织的形式将其所代表的利益群体的利益向政府进行表达。我国参政党不仅参与的内容丰富，能参加国家政权（中央到地方的行政、立法、司法等各个国家机关），参与国家大政方针和国家领导人选的协商，参与国家事务的管理，参与国家方针、政策、法律、法规的制定执行，而且形式多样，能以人民代表身份参加国家权力机关和以人民公务员身份参加各级政府与司法机关工作的方式来实现，也能通过与执政党商讨大政方针等重大问题，参加人民政协，参加基层单位的民主管理等多种方式来实现。这样各民主党派能通过合法渠道及时反映其成员及其所联系群众的意见，将各种不同利益的阶层纳入参政轨道，积极吸纳和引导公民进行政治参与充分地行使各项民主权利，使公民与国家政权在民主化进程中形成相互促进的关系，是人民当家作主的一种体现，代表了一部分社会主义劳动者和拥护社会主义的爱国者参政，因而扩大了社会主义民主的范围，巩固了执政党的执政基础，成为民主制度的一个重要主体。这种参与性统治是自主、自愿而非受强制、被迫的行为，并且具有影响党际民主过程和结果的作用，体现了程序参与性统治的核心价值。可以说，我国的政党制度是中国人民追求人民主权的政治价值理念在社会制度层面的外化，通过多党合作制度和中国共产党与八个民主党派，把最广泛的人民的意见反映和表达出来，保证了人民的利益在决策中得到表达和实现，体现了我国党际民主的特点和优点，丰富了我国政党政治的人民民主内涵，是党际民主程序参与性统治价值的体现。

程序制约监督价值。人民对政府权力的影响和制约具体表现为我国社会主义民主的两种重要的形式：人民代表大会制度与多党合作和政治协商制度。列宁指出："人民如何行使当家作主的权力，对国家机关和行使国家权力人员，按照宪法规定的程序进行监督和合理制约，是关系到国家政权能否掌握在人民手中的重大问题。"[1]就党际民主而言，在一定意义上，我国党际之间保持了适度的张力，使民

[1] 列宁．列宁选集：4卷［M］．北京：人民出版社，1972：635．

主监督有了必要的前提。参政党性质决定了它们在国家政治生活中不可能也不应该具有与执政党完全对立或者直接相抗衡的权力，因此党际民主实行人民内部的充分协商、民主监督、科学决策，并尽可能就共同性问题取得一致意见，集中力量办大事。这样共产党不可能也不应该完全忽视各民主党派的意见、建议和批评的存在。从这个意义上来说，民主党派通过各种“参加和参与”的形式（程序）实现与共产党的合作，进行民主监督，与人大监督及其他监督形式相辅相成，使我国的监督制衡机制更加严密和完善，有效防止了国家主人和人民公仆的易位，防止国家权力的所有者和实际运用者的分离，保证宪法和法律的正确实施与国家重大决策的贯彻执行，是人民行使当家作主权力的重要保障。这是党际民主程序制约监督价值的体现，是程序内在价值的根本所在。

程序公正价值。公正是程序的首要目标。我国党际民主程序的设计以及实施不偏向于参与多党合作的任何一方，体现了程序平等、公开、中立与维持等的价值。公正是一种无条件的权力和机会上的平等，虽然有绝对和相对的区分，但就党际民主而言，无论如何也不能没有平等的政治参与权，即平等地拥有参与政治的权利，并在同等条件下平等地履行这种权力。程序公正价值大小决定着民主本质上的真伪与程度上的高低。多党合作制度中，执政党与参政党在实体上的权力不同，地位有别，但是程序公正价值大。执政党与参政党同为合作者，都享有宪法规定的权利和义务范围内的政治自由、组织独立和法律地位平等，在行政、立法、司法权，中央、地方政权，政权性组织、参政性组织（人民政协），党际协商，基层组织等方面，享有平等的政治参与权，有相对的独立性，从而保证了党际活动在制度和法律面前的平等。协商于决策之前和政协会议召开等党际民主程序，让民众亲眼见到民主正义的实现过程。共产党执政，各民主党派以“一个参加、三个参与”的方式参政，公正地分配了各方的权利、义务和责任，不存在任何的“倾斜”，反映了程序中立价值。中发〔2005〕5号文和中发〔2006〕5号文更是说明了我国党际民主程序一旦形成，就会发挥它的效力，一般来说没有轻易否定其既定内容。这些都是我国党际民主程序公正价值（平等、公开、中立与维持价值）的体现。

程序效率价值。“效率”是一个经济学的概念，是指以最少的资源消耗获取同样多的效果，或以同样多的资源获得最大的结果。这些耗费的资源是指维持党际民主运行所需要的执政与参政资源总和，既包括经济成本，也包括政治成本；既包括短期成本，也包括长期成本；既包括显性成本，也包括隐性成本；既包括存量成本，也包括增量成本。我国良好的党际民主程序是有效率、符合经济合理性的程序，程序中所投入的人力、物力、财力降低到了最低限度，达到了最低程序成本。这种程序为“参加与参与”提供了有效的方式、途径及期限，保障了多党合作的实效，降低了制度运行成本，提高了运行效率。尤其是它以合作、协商、包容代替竞争、攻击、倾轧，团结和调动一切积极因素，保证广泛民主和集中统一以及政治运行的高效率，实现民主与效率的统一，形成中国特色的政党制度的最大优点。政策制定程序上，共产党和民主党派在国家重大问题上通过民主协商，在根本利益一致的基础上，把不同的政策主张整合成共同的政策主张，形成科学决策，集中力量办大事，使得共产党提高了执政效率和降低了执政成本，减少了政治浪费。在政策执行程序上，各民主党派不仅动员自己的政治力量去实现共同的政策主张，还通过民主监督来保证共同的政策主张得到完整准确的贯彻执行。在政策调整程序上，各民主党派不仅在决策之前参与协商，在决策执行过程中还可以就重要问题与执政的共产党进行协商，实行民主监督，提出批评和建议，有利于执政党及时发现问题，调整政策，减少损失。总之，实现了民主与集中、活力与效率的有机统一，是党际民主程序效率价值的体现。

三、进一步发挥我国党际民主的程序价值

“我们的制度不可谓不好，为什么难以表现出足够的优越性？我们的民主不可谓不广泛，为什么广大群众仍缺乏真正的参与？我们的法律不谓不健全，为什么还会产生那么多的知法犯法、执法犯法及各种腐败现象呢？我们的党是一个实事求是的党，为什么在实际工作中存在那么多的虚设、浮夸的形式主义现象呢？……上述问题的存在，不是一个实体性问题，即价值目标是正确的，而是一个程序性问题，即实现价值目标的程序本身存在极大的漏洞。”[1]可以说，在我国民主政治建设所存在的问题中，忽视程序价值，是一个全局性、根本性的问题。我国党际民主有着极其丰富的程序价值内涵，因此，必须进一步发挥我国党际民主程序价值在建设社会主义民主政治中的巨大作用。

程序问题首先是一个观念的问题。制度和程序是要求有关成员共同遵守的规则，它是人们对客观事物运动规律认识的结果，是实践经验的总结。观念是有关成

[1] 韩强．程序民主论［M］．北京：群众出版社，2002：370．

员对现行制度规则的认识和意识。前者是事物的客体方面，后者是事物的主体方面，两者根本不是同一个范畴。但前者贯彻落实的好坏却依赖和取决于后者对它认识和理解的程度，认识、理解得正确、深刻，就会贯彻执行得准确、自觉；反之，结果相反。上述所有党际民主程序价值的发挥都取决于人们对于我国特色政党制度的认识和理解程度。因此，在继续发挥社会主义学院干部教育培训与理论宣传作用的同时，应积极拓宽宣传渠道，在社会上形成全方位、立体式的教育培训与宣传网络。当前，社会上从正面直接宣传执政党的渠道多，力度大，而从多党合作的角度教育宣传的渠道与力度还有些欠缺。各级党校和大中专院校应开设更多、更精的政党制度课程，学术界应加强多党合作学科建设的基础性理论研究工作，广播、电影、电视、报刊等新闻媒体在政治宣传中应有更多的党际民主的声音和文字。

民主是目标，也是过程。在发展我国社会主义民主政治的过程中，在已有的党际民主程序价值实现的基础上，很多深层次的东西还有待进一步挖掘。我国多党合作和政治协商制度的设计本身就有很大的潜能，进一步挖掘其价值，尤其是其程序价值的可能性空间还十分广阔，其中最为重要的是以下两个方面的内容。

第一，党际民主程序制约监督价值有很大的潜能，值得进一步挖掘。在我国当前和今后很长一段时间里，这一价值潜能的挖掘，都应以反腐败和抵制西方“多党制”影响为出发点。腐败是政治之癌，腐败问题无论表现为何种形式、何种特点，最终都可以归结为权力的滥用，而权力之所以会被滥用，关键是因为对权力失去监督和制约。在腐败高发期，就特别容易形成那种照搬西方“多党制”主张滋长的“气候”：政党间制衡形成监督从而避免权力滥用。人民代表大会制度和多党合作制度的完善是最有效抵制、消除西方三权分立制和多党竞争制对我国政治体制冲击的根本保证，因此，保障民主党派的监督地位与监督实效是程序价值进一步开发的目标。

要放大民主监督制约这一价值功能，首先，要提高民主监督的层次。民主监督是高层次政治性的监督，具有组织性监督的特点。要使这种高层次、组织性的监督发挥更大的作用，就要在民主监督以提意见、作批评为主要方式的基础上，在制度、规范、程序等方面提升和开发知情、沟通渠道，疏通反馈和采纳的通道。同时，建立健全与此相关的工作制度，如共产党与民主党派协商会议制度、政府部门与民主党派工作议政制度等。其次，执政党的各级组织和领导干部都要尊重、维护参政党及其成员对他们进行监督的权利，并将此纳入执政党党内民主教育和制度建设的重要内容中，而参政党则要有敢于和善于当挚友及诤友的胆与识。再次，要有民主监督的程序规定，包括对执政党组织和领导打击报复敢于讲真话的党派及其成员的处理规定，使民主监督在事实上不依赖中共党委，特别是所谓“一把手”的开明程度或好恶。最后，在民主监督的力度和效果上进一步延伸其程序价值，要求把人民政协建成在体制内充分发扬社会主义民主的重要场所，将民主监督寓于政治协商和参政议政之中，避免变成事务监督，使政治协商与参政议政、民主监督有机地结合起来，让参政党在这个平台上敢于和善于发表不同意见，从而提高协商和监督的实效性，加大执政党和参政党在政权中的合作力度。总之，在民主监督中必须建立起包括监督者知情权、监督者参与权、监督的具体方式、对监督意见的反馈、监督过程的公开、监督结果的公开、被监督者的义务及责任等在内的较为完备的党际民主程序制约监督价值体系。

第二，我国党际民主程序参与性统治价值是值得深入开发的又一个重要方面。民主党派“参加与参与”的方式均已确定，但如何实现“参加与参与”的具体条件、方式、方法、步骤、时限及责任等程序却没有明确，双方都无法合理预期“参加与参与”的后果，这说明党际民主的参与性统治价值还有很大的程序诉求。例如，票决制民主形式与协商式民主形式的协调统一中，如何有效保障参政党成员在人大和政府这些国家政权机构中的适当比例；国家政权，特别是政府机构及其职能部门的职位分配中，如何解决目前参政党成员正职太少的问题；在比例适当分配的基础上，如何做到参政党成员在一定的职能岗位上既有职又有权，特别是正职如何正确处理充分行使权力与接受中共党委的政治领导的关系问题；在参政党后备干部的选拔、培养、使用等程序建设上，如何将其纳入执政党整体性干部选拔、教育培训和使用计划中的统筹与安排问题等。这些参与性统治价值的程序诉求，是进一步开发我国政党制度潜能的一个重要环节，也是增强参政党成员坚持共产党领导的自觉性、抵制西方“多党制”影响和提高参政党成员思想政治觉悟最实际、最有力和最有效的手段。因为参政党地位与作用越是充分地显现，我国党际民主的特点与优势就越会得到国内外的广泛认同。

因此，在参政议政、政治协商中必须建立起具体“参加与参与”者的选拔或选举程序、“参加与参与”者的任命程序、各种“参加与参与”的时限方法和步骤、“参加与参与”者的权利行使程序、接受“参加与参与”者的义务及责任、何时进行协商、哪些人应该参与协商、协商前应有何种程度的知情、协商的具体形式与方式、协商时发表意见和建议的方式、对所发表的意见和建议的反馈、协商内容的公开与否或者在多大程度及多大范围内公开、协商结果的回告等在内的较为完备的党际民主程序参与性统治价值体系。

总之，在政党政治中，并非只有竞争、轮替才能产生党际民主，合作、协商也是发展党际民主的重要途径。其中的关键就是充分发挥党际民主的程序价值，形成执政党和参政党互动的生动活泼的局面，促进民主政治建设，有效回击外界对中国的“西化”“分化”图谋。

徐映奇，广州市社会主义学院副教授、新型政党制度理论研究中心副主任。

本文刊于《中央社会主义学院学报》2007年第3期。

我国政党协商民主保障机制的内在特质与价值性探析

孟凤英

在我国现行政党政治制度框架内，政党协商民主是我国社会主义协商民主的核心内容，也是多党合作制度的重要内涵，是中国共产党提高执政能力的重要途径。发展社会主义民主政治，必须发展和完善我国政党协商民主。近年来，社会主义协商民主成为党和国家的重要议题，政党协商民主在我国政治社会生活中的作用日益凸显。中共中央《关于加强社会主义协商民主建设的意见》《关于加强政党协商的实施意见》中强调要“加强政党协商”，特别是在《关于加强政党协商的实施意见》中，首次在我国政党协商发展史上提出政党协商的含义、原则和保障机制等，这对于我们学习和研究我国政党协商民主保障机制有着重要的指导意义。

一、我国政党协商民主保障机制的科学内涵

在政治社会学领域，机制是由人们自己创设，并为自己使用的一系列规则、环节、制度、方法、方式等构成的相辅相成的统一整体保障机制，是机制按照功能划分出来的概念，是为管理活动提供物质和精神条件的机制。我国政党协商民主“是中国共产党同民主党派基于共同的政治目标，就党和国家重大方针政策和重要事务，在决策之前和决策实施之中，直接进行政治协商的重要民主形式”[1]。此外，中共中央《关于加强政党协商的实施意见》中还强调工商联和无党派人士参加政党协商。因此，我国政党协商民主保障机制，指为保证我国政党协商民主活动的有效实施和协商目的的有效实现，针对协商民主活动的各个环节，建立有操作性、强制性的具体制度和工作机制，形成对协商民主系统性规范和保障的制度与运行机制。

[1] 中共中央印发《关于加强社会主义协商民主建设的意见》[N]. 人民日报，2015-02-10 (1).

中共中央《关于加强政党协商的实施意见》对我国政党协商民主保障机制作出了四方面的原则性规范，主要包括知情明政机制、考察调研机制、工作联系机制和协商反馈机制等。[1]知情明政机制，是指在我国经济、政治、文化、社会以及生态文明建设的过程中，党与政府的各级职能管理部门在决策前和决策中，适时向各民主党派、工商联及无党派人士等直接提供有关材料、专题报告或者邀请有关部门介绍情况，以便他们及时了解情况、明确发展目标、把握发展方向，质疑问题，共商大事，共同促进中华民族发展进步的保障机制；考察调研机制，是指党与政府的各级职能管理部门为了调动并发挥民主党派、工商联及无党派人士的积极作用，围绕一定时期内经济社会发展的中心工作，由统战部门委托同级民主党派组织就经济社会发展重大问题，结合民主党派、工商联及无党派人士自身特色开展经常性考察调研活动，同时协调有关部门参与调研，最终由各民主党派、工商联及无党派人士代表提出合乎我国经济社会发展要求的提案的一系列组织、协调、保障机制；工作联系机制，是指党与政府的各级职能管理部门的重要工作会议、专项调研、检查督导工作以及有关领导的国内外考察调研和重要事务活动等安排邀请民主党派、工商联及无党派人士列席或参加，保持中国共产党与民主党派、工商联及无党派人士经常联系的一种工作机制；协商反馈机制，是指各级各类需要办理的党际协商意见由同级政府办公厅（室）会同统战部门交付有关职能管理部门，有关职能管理部门在3个月内把有关协商问题的办理情况向同级政府办公厅（室）报告，同时抄送统战部门，再由统战部门反馈给各参政党、工商联及无党派人士的一种管理机制。上述四个方面之间相互作用、相互影响，构成我国政党协商民主保障机制的统一整体，规范我国政党协商民主的发展，促进社会主义民主的科学化和制度化。

二、我国政党协商民主保障机制的内在特质

我国政党协商民主保障机制是新形势下我国社会主义协商民主理论和实践不断发展的产物，是我国多党合作制度的运行和实施取得突破性进展的具体体现，它具有自身的内在特质。

（一）民主性

民主是无产阶级政党始终不渝追寻的目标。我国政党协商民主起源于新民主主

[1] 冷溶．社会和谐是中国特色社会主义的本质属性［N］．人民日报，2006-10-30（9）．

义革命时期，以1949年新政协的召开为形成标志，伴随着中华人民共和国的成立和社会主义制度的巩固得到不断发展与完善。在中国共产党与各民主党派长期合作的历史进程中，民主党派、工商联及无党派人士与中国共产党风雨同舟，不但保障了中华人民共和国经济社会的稳定发展，维护了我国广大人民群众的根本利益，而且促进了我国社会主义民主的发展和进步，不断提高执政党的执政能力与领导水平和参政党的参政能力与参政水平。在我国全面深化改革和落实“四个全面”战略布局的新形势下，中共中央为进一步推动我国政党协商民主的发展而颁布《关于加强政党协商的实施意见》，科学规范了政党协商的内容、形式、程序和保障机制，更加明确了执政党的领导责任，很大程度上保障了民主党派、工商联及无党派人士的民主权益，更好地贯彻了创新、协调、绿色、开放、共享的新发展理念，从侧面反映了社会主义的民主本质。

（二）法治性

我国政党协商民主作为我国社会主义民主的重要形式和政党协商的首要内容，能否在我国政治生活中顺畅进行和发挥应有的民主作用，客观上要求我国社会主义法律制度不断健全和完善，规范我国执政党和参政党在政党协商民主中的地位和职能、权利和义务等，贯彻依法治国的基本方略，体现社会主义国家的法治性。审视我国政党协商民主发展历程中的有关法律法规和制度，虽然我国宪法明确了“中国共产党领导的多党合作和政治协商制度将长期存在和发展”，在改革开放的历程中还颁布了《中共中央关于坚持和完善中国共产党领导的多党合作和政治协商制度的意见》《关于进一步加强中国共产党领导的多党合作和政治协商制度建设的意见》和《中国政党制度白皮书》等法规文件，粗线条地规范了党际协商民主的领导与平台、原则与方针、参与主体和程序等，提高了我国政党协商民主的法制化水平，对于我国政党协商民主有一定的指导作用，但这些文件操作性不够强，不能有效保障我国政党协商民主的实效性，也未能很好地体现社会主义的法治理念。2015年，中共中央颁布的《关于加强社会主义协商民主建设的意见》和《关于加强政党协商的实施意见》，不但科学阐释了政党协商的含义，而且明确了政党协商的保障机制等，强调了中国共产党的领导职能，相比以往关于政党协商的法规，无疑是一个伟大的进步，彰显了中国共产党依法治国的决心和信心，体现了我国政党协商民主保障机制的法治性。

（三）实践性

政党协商民主的议题是随着我国社会政治经济的发展而不断发展变化的，与我国的经济政治社会实践须臾不可分离。无论是关系到我国经济社会发展的重大事项还是重大的人事变动，也无论执政党提出的协商议题还是参政党在协商民主中所提出的意见和建议，都直接来源于我国经济社会发展的现实需要和对我国经济社会发展的实践考察与调研，都有赖于我国政党协商民主保障机制的健全。协商领导是否科学，协商议题是否精准，协商意见和建议是否科学合理、正确务实，协商的保障条件是否合乎实际需要，协商反馈是否及时等，只能由我国经济社会发展的实践来检验，同时政党协商民主的成效也是在实践中检验、在实践中不断提高的，因此，我国政党协商民主的保障机制是不断完善的过程，也是不断实践的过程，具有鲜明的实践性。

（四）和谐性

党的十七大报告指出："社会和谐是中国特色社会主义的本质属性。"[1]在中国共产党领导的多党合作和政治协商制度下，政党关系和谐无疑是确保我国政局稳定和社会主义和谐社会建设的重要方面。因此，在我国社会主义的发展历程中，中国共产党传承并发展了我国政党协商民主，并通过这种民主形式把各民主党派、工商联和无党派人士联结起来，发挥其智力密集的优势作用，为实现中华民族伟大复兴共同奋斗。随着国际、国内形势的日益发展，政党协商民主的内容和形式也在不断变化，它客观上要求执政的中国共产党适时完善管理体制，为政党协商民主的正常运行和效益提升提供物质与精神保障，促进我国政党关系的和谐发展。中共中央《关于加强社会主义协商民主建设的意见》和《关于加强政党协商的实施意见》中关于我国政党协商民主保障机制的相关规定，体现了党实事求是的思想路线，是中国共产党执政能力和国家治理能力不断提高的生动表现，为我国政党关系的和谐发展提供了新载体，也反映了和谐社会的建设要求，具有和谐性特质。

三、构建我国政党协商民主保障机制的价值性

我国政党协商民主是被实践证明了的适合中国特色社会主义发展道路的科学的

---

[1] 孟凤英．我国多党合作制的发展经验与前景展望［J］．马克思主义与现实，2009(3)．

民主形式。改革开放以来，我国政党协商民主的制度不断加强，政党协商民主的作用得到初步发挥，取得了一定成效，但在具体的协商民主运行过程中，我国政党协商民主还存在协商民主制度的操作性不强、协商民主主体地位的不平等、协商民主内容的随意性、协商民主监督的不到位、新闻媒体对协商民主宣传不够等问题。因此，适应我国社会主义协商民主发展的新要求，剖析我国政党协商民主的现实问题，对构建我国政党协商民主的保障机制十分重要。

（一）有利于丰富我国政党协商民主理论

我国政党协商民主理论是中国共产党与各民主党派及无党派人士在中国革命、建设和改革开放的伟大进程中不断总结政党协商民主的实践经验升华形成的，是指导我国政党协商民主实践的理论指南，它主要包括我国政党协商民主的内涵、载体与结构，我国政党协商民主的特征与价值，我国政党协商民主的运行机制与发展路径，我国政党协商民主的发展历程与基本经验等一系列内容。从中不难看出，我国政党协商民主理论若缺乏保障机制这个重要环节和内容，就会在一定程度上制约我国政党协商民主的发展和实践成效。因此，学习中共中央《关于加强政党协商的实施意见》的精神，构建我国政党协商民主的保障机制，必将丰富我国政党协商民主理论，促进我国政党协商民主的实践发展。

（二）有利于完善中国特色政党制度

中国共产党领导的多党合作和政治协商制度是马克思主义的政党理论和统一战线理论与中国实际相结合的产物，其基本特征是共产党领导、多党派合作，共产党执政、多党派参政，基本方针是“长期共存，互相监督，肝胆相照，荣辱与共”[1]。中国特色政党制度的这些原则性规定都很科学，体现了理论的概括性，但在实践操作中也反映出一些缺陷，影响了政党协商民主的实效，如我国政党制度虽然明确了共产党执政、各民主党派参与国家重要事务和重大方针决策的规定，但还没有具体的法律法规明确哪些国家事务和政策需要进行民主协商、谁能参与协商、由谁最终确定协商的议题、协商会主持人的资格是什么、协商结果如何表决等，导致有关部门对协商原则的解释主观随意性比较大，民主党派和无党派人士参与各项事务的商议及决策，分工不明确，责任易推诿，权利无保障，最终流于形式，达不到预期的协商效果，进而影响民主决策。因此，习近平总书记

[1] 孟凤英．我国多党合作制的发展经验与前景展望［J］．马克思主义与现实，2009 (3)．

在2015年中央统战工作会议上强调："要从制度上保障和完善参政议政、民主监督，探索有效形式。"[1]落实中共中央关于加强政党协商的若干规定，构建我国政党协商民主的保障机制，有针对性地解决上述一系列现实问题，提高政党协商民主的实效性，进一步健全和完善中国特色政党制度，促进我国社会主义协商民主的发展。

（三）有利于促进党际和谐和"四个全面"战略布局的实施

党际和谐作为社会主义和谐社会的重要组成部分，对于维护我国社会和政治稳定、贯彻和落实"四个全面"战略布局起着至关重要的作用，政党协商民主是以中国共产党为主导的协商民主，既符合我国社会主义民主的本质要求，又体现了中华民族"和而不同、兼容并蓄"与"导民使言、兼听纳谏"的优秀文化传统[2]；既合乎世界历史发展潮流，又体现了我国社会发展的内在要求，具有鲜明的中国特色。"四个全面"战略布局是以习近平同志为核心的党中央立足我国发展实际，坚持问题导向，为推动解决我国面临的突出矛盾和问题而提出的治国理政方略，要落实"四个全面"战略布局，维护社会稳定发展，客观要求我们正确处理好我国政治生活中的各种关系，其中党际关系居于首位。因为参政党是"各自所联系的一部分社会主义劳动者、社会主义建设者和社会主义爱国者的政治联盟"[3]，是与中国共产党通力合作、共同致力于社会主义事业的亲密友党，是中华民族凝聚力和战斗力的重要组成部分。处理好党际关系的最佳途径是搞好政党协商民主，维护并保障好各个政党的各项民主权益但政党协商民主既需要坚实的物质保障，又需要科学的精神保障，不能停留在形式上。审视我国政党协商民主的以往现实，无论是高层还是低层，都缺乏一套系统的保障机制，特别是县处级及其以下单位和部门，政党协商民主流于形式，在一定程度上弱化了政党协商民主的效益，不利于党外人士积极性的发挥，不但影响社会的和谐发展，而且在某种程度上制约"四个全面"战略布局的实施成效。因此，贯彻落实《关于加强政党协商的实施意见》，构建我国政党协商民主的保障机制，不但能够保障和推动政党协商民主实践，促进党际和谐和"四个全面"战略布局的实施，而且有利于促进执政党的建设。

---

[1] 马占成．巩固发展最广泛的爱国统一战线 为实现中国梦提供广泛力量支持［N］．人民日报，2015-05-21 (1)．

[2] 卢兴．协商民主与中华优秀传统文化［N］．光明日报，2015-04-05 (7)．

[3] 刘洁．论民主党派的进步性和代表性的政治价值［J］．长白学刊，2010 (2)．

综上所述，我国政党协商民主的保障机制是政党协商民主常态运行的重要环节，只有建立健全有效保障机制，才能解决政党协商民主实践面临的问题，进一步提高我国政党协商民主的实效性。

孟凤英，广州大学马克思主义学院教授、广州市社会主义学院新型政党制度理论研究中心特约研究员。

本文刊于《广西社会主义学院学报》2016年第4期。

浅析社会转型期参政党的价值观建设

李 玲

价值观是社会主体在认识和改造世界过程中所持立场、观点和态度的总和。在建设中国特色社会主义的伟大实践中，价值观作为精神生活中深层的、起主导作用的因素，决定着人们对实践活动的认知和态度，进而决定着人们在这一实践活动中的作为和贡献。参政党是建设中国特色社会主义事业的重要力量，因此，加强参政党的价值观建设，具有特别重要的现实意义。

一、社会转型期参政党价值观建设的必要性分析

随着改革开放和市场经济的不断推进，我国发生了重大的社会转型，这种转型主要表现在利益分配格局的调整和相应社会结构的变化，以及由此必然导致的社会价值观的变迁上。在中国社会转型的过程中，市场经济对参政党成员价值观的作用犹如一把双刃剑。一方面，它强化了参政党成员的民主自由、公平正义、竞争进取、创新效率等观念，丰富了参政党成员的价值观内涵。另一方面，它带来许多消极的影响，如市场经济运行中衍生的某些消极因素，促使唯利是图、拜金主义、金钱万能、享乐主义、物质至上、利己主义在某些参政党成员中蔓延，使部分成员的价值观产生负面裂变。

一是思想认知模糊化。由于历史和成长环境的差异，相对于老成员而言，新时期加入民主党派的成员，由于既无老一辈民主党派成员与中国共产党风雨同舟、患难与共的经历和体验，在党派组织中接受教育、经受锻炼的时间也有限，他们所受到的教育及思想影响往往更多地倾向于西方的政治理论和实践，对中国特色的政党制度存在许多困惑和疑虑。部分新成员对民主党派的历史和优良传统了解不深，对民主党派的性质、地位和作用认识模糊。有的新成员则是不能全面客观地观察和分析问题，对我国在改革开放和建立社会主义市场经济体制过程中衍生出的一些经济

和社会问题，习惯以偏概全，甚至因良莠难辨而对理想信念产生了动摇。

二是政治生活庸俗化。市场经济意识一定程度上的“泛化”，使部分参政党成员的价值取向更多地趋向于个人利益。现实中，一些党派成员将经济活动中的等价交换原则带入政治领域。有的成员则带着功利的动机加入党派组织，并习惯用功利的心态看待和寻求政治实职安排。由于加入党派前期望值过高，一旦在政治实职安排等方面不能如愿，就容易形成不同程度的失落感，个别成员的政治态度马上就会出现巨大的反差，政治热情一落千丈。

三是个人利益高置化。受社会转型期各种因素的影响，过去占主导地位的价值观念体系被逐步打破，但新的、适应时代要求的价值观念体系尚未成熟，这给部分参政党成员的价值判断带来了混乱。一些错位的价值理念反映到日常活动中，具体体现在部分成员习惯把个人利益置于党派利益之上，较多地关心职务荣誉所带来的权利和待遇，看重政治报酬，看轻责任和义务。

四是行为模式双重化。现实中，有的党派成员习惯以双重价值标准观察社会、评判事务。在待人接物上，要求他人先人后己、无私奉献，而自己则先己后人，甚至为了个人利益不惜牺牲他人利益。与老一辈领导人所推崇的“有诸己而后求诸人，无诸己而后非诸人”的价值取向背道而驰。

二、社会转型期参政党价值观建设的原则要求

德国社会学家马克斯·韦伯认为：“一切历史个体在逻辑上不可避免地根植于‘价值观念’。”面对思想观念出现的新情况、新问题，参政党必须结合时代特点，以科学的价值定位和价值取向为准则，积极有效地推进参政党的价值观建设。

1. 充分突出社会主义核心价值体系对参政党价值观建设的导向作用

价值导向，是被社会群体或个体确认为追求方向的价值取向。由于在社会生活中居于主导地位的社会价值体系，能够主导和支配人们的思想观念、道德追求与行为规范，能够保障社会政治制度、经济制度、文化制度的稳定和发展。所以，每一个国家和社会都会有自己的主流价值导向。中国共产党作为我国的领导党和执政党，一贯重视主流价值对全社会的引领作用，2006年10月中共十六届六中全会提出了“建设社会主义核心价值体系”这一重大命题。2007年10月中共十七大将“建设社会主义核心价值体系”写入报告，并明确提出：要建设社会主义核心价值体系，

积极探索用社会主义核心价值体系引领社会思潮的有效途径。社会主义核心价值体系是社会主义意识形态的本质体现，而“意识形态是合法性资源结构中最为基础的部分，其作用在于培养人们对政治权威的认同，为政治权力的合法性提供理念上的基础”。[1]从当前参政党成员的价值观变化特点来看，处在传统社会向现代社会转型时期，在改革开放的时代背景下成长起来的年轻一代，其价值取向具有明显的时代性、多样性、差异性等特点，具体表现为：传统与现代交汇，东方与西方兼容，高尚与世俗同在，利他与利己并存。面对这种情况，参政党必须真正体现“合作党”的政治风范，在尊重差异、包容多样的同时，强化国家主流价值导向，坚持以社会主义核心价值体系引领各党派的价值观建设，并把它贯穿到理论宣传、教育培训、组织建设和履行职能等各个环节中。

2. 充分体现社会主义核心价值理念与参政党价值观建设目标的一致性

在当今中国，各民主党派都是中国共产党领导的多党合作制度中的参政党，其目标是致力于中国特色社会主义事业。中共中央2005年颁发的5号文件，将21世纪新阶段民主党派的性质表述为三句话：“民主党派是各自所联系的一部分社会主义劳动者、社会主义事业建设者和拥护社会主义爱国者的政治联盟，是接受中国共产党领导、同中国共产党通力合作的亲密友党，是进步性与广泛性相统一、致力于中国特色社会主义事业的参政党。”各民主党派高度认同这一界定，并先后在各自的章程中公开表示：要坚持以邓小平理论和“三个代表”重要思想为指导，深入贯彻落实科学发展观，坚持中国共产党的领导，坚持社会主义初级阶段的基本理论、基本路线、基本纲领和基本经验；要大力加强自身建设，把自己建设成为接受中国共产党领导、同中国共产党亲密合作、共同致力于中国特色社会主义事业的参政党。显然，民主党派的性质地位和目标追求与社会主义核心价值体系的价值内涵，即马克思主义指导思想、中国特色社会主义共同理想、爱国主义的民族精神和改革创新的时代精神、社会主义荣辱观等四个方面的内容具有高度一致性。因此，参政党价值观建设的基本原则必须与社会主义核心价值体系保持一致，其核心内容必须充分体现核心价值体系的普遍要求，即把中国特色社会主义共同理想、接受中国共产党领导的高度自觉、对中国特色政治制度和政党制度的普遍认同作为主要内容，渗透到参政党价值观建设的各个层面。

---

[1] 吴辉．政党制度与政治稳定：东南亚经验的研究［M］．北京：世界知识出版社，2005：61．

3. 充分彰显参政党价值观建设的自身特性

在现代政治学理论框架中，任何政党都有其自身内在的利益诉求和对社会政治生态等方面的判断与认知，这些诉求与认知构成了政党的价值观，并具体反映在政党的章程、纲领及宣言中。在价值观念多元的状态下，一个政党如果没有自己的政治理念和价值理念，就难以形成这个政党所需要的核心精神，没有核心精神便无法校正其前进的方向，也不会有凝聚力和向心力，更不会有坚定的信仰和信念。总而言之，政党自身的核心理念是政党的生命之魂和行动指南，它决定着政党的自我定位和发展方向。

尽管民主党派与中国共产党有共同的政治基础和根本利益，在自身建设等方面也有不少共通之处，但它们毕竟是性质不同的政党。周恩来就曾经说过："如果各民主党派的思想作风都和共产党一样，又何必有这几个党派存在呢？"他还强调指出，"它们都有各自不同的对象和特点。不仅在现在的社会主义建设时期，就是社会主义建成以后，由于成分来源的不同，人们的思想动态还会有不同。"[1]可见，探索建立以国家主流价值理念为主导原则的、具有参政党自身特色的核心价值观，符合中国的历史与现实，也符合中国政治发展的方向。目前，学界对于是否需要构建参政党的核心价值观，基本上已达成共识，但对于参政党核心价值观的内容，却是见仁见智。为了保证参政党价值观建设的可行性和有效性，参政党价值观建设必须遵循普遍性与特殊性相统一的原则，一方面要坚持国家核心价值的引领作用，充分体现社会主义核心价值体系的理念内涵；另一方面要充分考虑参政党的历史传统和现实定位，以及参政方式和参政规律，彰显参政党的自身特性，以进一步激发参政党的潜能与活力。

三、社会转型期参政党价值观建设的路径探索

参政党价值观建设，是一项长期的战略任务，也是一项复杂的系统工程，它不仅需要价值主体的自身努力，涉及参政党自身建设的方方面面，而且与宏观的社会政治环境紧密相连，涉及外部环境的配合与支持。目前，仅从自身视角考察，参政党价值观建设应着重从以下三个方面切入。

---

[1] 中共中央统一战线工作部，中共中央文献研究室．周恩来统一战线文选［M］．北京：人民出版社，1984：163．

1. 找准思想建设的切入口，把党派史作为提高政治认同的重要载体

中国共产党领导的多党合作和政治协商制度是我国的一项基本政治制度，它是中国人民包括各民主党派的历史选择。民主党派在与中国共产党长期合作过程中，形成了坚持爱国主义、社会主义；坚持接受中国共产党领导，同中国共产党亲密合作；坚持加强自身建设、不断进步，以及勇于承担社会责任、甘于奉献的精神传统和价值理念，这些都是民主党派开展价值观教育活动的宝贵资源，是参政党价值观建设的重要内容。目前，改革开放后加入民主党派的新成员已占成员总数的90%以上，一批出生于中华人民共和国成立后、成长于改革开放年代、20世纪90年代前后加入党派的中青年干部已走上各级领导岗位，成为各级领导班子的主体力量。身处多样、多元、多变时代的年轻一代，如何继承和发扬民主党派前辈与中国共产党风雨同舟的优良传统，保持民主党派的政治方向不变、政治信念不变、优势和特色不变，是参政党思想建设面临的新问题。参政党要大力挖掘、提炼并传承民主党派的优良传统，而加强党派史教育，正是参政党开展思想建设、坚定成员政治信念的重要切入口。通过党派史教育，第一，可以使广大成员了解自己党派形成、发展并逐渐成熟的历史，加深对民主党派性质、地位和作用的认识，从而明确自己的使命与责任，提高履行职能的自觉性和主动性；第二，可以使广大成员充分了解我国多党合作制度形成和发展的历史，增强自觉抵制西方多党制、议会制以及各种错误思想的意识；第三，可以增强广大成员对民主党派进步性根源的理解，形成接受中国共产党领导的自觉意识，巩固同中国共产党团结合作的思想政治基础；第四，可以进一步加深广大成员对民主党派前辈优良传统精髓的认识和理解，树立正确的价值观和人生观。由于“人们的价值观念与行为实际取向的一致是社会得以正常运行和发展必要的条件”[1]。因此，只有参政党自身政治思想的主旋律与执政党的指导思想和理论基调相协调，才能在政治实践中同执政党高度保持一致，共同推进中国特色的民主政治进程。

2. 搭建理论建设的平台，提升广大成员的理论素养

理论是实践的导引，一切问题的解决首先要从理论上得到阐释。新时期参政党价值观建设归根结底是对“建设什么样的参政党，如何建设好参政党？”这一带根本性问题的理论探索。要通过理论研究和理论学习两个平台，加强理论建设，不断提升广大成员的理论素养，为参政党价值观建设夯实理论根基。

---

[1] 李钢．社会转型代价论［M］．太原：山西教育出版社，1999：196．

首先要加强理论研究。执政党的理论建设经过长期的革命和建设实践，已经日益成熟。相比较而言，参政党的理论建设目前仍处于探讨和初创阶段，理论研究的滞后非常不利于参政党的进步和发展。因此，参政党在价值观建设过程中，要注意借鉴世界政治文明的有益成果和中共党建的成功经验，紧密结合自身特点，深化对本党派历史方位、纲领目标、参政方式和参政规律的认识与研究，构建一个能真正体现自身特色的参政党理论体系，以便更加有效地促进参政党的发展和进步。

其次要强化理论学习。理论学习与价值观建设有着密不可分的关系，我们知道，人的高尚品格和正确价值理念并不是与生俱来的，而是通过后天学习获得的。通过学习提高广大成员的理论水平，这既是成员自身发展的基础，也是价值观提升的理论载体。理论上的成熟是政治上坚定的基础和保证，也是一个政党自我意识深化、政治上成熟的重要标志。邓小平曾经强调："人的因素重要，不是指普通的人，而是指认识到人民自己的利益并为之而奋斗的有坚定信念的人。"[1]广泛提升参政党成员的马克思主义理论水平，可以增强政治鉴别力和政治敏锐性，增强信念和信心；可以更好地区分多元价值取向中积极、合理的成分与消极、不合理的成分，有针对性地加以评判和选择，把多元价值取向融合于一元价值主导的共同理想中。

3. 严把组织发展的质量关，优化成员队伍结构

组织建设是参政党自身建设的基础和载体，也是政党组织功能和凝聚力的综合反映，直接影响到参政党的政治面貌、社会形象和作用发挥。参政党通过加强组织建设，尤其是通过把好组织发展的质量关，可以在一定程度上解决党派组织发展过程中存在的一些突出矛盾和问题，优化成员队伍结构，为参政党价值观建设夯实组织根基。

第一，严格组织发展的标准。在组织发展中坚持高标准严要求，是参政党坚持正确政治方向的必然要求，也是提高参政党自身素质和参政能力的迫切需要。民主党派不同于一般的群众团体，是参政党，肩负着参政议政、民主监督的重要职责，其作用的发挥在很大程度上取决于成员的综合素质和政治才华。因此，在组织发展过程中，为了保证质量，必须处理好质量与数量，发展与巩固，重点与非重点的关系，严格按照1996年《关于民主党派组织发展座谈会纪要》提出的标准，着重发展综合素质好、知识层次高、有代表性、有一定参政议政能力的中青年知识分子。由

[1] 邓小平. 邓小平文选：第三卷［M］. 北京：人民出版社，1993：190.

于不同的价值观念和政治取向，必然反映到现实的政治生活中。大批有理想抱负、有素质能力的中青年被吸收到党派后，必然会通过参政党的各个平台和阵地，实现自己的政治追求，从而使民主党派能实实在在地承担起参政党的重大政治责任。

第二，完善组织发展的程序。做好民主党派组织发展工作，程序化建设必不可少。首先，为了保证发展对象的质量，在组织发展中，必须严格按照各党派章程中的现有规定，执行先考察后吸纳的组织程序。其次，要尽快把各党派组织发展全过程的每个环节、具体要求以及在实践中行之有效的经验和好的做法加以提炼归纳，不断完善和规范组织发展的程序，以适应形势的发展和参政党自身的变化。

第三，加大新成员的培训力度。对新成员进行教育培训，是提高参政党政治思想素质的最直接的途径，也是引导党派成员树立正确价值观的有效方式。要通过举办培训班、座谈会、研讨会、知识竞赛等方式，加大对新成员的培训力度。组织他们学习本党派章程和历史，学习统战知识，学习民主党派知识，明确参政党成员应当承担的责任和义务，端正入党动机，增强政党意识，坚定走中国特色社会主义政治发展道路的信念与信心。

李玲，广州市社会主义学院副教授、新型政党制度理论研究中心副主任。

本文刊于《广东省社会主义学院学报》2011年第2期。

略论参政党的民主监督

崔 珏

在政治领域里，监督的实质是对公共权力即国家权力的控制和约束。关于如何对公共权力进行制约，18世纪的法国思想家孟德斯鸠提出："要防止滥用权力，就必须以权力约束权力。"这一理论的合理内核毋庸置疑，但社会发展到今天，各国复杂的政治问题和社会关系势必要求监督制度、监督形式更加丰富、多样。针对我国的现实状况，对公共权力进行监督，必须包括对权力的授受、运作、功效等方面实施全方位的控制、评估、警示和纠补，必须健全国家权力的自我约束和外部约束，必须注重社会各界的监督参与。也就是说，监督形式不仅有以权制权，还应包括社会各界以民主权利对权力开展的各种制约。民主党派在多党合作制度中开展的民主监督，就是其中层次较高、受到执政党和政府高度重视的一种以权利制约权力的监督形式。

一、参政党民主监督：从权利出发的社会监督和以制度为依托的政治监督

民主监督是中华人民共和国成立后民主党派存续的重要原因，也是当今参政党的两大职能之一。但参政党民主监督作用的弱化，令人们对这一职能的定位问题一直存在各种争议，有学者直指问题关键，提出"权力还是权利"的思考。[1]

一般而言，按照监督的主体划分，一国之内的监督有国家监督和社会监督两类：一是国家监督，其监督主体包括国家立法机关的监督、司法机关的监督、行政机关（行政监察机关、行政职能机关、上级行政机关、行政主管部门等）的监督等；二是社会监督，其监督主体包括在野党、社会团体、群众组织、利益集团、新

[1] 朱世海．权力还是权利：对民主监督的理论思考［J］．新视野，2006(6)．

闻媒体、公民个人等。前者是从权力出发的监督，往往引起某种法定程序或导致某种法律后果；而后者是从权利出发的监督，一般是提出批评、建议、抗议、申诉、检举等，没有处理的权力。[1]前者表现为“以权力制约权力”，后者表现为“以权利制约权力”。

我国政党体制下不存在在野党、反对党，民主党派是与中国共产党长期合作的参政党，但参政党不是国家机关，其监督没有充分的权限，不是权力的行使者，其提意见、作批评的监督方式理应属于从权利出发的社会监督，它是人民民主权利的体现。我国宪法明确规定，中华人民共和国的一切权力属于人民。人民在国家政治生活、经济生活、文化生活和社会生活的各个方面依法享有选举权和被选举权、知情权、参与权、表达权和监督权等。这些是不受民族、种族、性别、职业、家庭出身、宗教信仰、教育程度、财产状况等差异限制的平等权利。民主监督权是宪法和法律赋予每个公民包括参政党的合法权利。由于民主党派的民主监督来自多党合作制度中的“长期共存，互相监督”，涉及与掌握公权力的执政党之间的相互关系，因此互相监督的定位看起来包含权力监督和权利监督等多重属性。对此，2005年颁布的《中共中央关于进一步加强中国共产党领导的多党合作和政治协商制度建设的意见》已有明确规定：“中国共产党与民主党派实行互相监督。这种监督是在坚持四项基本原则的基础上通过提出意见、批评、建议的方式进行的政治监督，是我国社会主义监督体系的重要组成部分。”由此可见，执政党与参政党之间的监督，均属于从权利出发、以批评和建议方式进行的监督。

由于参政党的民主监督权利具体来自我国的基本政治制度——中国共产党领导的多党合作和政治协商制度，因此，如果按照内容划分，民主监督又属于政治制度框架内政党之间的政治监督。当今世界大多数国家里，非执政党对执政党的监督是普遍现象。在实行竞争性政党政治的国家，非执政党主要表现为在野党或反对党，这些政党虽然没有执掌行政权力，但在议会中仍占有一定席位，它们以法律为依据，对权力进行监督和制约。我国实行合作性政党制度，民主监督是多党合作制度的价值和功能之一，也是多党合作制度赋予参政党的基本职能，它要求参政党以诤友的身份对执政党及国家的方针政策、各项工作提出意见、批评和建议，促进公共决策的科学化、民主化。参政党拥有较高的政治地位，其民主监督是以国家基本政治制度为依托，以国家政府系统为活动平台的有组织的体制内活动，其影响力自然

[1] 吴丕，袁刚，孙广厦．政治监督学［M］．北京：北京大学出版社，2007：20．

不能等同于其他社会监督，而是在与执政党通力合作的基础上，在参政的独特空间内对执政党和政府进行的高层次的政治监督。

值得进一步思考的是，我国相关文件、研究成果在论及民主党派的民主监督时，通常注意强调民主党派对中国共产党的监督“与竞争型政党制度中反对党和在野党通过权力制衡、相互掣肘甚至相互攻击、街头抗争等方式对执政党进行的钳制有着本质的区别”[1]，强调民主监督与西方国家的政党制衡是根本不相同的，“西方的政党制衡理论不适用于我国的社会主义民主政治建设”[2]。诚然，我国执政党和参政党之间是合作型政党关系，有特定的政治原则、共同的政治目标，参政党在监督形式上也不同于国外的在野党和反对党，但作为对权力的一种制约，中外政党监督应该存在某种内在一致性。西方在野党、反对党的活动在主观上是为了夺取执政权，在客观上则起到了帮助执政党修正政策失误、降低社会发展成本的作用。另外，有一些国家，如荷兰，执政党和反对党开始寻求将国家利益置于第一位的“共识民主”，用合作协商代替激烈冲突，其政党监督的形式尤其值得我们关注。总之，全面分析中外政党监督的异和同，相互借鉴一些工具性的运行机制，有助于民主监督权利的有效行使。

二、参政党民主监督权利的基本要素

由于权利表现形式的复杂性，人们要全面认识和把握一种权利，通常要分析权利的基本要素。有学者认为，权利的要素包括个体的主体地位、利益、自由、权力[3]；也有学者认为，权利有利益、主张、资格、权能、自由五大要素[4]；还有学者提出权利包括四个必不可少的根本要素，主体的行为意志自由要素、主体的肯定性利益能力要素、社会评价的正当性要素、社会规范的认同和保障要素，这四个要素构成的权利的基本内容，决定了权利最基本的效能属性。[5]这些观点，为我们分析权利现象提供了有益的线索。而落实到一种具体的权利，则需要既从共性上又从个性上进行认识。参政党民主监督权利作为一种有着特定内涵和制度规范的权利，构成其权利体系的基本要素应当包括五个方面：主体的自主性、客体的认同、监督范

[1] 杭元祥．关于民主党派民主监督的几个基本问题［J］．中央社会主义学院学报，2010(2)．
[2] 游洛屏．我国多党合作制度理论体系［M］．北京：中共中央党校出版社，2010：161．
[3] 葛洪义．论法律权利的概念［J］．法律科学，1989(1)．
[4] 夏勇．人权概念的起源［M］．北京：中国政法大学出版社，1992：44．
[5] 菅从进．权利制约权力论［M］．济南：山东人民出版社，2008：38．

围、监督权的依据和准则、监督形式和条件。

（一）主体的自主性

多党合作中互相监督的主体包括执政党和参政党，就民主监督权利而言，其主体是参政党组织及其成员。明确主体地位，有助于参政党及其成员树立权利意识，从人民民主权利以及政党制度赋予的职能的角度充分认识民主监督的价值和意义，掌握有效行使民主监督权利的途径和方式，在制度规范的范围内充分行使这一民主权利。

主体的行为意志自由被普遍视为权利必不可少的基本要素，这种自由包含行为的自主性、选择和决定的自由以及一定程度的自我限制与规范。参政党作为民主监督的主体，其自主性自然十分重要。参政党的自主性主要指组织的独立性、与执政党平等的法律地位、开展活动的主动性。有观点认为，中国各民主党派接受中国共产党的领导，就等于丧失了自主性，其实不然。这种选择本身不仅是选择了自己生存发展的历史机遇，而且使参政党"获得了一种高层次和超脱的政治地位从而可以充分发挥自己的作用"。[1]从执政党方面来看，中国共产党对民主党派的政治领导也不是取代参政党组织上的独立性。李维汉早就指出："我们党对民主党派的政治领导，绝不意味着我们党有超越它们之上的权力，绝不意味着我们党可以把它们当作附属的团体，绝不意味着我们党可以去命令、干涉或者控制它们。因为，各民主党派都有它们组织上的独立性，它们同我们党之间是平等的友党关系。我们党必须承认和尊重它们这种独立平等的地位。"[2]参政党的自主性是民主监督权利不可或缺的要素之一，没有参政党的自主性，民主监督就无法有效开展，多党合作也将名存实亡。

（二）客体的认同

由于参政党的民主监督是政党监督，因此，参政党民主监督权利的客体首先是执政的中国共产党及其领导干部，这是民主监督最重要和最主要的方面。民主党派与中国共产党在长期的中国革命和实践中形成了"长期共存、互相监督、肝胆相照、荣辱与共"的合作关系，其核心内容就是互相监督，尤其是参政党对执政党的监督，对执政党和国家的方针政策、法律、法规的监督，以及对中共领导干部依法

[1] 民革中央《中国的参政党》编写组．中国的参政党［M］．北京：团结出版社，2005：141-142．
[2] 李维汉．李维汉选集［M］．北京：人民出版社，1987：331．

办事、廉洁自律情况的监督。此外，监督权利的客体还包括宪法、法律的实施情况及国家大政方针的贯彻执行情况、政府机关工作人员履行职责的情况等。

在我国政治制度框架内，参政党民主监督权利的有效行使，既要强化主体的自主性和权利意识，也要增强客体对监督的认同即自觉接受监督的意识，将其作为为民执政、治国安邦的必需。作为执政党，中国共产党历来有接受监督的自觉要求。早在1945年毛泽东在与民主人士黄炎培著名的“窑洞对”中就指出：只有让人民来监督政府，政府才不敢松懈；只有人人起来负责，才不会人亡政息。周恩来也提出：“我们一旦取得了全面政权，就带来了一个危险，就有一些人可能会被资产阶级的糖衣炮弹所腐蚀，被胜利冲昏头脑，滋长官僚主义，脱离群众，甚至会出现个人野心家，背叛群众。……这个问题怎么解决？最好的办法是有人来监督。当然，共产党员首先要有党的监督，可是整个党的工作，也还要其他党派来监督。同样，每个党员也要其他民主党派监督。”[1]2004年，党的十六届四中全会明确提出，要把“真诚接受民主党派监督”作为加强执政能力建设的重要举措。由此可见，从某种角度来看，民主监督也是执政党和政府自我约束的一种机制。

（三）监督范围

民主监督是我国监督体系的重要组成部分。根据我国多党合作制度的相关文件，参政党民主监督的主要内容是：国家宪法和法律法规的实施情况；执政党和政府重要方针政策的制定和贯彻执行情况；党委依法执政及党员领导干部履行职责、为政清廉等方面的情况。这种党际之间的政治监督，具有高层次、组织化和范围广泛的特点。

民主监督是在执政党和参政党之间展开的监督，以制度化渠道和国家机关为活动平台，监督内容集中围绕大政方针制定、执政政法行为等问题，必然是高层次、组织化的监督。与此同时，由于这种监督反映和代表着各民主党派成员、各民主党派所联系的群众以及其他社会民众的具体利益，因此，民主监督的视角不仅触及宏观、整体性的大政方针，也直指微观、具体的政策和利益。

（四）监督权的依据和准则

民主监督是人民民主权利的重要组成部分。人民是国家的主人，执政党和政府

---

[1] 中共中央统一战线工作部，中共中央文献研究室．周恩来统一战线文选［M］．北京：人民出版社，1984：351．

都应该自觉接受人民的监督，宪法是民主监督最重要的法律依据。参政党的民主监督权利同时还是我国基本政治制度所赋予的政治权利和职责。在1989年颁布的《中共中央关于坚持和完善中国共产党领导的多党合作和政治协商制度的意见》、2005年颁布的《中共中央关于进一步加强中国共产党领导的多党合作和政治协商制度建设的意见》、2006年颁布的《中共中央关于加强人民政协工作的意见》以及人民政协的章程和相关文件中，都对参政党民主监督的性质、内容、形式等作了明确规定。当然，参政党民主监督要真正成为一种现实权利，就需要不断健全和完善各种具体制度与机制。

在任何社会，一项权利的运行都需要法律、制度的控制和规范。作为我国基本政治制度框架内的民主权利，参政党的民主监督有共同的政治基础，是以“提意见、作批评”的方式进行的。意见和批评可以提到什么程度即监督权利的边界是什么呢？这就是坚持四项基本原则。参政党是与执政党长期共存的亲密友党，所以监督不是以否定执政党的领导地位为目的，而是以帮助执政党改进工作、提高执政能力为目的。

（五）监督形式和条件

参政党的民主监督是从权利出发、以“提意见、作批评”方式进行的监督，其监督形式主要包括：在政治协商中提出意见；在深入调查研究的基础上，向党委及其职能部门提出书面意见；应邀参加人大及其常委会和各专门委员会组织有关问题调查研究；通过政协大会发言、提案、视察调研提出意见、批评和建议；参加有关方面组织的重大问题调查和专项考察等活动；应邀担任司法机关和政府部门的特约人员等。这些形式体现了民主监督权利监督的定位。

我们谈权利常将其与义务联系在一起，从“国事是国家的公事，不是一党一派的私事”的角度来看，参政党民主监督权利是一种责任和义务。事实上，权利与权力也不能截然分开，要使民主监督权利有效行使并能在权力运行中得到应有的尊重和重视，需要赋予民主监督适度的权利如知情权、批评权、质询权等，保障民主权利得到落实，民主监督取得实效。

三、参政党建设与民主监督权利的明晰和保障

在当今中国的政治领域中，参政党民主监督职能的履行还不够充分，未能达到

权利制约权力的效果。究其原因，主要受制于我国民主政治的发展水平和国家监督体系的完善程度，同时也与参政党建设直接相关。参政党建设的水平在一定程度上决定和制约着多党合作的现状和水平，这里从参政党理论、参政党工作机制建设角度对民主监督权利的明晰和保障提出几点思考。

（一）参政党内涵的表述中应体现民主监督内容

根据我国多党合作的制度安排，参政党具有参政议政和民主监督两大职能。而相关制度文本在论及参政党的基本内涵时，常使用“一个参加、三个参与”的概括方式即参加国家政权，参与国家大政方针和国家领导人选的协商，参与国家事务的管理，参与国家方针、政策、法律、法规的制定执行，其中没有体现民主监督的内容。这极易造成人们认识上的矛盾和模糊不清，似乎参政议政工作就是参政党行为的集中体现，甚至认为参政议政内容已基本涵盖了民主党派的全部职能。我们知道，这种理解与多党合作制度建立的初衷并不符合。多党合作的重要内容是互相监督。“为什么要让民主党派监督共产党？这是因为一个党同一个人一样，耳边很需要听到不同的声音。”[1]因此，参政党的内涵应当进一步充实，在“一个参加、三个参与”的基础上加入参政党与执政党互相监督的内容，弥补参政党政党特性缺失的问题，同时为参政党民主监督权利的行使提供充分的依据。

（二）进一步明晰参政议政和民主监督的边界

在参政党两大职能中，由于参政议政涵盖面极广，内容形式丰富，因此，广义上的参政议政几乎覆盖了参政党活动的所有内容。一直以来，民主监督的独立性不强，民主监督权利的行使往往是与政治协商、参政议政结合在一起进行的，协商的过程包含监督，参政议政的过程也是监督的过程。那么，民主监督与参政议政作为参政党的两大职能，有无明确的边界？我们在2011年广州市民主党派基层成员学习班的问卷调查中发现，作为参政党成员，许多学员对民主监督的认识是比较模糊的，多选题“民主党派发挥民主监督作用的基本方式是什么？”64名学员中有53人选择“建言献策”，33人选择“协商讨论”，只有20人选择“提意见、作批评”。

虽然参政议政与民主监督之间具有共通性、互补性，但作为参政党的两大职能，应当有明确的边界，彼此不能相互替代，否则，职能的划分乃至制度的设计就值得我们进一步思考。总体来看，参政议政主要是对大政方针决策前的协商和决策

[1] 毛泽东．毛泽东文集：第七卷［M］．北京：人民出版社，1999：35．

执行过程中提出完善政策、改进工作的建议；民主监督主要是对决策执行行为和效果的督察。参政议政的内容是经济、政治、社会生活中的重大问题和具体利益，广泛体现在公共领域；民主监督的内容则主要是执政党和政府重要方针政策的制定与贯彻执行情况以及党委依法执政及党员领导干部履行职责、为政清廉等方面的情况，集中开展于政党之间。参政议政提出的问题主要属于建设性建议，民主监督则是对存在的问题"提意见、作批评"。

建立和完善民主监督具体制度与工作机制，一般来说，应有权利和现实权利之间差距越小，相关保障制度就越完善。

我们在评价参政党民主监督权利和享有的水平时，不应只看制度文本所规定的权利内容，还应看这一权利的行使是否有具体制度和机制作为依托，是否为监督主体、客体以及社会所广泛尊重和遵循。为此，需要进一步制定和完善相关条例，明确参政党民主监督的性质、内容、对象、途径和方法，明确参政党民主监督的职责与权利，明确各级党委与政府接受监督和对监督作出反馈的责任。要健全监督程序和沟通机制，在知情环节、沟通环节、反馈环节提供具体保障，规范监督行为，使监督的主体和客体有法可依、有章可循，彰显参政党在民主监督中的主体性和自主性。

此外，还应建立民主监督工作机构，实现民主党派向执政党和政府开展民主监督的组织化。现代社会有效的政治参与不仅要依靠制度，还要依托组织。参政党的民主监督虽然属于非权力性的社会监督，但又不能等同于一般的社会监督，它不是自发的、无组织的监督，而是通过规范的组织形式进行的有序的、高层次的监督，具有咨询功能、警示功能、评价功能、制约功能，具有一定的权威性和社会影响力。目前，参政党的民主监督主要表现为个人开展的监督多，以参政党组织开展的监督少，组织在监督中的主体地位不能彰显，制约了监督的政治和政策水平。因此，要探讨在民主党派组织机构中设立民主监督工作部门，逐步推进参政党民主监督的专职化、专业化，使之成为我国社会主义监督体系卓有成效的组成部分。

崔珏，广州市社会主义学院教授、新型政党制度理论研究中心主任。

本文刊于《中央社会主义学院学报》2011年第3期。

关于人民政协制度优势转化为基层治理效能的思考

雷慧敏

中共十八届三中全会首次提出“推进国家治理体系和治理能力现代化”这个重大命题，是坚持和发展中国特色社会主义的必然要求，也是实现社会主义现代化的应有之义。人民政协作为中国共产党领导的多党合作和政治协商的专门机构，是推进国家治理体系和治理能力现代化的重要力量。基层是国家治理的最末端、服务群众的最前沿，而基层治理又是国家治理体系和治理能力现代化的有机组成部分与重要基础。习近平总书记指出，一个国家治理体系和治理能力的现代化水平很大程度上体现在基层。因此，把人民政协制度优势转化为基层治理效能，对推进国家治理体系和治理能力现代化具有十分重要的意义。

一、人民政协参与基层治理的制度优势

基层治理是国家治理的基石，统筹推进乡镇（街道）和城乡社区治理，是实现国家治理体系和治理能力现代化的基础工程。越是在基层，党政工作的要事、民生改善的实事、社会治理的难事，与群众切身利益越密切，需要处理的人民内部矛盾也就越多，就越需要发挥协商民主的作用。人民政协作为统一战线组织、多党合作和政治协商的机构、人民民主的重要实现形式，是社会主义协商民主的重要渠道和专门协商机构，是国家治理体系的重要组成部分，是具有中国特色的制度安排。人民政协在参与基层治理中具有独特的制度优势。

（一）人民政协具有民主协商职能的优势

社会主义协商民主鼓励理性讨论和有效沟通。在人民政协民主协商实践中，要求各党派、各界代表展开理性的讨论和对话，进而达成共识。基层治理方法多元，民主协商就是基层治理最主要的方法和手段。经过70多年的发展，人民政协的民主

协商已经比较成熟，积累了丰富的经验，形成了比较完备的协商民主组织架构、工作规程、运作方式，并且显示出巨大的基层协商民主政治优势。

（二）人民政协具有站位超脱的优势

人民政协既不是权力机关，也不是职能部门，建言献策不决策，参政议政不执政。很少受部门和地方利益的局限，更不会为个人利益所左右，站位超脱、包容性强，能够站在相对客观公正的立场看问题、分析问题，敢于讲真话、说实情，为倾听不同意见和不同声音营造民主氛围，并善于从广泛多元的利益诉求中求同存异、聚同化异，弥合阶层分歧、纾解社会矛盾、凝聚人心共识，这对基层治理发展发挥着不可替代的作用。

（三）人民政协具有智力密集的优势

人民政协人才荟萃、智力密集，素有“人才库”“智囊团”之称，汇聚着一大批各行各业各阶层的优秀人才和精英分子，其中很多还是掌握着先进技术的专家、学者、高级知识分子和社会管理人才，具有明显的专业特长和智力优势。他们对基层治理的复杂性具有一定的认知能力，对基层治理中出现的种种难题具有专业判断的能力，以及建言献策的独特优势。同时，人民政协还能通过各民主党派、社会团体等渠道邀请到顶尖的专家学者、技术人才为基层治理“问诊把脉”，提出有价值、有分量的意见和建议，为促进基层治理现代化提供强有力的民意和智力支持。

（四）人民政协具有浓厚的协商文化优势

在长期实践中，人民政协继承和秉持着协商文化的优良传统，围绕团结和民主两大主题，为各民主党派、人民团体和各族各界代表人士发扬民主、参与国是提供了一个讲真话、道实情、建真言的平台，可以为大力发展基层协商民主提供重要的精神引领。

二、人民政协参与基层治理的基本逻辑关系

党的十九大报告指出：“加强社区治理体系建设，推动社会治理重心向基层下移，发挥社会组织作用，实现政府治理和社会调节、居民自治良性互动”；“打造共建共治共享的社会治理格局”。当前，基层治理离不开各方参与，作为协商民主的重要制度载体、专门协商机构，人民政协参与基层治理具有重要的政治价值和现

实意义。人民政协与基层治理之间有着内在的密切联系，二者在价值取向、内在精神、参与主体和工作内容等方面存在着高度契合。

（一）人民政协协商与基层治理在价值取向上是一致的

在国家治理这座大厦中，基层治理是基石。要实现国家治理体系和治理能力现代化，必须加快推进基层治理的现代化。基层治理现代化是指在基层社会中，通过民主协商、多主体参与，形成一整套维护社会秩序、规范公共权力运行的规则和制度，旨在促进公共利益最大化，满足基层群众公共需求，解决基层社会矛盾和问题，最终实现善治。因此，善治是基层治理现代化的核心价值所在。

协商民主是我国社会主义民主政治的特有形式和独特优势，是以多元政治参与为基础，通过公平、有序的协商创造有序的公共生活和民主政治。协商民主的实质，就是要实现和推进公民有序的政治参与，满足公众的利益诉求，是以公共利益为价值取向的。而人民政协作为专门协商机构，是实施中国特色社会主义协商民主的重要平台和渠道，是制度化的协商民主。人民政协协商的出发点是人民群众利益诉求，协商的程序、技术、平台、机制都是为公共利益服务的。因此，人民政协协商民主的基本价值取向与基层治理的核心目标是高度一致的。

（二）人民政协与基层治理的内在精神是统一的

平等是人类的价值追求，平等的实现需要健全的制度作保障，且平等又作为一种内在精神引导促进制度运行。人民政协运作过程和基层治理都彰显了平等的内在精神，社会主义协商民主是建立在平等的理念基础上的。推进协商民主，必须摆脱等级观念的束缚，让各类政治组织、社会组织及其公民以平等的自信参与到经济社会发展和公共事务决策的民主协商中。此外，基层治理要求主体地位平等化。在传统社会治理模式下，其他主体的行为在政府授权和监管下开展，政府占据主导地位。当前，公民平等、协作意识不断增强，在多元共治的治理模式下，普通公众和社会组织在社会治理中发挥着举足轻重的作用，社会治理各主体的地位更加平等。因此，基层治理中要想发挥多元共治的作用，就必须遵循平等的内在精神。

包容是保证专门协商活动顺利进行的重要文化元素。在协商过程中，协商参与者拥有说话的权利，可以自由地表达自己的观点，但要尊重他人的意见和他人表达的权利。协商就是不同的思想观点在真诚、激烈的讨论中交流、碰撞，进而使参与者深入理解和认识各种不同意见，最终达成共识。人民政协作为专门协商的机构，要遵循宽容、包容的内在精神，兼容和整合各种意见、主张，让每个人的诉求都能得到表达和反映，体现了社会主义协商民主的优越性。而基层治理通过社会资源和决策过程向社会各个主体开放，打破了传统管理的单中心模式，以多中心、多主体的参与，重构了基层社会决策和集体行动的法则，体现出显著的“包容性”。因此，包容也是人民政协与基层治理共同遵循的内在精神。

（三）人民政协协商主体的广泛性与基层治理主体的多元性是相通的

治理是一个多方主体参与、上下互动沟通的管理过程，其权力维度是多元的、平行的。基层治理需要地方党委、政府、社区居民、社会组织、人民群众等多元主体发挥各自优势，履行各自权利和义务，实现政府管理、社会调节和居民自治良性互动，构成“共建共治共享”的治理格局。加强基层治理，人民群众是关键。广大民众对社会公共事务的意见表达、参与评议、积极监督是基层治理主体多元化的表现。

人民政协是集政治协商、参政议政、民主监督、凝聚共识于一体的政治组织，是一个充分尊重广大民众知情权、参与权、监督权的平台，也是民众参与基层社会治理的重要渠道。同时，人民政协囊括了各政党、各阶层、各民族、各宗教的代表以及海内外同胞代表，具有广泛性和包容性。人民政协参与基层社会治理，实现了治理主体多元化，使得社会各界可以发表自己的意见，表达对社会政治问题的观点，积极献计献策，实现上下互动、平等协商，为推进社会主义民主和国家治理发展提供了很好的制度平台，有利于将人民政府制度优势转变为基层治理效能。因此，人民政协协商主体的广泛性正好符合基层治理主体的多元属性。

（四）人民政协协商内容与基层治理事务是相关的

人民对美好生活的向往就是我们奋斗的目标。在新时代，人民需要的内涵大大扩展，不仅对物质文化生活提出更高的要求，还从人的全面发展和社会全面进步的角度提出更多需求，促使民主、法治、公平、正义、安全、环境等方面的需要日益增长。人民的需要，已经从物质文化领域扩大到物质文明、精神文明、社会文明、制度文明和生态文明领域。基层治理旨在提供最基本的社会秩序，实现人民群众的利益最大化。因此，基层治理涉及居民日常生活的方方面面，既要为人民群众拥有更稳定的工作、更满意的收入、更可靠的社会保障、更高水平的医疗卫生服务、更舒适的居住条件提供安全保障，更要创造条件使人民群众参与基层事务管理，表达自己的意见建议，真正实现人民当家作主。

人民政协协商内容具有针对性和时效性，既要聚焦改革发展大事、党政中心要事、民生改善实事、社会治理难事，更要围绕关键小事展开治理，在各地县级人民政协的协商议题中，脱贫攻坚、垃圾分类、污水处理、城市交通整治、拆迁安置等与民生有关的问题位居前列。人民政协让协商议题来自基层、来自人民群众，真正奉行“人民有什么需求，就协商什么”的工作理念。因此，人民政协的协商内容与基层治理涉及的内容、治理的事务是高度吻合的。

三、人民政协制度优势转化为基层治理效能的路径

基层是社会治理的基础和重心。习近平总书记多次强调：“社会治理的重心必须落到城乡社区，社区服务和管理能力强了，社会治理的基础就实了。”城乡社区既是社会的有机组成部分，又是各种社会矛盾和问题的易发地区，属于社会治理的基本单元。推动社会治理重心向基层下沉，可以有效提升社会治理的整体效能。人民政协应充分发挥专门协商机构作用，积极推动自身工作向基层延伸，把人民政协制度优势转化为基层治理效能。

（一）夯实人民政协向基层延伸的工作基础

1. 建立基层组织

要强化县以下的镇街、村居政协组织建设。一要建立镇街政协派出机构。加强基层资源整合、功能对接、优势互补，推进政协组织体系下延。可以在镇街设立以政协联络处、联络组、联络室等为载体的政协派出机构，根据镇街规模和政协委员数量，配备专职的正科或副科级的联络处（组、室）负责人，确定专职或兼职的工作联络员，并保障合法合规合理的职能定位，让政协工作在镇街有人谋事、有人办事。二要建立健全政协委员联系镇街、村（社区）制度。根据政协委员的特长、个人意愿和村（社区）特点，按照就近就便原则，丰富政协委员宣讲团、政协委员工作室、政协委员网格员等服务基层群众的新形式，建立稳定常态、全覆盖、无盲区的政协委员联系村（社区）工作制度。鼓励有一定社会名望、热心公益的政协常务委员或政协委员骨干担任负责人，成立以其命名的政协委员工作室，设立政协委员接待日，执行轮值班制度。同时，定期组织政协委员到联系村（社区）亮明身份，摸清村（社区）的社情民意，感知基层工作痛点难点，让群众经常听到政协“声

音”，看到政协“身影”。三要搭建好镇街协商平台。可依托镇街的党群服务中心、农村文化礼堂、居家养老服务中心等群众“家门口”的空间场所，开辟协商阵地，实现资源功能的有效整合。

2. 完善制度体系

首先，县级政协应及时研究出台镇街政协派出机构的工作规则。具体明确镇街政协派出机构的性质、职责任务、工作制度等相关规定，确保镇街政协派出机构开展工作有章可循、有据可依。同时，镇街政协派出机构应结合自身实际制定与之配套的学习培训制度、工作例会制度、走访联系制度、委员活动制度等。通过建章立制，有效推进基层政协工作制度化、规范化、程序化。其次，基层党委政府应明确和细化基层政治协商的具体内容，将党委政府重大决策、重要决定、重大建设项目、重大民生问题等方面的事项纳入政治协商的范畴。从本地实际出发，把矛盾最突出、群众最关注、任务最紧迫的问题优先列入协商内容，提高协商内容的针对性和协商的有效性。最后，基层党委政府要建立协商成果转化、督查制度。同时，把采纳政协建议、促进协商成果转化落实情况，作为政府部门工作考评的重要内容，加大督查督办工作力度，确定专人跟踪督查，确保办理落实。

3. 优化运作机制

建立健全从提出协商议题、展开协商调研、组织协商活动到落实协商成果等较为完整的闭环流程。改进甄选协商议题的制度机制，议题可由政协委员荐题、党委政府点题，也可向社会公开征集选题。要紧扣协商议题，注重协商主体代表性，组织基层群众、政协委员、部门负责人和相关利益方开展互动交流。坚持“不调研不协商、先调研后协商”原则，联动开展调查研究，推进知情明政。通过运用成果报送、深度调研、跟踪监督等方式，促进协商成果的深层次转化。

4. 丰富协商形式

要推动人民政协协商向基层延伸，需要搭建好民主协商平台，让利益相关各方及政协委员都来参与，倾听他们的诉求和建议。积极探索多种协商形式，可以通过专题会议协商、专题视察协商、民主评议协商、提案办理协商、重大项目协商、重大人事任免协商等多种协商形式，让政协委员履职更接地气，也可以充分运用互联网技术，建立政协工作微信群、QQ群，开设政协委员博客、电子信箱，搭建起政协机关、镇街政协派出机构、政协委员和各界群众之间的交流互动平台，促进政协委员履职更加快捷高效。使政协委员服务辖区经济社会发展上连“天线”、下接“地气”，真正做到“上情下达、下情上传”。

（二）推动政协协商与基层协商的有效衔接

人民政协是专门协商机构，协商是专门协商机构参与基层治理的重要方式。人民政协要突出协商的主责主业，发挥好专门协商机构的作用，以基层协商民主的形式服务广大群众，既要让政协协商与百姓“面对面”、与民意“零距离”，又要为基层治理注入政协元素，通过拓展基层群众参与政协协商的渠道，把各方面人员有序参与纳入基层治理结构，协助党委、政府在决策时寻求到最大公约数，推动基层群众由“张嘴发牢骚”向“理性求共识”转变，基层治理由“干部说了算”向“大家商量办”转变。一是在协商内容的衔接上，要立足人民群众对美好生活的向往，注重选择切口小、关联广、与群众切身利益密切相关的议题作为协商重要内容，让协商更加体现民意、贴近民生、增进民祉；二是在协商形式的衔接上，要通过政协委员“走下去”、基层群众“请上来”的工作思路，立足各地工作实际，打造灵活多样的协商“微平台”，不断增强协商的开放度、参与面，形成人民的事情由人民商量的秩序与氛围，推动协商民主“飞入寻常百姓家”，实现政协协商与基层治理的“全时衔接”；三是在协商机制的衔接上，要紧扣政协参与基层治理的薄弱环节，在议题确立、调查研究、活动组织、成果应用、考核评价等方面，积极探索建立有效制度机制，坚持把群众路线落实到制定调研方案、组织政协委员参与、开展讨论研究、形成调研成果等环节，构建党政领导、政协委员、群众代表三方协商的工作机制，切实把专门协商机构有效嵌入基层治理中。

（三）强化政协委员履职能力

政协委员是政协工作的主体，也是基层治理的参与者和实践者。但在工作实际中，有的委员把“政协委员”当作一种“荣誉”，对履职尽责理解不到位，对政协组织的活动不感兴趣，对提案、调研等工作参与较少，无法发挥其真正联系社会各界、凝聚共识的作用。人民政协要参与基层治理，就必须强化政协委员履职能力。第一，政协委员要对政协工作的重要性有充分的认识。要明确自己的工作职责，提高联系群众的能力，在群众与党委、政府之间架起沟通的桥梁；要主动深入基层，发挥自身的专业特长，加强与群众的积极互动，实现自己负责的专业领域和群众诉求的有效匹配，抓住基层治理中的关键问题，增强对重大民生问题的敏感性，提出有前瞻性、有针对性的意见和建议。第二，通过多种渠道提高政协委员的综合素质。通过召开座谈会、报告会、邀请专家学者举办讲座等方式，加强对政协委员的培训，使其丰富知识，提升理论水平，强化履职意识，主动履行职能，大胆开展工作，提高政协工作实效。第三，强化针对政协委员的考评工作。将群众答应不答应、满意不满意作为评价政协委员工作实绩的重要标准。要看政协委员在履职中能否坚持为民协商，在民主监督中能否切实尽责有为，在社会治理中能否努力促进和谐。

（四）引导公民有序参与基层治理

人民政协作为专门协商机构，应该成为公民表达意见、有序参与民主协商的平台，确保公民有机会、有能力参与基层治理。一要强化基层群众的参与意识和协商理念。大力宣传社会主义核心价值观，增强基层群众的主人翁意识，积极引导其正确认识民主政治和协商民主。同时，开展权利意识、责任意识等专题宣讲活动，激发基层群众的参与热情。二要提高基层群众参与能力和协商素养。在协商治理过程中，尊重基层群众参与治理的主体地位，鼓励其独立思考、发表意见、提出建议，提高其表达问题的能力、协商沟通交流的能力等，培养其协商治理的政治素养。三要营造基层社会的浓厚协商氛围。用人民群众喜闻乐见与通俗易懂的方式宣传党和国家的相关政策，鼓励人民群众以平等、协商的形式广泛参与基层社会公共事务的治理，在全社会营造一种协商治理的文化氛围，从而在公共事务治理中提高基层群众对协商文化的价值认同。

综上所述，在基层治理中，要将人民政协制度优势转化为治理效能，就必须紧紧围绕推进国家治理体系和治理能力现代化的总体要求，坚持和发展好人民政协制度，不断深化人民政协参与基层治理的实践探索，构建程序合理、环节完整的协商民主体系，把人民政协的制度优势转化为基层治理的强大效能。

雷慧敏，广州市越秀区光塔街办事处妇联原副主席、社工师、经济师，民革广州市越秀区基层委员会委员，广州市社会主义学院新型政党制度理论研究中心特约研究员。

实践论

Shijianlun

中国新型政党制度彰显我国制度自信

李博淳

2021年6月，《中国新型政党制度》白皮书的发表，体现了以习近平同志为核心的党中央对统战工作和党派的高度重视和关心，作为党派机关的一员，笔者深感使命光荣，责任重大。《中国新型政党制度》白皮书既是对我国新型政党制度的总结，又是我国继往开来发挥制度优势的宣示。中国新型政党制度是马克思主义政党理论与中国实际相结合的产物，是中国共产党、中国人民和各民主党派、无党派人士的伟大政治创造。它丰富了习近平新时代中国特色社会主义思想，展示了中国特色社会主义政治发展道路的坚定自信，彰显了中国特色社会主义民主政治的鲜明特色，开启了新时代多党合作事业的新征程，提供了人类政治文明发展的中国方案。

新型政党制度具有广泛的代表性。新就新在它是马克思主义政党理论同中国实际相结合的产物，能够真实、广泛、持久代表和实现最广大人民根本利益、全国各族各界根本利益，有效避免了旧式政党制度代表少数人、少数利益集团的弊端。新型政党制度具有巨大的包容性。新就新在它把各个政党和无党派人士紧密团结起来，为着共同的目标而奋斗，有效避免了一党缺乏监督或者多党轮流坐庄、恶性竞争的弊端。新型政党制度具有充分的民主性。新就新在它通过制度化、程序化、规范化的安排集中各种意见和建议、推动决策科学化民主化，有效避免了旧式政党制度囿于党派利益、阶级利益、区域和集团利益决策施政导致社会撕裂的弊端。新型政党制度在中国共产党领导下日臻完善，取得了令人瞩目的成就。在中国特色社会主义步入新时代的历史方位下，回顾新型政党制度的发展历程，对新时代继续坚持和发展这一新型政党制度具有重要意义。

一、中国的国情特点与政党制度选择

历史的经验证明，中国的民主政治建设，必须从中国的基本国情出发，盲目照抄照搬别国政治制度和政党制度模式，是不可能成功的。中国共产党领导的多党合作和政治协商制度，是在中国人民反抗帝国主义、封建主义和官僚资本主义的革命斗争中形成和发展起来的，是中国社会发展的历史必然，是中国共产党和各民主党派及社会各界民主人士的共同选择，既合乎时代发展潮流，又体现了中国社会发展的内在要求，具有鲜明的中国特色，是中国共产党和中国人民政治智慧的结晶，是经得起实践检验的、正确有效的政党制度。

20世纪上半叶，我国政党制度经历了一番曲折和探索过程，在民国初年出现了多元的政党体制，相继成立了300多个政党。1927年，大革命失败后，国民党作为执政党，实行“一党专政”。在国民党独裁统治的22年中，帝国主义横行中国，全国上下到处是白色恐怖，人民生活在水深火热之中。1921年成立时，中国共产党并不具有在全国的领导地位，更不具有执政地位。但是，中国共产党把马克思主义的普遍原理与中国的具体革命实践相结合，提出了新民主主义革命的正确理论、纲领、路线和方针政策，实行了以农村包围城市、武装夺取政权和民主联合阵线的正确主张，团结带领中国人民推翻了三座大山，打倒了国民党的反动政权。在领导新民主主义革命走向胜利的伟大斗争中，中国共产党赢得了中国社会各党派、各阶层、各人民团体和各界人士的信赖和拥护，确立了在中国各种革命力量中的核心领导地位。各民主党派、无党派人士在长期实践中经过比较，自觉地、郑重地选择了中国共产党的领导。1949年9月，中国人民政治协商会议的召开，标志着中国共产党领导的多党合作和政治协商制度的正式确立，中国共产党与各民主党派和无党派人士共同参加中华人民共和国国家政权建设。

新中国成立后，中国共产党在执政条件下进一步加强同各民主党派的团结合作，不断推进多党合作的理论创新和实践发展。1956年，社会主义改造基本完成后，根据中国阶级状况发生的深刻变化，中国共产党提出了“长期共存、互相监督”的八字方针，明确中国共产党存在多久，民主党派就存在多久，中国共产党可以监督民主党派，民主党派也可以监督中国共产党；由于中国共产党居于领导、执政地位，主要是民主党派监督中国共产党。社会主义条件下中国多党合作的基本格局由此确立。1957年后，特别是“文化大革命”（1966~1976年）期间，中国多党合作制度遭受严重挫折。

1978年，实行改革开放以来，根据形势和任务的变化发展，中国共产党明确提出了多党合作是中国政治制度的一个特点和优势的政治主张，确立了中国共产党与各民主党派“长期共存、互相监督、肝胆相照、荣辱与共”的十六字方针，提出了一整套关于多党合作和政治协商的理论和政策，使坚持和完善多党合作制度成为中国特色社会主义理论和实践的重要组成部分。1989年12月，中国共产党与民主党派在反复研究、多次调研、充分协商的基础上制定了《中共中央关于坚持和完善中国共产党领导的多党合作和政治协商制度的意见》（以下简称《意见》），《意见》明确提出："中国共产党领导的多党合作和政治协商制度是我国的一项基本政治制度。"并阐明了多党合作和政治协商制度的一系列重要原则，使这一制度走上了法治化轨道，在我国多党合作和政治协商制度史上具有里程碑意义。1993年召开的第八届全国人民代表大会第一次会议，将"中国共产党领导的多党合作和政治协商制度将长期存在和发展"载入宪法。从此，中国共产党领导的多党合作制度有了明确的宪法依据。2000年12月，在第十九次全国统战工作会议上，江泽民同志第一次将中国共产党领导的多党合作和政治协商制度的显著特征概括为"共产党领导、多党派合作，共产党执政、多党派参政"。这一概括使中国多党合作制度有了更明确的含义，标志着这一制度进入了新的发展阶段。

2002年，中共十六大第一次提出了建设社会主义政治文明的战略目标。从建设社会主义政治文明的高度着眼，中国共产党进一步加强了中国共产党领导的多党合作和政治协商制度的建设，使多党合作制度进一步规范化和程序化。2005年2月，《中共中央关于进一步加强中国共产党领导的多党合作和政治协商制度建设的意见》（中发〔2005〕5号文）发布。在这个文件中，第一次明确提出，"把政治协商纳入决策程序，就重大问题在决策前和决策过程中进行协商"是政治协商的重要原则。还明确了政治协商包括两种基本形式：一种是中国共产党与各民主党派之间的政治协商；另一种是中国共产党与人民政协与各民主党派、各界代表人士的协商。2005年5号文还对政治协商的准备、过程、反馈三个阶段都提出了明确要求。

党的十八大以来，多党合作事业取得新成就，中国共产党领导的多党合作和政治协商制度再上历史新台阶，尤其是在中国特色社会主义进入新时代的新征程中，中国共产党和各民主党派要再接再厉，围绕中国特色社会主义事业向前推进共同努力。党的十八大提出"坚持和完善中国共产党领导的多党合作和政治协商制度，充分发挥人民政协作为协商民主重要渠道作用"。协商民主作为人民民主的重要形式，应该推进协商民主向更大范围、更多层次、制度化方向发展。2018年3月，习近平总书记在全国政协十三届一次会议联组会上首次提出"新型政党制度"一词。"新型政党制度"的概念首次被提出，标志着中国共产党领导的多党合作和政治协商制度进入新阶段。

二、中国新型政党制度的特点和优势

台盟党派由于自身特点，积极参与对台工作，因而更多关注台湾政情、社情。我们看到，台湾的政党关系是恶性竞争、对抗关系，无论是执政党还是在野党，都是从自我党派私利出发，为了选举可以不择手段抹黑对手、打击对手。台湾不同政党在野期间，并不是民主监督的角色，而是充分扮演反对党的角色，为反对而反对，给执政党施政设置重重阻碍，造成政策空转、社会虚耗。长期以来，台湾政党纷争不断，导致民粹情绪高涨、街头抗争频发、社会族群撕裂。台湾这种政党关系无法形成合力推动社会发展，而是对社会产生了极大的破坏力。与之形成鲜明对比的是，祖国大陆新型政党制度在维护社会稳定、促进社会发展方面具有明显的优越性。

中国共产党在新型政党制度中的领导地位，是与各民主党派长期风雨同舟、患难与共，在中国的革命、建设和改革的实践中逐渐形成并确定下来的，是历史的选择、人民的选择，有着鲜明的中国特色。中国共产党就事关国计民生的重大问题在决策前和决策执行中，同各民主党派、无党派人士充分协商，在人民政协同社会各界人士广泛协商下，为党和国家事业发展最大限度凝聚共识、凝聚人心、凝聚智慧、凝聚力量，反映了各界各族人民的共同意愿，实现“最大同心圆”。

改革开放以来，中国多党合作制度得到顺利发展的原因在于：第一，中国共产党和各民主党派都得到宪法的承认和保护，享有宪法赋予的权利和义务范围内的政治自由，并负有维护宪法的责任，组织独立、法律地位平等；第二，中国共产党和各民主党派有着共同的政治基础和奋斗目标，共同致力于中国特色社会主义事业，为实现国家的现代化和中华民族伟大复兴而努力奋斗；第三，中国共产党与各民主党派合作采取“长期共存、互相监督、肝胆相照、荣辱与共”的基本方针得到了很好的贯彻执行。

三、对中国新型政党制度的体会

首先，尊重规律，凸显“实事求是”。1948年，中共中央发布了“五一”劳动节口号，号召“各民主党派、各人民团体、各社会贤达迅速召开政治协商会议，讨论并实现召集人民代表大会，成立民主联合政府”。各民主党派、无党派人士等爱国民主人士纷纷表态，奔赴解放区，自觉接受中国共产党的领导，协商建国，创造了世界上独一无二、和谐发展的政党制度。这是老一辈无产阶级革命家运用马列主义的基本原理同中国的具体实际相结合的产物，当时集合了各界爱国民主人士，代表了最广大人民的根本利益，反映了广大爱国人民的心声。中国共产党领导的多党合作和政治协商制度是历史的选择，符合中国历史发展的规律，也符合各民主党派和无党派人士的意愿。习近平总书记关于新型政党制度的阐述是建立在历史事实基础上的，体现了中共一贯“实事求是”的光荣传统。

其次，新的思想，具有丰富内涵。中国新型政党制度的阐述内涵丰富，至少有三个方面的主要内容。一是我国新型政党制度有深厚的思想土壤，具有广泛的代表性。社会各界在这一政党制度框架内出谋划策，促进了国家发展，维护了国家繁荣稳定，体现出它无与伦比的优越性。二是新型政党关系以中国共产党为中心紧密团结，向着共同目标奋斗。新型政党制度既不是一党制，也与西方的多党制有着明显的不同，尽可能团结大多数，形成最大公约数，各党派同心同行，参政履职，建言献策，为中华民族伟大复兴的中国梦奋斗。三是新型政党制度切合中国国情，有利于科学化民主化决策。实践证明，这个制度是适合我国国情的，已植根于我国土壤，构成了中国特色社会主义制度的一个鲜明特色。在这一制度内，共产党与各民主党派协商议政，通过制度设计，推进和实现决策的科学化、民主化。

最后，新旧对比，彰显制度自信。习近平总书记用“三个新”和“三个有效避免”，深刻揭示了中国新型政党制度与西方政党制度的本质区别。在阐述新型政党制度的时候，特意将之与旧式政党制度进行对比，条分缕析地揭示出旧式政党制度的弊端，亮出了新型政党制度的优势。认为这一制度符合中华优秀传统文化，“是对人类政治文明的重大贡献”。分析透彻深刻，得出结论水到渠成，表现出一以贯之的制度自信。作为民主党派成员，一定按照习近平总书记的要求“把我国社会主义政党制度坚持好、发展好、完善好”。

总的来说，坚持中国共产党领导是我国新型政党制度健康发展的根本保证，提升多党合作制度效能是我国新型政党制度发展的关键所在，提升中国特色社会主义参政党建设水平是我国新型政党制度发展的重要方面，讲好多党合作“中国故事”是我国新型政党制度发展的内在要求。《中国新型政党制度》白皮书的发表将引导各民主党派按照中国特色社会主义参政党的要求，不断加强自身建设，努力提升履职水平，在国家政治生活中发挥更加重要的作用。同时，顺应我国日益走进世界舞台中央的新形势，提升我国多党合作制度国际话语权。

李博淳，台盟广州市委员会四级调研员、广州市社会主义学院新型政党制度理论研究中心特约研究员。

中国现代化治理体系构建中民主党派的参政机制研究

张 颖 林沛勋 刘素燕 杨松才

一、民主党派参政机制模式简析

民主党派在当代中国的政治架构中具有特殊的历史地位和时代功能：从社会主义现代化国家的发展史角度来看，民主党派是中国社会民主意识觉醒的历史产物，它最成熟的组织化形态是不同历史条件下组成的“统一战线”。1949年，在中国构建现代化的民族民主国家成立的历史节点上，正是《中国人民政治协商会议组织法》《中华人民共和国中央人民政府组织法》和《中国人民政治协商会议共同纲领》这三部宪法性文件，“虽然无宪法之名”，但在制度意义上“是中华人民共和国立国的法律基础，当时的舆论称之为‘三大宪章’……”[1]民主党派在现代化中国缔造之初即发挥了参与构建民族民主国家的主体性作用，它们是中国共产党领导下的中国人民中，一部分人民的组织方式和集体性主体的存在方式。所以，民主党派在当代中国政治生态中的存在，不仅仅是对历史觉醒遗迹的尊重，它的生命植根于缔造中华人民共和国的制宪权，和所缔造的现代化的政治国家一起不断地处于共同发展的动态生命状态中。施密特在讨论制宪权和政治国家之生命力量时，就曾指出，如果把当代立宪主义语境下的政治国家用宪法的形态统一拟制出来，就会看到这部动态的宪法实际上等同于“……政治统一体的动态生成原则。有一种根本的或在根基处涌动的力量或能量使政治统一体处于不断形成、不断被创造的过程中。宪法就是这个过程的原则。在这里，国家……政治统一体必须日复一日地从各种对立的利益、思想和目标中产生出来，借用斯门德的话来说，政治统一体必须将自身

[1] 陈端洪．第三种形式的共和国人民制宪权：论1949年《共同纲领》作为新中国建国宪法的正当性［J］．原道，2011 (00)：139．

‘整合起来’”[1]。

所以，自新中国成立以来，国家政治生态不断发生着深刻变化，而国家始终强调统一战线和各民主党派的存在与发展具有新的时代意义，邓小平就曾经明确指出：“统战工作一直要做到社会主义社会以后。”[2]

基于这种定位认识，才能对各民主党派在当代中国政制生态中的存在和运作有更全面的认识。

首先，应区分“民主党派”“参政党”“统一战线”和“政协”等概念。“参政党”是和“执政党”逻辑对称的概念[3]，它描述的是中国当代民主党派在政体内作为一个整体存在的形态，它指出了民主党派在一党执政、多党合作的政党制度中所发挥的主要政治功能和运行机制，即参政议政，广义上都可以理解为参政。而就参政机制的具体运作方式，则可以通过“统一战线”和“政协”两种不同角度呈现的组织形态得以推进：一方面，“统一战线”是现代化国家的中国得以构建和发展的重要政治基础；另一方面，“政协”在当代中国，不仅仅是团结和联合的组织形态，作为正式、成熟的政治组织，它还是国家政治权力体系中的咨议机关。

因此，现行宪法序言中“中国共产党领导的多党合作和政治协商制度将长期存在和发展”，将各民主党派和政治协商制度分别独立提出，强调它们各自的历史、政治地位的独立性。

其次，各民主党派以一个整体，紧密团结在执政党的政治领导下积极参政。党的十八大报告明确提出要“选拔和推荐更多优秀党外人士担任各级国家机关领导职务”，这个文件精神进一步肯定了民主党派参政活动的重要方式之一——直接参与政治权力的组织活动。它们分别委派党内优秀人士通过这种方式参政的方式包括：“一是人民代表大会。……民主党派参政涉及国家各级立法权和行政、司法监督权。二是行政机关。民主党派参政关涉国家各级行政管理权。三是司法机关。”[4]相应地，政协则作为各民主党派联合参政的组织形态参与国家政治活动，“是一种政治协商会议，本身具有咨议性质，没有法定的政治权力”。

最后，不能忽视的是各民主党派作为政治上成熟的公民社会组织这个本质。从

[1] 卡尔·施密特．宪法学说［M］．刘锋，译．上海：上海人民出版社，2005：7-8，103-104．

[2] 邓小平．邓小平文选：第一卷［M］．北京：人民出版社，1994：187．

[3] 贾小明．论“参政党”概念属性与“中国特色社会主义参政党”［J］．湖南社会主义学院学报，2013（6）：4-5．

[4] 章礼明．昭示与回应：多党合作下民主党派的参政［J］．广东省社会主义学院学报，2014（1）：14．

社会契约论对当代立宪国家中一切权力和组织所集中掌握的“准权力”产生历史过程所设计的经典模型，可以推知，它们的参政权植根于组成民主党派中各成员基于公民身份所享有的参政权利。和公民作为个体分散、独立行使这种参政权利有所不同，加入民主党派是公民自主地选择，以民主党派成员身份行使参政权利，表现为民主党派集中部分界别、行业领域的公民个体的参政权诉求，依托自身在政制结构中的组织平台，是当代公民理性、有序参与公共政治生活的一种形态。此时，各民主党派的参政模式，与其说是一种全新的组织参政权，不如说是公民权利集中行使的一种过程和结果。

二、治理体系现代化中民主党派的机制功效

民主党派在国家政制结构和社会公共生活中的角色可以总结为“整合”和“枢纽”两大关键词。

一方面，民主党派基于其各自的群众基础，在社会中能够分别发挥对部分界别、行业领域的分散个体的整合功能，这也是在新时代条件下民主党派以及它们所组成的统一战线组织长期存在与发展的功能基础。尽管当代中国的社会结构中已经不再有阶级对立，但是社会主义市场经济的长期存在与发展，以及立宪国家对个体权利与人性的根本关怀，都决定了在这个历史上以多元性为其根本特征的民族国家中，多元化的社会利益诉求、多元化的主体权利意识等一直是，并且将长期是中国的基本国情。从当前各民主党派的章程和组织活动实践情况来看，它们基本是由相应界别、行业或领域内，在专业水平方面较为优秀、公共活动中较为积极或在一定群众范围内享有较高声望的代表人士所组成的，这就极大地提升了民主党派在相应人民群众范围内发挥诉求整合以及组织动员作用的功效。有鉴于此，邓小平就曾经指出，要充分发挥各民主党派组成的统一战线对社会多元力量的整合作用，使它们最终能够成为“中国共产党领导下为社会主义服务的政治力量”。[1]在新的时代背景下，这也是“巩固党的阶级基础，扩大党的群众基础的必然要求”。[2]

另一方面，民主党派依托其在中国政制结构中的参政地位，能够在对多元社会诉求进行整合的基础上，在人大代表制度之外，通过多种参政方式，弥补国家正式

[1] 邓小平 . 邓小平文选 : 第二卷［M］. 北京 : 人民出版社 , 1994 : 186 .

[2] 方立 . 新时期统一战线的重要发展 : 学习宪法修正案关于统一战线的新表述［J］. 求是 , 2004 (10) : 34–35 .

政治体制在整合多元社会诉求时，受到政制结构和民主集中程序等体制因素限制而未能更完整地表达出来的民主诉求，在代表制民主之外，发挥参与协商民主的枢纽作用。

在中国当代政治实践语境下，民主党派的这种整合与枢纽功能，与党的十八大习近平总书记所代表中国新一代领导人提出的建立现代化治理体系的政策中，政治国家在推进相应转型、建立与社会新型治理关系等过程中所需的政治枢纽机制，发生了结构和功能上的耦合。

党的十八大以来提出的现代化的治理体系，源于20世纪末八九十年代兴起的社会治理理论。这一理论强调，在立宪主义国家中，社会由过去的权力支配对象向参与治理的主体转化，政治国家的角色则应当由主导者向引导者、协调者和服务者转型。从关系结构来看，在现代化的治理体系中，政治国家应当依据法治建立起和社会良性互动的机制，治理过程表现为在政治国家所提供的制度环境下，社会权利之间能够实现“协调”，在社会公共领域内，政治国家、公民社会、社会组织和权利个体等主体在不同层次与范围内结成多元主体的“治理网络”，社会治理体系的结构特点是网络式的，动态上更是强调其“协调性”功能，体系在均衡状态上“国家与市民社会之间长期存在的制衡关系”。[1]

不过，对中国来说，现代化的治理体系既要遵循这种理论的基本框架和规律，又要在具体建构路径上，坚持习近平总书记所强调的：“一个国家选择什么样的治理体系，是由这个国家的历史传承、文化传统、经济社会发展水平决定的，是由这个国家的人民决定的。我国今天的国家治理体系，是在我国历史传承、文化传统、经济社会发展的基础上长期发展、渐进改进、内生性演化的结果。……中华民族是一个兼容并蓄、海纳百川的民族，在漫长历史进程中，不断学习他人的好东西，把他人的好东西化成我们自己的东西，这才形成我们的民族特色。”[2]

具体来说，现代化治理体系的理想目标“善治”，要求实现“国家权力向社会的回归……还政于民……国家与社会或者说政府与公民之间……良好合作”[3]。

---

[1] 斯托克．作为理论的治理：五个论点［M］．俞可平．治理与善治．华夏风，编译．北京：社会科学文献出版社，2009：39-44．

[2] 习近平：推进国家治理体系和治理能力现代化［EB/OL］．http://politics.people.com.cn/n/2014/0217/c1024-24384975.html.

[3] 斯托克．作为理论的治理：五个论点［M］．俞可平．治理与善治．华夏风，编译．北京：社会科学文献出版社，2009：11．

对中国而言：一方面，政治上“大一统”为传统核心价值追求[1]；另一方面，“多元”为发展现实，并且多元的个体权利诉求更是立宪法治国家发展中促进的人权价值理念不断实现所必需的结构基础。

可以说，当代中国已经完成了在宏观上的“统一”，即在政治共识上，坚持中国共产党统一领导，坚持以统一多民族国家为语境展开公民社会的构建和共同治理。目前，亟待解决的是如何在党的政治、组织、思想统一领导下，在政治国家宏观统一的体制结构内，找到和社会“多元”之间的有效沟通枢纽机制。而正是这种沟通机制，这种对多元整合，再予以有序表达到政制结构中的制度需求，凸显出中国长久以来，在建立统一多民族国家和团结建设力量的实践中，各民主党派所发挥的民主整合与沟通枢纽机制，在中国治理体系现代化建设中所发挥出来的历史功效和良好效应。

三、创新现代化治理体系中的民主党派参政机制

基于民主党派所具备的整合与沟通枢纽机制功能，在治理体系建设中，它们的关键作用是依托各自特殊的组织构成，以及在政制结构中的参政地位，促进多元权利诉求有序，提升政制决策和社会自主表达之间的沟通效益，推进现代化治理体系在结构上的建立和发展，创造社会自主、有序表达的开放结构，提升社会和个体在政治过程中的直接参与，促进治理主体结构中社会、个体和政治国家等多元网络式制衡结构关系的逐渐形成。

不过，通过各民主党派目前对社会力量的整合效果来看，要进一步依托其自身参政的多种途径，来追求所希望发挥的枢纽功能，民主党派的参政现状就亟待改进：无论是就其作为个体政党组织而言，还是作为整体以政治协商会议的形式参与政治活动而言，它们主要以建言、献策、协商等方式提供政治意见，其程序固然灵活，然而缺乏程序的细致设计，参政意见也缺乏法律效果上的保障。相比较而言，民主党派的成员作为个体，在政治体制中通过担任职务，依托公民身份行使参政权利，效果往往更为显著；然而，如果依赖个体参政这种路径，就极大地削弱了他们作为部分界别、行业领域群众代表，以民主党派更加成熟的组织形式参与政治活动的意义，淡化了经由民主党派进行多元诉求逐步整合的结构意义。这就要求民主党

---

[1] 张颖.单一制宪制的“大一统”特色［J］.武汉大学学报(哲学社会科学版),2012(5):81-82.

派参政机制方面实现相应的创新发展，促进它们作为整合型组织和枢纽型机制的功能最大化。

法治化是民主党派在治理语境下推进参政机制的创新和发展时所应当促进的价值，更重要的是，法治化还是民主党派推进机制创新和发展时应当依赖的基本路径。

法治化，或者说尊重法律在国家治理中的至上权威，首要的是尊重宪法的至上权威。从当前的宪法和宪法性法律构成的综合性宪制结构体系来看，民主党派的宪法地位、参政权依据等并没有明确、系统的宪法性规范依据。在中国宪法以及宪法性法律中，都只是从政治而非政治权力在法律运行状态下的角度，对民主党派的政治地位进行了抽象确认，从其在中国宪政史中的地位出发，重视民主党派的参政意义。但作为参政党，如何在建言献策等“咨询”活动之外，积极发挥有效辅助执政党的作用，这种规定仍须细化。

这个问题在进入现代化治理体系建构历史进程后，就更要引起重视了。习近平总书记提出国家治理这种模式，代表执政党治国理念的重大历史转变：进一步认识自己在法治国历史语境下，由革命党、建国者向执政党的转变；进一步清晰地认识到社会由追求民主建国到主动参与国家民主治理的主体意识觉醒。在这种条件下，以执政党的政治核心在法治化形态下掌握国家政权，对参政党来说，他们在法治语境中的主体地位和形态就更应明确获得更清晰的宪法界定。

不过，民主党派法律主体地位和人格形态的明确化、规范化并不一定意味着要从修宪开始。现代化治理体系所指向的法治化强调的是宪法和法律精神的运行与实现。而法治不仅从实体规范上、法律上确认特定组织主体的身份、地位或行为能力，从动态的角度来看，程序的法治更加现实地制约着民主党派参政机制在现代化治理体系中发挥其应有的作用和功能。具体来说，在党与政府推动社会现代化治理体系建立的过程中，民主党派作为独立的治理主体，在多元治理结构的建构和运作过程中，在社会向政权体系表达治理诉愿的过程中，在社会权利的自我实现过程中，如果能够为民主党派在体系的设计、建构与运行中构建起有序参与和有效运作的规范依据，使它能有效推动社会各界、各行业充分交往对话，引导多元社会诉求的理性博弈和有序整合，沟通不同界别、行业领域之间的差异化诉求，并使它们和党与政府之间达成良好的治理互动，那么这条道路——究其指向，也可以达到促进整个社会规范、有序参与国家依法治理进程中的效果，而其中的路径则是通过推进民主党派参政机制的及时完善和创新发展。换句话说，创新与发展民主党派的参政机制，在现代化治理体系的语境下，不仅仅局限于正式的规范政制视域下，治理是一个更具有包容性的法治模式，它囊括了整个社会的规范、有序运行过程，此时民主党派参政机制依循法治化路径的发展完善和创新，就应当以整个社会治理过程为背景展开，包括促进社会自主治理的法治化以及社会治理参与政治过程的法治化。而从民主党派作为一类组织的法律主体本质来看，在宪制层面上无论它将被阐释为怎样的具体规范形态，都可以肯定，它通过参政发挥整合和枢纽机制功能的程序以及效果法治化，是当前民主党派创新参政机制的最有利的着力点。

从这样的逻辑出发，可以认为，在追求宪制层面为民主党派参政权“正名”之前，当前最可行也是比较迫切的，是要为它们在现代化治理结构体系的建构中发挥作用提供规范依据。进一步为它们在程序上提供发挥整合与枢纽机制的法治化保障，是民主党派实现其创新价值的必要环节。

基于以程序法治的完善作为推进民主党派参政机制创新的着力点这种思路，首先应当基于现代治理活动中，民主党派参与并发挥作用的方式、程序以及效力等制定相应的规范依据——有法可依，是现代治理关系和法治国一切活动的第一项基本要求。

具体到目前民主党派的参政活动来看，首先，应当就它们各自以及联合组成的政治协商会议制定统一的行动规范，如由全国人大常委会通过一部具有组织法意义的“政党参政法”，对各民主党派和政协在政治活动中的地位，特定公共治理决策的权力运行领域中民主党派的参与和作用方式等问题，尤其是民主党派参政意见所获得的法定效力及其保障问题，进行专门系统的规定。

其次，现代化治理体系的另一个重要价值内涵是民主。在多元的治理主体结构中，社会权利主体的自主地位和独立参与被凸显出来。然而，政治史和长久的宪政实践反复证明：缺乏定语修饰的民主并非幸事。纯粹讲多元参与和民主治理没有意义，只有法治化的民主，追求权利和自由精神的民主才是现代化治理体系所倡导的民主价值。

而与现代化治理体系所对应的民主，就多元主体的治理结构与法治化的治理过程两大体系特征来看，其民主必然是秩序化参与的，具有多元包容性的、理性的民主，所追求的应当是在治理过程中，为人民多元权利诉求提供尽可能包容的实现结构，促进人民在权力所架构制度平台上理性对话，个体尽可能有效参与，并指向权利主体对权力的自主认同。

这就要求在传统民主机制之外搭建适应现代化治理需求的民主体制。从当代的民主理论来看，传统民主机制：一是直接民主，其适用范围极其有限，因此也限制了权利主体独立参与的程度与范围；二是代议制民主，意味着层级式的整合，其中“多数决”的基本原则决定了这种民主机制在结构上对多元权利诉求的容纳能力是有限的。相对而言，强调在权力决策程序中扩大以平等主体开展有效对话和反复交往的协商民主则能够克服传统民主机制的不足。哈贝马斯在讨论这种新型的民主形式时，就曾强调，在解决了政权合法性，即他所指的“统治秩序的合法性”之后，再讨论政权施诸社会，即“政治统治之合法性”，具体来说是在整个治理过程中政治国家权力体系介入社会各环节的合法性的时候，要尽可能促进从“权利体系”出发的，“私人自主和公共自主的互相交叠”的持久，此时个体的主观自由和作为公民的客观行动自由之间，就有赖于整个权力所设置的“事实性约束力”。理解这种对协商民主进行设计和讨论的立场至关重要，它揭示了建制化的协商民主权利在通过“商谈”的方式立法，或其他参与政治决策过程时，所谓应当在什么状态和结构意义上与“交往的权力……相互渗透”。[1]

具体到民主党派参政作为一种民主形式的政治建制化问题来看，它们的意义在于，相比公民个体自发地或自觉但过分分散地参与政治过程，民主党派是一种相对的、局部的整合。在整个政治决策的制度话语体系中，相比分散的公民个体参与政治，本身民主党派作为一种局部整合性的存在，作为一种较为成熟的自觉性的政治组织，更有利于强化具有普遍代表性的部分公民话语和他们的主体参与性。对于中国来说，这是提升社会作为治理主体积极参与，推动社会和国家之间形成良性治理互动关系，促进国家治理制度高度包容公民治理需求、提升公民自我治理能力并让治理体系得到社会实现的一个至关重要的环节。

就当前的政制设计来说，要强化民主党派在这种民主治理结构中的功能与作用，应当从决策程序合法性要件开始。第一，拓宽民主党派参政的领域，以民主党派参与协商为特定治理决策的合法成立要件。第二，以广泛的法定参与为基础，区分民主党派作为独立组织和作为联合组织参与者时的方式和地位。一般来说，政协是各民主党派作为政治统一战线的组织形式，它的政治整合性比代表特定界别、行业领域的特定民主党派要高，因此在政治性决策领域宜偏重政协作为整体参政议政，相对地，更完整地保留了本界别、行业领域成员特殊化、多元化权利诉求的民

[1] 哈贝马斯．在事实与规范之间：关于法律和民主法治国的商谈理论［M］．童世骏，译．北京：生活·读书·新知三联书店，2011：164-165，186．

主党派，在社会公共事务的治理政策决策中则更能发挥民主诉求表达、引导沟通的功能。第三，无论以什么形式参与治理决策，民主党派依法提出意见和建议都应当受到法律保障，这一点最适宜借鉴的是关于人大代表权利的保护，即民主党派代表不能因为履行参政权而受到责任追究，尤其是对治理政策制定中有关内容发表意见、批评，要求依法获取相关信息，到有关单位调研或提出质询等行为应当予以法律保障。第四，对参政效果应建立一定的保障机制。现在最突出的问题，并不是民主党派是否广泛参与了治理活动，在治理结构中，无论是社会个体还是组织化的社会力量，和政府相比都处于话语权的弱势地位，民主党派作为法定的政治性组织，它们基于宪法在整个政制结构中享有一定的政治权威，这种权威虽然与执政党的权威不同，但现实地构成了当代中国立宪政制合法性历史基础的一部分，正如现行宪法序言中高度强调的："在长期的革命和建设过程中，已经结成由中国共产党领导的，有各民主党派和各人民团体参加的，包括全体社会主义劳动者、社会主义事业的建设者、拥护社会主义的爱国者和拥护祖国统一的爱国者的广泛的爱国统一战线，这个统一战线将继续巩固和发展。中国人民政治协商会议是有广泛代表性的统一战线组织，过去发挥了重要的历史作用，今后在国家政治生活、社会生活和对外友好活动中，在进行社会主义现代化建设、维护国家的统一和团结的斗争中，将进一步发挥它的重要作用。中国共产党领导的多党合作和政治协商制度将长期存在和发展。"故此，建立效果保障机制，是现实地将民主党派和统一战线组织中所享有的权威转化为治理结构中对社会个体的动员力量，使他们真正发挥沟通社会与政府、促进社会治理共识形成与巩固的枢纽功能；反过来说，要发挥这种动员力量，就必须以法治保障民主党派的参与效果。

就目前的制度框架来看，在社会公共问题治理事项上，赋予民主党派对立法和政策进行提案与提出修改提案的权力，对政府及甚至人大代表履行职务的质询监督权，参与地方公共事务公开和依法管理的日常监督权，以及司法程序中对特定界别、行业领域所涉事务的代表权能，如公益诉讼中赋予它们在相应公共事务领域的起诉资格等，都将有利于民主党派局部地集中权利诉求，使其有序地、组织化地参与表达，并在治理决策程序中有效地制约权力的话语强势。这将极大地促进现代化治理体系构建多元治理主体结构，并培育社会自主与有序参与治理过程的能力。总体来说，推动民主党派参与现代化治理机制的发展和完善，要从推动其参与机制程序的法治化着手。

最后，应当鼓励各民主党派有意识地吸收、培养优秀的组织成员，在推荐使用民主党派人士参与担任国家各种公共职务时，重视各政党自身的推荐意见，并强化政党对该成员的监督责任。

在这方面，亟须发展和完善民主党派内部的民主建设。既要通过民主党派内部的各层民主程序推选参与正式政治活动的成员，更要注意虽然参与特定民主党派是公民基于对自身权利诉求和该党派主要参政立场存在基本一致性的判断所作出的选择，但是由于公民由个体身份向党派成员身份发生变化，其中仍然会发生多个个体权利诉求的差异化整合，因此，应当为个体公民在民主党派内的独立地位提供特殊法律保护，也应当促进各民主党派内部对少数派成员诉求的包容和保护。

张颖，广州大学粤港澳法制研究中心讲师、广州市社会主义学院新型政党制度理论研究中心特约研究员。

林沛勋，九三学社广州市委会原专职副主委。

刘素燕，九三学社广州市委会原秘书长。

杨松才，广州大学人权研究中心教授、广州市社会主义学院新型政党制度理论研究中心特约研究员。

本文刊于《广州社会主义学院学报》2015年第3期。

关于加强民主党派领导班子素质建设的思考

肖　莉

在2015年的中央统战工作会议上，习近平同志强调：“要支持民主党派加强思想、组织、制度特别是领导班子建设，提高政治把握能力、参政议政能力、组织领导能力、合作共事能力、解决自身问题能力。”这明确指出，“五种能力”构成了民主党派领导班子建设的有机整体。由此可见，民主党派领导班子能力建设问题已经凸显出来。而领导班子能力建设关键在于素质建设，因为素质是能力的基础，能力是素质的表现，领导班子素质的高低决定了能力的大小。

一、民主党派领导班子素质建设的目标

民主党派领导班子素质建设应该有明确的目标，而且不同级别的领导班子要有不同的要求。虽然都存在共性的群体素质要求，但是民主党派领导班子素质建设的基本目标应该是：讲政治、举旗帜、善参政、勇监督、会管理、有活力。这既是民主党派履行职能的具体要求，也是民主党派加强自身建设应该达到的基准水平。

（一）讲政治

讲政治、重理论是民主党派领导班子素质建设的第一目标。通过加强政治学习和思想武装，可以确保政治立场、政治方向、政治观点和政治行为的正确性。对于民主党派领导班子而言，要自觉地接受中国共产党的领导，与中国共产党同心同德，坚定不移地走中国特色社会主义政治发展道路。民主党派领导班子首先要建设成为一个讲政治的群体，能够坚持中国特色社会主义的方向，坚持社会主义公有制为主体，多种经济成分共同发展，不搞私有化；坚持人民代表大会制度和中国共产党领导的多党合作和政治协商制度，反对西方敌对势力的“西化”，不搞“三权分立”、两党制或多党制；坚持正确的世界观、人生观和价值观，抵制西方腐朽思想

的腐蚀；坚持爱国主义，维护国家统一和社会安定，反对西方敌对势力的分化以及分裂和破坏安定团结的行为；坚持经常性的思想政治工作，抵制歪风邪气的侵袭。最关键的是，坚定地接受中国共产党的领导，紧紧围绕“四个全面”战略布局，高举爱国主义、社会主义旗帜，牢牢把握为实现中华民族伟大复兴的中国梦而努力奋斗的时代主题，坚定走中国特色社会主义道路，自觉践行社会主义核心价值观。

（二）举旗帜

“旗帜性人物”在民主党派历史发展进程中发挥了重要作用。民主党派作为中国特色社会主义参政党，更需要一批学术地位高、参政能力强的“旗帜性”领军人物，共建中国特色社会主义伟大事业。但是，我们决不能搞“唯旗帜论”。有些民主党派领导班子成员由于受到成长背景与社会历练的局限，与党派领导班子的工作要求相去甚远，不宜勉强保留其在领导班子中，特别是不宜任“三把手”（主委、专职副主委和秘书长），而应让其留在专业技术岗位上建功立业、发挥专长更具意义。所以，我们必须承前启后、发挥旗帜作用，在总结民主党派领导干部成长规律的基础上，不断培养和造就大批业绩突出、人格高尚、影响深远的民主党派“旗帜性人物”，彰显参政党的独特优势。

（三）善参政

参政议政是民主党派的重要职能，也是参政党政治价值和社会地位的重要体现。依照“一个参加、三个参与”的要求，民主党派参政议政所涉及的范围广泛、责任重大，既要求民主党派对中国的改革、发展问题进行长远的战略思考和研究，又要求民主党派着眼于各项工作的长期规划和安排，从而为党委和政府的科学民主决策提供依据。从群体要求看，民主党派领导班子不仅要具有战略思维能力，而且要有合理的知识结构、智力结构和能力结构，甚至心理素质结构，并善于在参政议政中不断学习、总结和提升。因此，从领导群体来看，要主张“旗帜性”与“工作型”的有机统一。当然，有的地方若两者不能兼顾，“三把手”的配备还是以“工作型”为主，而其他成员中仍然要有“旗帜性人物”。

（四）勇监督

互相监督是中国特色政党制度的重要内容。在现实生活中，监督问题十分重要，一般来说，中国共产党对民主党派的监督是较为有力的，而民主党派对中国共产党的监督相比之下则显得力度不足。所以，在加强民主党派领导班子建设中，除了以必须接受中国共产党的领导、坚持社会主义道路为前提条件，还有必要强化监督意识和卓越意识，在参政议政中有更高的追求，敢讲真话，多讲真话，帮助执政党查找问题、解决问题、改进工作。他们不但要发表与中国共产党相同的意见，还要敢于提出不同的意见，成为中国共产党的诤友。广东省各民主党派在物色、选拔、培养领导班子成员时，也都比较注意他们的自主性以及敢于发表意见的精神。

（五）会管理

民主党派的领导班子，除了能正确处理党派内部事务外，还要善于管理，要有一定的领导经验和科学的领导方法，要懂得民主决策和科学决策，要善于组织指导、沟通协调、讲求效率。领导班子的主要工作要制度化、规范化、程序化，要贯彻民主集中制的原则，既要避免“软、散、慢、浮、懒”的现象，也要避免“民主党派不民主”的状况，更要避免领导班子“内部纷争不团结”的问题。要建立起必要的规章制度和监督机制，如会议制度、学习制度、民主生活制度以及对领导班子中担任人大、政府和政协领导工作的成员实行监督的制度等。

（六）有活力

一个政党是否具有强劲的生命力与开拓进取精神，很大程度上取决于其领导班子是否充满生机与活力。活力来自民主党派领导班子的合理年龄结构，这是保证群体活力的基础。从广东省民主党派的情况来看，领导班子的年龄正在逐步形成一个“两头小、中间大”的结构，成员中55岁以上的是少数，35岁以下的也是少数，大多数处于40岁至55岁之间。活力来自创新，创新是提升民主党派领导班子素质和能力的重要途径。民主党派领导班子的创新精神，体现在民主党派内部，一要尊重创造性，摒弃故步自封，形成创新风气；二要有比较完善的切实可行的创新机制、培养选拔创新人才机制、评选奖励创新成果机制和理论成果转化应用机制。

二、确定民主党派领导班子素质建设目标的依据

民主党派领导班子素质建设目标的确定，应该把握可能性和必要性的原则，应该是在客观条件允许的情况下经过主观努力所能达到的最好的目标，应该是合理而科学的目标。具体来说，上述民主党派领导班子素质建设目标的确定，主要

是以中国当代经济政治制度、民主党派自身的实际以及中国未来发展的客观要求为依据。

（一）中国特色社会主义的要求

中国特色社会主义是中国共产党领导中国人民实行改革开放伟大实践开辟的一条中国式的现代化道路，是根植于中国大地、反映中国人民意愿、适应中国和时代发展进步要求的科学社会主义，是全面建成小康社会、加快推进社会主义现代化、实现中华民族伟大复兴的必由之路。我们的社会主义，尽管还处在初级阶段，但它是中国共产党和各民主党派长期共同奋斗的胜利成果。它的诞生和发展符合中国历史发展的客观规律，是社会的进步。现阶段，我国在经济上要解放和发展社会生产力，实行以公有制和按劳分配为主体、多种经济成分和分配方式并存的经济制度，建立社会主义的市场经济体制；在政治上要坚持和完善人民代表大会制度这一根本的政治制度，坚持和发展作为我国基本政治制度的中国共产党领导的多党合作和政治协商制度；在思想上文化上要加强社会主义文化建设，树立社会主义核心价值观。各民主党派领导班子的素质，无论是在政治上、才能上、智力上，还是在体质上、心理素质上，理所当然应该适应社会主义初级阶段的客观要求，适应全面建成小康社会、加快推进社会主义现代化的历史进程要求。

（二）民主党派自身实际的要求

民主党派领导班子素质建设，既要适应民主党派自身实际的要求，也要受到其自身实际的制约。在这个问题上要有清醒的认识。

民主党派的自身实际，首先是民主党派的性质和地位问题。2005年中共中央印发的《关于进一步加强中国共产党领导的多党合作和政治协商制度建设的意见》和2015年颁布的《中国共产党统一战线工作条例（试行）》，从党的政策和党内法规方面对民主党派性质予以明确。中国各民主党派是各自所联系的一部分社会主义劳动者、社会主义事业建设者和拥护社会主义的爱国者的政治联盟，是中国特色社会主义建设的重要政治力量，是接受中国共产党领导、与中国共产党亲密合作的中国特色社会主义参政党。那种试图按照工人阶级先锋队的标准把民主党派建设成执政党或可以执政的党的想法是不现实的，也是没有必要和不可能的。中国工人阶级的特点和优点之一，在于它一登上政治舞台，就在统一的工人阶级先锋队——中国共产党的领导下进行斗争，因而特别团结和具有战斗力，体现了马克思主义关于无产阶级内部要团结、统一的要求。所以，我们不能人为地在工人阶级内部搞多元化。因此，民主党派领导班子素质建设的要求，不是抽象地脱离实际越高越好，而是要与民主党派的历史定位相适应。

同时，民主党派既不是花瓶，也不是在野党，更不是反对党，而是国家政权中的参政党，是中国特色社会主义的重要建设力量。但对这个问题的认识并不是完全一致的。近年来，一些民主党派成员对我国社会主义初级阶段的政治制度缺乏全面的认知，没有正确理解我国的政党制度与资本主义国家的两党制或多党制的不同，因而对我国多党合作制度问题的认识不够深刻，在事关大局、事关政治方向以及根本原则等问题上认识模糊，不能作出准确的判断和分析。所以，在民主党派领导班子素质建设中，有必要澄清这样的模糊认识，引导成员在思想上保持正确的政治方向，并逐步纠正一些偏离正确方向的认识。

事实上，民主党派在国家政权和政治生活中有宽广的政治参与舞台。特别是，《中国共产党统一战线工作条例（试行）》的颁布，对民主党派的基本职能作出了新的概括，更加科学、全面、准确地反映了民主党派在我国政治体系和政治生活中的重要作用和价值，拓宽了民主党派发挥作用的领域。要实现“十三五”规划，关键在于形成推进中国特色社会主义事业的强大合力。这给民主党派提出了更高要求，也为其履行职能提供了更广阔的舞台。民主党派领导班子素质建设的要求，虽然不是超越实际地越高越好，但总体上还是比较高的，否则，他们就不可能带领好党派、建设好党派，更不可能完成参政党的历史使命。

民主党派自2013年10月开展的坚持和发展中国特色社会主义学习实践活动，是加强民主党派自身建设、履行参政党职能的重要举措。夯实多党合作的政治思想基础，坚定对中国特色社会主义的道路自信、理论自信、制度自信，践行社会主义核心价值观，对建设民主党派领导班子来说是一个比较关键的环节。这在客观上更加迫切要求民主党派领导班子能够坚持民主党派的性质、地位，坚持和发展占主导地位的正确的政治立场，保持和发扬优良的传统。

（三）实现中华民族伟大复兴中国梦的要求

党的十八大以来，中共中央对我国改革开放和社会主义现代化建设作出了一系列重大战略决策和全面部署，为全社会注入了强大的推动力量，开启了中华民族伟大复兴中国梦的伟大航程。中共中央提出了“两个一百年”奋斗目标，即在中国共产党成立一百年时全面建成小康社会，在中华人民共和国成立一百年时建成富强民主文明和谐的社会主义现代化国家。因此，紧紧抓住我国发展的重要战略机遇期，为全面建成小康社会打下具有决定性意义的基础，是“十三五”规划承上启下的历史方位所在，也是包括中国共产党和各民主党派在内的全国各族人民的历史使命所在。其任务之艰巨，无论是对执政党还是参政党的领导班子来说，都是“天降大任”，而领导班子的素质建设，就是要能够肩担大任。

现阶段，我国社会主义经济建设、政治建设、文化建设、社会建设、生态文明建设取得重大进展，并将为全面建成小康社会，为实现第二个百年奋斗目标、实现中华民族伟大复兴的中国梦而奋斗。这是在巩固改革开放以来取得的重大成果的基础上，在经济发展和社会进步方面向新的战略阶段的迈进。然而，由于我国发展仍处于可以大有作为的重要战略机遇期，也面临着诸多矛盾叠加、风险隐患增多的严峻挑战。因此，需要准确把握战略机遇期内涵的深刻变化，更加有效地应对各种风险和挑战，继续集中力量把自己的事情办好，不断开拓发展新境界。

我国坚定不移地实行“一国两制”“港人治港”“澳人治澳”“高度自治”方针，坚定不移地推动两岸关系和平发展，在经济、科技、教育、文化等方面与港澳台频繁互动、紧密合作中取得了良好成效。但是，作为前无古人的事业，“一国两制”实践不会一帆风顺，争取人心、确保港澳地区长期繁荣稳定的任务十分繁重。两岸关系和平发展进程中的复杂性和曲折性，在我们面前呈现各种各样需要解决的课题。

一个迈向现代民族之林的逐步走向空前团结、统一的社会主义中国，将受到各国人民和有识之士的欢迎，但也必将遇到敌对势力的阻遏，诸如支持分裂中国的势力，大搞“西化”“分化”等图谋。所以，在和平与发展为主流的国际环境下，我们既要抓住机遇又不能掉以轻心。这一切不但要求执政的中国共产党的领导班子具有无比魄力，能够领导全国人民实现中华民族伟大复兴的中国梦，也要求参政的民主党派的领导班子具有相应的素质，能与中国共产党通力合作、共同前进。

三、实现民主党派领导班子素质建设目标的途径

实现民主党派领导班子素质建设的目标，需要民主党派及其领导班子的自身努力，《中国共产党统一战线工作条例（试行）》也明确规定各级党委要积极支持和帮助，发挥多党合作的整体功能和作用，充分进行广泛而真诚的协商。

（一）当务之急抓换届

民主党派领导班子换届既是重要的政治任务，也是民主党派政治交接的关键环节。民主党派地级市以及省级组织换届工作对于民主党派领导班子素质建设来说，既是一项紧迫的工作，又是一项全面而重要的工作。不仅要把民主党派换届工作当作“重中之重”的大事来抓，而且要抓得深入细致，寓素质建设于换届工作之中。要按照“政治坚定、业绩突出、群众认同”的要求，对领导班子成员的考察、选拔、培训、引进，班子的配备以及制度建设等，全面准确地加以把握。民主党派领导班子换届的关键仍然是政治交接，即如何把民主党派接受中国共产党领导、走中国特色社会主义道路的坚定信念以及与中国共产党合作的优良传统更好地交接给新班子，使新班子自建立伊始就具备一种人才群体的气质。

（二）百年大计在教育

教育是贯穿素质培养全过程的基础性问题。从中国共产党角度来看，是提倡自我教育；从民主党派自身来看，应该是高标准、严要求。因为民主党派成员除了在主流上的积极一面外，还存在一些思想观点的不确定性、价值观念的多样性和行为方式的矛盾性等问题。特别值得一提的是，一些人对于当前社会政治问题的认识存在着片面化、模糊化的倾向。这种状况不能不对民主党派领导班子产生影响。因此，民主党派领导班子要从理性的高度，从规律性的高度去认识事物，探索性地解决深层次的思想问题，从而使领导者成为具有理论思维能力的政治家，并在党派成员中加强政治共识教育，增强其成员对中国特色社会主义的道路自信、理论自信和制度自信，坚定不移地走中国特色社会主义政治发展道路。

（三）群体构建讲系统

民主党派领导班子素质建设是一个系统工程。为了实现民主党派领导班子素质建设的目标，在构建领导班子群体时，要运用系统论的观点，把领导班子视为一个系统，把各方面的素质视为系统内的要素。要坚持长期系统培养，注重择优统筹配备，形成结构合理、素质优良的“三把手”队伍。客观地说，不可能每个班子成员都是全才，从整体来看，要求民主党派领导班子具有优良的素质，以便发挥其“1+1>2”的整体功能。要运用优势互补的原则，优化领导班子素质结构；要在注重思想政治素质的基础上，注重年龄结构、知识和专业结构；还要注重发挥各个成员的特长。因为民主党派发展成员的范围是以分工为主的，有的党派可能集中了某一方面的人才，而另一方面的人才则有可能缺乏，这都可能影响领导班子的组建。因此，为适应领导班子建设的需要，民主党派在发展成员时，要在坚持“三个为主”原则的前提下，处理好重点与非重点的关系，即在发展重点界别以外的人士时，应以发展高层次、高素质、本党缺乏的人才为主，以便为领导班子内的人才互补创造条件。

（四）能力培养重实践

在实践中锻炼和增长才干，是民主党派领导班子素质建设的重要途径。民主党派成员中大多数是专业技术人员，其参政议政能力、组织领导能力和合作共事能力的提高都要有一个过程。他们进入领导班子以后，可以通过多方面的努力提高自己的能力，其中一个很重要的方面，就是要注重在实践中提高。要深入调查研究，在岗位上积极实践；要向班子成员交任务、压担子、搭舞台。广东省每年组织民主党派联合调研，围绕省委、省政府的中心工作深入实际开展调查，各民主党派成员对经济发展、社会进步、文化建设和生态文明建设的问题提出了很有见地的意见，受到省委、省政府的高度重视。同时，广东省还选拔了一批优秀的民主党派中青年干部到基层挂职锻炼，以便在实践中提高其领导水平和能力。从2014年开始，广东省各民主党派开展为期三年，以参政议政、社会服务、引资引智、干部培养等为主要内容助力粤东西北地区振兴发展的活动，这也是加强民主党派领导班子素质建设的探索之举。因此，要注重在实践中考察和选拔干部，不要仅听他自己的汇报，更要重视实绩。领导班子团结问题是凸显战斗力和凝聚力的重要标志。习近平同志强调：“团结是班子建设的重要问题，讲团结是讲政治、顾大局的表现。”只有解决好自身团结问题，才能在合作共事中加深了解，才能在相互支持中增进团结，进而形成领导班子的整体合力。只有把党派自身内部关系协调处理好，才能更好地协调本党派与党派外部的关系。领导班子除了要在实践中提高外，还需要善于总结经验和教训，既要总结成功的经验，也要总结失败的教训。

（五）经常性工作靠制度

制度建设作为民主党派自身建设的重要内容，为领导班子素质建设的制度化提供了重要依据。民主党派领导班子的培养、考察、选拔、引进、培训、进修、交流以及学习、民主生活等都要形成制度规范。同时，为了更好地发挥民主党派领导班子的整体效能作用，应逐步探索建立健全领导干部考核制度、班子成员述职制度、内部自我约束和监督制度等。目前，在市场经济条件下，在政治体制改革还在进行的情况下，很快将各种完善的制度都建立起来并不现实，但是从建设高素质的中国特色社会主义参政党的发展要求来看，逐步地建立和完善各种制度又是必须要做的。规范化、制度化、法律化是现代社会政治体制发展的要求，民主党派领导班子素质建设应该适应这种要求，深化制度建设。

肖莉，广东省社会主义学院原党组成员、副院长，广州市社会主义学院新型政党制度理论研究中心学术顾问。

本文刊于《中央社会主义学院学报》2016年第1期。

中国共产党“全面领导”下民主党派建设的思考

徐映奇

中共十九大报告将“坚持和加强党的全面领导”作为新时代党的建设“总要求”的第一位要求，体现了以习近平同志为核心的党中央对执政党建设规律认识的深化。“领导”走向“全面”，既是现实世界的需要，更是历史发展的必然。作为参政党的民主党派，同样面临政党建设的考验。在共产党“全面领导”的新形势下，民主党派要积极应对参政党建设中出现的新情况，形成规律性认识，为新型政党制度的巩固和发展贡献力量。

一、中国共产党“领导”话语的转换

中国共产党“领导”话语，存在“初识领导”“放弃领导”“独立领导”“争取领导”“领导一切”“全面领导”等转换过程。考察“领导”话语转换，能更清晰地认识中国共产党在政党建设原则问题上的理论与实践创新，从而坚定中国共产党的领导。

尽管中国共产党早在1921年7月就成立了，但直到1925年1月中共四大通过《对于民族革命运动之议决案》才指出：中国民族革命“是一个资产阶级性的德谟克拉西革命”，又“含有社会革命的种子”，因此，“无产阶级的政党应该知道无产阶级参加民族运动，不是附属资产阶级而参加，乃以自己阶级独立的地位与目的而参加”，“必须最革命的无产阶级有力的参加，并且取得领导的地位，才能够得到胜利”。这是中国共产党历史上第一次明确提出无产阶级革命领导权问题，中国共产党初识“领导”的重要，并通过关于民族革命运动、农民运动、青年运动、职工运动及妇女运动等一系列决议案，为实现领导民族革命运动作出具体计划和安排。例如，确立通过扩大党员数量实现领导群众运动思想后，中共四大到五大的2年3个月时间里，党员人数从994人猛增到57 967人，增加近60倍，为在大革命高潮中实现和加强自己的“领导”，作了思想和组织上的准备。

然而，第一次国共合作破裂，大革命最终以失败告终，诸多失败原因中，中共“放弃领导”是重要的原因之一。“初识领导”后的中共，由于帝国主义和北洋军阀相互勾结，镇压、分化革命运动，蒋介石、汪精卫先后发动“四一二”和“七一五”反革命政变，共产国际对于中国革命指导的失误，加之自身的不成熟，特别是陈独秀右倾投降主义错误，强调“一切工作归国民党”“放弃领导”，给中国革命带来重大损失。

大革命失败后，以毛泽东同志为代表的中国共产党人，高举土地革命和武装反抗国民党反动统治的旗帜，以1927年八一南昌起义为标志，开启了“独立领导”中国民主革命的新征程。八七会议上提出“须知政权是由枪杆子中取得的”，“三湾改编”中确立“支部建在连上”，古田会议上确立思想建党、党指挥枪的原则，等等，形成党对军队的绝对领导，提高了军队的战斗力。“独立领导”的中国共产党成功走出了一条把工作重心由城市转入农村，在农村建立革命根据地，走农村包围城市、武装夺取政权的道路。

抗战时期，国共两党再次合作，建立抗日民族统一战线。“独立领导”的中国共产党，在革命领导权问题的认识上，日益成熟。与国民党的再次合作，首先就在合作形式上，避免党内合作，实现党外合作，为“争取领导”奠定基础。即使中共党内出现“一切经过统一战线”“一切服从统一战线”、放弃统一战线领导权的以王明为代表的右倾投降主义，很快就通过党的六届六中全会得以纠正。中国共产党在与国民党联合抗战的同时，展开“有理、有利、有节”的斗争，始终不放弃“领导”，实现“是全国各党、各派（蒋介石国民党也在内）抗日统一战线的组织者和领导者”的目的。[1]所以，1945年，毛泽东在中共七大预备会议上指出，“起领导作用的，是我们的党。没有我们的党，中国人民要胜利是不可能的”。[2]

由此可见，坚持还是放弃“领导”，是对中共在革命实践中建党原则的重大考验。对革命事业如此，对政权建设也是如此，中共同样必须“领导”，而且要“领导一切”。

在政权建设中，共产党的地位如何确定，同样存在一个逐步探索的过程。早在延安局部执政时，中国共产党便认识到“党是无产阶级先锋队和无产阶级组织的

[1] 中共中央书记处．中央关于逼蒋抗日问题的指示（1936年9月1日），六大以来：上［M］．北京：人民出版社，1981：778．

[2] 毛泽东．毛泽东文集：第三卷［M］．北京：人民出版社，1996：287．

最高形式，它应当领导一切其他组织，如军队、政府与民众团体”[1]，在“争取领导”的革命事业中，开始探索“领导一切”的政权建设。中华人民共和国成立后，中共对革命的领导便转化为对国家一切事务的领导。各级政府系统内设党委会和党组，以保障中共的意志及各项政策在国家机构中的贯彻执行，“领导一切”在全国范围内走向制度化。对此，毛泽东在1962年1月指出：“工、农、商、学、兵、政、党这七个方面，党是领导一切的。党要领导工业、农业、商业、文化教育、军队和政府。”“领导一切”的中国共产党，此后在中国建立了独立的、较为完整的工业体系和国民经济体系，为改革开放后经济高速发展奠定了坚实的物质基础。

改革开放时期，中国共产党注重依靠制度完善、法治建设来加强“领导”的新路子。强调以坚持中国共产党领导为核心的“四项基本原则”是各项政策的基础。随着实践的发展，强调把党的领导、人民当家作主、依法治国的有机统一作为发展社会主义民主政治的首要战略任务。

党的十八大以来，面对伟大斗争，伟大工程，伟大事业，伟大梦想，习近平总书记注重加强和改善“领导一切”的思想和制度，亲自谋划、部署、推动坚持和加强中国共产党的全面领导：“中国最大的国情就是中国共产党的领导，什么是中国特色？这就是中国特色”，“确保党对一切工作的领导，确保党总揽全局、协调各方”，“党政军民学，东西南北中，党是领导一切的，是最高的政治领导力量”等，不仅要“坚持”，而且要“加强”；不仅是“领导”，更是“全面领导”。这就意味着“领导”必须是系统的、全面的、整体的，既包括内政外交国防、改革发展稳定、治党治国治军等党和国家工作的各个方面，也包括党政军民学、东西南北中各个部门和各个领域，一个都不能少。习近平总书记曾形象地描述这个体系的运行：“在国家治理体系的大棋局中，党中央是坐镇中军帐的‘帅’，车马炮各展其长，一盘棋大局分明。”因此，中共的“全面领导”为新时代推进中国特色社会主义伟大事业提供了根本保证，是党和国家必须遵循的根本原则。

二、民主党派接受“领导”话语的心路

民主党派完成接受共产党“领导”话语的转变过程，经历了从不理解的反对排斥、被吸引的合作共事到心悦诚服地接受领导三个阶段。这一心路，始于大革命失

[1] 中共中央政治局．关于统一抗日根据地党的领导及调整各组织间关系的决定（1942年9月1日）．中共中央文件选集（第13册）[M]．北京：中央党校出版社，1991：427．

败后中国共产党“独立领导”革命时期，到1948年接受中共“五一口号”主张，历时20年，完成了接受中国共产党“领导”话语的比较复杂的历史转变过程。

第一阶段，不理解的反对排斥阶段。大革命失败后，中华革命党（第三党）、中国致公党、中华民族革命同盟、中国民权保障同盟等政治团体，以中华革命党为代表，因不理解共产党的“独立领导”，在反对和排斥共产党方面最具典型。1928年6月的《中华革命党宣言草案》认为，共产党领导的农村暴动是“妄动与乱动”，否定共产党对革命道路的探索；认为“中国革命，也只有广大的劳动阶级的中华革命党，才能够领导达于成功”。否定共产党作为中国革命领导者的地位。1930年，中国国民党临时行动委员会成立后，依然认为共产党“已经脱离了中国革命的阵线，他的客观任务是阻碍中国人民解放”。进而提出中国革命的领导权，既不属于共产党，也不属于蒋介石或改组后的国民党，而是属于第三党。基于国内阶级矛盾是主要矛盾的现实，谁代表中国革命前进方向，谁领导中国革命走向复兴，成为第三党和中共争论的焦点。而当民族矛盾上升为重要矛盾时，第三党与中共的共同点逐渐增多，便放弃排共政策，转向与中共合作。

第二阶段，被吸引的合作共事阶段。1931年“九一八事变”爆发，民族矛盾上升为主要矛盾，中国进入抗日战争时期。中共反蒋抗日、救亡御辱、坚持团结抗战、实现民主宪政、为争取和平民主而斗争的政策主张，深深吸引了民主党派。曾经排斥中共的第三党，于1935年11月改组为中华民族解放行动委员会，实行“联共抗日反蒋”总方针。其《临时行动纲领》指出：新形势下本党的政策和策略是联俄联共，全国一致抗日；改变对中国共产党的某些错误认识与态度；认为“政治上没有什么中立，总要偏向某一方面的，我们是代表工农贫民的政党应该偏向共产党”。民主党派与中共通过访谈、座谈、聚会、祝寿、订立君子协定、去解放区考察、发表宣言和声明等方式互相声援、在各种重要会议（如旧政协）上互相配合以及在经济方面互相支援等方式与途径，进行合作共事。当国民党撕毁政协决议，打击民主党派时，一些民主党派人士被迫转移到香港或者转入地下斗争，还有一些民主党派人士走上了与中国共产党公开合作的道路。当然，这一时期民主党派与中国共产党只是合作共事，并不接受中国共产党的领导。以响应中共“五一口号”为标志，民主党派开始接受共产党领导。

第三阶段，心悦诚服地接受领导阶段。1948年4月30日，中共发出纪念“五一”劳动节口号，提出：“各民主党派、各人民团体、各社会贤达迅速召开政治协商会议，讨论并实现召集人民代表大会，成立民主联合政府。”5月5日，在香港的各民主党派与民主人士联合致电毛主席并响应中共“五一口号”，同时，各民主党派还分别通电响应：认为召开新政治协商会议，建立民主联合政府是中国“政治上的必经途径”。1949年1月22日，李济深、沈钧儒等55人联合发表了《我们对于时局的意见》：“愿在中共领导下，献其绵薄，贯彻始终，以冀中国人民民主革命之迅速成功，独立、自由、和平、幸福的中华人民共和国之早日实现！”基于残酷的革命斗争实践，通过比较鉴别，民主党派逐步在国民党与共产党两大政党的对立斗争中，选择了共产党。接受“领导”的各民主党派、各人民团体、社会贤达积极参加和推动新政协运动，参与制定共同纲领，筹建中华人民共和国中央人民政府。中华人民共和国的诞生，标志着中国共产党和各民主党派为之奋斗的民主联合政府的目标已经实现，中国共产党领导的多党合作和政治协商制度在共同创建中华人民共和国的过程中逐渐形成，民主党派的地位发生了根本性变化。自此，接受共产党领导的民主党派便积极投身于社会主义革命和建设的伟大事业之中。

反对排斥，只要理解到位便可放弃；合作共事，只要主张接近就可实现，接受领导，并非易事。一个党接受另一个党的领导，如果没有最充分的信任就无法实现。在血与火的洗礼中，充分相信中国共产党的领导能力，充分相信中华民族伟大复兴的希望在于中国共产党的领导，民主党派才能悦纳“接受领导”这一现实。所以，民主党派当初提出“听毛主席的话，跟共产党走，走社会主义道路”，就是一种自然。此后，民主党派对于共产党的领导、认识不断深化，视野更加宽广，理解更加全面，强调把共产党的方针政策和自身的具体实际相结合，强调在贯彻共产党方针政策方面的主动性，说明民主党派“接受领导”的认识和实践水平达到一个全新的高度。

三、“全面领导”下的民主党派建设

中共的“全面领导”既体现在党和国家事业全领域，覆盖党和国家工作全方位，贯穿党和国家发展全过程的“全覆盖”领导，又体现在更加“强有力”的领导上。这种“全覆盖”“强有力”的领导，不仅要坚持，而且要加强。唯其如此，中国特色社会主义最本质的特征和制度的最大优势——中国共产党领导才能真正实现。

中国共产党对于民主党派“全面领导”的本质是政治领导，也就是政治原则、政治方向和重大方针政策的领导。民主党派作为参政党的地位不变，保有自己的章程、政治纲领和组织架构，并在宪法和法律的范围内独立自主履行职能、开展活动。“全面”不是“全包”，“领导一切”不是“包办一切”，“总揽”更不是“包揽”，不是具体事务上的“大包大揽”，而是对“全局”的总揽，目的在于“协调各方”。调研发现，中国共产党一些地方的单位领导干部，对此存在认识上的偏差。比如，班子成员必须都是中共党员，部门负责人必须都是中共党员，把“全面领导”等同“全部都是中共党员当领导”，“领导一切”视作“一切都由中共党员来当领导”，在部门负责人（中层）中搞“清一色”，以此落实“一岗双责”。再如，中共党员优先晋升提拔，以“影响个人进步”“成为少数另类”为由，对申请加入党派者不予支持，设置无形障碍，人为划分等级，个别单位主要领导亲自做思想工作，要求党外人士加入中共，忽视“把部分优秀人才留在党外”的统战思想，认为“全面领导”“领导一切”就是中共党员全都“高于一切”“优于一切”。这些既压缩了民主党派的组织发展空间，又造成了党外人士思想的困惑，少数党派成员甚至提出退出党派组织。高校、公立医院关于加强党的建设工作的文件下发后，民主党派在高校、公立医院的组织发展明显减少。

因此，各地尽快出台了《中共中央关于加强中国特色社会主义参政党建设的意见》《民主党派代表人士队伍建设规划（2018~2027年）》《各民主党派中央关于新时代组织发展工作座谈会纪要》等“三个文件”和《中国共产党统一战线工作条例》实施意见，成立统战工作领导小组，落实“三纳入”：把加强中国特色社会主义参政党建设纳入党委工作重要议程、纳入统一战线工作领导小组年度工作要点、纳入各级各单位领导班子和领导干部考核内容，加强地方统战部门和各级各单位中共党组织主要负责人专题培训，推动相关法规文件精神落地。

当然，民主党派在面对中共“全面领导”方面，也应及时抓住机遇，主动作为，因应新时代的新变化，加强自身建设。党派建设林林总总，作为一个政治组织，无外乎思想与组织建设，其他大都可以归入这两个方面。思想和组织建设始终是民主党派建设的重点，思想建设是核心，组织建设是基础，二者相互影响，相互联系，思想建设的强弱决定组织建设的发展，组织建设的好坏影响思想建设的质量。在新时代中共“全面领导”业已成“势”的情况下，党派建设应顺“势”而为抓思想，乘“势”而上抓组织。

思想建设方面，要把“学”“悟”覆盖思想教育全方面。面对中共“全面领导”之“势”，党派应顺“势”而为，狠抓思想建设，重在“学”与“悟”，“学”“悟”同行。第一，中国共产党领导是中国特色社会主义最本质的特征，是中国特色社会主义制度的最大优势，是党和国家的根本所在、命脉所在，是全国各族人民的利益所系、命运所系。这“四个是”，全面强调了中国共产党领导的极端重要性，是对马克思主义政党理论的丰富与发展。党派要以“四个是”统领一切思想政治和理论的学习教育，多层次、多渠道、多样式开展“学”“悟”工作，因“势”利导，提高成员政治素养，增强成员政治定力，从而加深中国共产党领导的多党合作和政治协商制度认识，筑牢共同思想基础。第二，以“四个是”为统领，健全“学”“悟”制度，使“学”“悟”渗透党派建设方方面面。调研发现，有党派建立了“第一议题”制度，即无论开展什么活动，第一项内容就是政治学习，有主题、谈体会。有党派建立了“五个一”学研制度，即观看一部多党合作历史影片、学习一段多党合作历史、回顾一个本党派历史事件、研究一位本党派历史人物、撰写一篇统战理论文章。有党派建立了“民主生活会”制度，每年召开一次，通过调查问卷、座谈会、谈心谈话等多渠道和形式，听取基层组织和成员的意见、批评，不走过场，会后认真对照检查，明确整改方向，增强了领导班子担当作为的责任感和使命感。大多数党派顺“势”建立健全制度，制定颁发作为政党建设所必需的规章，比如与思想建设相关的就有“领导班子民主生活会实施办法”“宣传思想工作条例”“理论学习中心组学习规则”等。实践中，党派要积极探索各种行之有效的“学”“悟”方式方法，勇于创新，不断积累经验，通过“学”“悟”把党派思想建设水平推向一个新的发展阶段。“学”然后知不足，“悟”当然要得道，“学”而“悟”，“悟”促“学”，“学”以聚力，“悟”在凝心。当前，党派的思想建设应以“四个是”为中心，在“学”“悟”上下功夫，不拘泥形式，但求“学”“悟”。党派顺“势”而为，借中国共产党加强党的“全面领导”东风，“以党为师”，狠抓“学”“悟”，解决一些党派成员，特别是班子成员存在的思想意志软化、政党意识弱化、思维方式老化、个性心态强化等倾向。

组织建设方面，要把“质”“效”贯穿组织发展全过程中。面对中共“全面领导”之“势”，民主党派应乘“势”而上，狠抓组织建设，重在“质”与“效”，要“质”“效”并重。万丈高楼平地起，组织建设是党派赖以生存和开展工作的基础，必须将组织建设作为党派建设的一项基础性工作来抓，并坚持不懈。党派组织的建设，要坚持进步性和代表性的统一，以思想政治的高标、组织运行的高效、参政议政的高质为价值取向。党派组织建设的核心是代表人士（后备干部）队伍建设，其优劣直接影响党派组织建设的良性发展。抓住这一核心，就抓住了组织建设的“牛鼻子”，这既是组织建设价值的体现，也是组织建设中“质”“效”稳步推进的保障。调研发现，对组织建设中的“质”与“效”，尽管一直以来党派高度重视，但是会存在一些问题，特别是代表人士队伍（后备干部）建设，无论中国共产党，还是各民主党派，都认为问题突出，都强调对方在这一问题中的责任。在安排使用党外干部时，中国共产党认为“带着帽子找人”，民主党派却认为“力度不够”。民主党派组织建设中的这种张力，在新时代应当求得有效化解的方式方法。

在党派组织建设中，中共各级地方党组织在加强党的“全面领导”和全面加强党的建设中，要把2012年中共中央《关于加强新形势下党外代表人士队伍建设的意见》，2018年中共中央办公厅《民主党派代表人士队伍建设规划（2018~2027年）》，2019年《中共中央关于加强中国特色社会主义参政党建设的意见》纳入“全面”范围。在实践中，坚持党管干部和人才基本原则，严把政治关的同时，“全面”提升“将部分优秀人才留在党外”的意识；“全面”统筹党内外人才资源配置，细化政策措施，按照组织掌握、动态管理、有进有出、优胜劣汰的原则建立层次合理、分布均衡、衔接有序的党外人才梯队，有计划向党派推荐人才；推动组织部、统战部“全面”统筹培养锻炼工作，使其制度化、规范化，对党外代表人士采取递进式培养，纳入党政领导干部交流总体安排，早发现，早培养，早压担子，完善选拔、交流和任用机制，加大轮岗挂职力度，持续搭建锻炼成长平台。“全面”做好党派代表性人物的发展预案，解决旗帜性人物缺乏、领导班子青黄不接等问题。此外，在大中城市“全面”推进党派区级基层委员会的建立，在干部配备、人员编制、经费使用、办公场地、履职渠道等方面给予切实保障。如此“全面”，可以从根本上解决来自党派方面有关“力度不够”的忧虑。

各民主党派在要求中共支持组织建设的同时，更应乘“势”而上，积极有为。党派建设的基础是组织建设，组织建设的基础是组织发展，具体而言，应以2019年《各民主党派中央关于新时代民主党派组织发展工作座谈会纪要》（以下称《会议纪要》）为抓手，以提“质”增“效”为原则，推进组织建设向纵深发展。《会议纪要》对党派组织发展的“工作原则、地区和范围、重点分工领域、工作程序、年净增率、发展新的社会阶层人士和非公有制经济人士、建立地方组织”等方面进行了调整和充实，因此组织发展不能各自为政，要在《会议纪要》框架下展开，既要考虑本区域本阶段需要，又要考虑全局长远的需要，有计划地稳步推进，将组织发展与后备干部队伍建设结合起来。首先，坚持特色。民主党派在发展过程中各自形成的界别特色，是其存在和发展的重要依据。组织发展要把保持界别特色与优化结构结合起来，遵循“三个为主”方针，把握占比要求，按照重点分工有序发展，有所侧重，不一哄而上“抢人”。其次，坚持“质效”。民主党派作为参政党的作用大小，不是取决于成员的多少，而是取决于成员整体素质水平所决定的社会代表性和影响力。杜绝盲目追求数量和规模，把组织发展转入坚持“质效”优先的轨道，是题中之义。标准有以下三个。①政治共识。作为根本要求，成员必须对中国政治体制和制度认同，对中国共产党领导认定，作中国特色社会主义的实践者、维护者、捍卫者。②业务能力和代表性。作为基础要素，必须明确成员的业务能力和所在行业领域内的影响力、代表性是其所属党派素质体现的重要方面，也是提高其所属党派社会影响力的重要方面。③责任和热情。作为动力永续，成员必须明确参政议政既是民主党派的重要职能，更是民主党派的生命线，其参政议政的能力关乎党派的前途与命运。最后，坚持培养。发展前充分考察，考察的全过程要做足功课，不简化或减少任何一个环节，同时制定6个月以上的考察期制度，建立考察对象动态档案。发展后着重教育，有计划、有组织地对成员展开培训，加强民主党派史、多党合作史、统战理论等的学习，加深成员对国情、省情、市情的了解，铲除调研中发现的“业余闹革命”“不把党派工作当工作来做”“没有党派意识”“吃了党派红利不给党派做事”等思想的温床，从而对多党合作事业充满感情。如此“坚持”，可以从根本上解决来自中共方面“带着帽子找人”的问题。

徐映奇，广州市社会主义学院教研室副主任、副教授，广州市社会主义学院新型政党制度理论研究中心副主任。

本文刊于《广州社会主义学院学报》2022年第1期。

试论人民政协在新型政党制度建设中的作用

雷慧敏

2018年全国两会期间，习近平总书记把中国特色社会主义政党制度概括为新型政党制度。人民政协是具有中国特色的制度安排，70年的伟大实践，充分说明了其基本定位与新型政党制度的高度契合，是落实新型政党制度的组织载体和重要平台，在新型政党制度的确立和发展中发挥了不可替代的重要作用。在人民政协成立70周年之际，中国特色社会主义已进入新时代，对人民政协也提出了新要求，要在加强新型政党制度建设中展现新作为。

一、新型政党制度的基本特征和内涵实质

中华人民共和国成立后，中国共产党与各民主党派之间形成了一种世界上独一无二的政党制度，即中国共产党领导的多党合作和政治协商制度。2018年全国两会期间，习近平总书记指出，“中国共产党领导的多党合作和政治协商制度作为我国一项基本政治制度，是中国共产党、中国人民和各民主党派、无党派人士的伟大政治创造，是从中国土壤中生长出来的新型政党制度”，[1]首次提出“新型政党制度”的重要论断。其显著特征可概括为：“共产党领导、多党派合作，共产党执政、多党派参政。”较之一党制、两党制或多党制等旧式政党制度而言，新型政党制度具有“三新”特质，彰显出巨大优越性和强大的生命力。

（一）利益代表的广泛性

新型政党制度“新就新在它是马克思主义政党理论同中国实际相结合的产物，

[1] 习近平在看望参加政协会议的民盟致公党无党派人士侨联界委员时强调　坚持多党合作发展社会主义民主政治 为决胜全面建成小康社会而团结奋斗　汪洋参加看望和讨论［N］. 人民日报，2018-03-05 (01) .

能够真实、广泛、持久代表和实现最广大人民根本利益、全国各族各界根本利益，有效避免了旧式政党制度代表少数人、少数利益集团的弊端”。[1]新型政党制度在中国共产党领导下，通过各党派和无党派人士之间的合作和协商，能把利益代表的广泛性和利益差异的合理性有机统一起来，有效避免了旧式政党制度中各个政党在利益代表问题上相互对立的弊端，有利于调动全体人民的积极性、主动性和创造性，有力推动国家发展、促进社会进步。

（二）监督与合作的统一性

新型政党制度“新就新在它把各个政党和无党派人士紧密团结起来，为着共同目标而奋斗，有效避免了一党缺乏监督或者多党轮流坐庄、恶性竞争的弊端”。[2]新型政党制度可概括为“一党执政、多党参政”，中国共产党是执政党，处于领导地位；民主党派是参政党，具有合法的参政地位。各个政党之间的关系是合作协商关系，而不是对抗竞争关系，各个政党和无党派人士具有共同的奋斗目标，能紧密团结起来，把“监督”和“合作”有机统一起来，有效避免了一党缺乏监督或者多党轮流坐庄、恶性竞争的弊端。有利于营造和谐、稳定、有序的社会发展环境，促进全国各族各界人民共同团结奋斗。

（三）决策施政的高效性

新型政党制度“新就新在它通过制度化、程序化、规范化的安排集中各种意见和建议、推动决策科学化、民主化，有效避免了旧式政党制度囿于党派利益、阶级利益、区域和集团利益决策施政导致社会撕裂的弊端”。[3]新型政党制度是以利益代表的广泛性为根本基础的，在中国共产党领导下，形成了一整套制度化、规范化、程序化的决策施政制度安排，在决策过程中能够有效集中各种意见和建议，推动决策科学化、民主化，提高决策的时效性；能够在决策执行过程中，整合各方力

---

[1] 习近平在看望参加政协会议的民盟致公党无党派人士侨联界委员时强调 坚持多党合作发展社会主义民主政治 为决胜全面建成小康社会而团结奋斗 汪洋参加看望和讨论［N］. 人民日报，2018-03-05 (01).

[2] 习近平在看望参加政协会议的民盟致公党无党派人士侨联界委员时强调 坚持多党合作发展社会主义民主政治 为决胜全面建成小康社会而团结奋斗 汪洋参加看望和讨论［N］. 人民日报，2018-03-05 (01).

[3] 李学仁 . 习近平在看望参加政协会议的民盟致公党无党派人士侨联界委员时强调 坚持多党合作发展社会主义民主政治 为决胜全面建成小康社会而团结奋斗 汪洋参加看望和讨论［N］. 人民日报，2018-03-05 (01).

量、相互配合、形成合力、高效执行，取得较好的决策实施效果。这样的决策机制和执行机制，有效避免了旧式政党制度在决策施政中所导致的社会撕裂弊端，有利于提高决策效率和执行效果，能及时有效地解决经济社会发展中出现的各种问题。

二、人民政协在新型政党制度运行中具有独特优势

人民政协与新型政党制度相伴而行、密不可分。作为中国共产党领导的多党合作和政治协商的重要机构，人民政协由民主党派、各人民团体等界别组成，是中国唯一所有合法政党参加并以本党派名义在其中活动的多党合作组织。这种与生俱来的党派合作性，决定了人民政协在体现和发挥新型政党制度特点和优势方面，具有其他政治组织、团体不可替代的作用。

首先，从人民政协的历史形成来看，人民政协是中国共产党与各民主党派、无党派人士风雨同舟、团结奋斗的伟大成果。人民政协诞生于20世纪中叶，它是中国共产党与各民主党派、人民团体、各族各界人士为争取和平民主、建立中华人民共和国而紧密团结、共同奋斗的结果。它的诞生标志着中国共产党领导的多党合作和政治协商制度的确立，使共产党领导的多党合作制度与政治组织形式、发扬社会主义民主的内容与形式有机地结合在一起，成为新型政党制度的重要组成部分。

其次，从人民政协的基本属性来看，人民政协是实行我国新型政党制度的重要机构。2018年修订的《中国人民政治协商会议章程》对人民政协的性质定位的表述是："中国人民政治协商会议是中国人民爱国统一战线的组织，是中国共产党领导的多党合作和政治协商的重要机构，是我国政治生活中发扬社会主义民主的重要形式，是国家治理体系的重要组成部分，是具有中国特色的制度安排。"[1]其中，作为"中国共产党领导的多党合作和政治协商的重要机构"这一属性，充分表明了人民政协具有新型政党制度重要组织形式和运行机制的本质特征。

再次，从人民政协的工作主题来看，人民政协体现了新型政党制度的价值和功能。2007年11月，《中国的政党制度》白皮书把中国多党合作制度的价值和功能概括为政治参与、利益表达、社会整合、民主监督和维护稳定等五个方面。[2]团结和民主作为人民政协的两大主题，恰恰体现了以上价值和功能。一方面，人民政协作为中国人民爱国统一战线的组织，本身就是大团结、大联合的象征。在人民政协这

[1] 中国人民政治协商会议章程［N］. 人民日报, 2018-03-28 (02).

[2] 中华人民共和国国务院新闻办公室. 中国的政党制度［M］. 北京: 人民出版社, 2007.

个组织里，各党派团体、各族各界的代表人士会聚在一起，团结合作，共商国是，有利于集中全国各族人民和全体中华儿女的智慧和力量，为实现国家富强、人民幸福和祖国统一而共同奋斗；另一方面，人民政协作为我国政治生活中发扬社会主义民主的重要形式，本身就是一条民主渠道，通过这一渠道，可以使各民主党派的意见和主张在国家政治生活中得到充分表达，促进决策的科学化、民主化，有利于形成融洽和谐、安定有序、生动活泼的政治局面。

最后，从人民政协的组织构成来看，人民政协体现了新型政党制度的显著特征。中国共产党领导的多党合作和政治协商制度是"一"与"多"的结构模式，把领导核心的一元性与组织结构的多元性有机统一起来，就形成了"共产党领导，多党派合作；共产党执政，多党派参政"的政治格局。人民政协由各党派团体、无党派人士和各族各界人士组成，特别是各民主党派在各级政协委员、常务委员和政协领导成员中占有较大比例。因此，人民政协为这种合作性政党结构的存在和发展提供了重要载体和组织支撑。

三、充分发挥人民政协在新型政党制度建设中的功能和作用

党的十九大报告对人民政协的性质和任务作出了高度概括："人民政协是具有中国特色的制度安排，是社会主义协商民主的重要渠道和专门协商机构。人民政协工作要聚焦党和国家中心任务，围绕团结和民主两大主题，把协商民主贯穿政治协商、民主监督、参政议政全过程，完善协商议政内容和形式，着力增进共识、促进团结。"[1]赋予了人民政协充分体现和发挥新型政党制度的特点与优势的历史重任。当前，中国特色社会主义进入了新时代，人民政协必须站在新的历史方位上，把握新时代赋予的新使命，切实发挥好作为多党合作和政治协商重要机构的作用，助力新型政党制度建设和发展。

（一）坚持中国共产党领导，广泛凝聚共识

中国共产党和各民主党派是新型政党制度的主体，而中国共产党的领导则是新型政党制度的灵魂。人民政协要发挥好新型政党制度的作用，就必须坚持维护中国

---

[1] 习近平．决胜全面建成小康社会　夺取新时代中国特色社会主义伟大胜利［M］．党的十九大报告辅导读本．北京：人民出版社，2017：37-38．

共产党的领导地位，这是人民政协事业发展进步的根本政治保证和必须恪守的根本政治原则。同时，积极引导参加人民政协的各党派团体和各族各界人士，不断增强他们对中国共产党和中国特色社会主义的政治认同、思想认同、理论认同、情感认同。牢固树立“四个意识”，坚定“四个自信”，坚定不移走中国特色社会主义政治发展道路，使新型政党制度在新时代得以坚持和完善。

（二）搭建更多平台，致力服务大局

习近平总书记希望各民主党派和无党派人士围绕决胜全面建成小康社会，做中国共产党的好参谋、好帮手、好同事，增强责任和担当，共同把中国的事情办好。[1]人民政协应搭好更多平台，让更多有志、有识之士围绕政府的中心任务，通过协商凝聚共识、凝聚智慧、凝聚力量，致力于服务大局。

1. 搭好委员履职平台

一是搭好学习平台。人民政协可以通过开展集中培训、考察调研、专题讲座、座谈讨论等形式，加强对政协委员的培训和教育，不断提高政协委员素质，使其“有事会商量”。二是搭建知情平台。人民政协应开拓多种知情、议政渠道，如通过召开党委、政府及有关职能部门工作通报会，政府重点工作情况问询会，重点热点问题面商会，开展各类视察和调研活动等方式方法，让政协委员更多地了解党和政府的工作重点、大政方针，直接获取第一手资料，使其“有事可商量”。三是提供话语平台。人民政协通过组织政协委员参加政情交流会、电视问政，推荐更多参政议政能力强、社会威望高的政协委员到相关部门和单位担任民主监督员、行风评议员等，提供话语平台，扩大话语权。

2. 搭建公众参与平台

第一，推进协商民主向基层拓展。通过设立乡镇政协联络组、委员工作联络室、委员联系群众信箱等形式，拓宽公民合法理性有序表达利益诉求的渠道。第二，推进协商民主向群众拓展。通过组织政协委员进社区、与社区结对共建帮扶、设立基层社情民意联络点等措施，及时收集基层群众意见建议，帮助解决实际问题。第三，建立健全各种社团、行业组织，充分发挥这些非政府组织在提供服务、

---

[1] 李学仁．习近平在看望参加政协会议的民盟致公党无党派人士侨联界委员时强调　坚持多党合作发展社会主义民主政治　为决胜全面建成小康社会而团结奋斗　汪洋参加看望和讨论［N］．人民日报，2018-03-05(1)．

反映诉求、规范行为中的作用。真正做到众人的事情由众人商量，众人的事情众人办。

3. 建好宣传展示平台

在新媒体时代，人民政协要发挥好宣传主阵地作用，加强与主流媒体合作，并将刊物、网站、微信公众平台等多种手段结合，全方位、多角度展现政协工作，把政协年度开展的重要工作、提案提交办理情况及时向群众公布的同时，充分展示各民主党派履职活动、履职成果及经验风采。

（三）创新监督形式，完善监督机制

习近平总书记强调："要加强人民政协民主监督，完善民主监督的组织领导、权益保障、知情反馈、沟通协调机制。"[1]然而，人民政协民主监督存在相对薄弱的短板，需要通过创新监督形式、完善监督机制，加强民主监督。

1. 创新监督方式，丰富监督手段

一要把民主监督与舆论监督相结合。可以把微信、QQ群，或在电视台、报纸上开辟专栏等作为切入点，让民主监督透明化、效率化，增强监督效果。二要把项目服务和民主监督相结合。利用人民政协人才荟萃的特点，整合智力资源，就党和国家一些重大决策问题从不同领域实行相关论证，对一些重大项目实施提供意见和建议，融监督于服务之中。三要实现无陪同视察。人民政协在组织政协委员视察时，事先不通知被视察单位，不需要被视察单位领导和有关人员陪同，自定时间、路线和单位开展突击视察。

2. 建立监督制度，完善监督机制

一要建立定期汇报通报机制。同级党委定期听取人民政协民主监督开展情况汇报，同级政府定期听取人民政协民主监督开展情况介绍，并将人民政协民主监督结果纳入党委政府督察范围，加大督办力度。二要完善民主监督运行机制。探索建立人民政协向党委和政府部门委派民主监督员机制，把政协委员个人监督上升为政协组织监督，把分散监督整合为集中监督，把零星批评意见上升为系统监督建议，有利于加大民主监督力度、增强民主监督实效。三要构建民主监督保护机制。保护政

[1] 习近平．在庆祝中国人民政治协商会议成立十五周年大会上的讲话．论坚持人民当家作主［M］．北京：中央文献出版社，2021：95．

协委员提出批评、进行举报、发表不同意见的民主权利，确保参与监督的政协委员不受到打击报复。四要建立民主监督激励机制。对在履行民主监督职能过程中作出突出贡献的政协委员，以及自觉接受民主监督、虚心采纳政协意见、积极改进工作的党政部门，予以奖励，起到鼓励先进、鞭策后进的作用。

雷慧敏，广州市越秀区光塔街办事处妇联原副主席、社工师、经济师，民革广州市越秀区基层委员会委员，广州市社会主义学院新型政党制度理论研究中心特约研究员。

民主党派参政议政方法论研究的价值分析

李　玲

研究参政议政方法论是参政党理论建设的需要，也是参政议政工作实践提出的要求。作为一个理论范畴和研究领域，目前，对民主党派参政议政方法论的研究基本上还是一个崭新的课题，与此相关的理论文章十分鲜见。不少学者更加关注参政议政的理念范畴和制度范畴，把研究的侧重点放在了参政议政的理念体系和制度体系两个层面上，而立足于方法论层面，以方法论为视角去研究民主党派参政议政方法体系的论文论著几乎没有。因此，深入探究民主党派参政议政方法论，一方面对拓宽我国参政党建设的研究领域，完善参政党建设理论体系有着重要的理论建构意义；另一方面对民主党派进一步完善自身机制、有效履行职能，更好地彰显参政党的价值与功能，有着不可低估的现实指导意义。

一、加强民主党派参政议政方法论研究，是完善参政党建设理论体系的必然要求

中国共产党领导的多党合作和政治协商制度是中国特有的政治制度和政党制度，其特点是“共产党领导、多党派合作，共产党执政、多党派参政”。在这种政治格局中，各民主党派的主要职能表现为参政议政。1989年《中共中央关于坚持和完善中国共产党领导的多党合作和政治协商制度的意见》明确规定民主党派参政的基本点是：参加国家政权，参与国家大政方针和国家领导人选的协商，参与国家事务的管理，参与国家方针政策、法律法规的制定和执行。“一个参加三个参与”充分表明了民主党派参政议政已经进入我国政治生活的权力深层，发挥着不同于一般社会组织的重要作用。2005年《中共中央关于进一步坚持和发展中国共产党领导的多党合作和政治协商制度建设的意见》的颁发，既标志着中共领导的多党合作和政治协商制度开始步入制度化、规范化和程序化的轨道，也标志着民主党派的参政议

政开始迈向一个新台阶，民主党派参政议政工作由“一般性的重要工作”上升为党派工作的“重中之重”。民主党派参政议政主要体现在对政治、经济、文化和社会生活中的重要问题以及人民群众普遍关心的问题，开展调查研究，反映社情民意，进行协商讨论，并通过调研报告、提案、建议案，或其他形式，向中国共产党和国家机关提出意见和建议。[1]目前，随着社会主义政治文明的发展，执政党及其政府对参政党履行职能的支持力度越来越大，民主党派的参政议政工作也取得了显著成绩。但是，与此同时，无论是理论研究者还是实践工作者都普遍认识到，参政党理论的研究并没能与参政实践同步推进，参政理论研究仍相当薄弱，还处于探讨和摸索阶段，系统、科学的理论体系还未形成。因此，要坚持和完善中国共产党领导的多党合作和政治协商制度，进一步推动参政党自身的发展，理论的深入和发展是一个必要的前提，完整的理论体系更是必不可少。

首先，从中国特色政党制度的历史演变和现实情境并结合系统论的理论来综合考察。可以发现，作为民主党派重要职能的参政议政，实际上是一个相对独立的内涵丰富的三维结构，这个结构主要由参政议政的理念体系、参政议政的制度体系和参政议政的方法体系三个层级构成。其中，参政理念处于这一结构的第一层级，为整个参政议政体系提供基本的价值准则；参政制度处于第二层级，既是参政理念的制度结构，也是参政行为的基本模式；参政方法则处于第三层级，它将参政理念和参政制度付诸实践，并给前者以方法技巧的支持。[2]显然，三个层级之间相互联系，缺少任何一方，参政议政体系都是不完整的。

其次，从方法和方法论概念的一般意义进行分析。可以得出，民主党派参政议政方法论就是研究民主党派为有效履行参政议政职能的方法、手段、技术和经验的理论体系。简而言之，方法论是方法的系统化理论化，是方法的体系和理论，因此，“方法体系”包含“方法”与“方法论”两个层面。然而，一直以来，学者更加关注民主党派参政议政理念范畴和制度范畴等方面的研究，有关参政议政地位、作用、原则、内容以及制度规范等层面的论述比较多，对参政议政具体经验的介绍也不少，而与参政议政实践规律和方法路径相关的系统研究则不多。目前，对民主党派参政议政方法论的研究基本上还是一个崭新的课题，与此相关的理论文章十分鲜见。实际上，理论因制度而实现，制度因方法而运作，理论、制度、方法是一个

[1] 王佐书 . 参政议政研究［M］. 北京 : 教育科学出版社 , 2006 : 12 .

[2] 周平 . 政治文明建设应该重视政治技术的设计和创新［J］. 中共南京市委党校南京市行政学院学报 , 2004 (5) .

有机的统一体。良好的参政理念和合理的参政制度的实现，离不开与之配套的参政方法，更离不开参政方法的科学合理采用。毫不夸张地说，没有参政方法的大量生成和广泛运用，参政议政体系就会残缺不全。

最后，从理论与实践的递进关系来考量，无论是参政议政理论的研究，还是参政议政实践经验的总结，都属于参政党理论研究体系的范畴，因此，参政党理论研究体系同样不能缺少方法论的内容。目前，随着国内外形势的发展变化，随着中国共产党执政能力的不断提高和执政方式的适时转变，作为参政党的民主党派，也面临着如何及时更新参政理念、拓宽研究视野、加强理论研究、提高自身能力的严峻挑战。理论来源于实践又指导实践，实践的发展为理论的深入提供了基础和条件，而理论的发展和深入应当能推动实践的发展。虽然民主党派的参政理论研究方向与中共的执政理论存在着某些相同点，但是参政党由于其政治联盟性质，松散的组织结构形式，决定了其在履行职能过程中的特殊性。因此，通过民主党派参政议政方法论的研究来推进参政党理论研究的深入，有利于参政议政工作方针原则与参政议政工作方法的理论平衡发展，有利于参政议政工作具体方法的研究同方法系统理论的研究相互促进，进而有利于构建一个系统、完整、富有自身特色的参政党理论体系。总之，深入探究民主党派参政议政方法论，对于拓宽我国参政党建设的研究领域，完善参政党建设理论体系有着不可低估的理论建构意义。

二、加强民主党派参政议政方法论研究，是进一步完善民主党派履职机制的内在需求

履职活动是一项复杂的系统工程。为了更好地履行职能，必须有机制作保障。近年来，经过中共与各民主党派的共同努力，民主党派的参政议政在制度建设方面，总结和积累了不少遇到问题“怎么办”的经验，构建了较为完备的制度框架，为参政议政工作的推进发挥了重要作用。但是，我们也要清醒地看到，面对新的形势，民主党派参政议政还存在随意性、盲目性较大，计划性、持续性较差，实效性、操作性不强等缺点与不足。正如有学者所指出的：民主党派“参政议政的方式多以随机发散式的参政议政为主，虽体现机动灵活性，易出短期成果，但也明显暴露出资源浪费、研究不系统、被动参政等诸多问题。议政的内容往往是随机的、无规律、无计划，常常是对什么问题有基础、在各种活动中获取到一些信息，经过分析、研究，就针对有关问题提出意见和建议。无论是市域参

政、省域参政还是国域参政几乎都如此”。[1]导致民主党派在参政议政过程中出现上述问题的原因是多方面的，仅从民主党派自身的角度考察，最根本的原因在于参政议政运行机制不健全。虽然我国的多党合作制度已入宪，民主党派参政议政的内容和途径又有相关的文件规定，但是在运行机制方面没有形成配套的、完备的规范，而且具体操作技术粗糙，方法因时而迁、因人而异，无规律可循。因此，加强对参政议政方法路径的研究，构建完善的运行机制，是现阶段民主党派自身建设的一项重要课题。

首先，要促进参政议政工作由随机式向有计划的参政议政转变，由被动式向主动式转变，必须加强参政议政方法的研究，了解并掌握参政议政的内在规律，为参政议政机制的有效运行奠定基础。在参政议政实践过程中，各种具体方法和经验的介绍虽然能增长人们的见识，在处理现实问题时起到借鉴与参考作用，但是情况总在不断变化，参政议政旧的问题没有完全解决，新的问题又会不断出现，不可能事先设想出多种方法临时“对号入座”地加以套用。尤其是社会转型期，随着社会结构变迁及政治环境的变化，对参政议政工作要求越来越高，做好此项工作的难度越来越大，社会改革在向纵深发展，要求参政议政工作向纵深发展。“高、难、深”三字要求全新理念的支撑，要求能找到解决复杂问题的、可持续有效的方法，掌握工作方法运用的规律。尽管参政议政属于程序性的事情，但有其规律所在。系统哲学方法论的整体性原理告诉我们，一个系统是由各个要素构成的，各个要素在这个整体中又呈现一定的结构关系。系统科学就是要研究结构，研究要素之间有怎样的组合方式和组合关系。参政议政是一个复杂的过程，无论是参政议政的制度设计、参政议政的平台设计，还是参政议政的路径设计、参政议政的管理设计，涉及的程序和环节都比较多，每个环节之间往往相互影响、相互制约。因此，要分析和解决任何一个问题都必须找出内在规律，遵循一系列的步骤去操作，才能够取得成功。参政议政方法论正是针对参政议政领域提出的分析和解决问题的方法，是在参政议政实践过程中经总结并高度抽象出来的、特别强调过程和步骤的理论。从某种意义上说，参政议政方法论是参政议政工作经验的升华，它比方针、原则方面的理论更具有操作性，是完善参政议政工作机制的基础，直接影响民主党派参政议政工作机制的构建和健康运作。

---

[1] 崔吉富．参政党参政议政工作质量、成效的现状分析与对策研究［EB/OL］. (2011-03-20) . http://www.wzngd.org.cn/news.asp?id=355.

其次，要达到“谋长远之道，建有用之言，献务实之策”的参政目标，必须加强参政议政方法论研究，为参政议政机制的有效运行提供方法支持。方法是人们为了达到认识世界和改造世界的目的所运用的工具、手段和活动方式的总和，科学方法论是关于科学的一般研究方法的理论，正如毛泽东同志指出的：“我们不但要提出任务，而且要解决完成任务的方法问题。我们的任务是过河，但是没有桥或没有船就不能过。不解决桥或船的问题，过河就是一句空话。不解决方法问题，任务也只是瞎说一顿。”在参政议政这个动态过程中，政策的支持和制度的规范必不可少，享有“跨江之桥”“渡河之舟”之称的科学方法更应该到位。目前，在参政议政实践中碰到的问题，有相当一部分是不了解正确的工作方法、不懂得参政议政的内在规律所造成的。在当今时代，参政方法在参政议政工作中的功能越来越显著，作用越来越突出。比如，社情民意是执政党和政府决策的重要依据，反映社情民意是民主党派履行参政议政职能的一项重要内容。社情民意的筛选和整合是参政议政机制有效运行的一个重要环节，其制度要求是真实可靠、准确可行。因此，通过科学的操作程式来规范民意的收集和筛选，最终经提炼整合出来的问题和建议，可以帮助执政党和政府更加全面、真实、客观地了解社会各个层面的情况，帮助执政党和政府科学决策、民主决策。

三、加强民主党派参政议政方法论研究，是提高民主党派建言献策的质量与水平，彰显参政党政治地位和政党功能的现实需要

加强民主党派参政议政方法论研究，既是参政党理论建设的需要，也是参政议政实践提出的要求。由于参政议政是民主党派的重要职能，对民主党派的存在与发展具有基础性作用，因而有效改变参政议政的方式，克服过去参政议政形式化、表面化、任务化、随意性的弊端，以科学的方法对国家经济社会发展中的重大问题建言献策，以参政绩效彰显民主党派的政治地位和政党功能，是民主党派回应挑战的必由之路。[1]

1. 方法论的指导可以使民主党派的建言献策更具科学性

作为当代中国政党制度的重要参政主体，民主党派进行政治活动最直接的渠道

[1] 王彩玲．挑战与回应：论民主党派参政议政的专业化［J］．湖北社会科学，2009（10）：19-22．

就是通过人大、政协等各种制度化途径向执政党及其政府提出富有建设性的意见和建议，以推动中国共产党在执政过程中不断发现和解决问题。因此，可以说，民主党派建言献策水平的高低是衡量其参政议政绩效的重要标准，而民主党派参政议政的绩效则是民主党派自身存在价值最直观、最有效的体现。科学性是建言献策质量的基本要求，科学的方法则是建言献策质量的根本保证，民主党派的参政议政只有用科学的方法对重大课题进行研究，才能保证所提供的信息准确、所提出的意见建议科学。特别是，在当前政治议题越来越具有系统性、综合性，越来越复杂的情况下，如果不善于采用正确的方法途径以提高参政议政的科学化程度，解决这些政治议题的能力就会大打折扣。如重大的调查研究，如果没有科学方法的支持，就很难获取到全面、准确、及时的信息。所以，从某种意义上说，参政方法是保证“言在点子上、谋在关键处”的必要工具。

2. 方法论的指导可以使民主党派的建言献策更具可行性

参与决策是当今中国政治对参政党功能发挥的必然要求。决策科学化、民主化的要求一方面使执政党更加重视决策的程序、重视决策的科学性与可行性；另一方面为民主党派的参政议政提供了更加广阔的舞台，民主党派成为促进决策科学化、民主化的一支重要力量。民主党派“参与决策”这一政党功能主要体现在对各级党委政府的参谋咨询的作用上。参政议政的难度越来越大，参政议政的课题越来越难选，欲提出有价值的参政议政的问题，提出切合时宜、切实有效的意见和建议，以提高政治参与的实效性与可行性，不但要依赖于积极的政治热情，还需要掌握相关的方法体系并借助一定的方法工具。系统哲学方法论为此搭建了一座相当完美、便捷的桥梁。按系统哲学方法论整体性原理的要求，在分析和研究解决一个问题的时候，必须把问题包含的各个要素找全，把各要素之间的关系找准，才看清这个问题。如果占有的信息量不充分，对各个构成要素、要素之间的关系以及各个状态信息占有得不全，遗漏了若干要素特别是关键性的要素，就会无法做出正确的判断，即便做出了判断也是经不起推敲的，是不可行的。具体到民主党派参政议政领域，调查研究是民主党派参政议政的基础性工作。因此，在调研过程中，首先，要全面了解和掌握调研的对象、调研的目的、调研的方案以及调研的时间安排等各个要素；其次，课题研究要深入透彻，要在深入调查并掌握大量资料的基础上，对调查材料进行客观分析和理性归纳，做到言之有理，言之有据，真正起到弥补决策者信息不足，纠正决策者价值偏见的作用，为科学决策民主决策提供帮助。总之，有效的参政方法对于民主党派开拓性地开展工作，走出“政治花瓶”“政治摆设”的谤议将产生不可替代的政治功用。

李玲，广州市社会主义学院副教授、广州市社会主义学院新型政党制度理论研究中心副主任。

本文刊于《广东省社会主义学院学报》2012年第2期。

大数据时代的参政党建设刍论

蒋　利

引　言

进入中国特色社会主义新时代，随着我国社会主要矛盾的变化和参政党基本职能的扩展，参政党迎来了新的广阔发展机遇，也面临着一系列新的担当挑战。尤其是以人工智能、大数据等为代表的高新科技的快速发展，导致了整个社会面貌的迭代式改变，同时也给参政党更好地履行基本职能带来了全新的科技考验。当前，世界范围内大抵已有一种基本共识，即从科技发展的角度来看，正如华为创始人任正非先生在2016年全国科技创新大会上所述，未来二十年到三十年的人类社会将演变成智能社会，其智能化的深度和广度都是我们如今尚无法完全想象的。若过不了“科技关”则过不了“时代关”，这样一个看似遥远、实则迫切的趋势问题，对每一位有预见和远见的参政党党员而言，都是值得深思的。

具体到大数据领域，习近平总书记在主持中共中央政治局常委会会议上就实施国家大数据战略进行的第二次集体学习时强调，要运用大数据提升国家治理体系和治理能力现代化水平；要建立健全大数据辅助科学决策和社会治理的机制，推进政府管理和社会治理模式创新，实现政府决策科学化、社会治理精准化、公共服务高效化；要充分利用大数据平台，综合分析风险因素，提高对风险因素的感知、预测、防范能力等。因此，笔者认为，在实现中华民族伟大复兴的宏阔征程上，充分运用大数据思维和技术，既是执政党提升国家治理体系和治理能力现代化水平、实现执政初心的重要抓手，也是参政党提升参政议政、民主监督和政治协商能力，实现参政初心的有力武器。换言之，随着人工智能、大数据时代的到来，国家治理体系和治理能力的整体面貌都将与社会面貌一样往智能化、大数据化方向发展。如果参政党不能插上大数据思维和技术的翅膀乘势而起，那么在越发智能化和大数据化的国家治理体系面前，参政党履行基本职能的余地和实效都将逐步缩减。而对于八大参政党内部而言，运用大数据思维和技术的领先性、成熟度，也将在一定程度上决定参政党内部竞争上的话语权和主动权。

一、大数据影响政党治理

（一）大数据是一种新的思维方式

何谓大数据？从狭义上说，大数据是指“无法在一定时间内用常规软件工具对其内容进行抓取、管理和处理的数据集合”；从广义上说，大数据是从各种类型的海量信息中快速获得有价值信息的能力。大数据是一种新的思维方式，这一点已经得到“大数据时代预言家”维克托·迈尔·舍恩伯格的论证。首先，在决策前人们要分析与某事物相关的所有数据，而不再是分析少量的数据样本。其次，人们将乐于接受数据的纷繁复杂，而不再追求精确性，从而改变传统的数据库设计理念。最后，人们的思想将发生转变，不再探求难以捉摸的因果关系，转而关注事物的相关关系，将探索的重点放在“是什么”层面。概言之，掌握了“大数据”的能力，“人类思维和决策的方式及方法将进入更高层次”，真正从“智能”走向“智慧”。

（二）大数据是一种新的生产力

当前，信息技术与经济社会的交汇融合引发了数据迅猛增长，数据已成为国家基础性战略资源，大数据正日益对全球生产、流通、分配、消费活动以及经济运行机制、社会生活方式和国家治理能力产生重要影响。基于海量数据资源的挖掘和应用催生的大数据产业，是新一代信息领域的重点产业及大数据时代的基础支撑产业，是全球下一个发展创新、角力竞争、提高生产力的战略性产业。进入大数据时代后，海量数据将变成资源和生产要素渗透各个领域，从而带来层出不穷的创新。因此，2016年，中科院院士倪光南在第三届世界互联网大会上指出：“把大数据作为生产力，可能比把大数据作为一种财富更好、更全面。强调大数据生产力，会推动生产关系的发展、推动社会的发展，会创造无穷无尽的财富。”

基于上述认识，大数据正日渐影响政党治理。正如有学者所言：“大数据就像一个上帝，无所不知，所有数据都可以加以利用。”大数据应用的实质，是通过云计算强大的计算和存储能力，把所有数据都吸收进来，分析现象之间的关联度，寻找到重复性的规律，从而为科学决策提供依据。在大数据时代，社会是可计算的：人类行为中有90%以上是可以预测的。社会计算的出现，可以对社会成员的行为逻辑、社会事件的发展态势作出判断、预测和模拟，使社会治理与政党治理也成为可计算、可预测和可控制的领域，这也使政党治理拥抱大数据成为可能。换言之，作为中国特色社会主义参政党，不仅需要通过自身的政治纲领为自己的存在与发展提供支撑，更需要通过自身的政治实践证明自己的价值。面对不断变化的世情、国情和党情，参政党要想提高自身适应性，提高自身的履职能力与水平，就必须提高自身建设科学化水平。因此，大数据可以成为参政党的一种新的思维方式，提高其认识世界和改造世界的能力；大数据技术可以助力参政党的内部治理，提高自身建设的实效性和针对性；大数据技术还可以辅助参政议政、民主监督和政治协商，提高参政党的履职水平，成为参政党政党革新的重要内容。

二、大数据思维在参政党建设中的独特优势

中国共产党领导的多党合作和政治协商制度，之所以能够被习近平总书记称为“新型政党制度”，从效果维度来看，在于它通过制度化、程序化、规模化的安排集中各种意见和建议、推动决策科学化民主化，有效避免了旧式政党囿于党派利益、阶级利益、区域和集团利益决策施政导致社会断裂的弊端。概言之，我国的参政党既不是为了批评而批评的“反对党”，也不是明哲保身、莫谈国是的“在野党”，而是中国特色社会主义事业的参与建设者，更是中华民族伟大复兴的助力实现者。从问题论的角度来看，参政党履行参政议政、民主监督和政治协商三大基本职能的过程，事实上就是不断助力执政党发现问题、解决问题和预测问题的过程，其中，大数据思维具有不可替代的重要作用。

（一）大数据思维有利于发现问题

正如被誉为“大数据商业应用第一人”的维克托·迈尔·舍恩伯格在其大作《大数据时代》中所阐释的，大数据“不是随机样本，而是全体数据”，因此大数据时代最大的转变就是，大数据将为人们完整展示问题“是什么”。过往，由于社会科学领域通常不具备可实验验证性，即便是以试点探索的方式，也只能获得相对有限的随机样本，故对于制约政府决策科学化、社会治理精准化和公共服务高效化中隐藏的种种因素，执政党往往难以揭开其神秘面纱，参政党作为中立第三方的调

查研究结论效度也是有局限性的。对问题发现而言，大数据就如同一双“火眼金睛”，我们不再需要汲汲于随机样本的精确性，大数据有望让一切问题因子无所遁形。具体而言，大数据既有利于发现国家和社会治理过程中存在的问题，也有利于发现参政党自身发展过程中存在的问题。

（二）大数据思维有利于解决问题

从解决问题的角度来看，发现问题是解决问题的先导，正确发现问题就等于问题解决了一半。与此同时，大数据除了在数据来源上的全面性对发现问题有积极作用外，其还具有对因果关系的扬弃和对相关关系的发现的独特优势。详言之，大数据不仅有利于发现问题本身，还有利于有效克服以往在分析问题产生原因上的局限性，即因果关系型思维对“因”的分析在实践中通常是不周延的，而大数据导向的相关关系型思维则可以在理论上穷尽对问题产生原因的分析，同时还可以进一步对各种问题产生的原因进行影响性程度的具体分析，从而让“对症下药”成为现实，这将让参政党提出解决国家和社会治理过程中存在的问题，以及参政党自身发展过程中存在的问题的针对性对策建议成为可能。

（三）大数据思维有利于预测问题

我们知道，大数据的核心就是预测，它因为能预判和把控未来而拥有无限的价值，为人类生活创造前所未有的可量化维度。发现问题和解决问题毕竟都是滞后和被动的，有利于发现和解决问题还不足以完全显现大数据的威力。正如习近平总书记所强调的“要充分利用大数据平台，综合分析风险因素，提高对风险因素的感知、预测、防范能力”，大数据真正的价值在于预测问题，让问题消弭于无形。大数据时代的来临，意味着一切皆可“量化”，在海量数据的基础上，依托于超级计算机系统，大数据分析工具将可以实现随时对现状、问题进行实时监控、纵横对比和预测分析，并借助法治化的监管环境和正当程序，建立健全预警体系，为人类社会营造一个安全、稳定、可预期的和谐大环境。

三、大数据思维与新型政党制度自信

从历史的维度来看，以所谓“一人一票”普选制、多党制轮流坐庄为代表的西方政党制度是第一、第二次工业革命的产物，总体上适应工业化时代的西方社会，其核心思想是分权制衡，对我国近现代民主法治建设也有一定的借鉴意义。但进入21世纪以后，由于西方社会中资本力量过大，金钱政治不断卷入，大数据、新媒体的发展更进一步强化了资本家在政治生活、社会生活中的话语权和影响力，导致社会共识的丧失。与之相反的是，我国在历史上就是一个统一的多民族国家，我国的新型政党制度更是从一开始就形成了"大团结、大联合"的优良传统，从1948年的"五一口号"到1949年的新政协，协商成立新中国的光辉历程标志着中国共产党领导的多党合作和政治协商制度正式确立。特别值得一提的是，我们这种强调"团队和联合"的独特政党制度设计，在当今的大数据和新媒体时代显示出了巨大的比较优势，各民主党派均可以充分运用大数据和新媒体技术、工具发现问题，沟通诉求，为更好履行参政议政等基本职能创造良好条件。

从实践的维度看，大数据、新媒体等新技术的异化应用让西方政党制度的所谓"分权制衡"日益沦为"程序空转"的"游戏民主"。比如，《纽约时报》和《英国观察家报》报道，2016年美国总统大选期间，剑桥分析公司（Cambridge Analytica）与特朗普竞选团队合作，获取了总计超过5000万名Facebook用户的数据，采用独家的心理统计模型分析用户行为，对用户进行完整画像，帮助特朗普竞选团队定制从政治立场到竞选口号的一切，并精准投放数字广告，预测和影响民意的选择，在一定程度上扭转了特朗普在大众心目中的糟糕形象，帮助他赢得了大选。与之形成鲜明对比的是，2018年8月，为加强信息化建设，全国政协办公厅设计开发的全国政协委员移动履职平台（委员履职App）正式上线，网络议政开始与移动互联的大潮对接，委员通过手机扫描二维码下载、登录App，不但能看到及时更新的信息发布内容，还能参与到各个重要主题的讨论群随时参与讨论。网络平台具有参与面广、互动性强的优势，网络议政、远程协商适应了网络新时代的发展，使政协委员参政议政、民主监督的方式得以与时俱进，更为政治决策营造良好的社会心理氛围，把调动委员履职的热情、能力和水平提升至新高度。

概言之，新型政党制度作为中国智慧、中国方案的一个集中体现，尽管已有中华人民共和国70多年伟大成就的实践支撑，但要在西方主导的世界格局中赢得广泛共识，显然需要一个久远的过程，还需要在破除西方意识形态偏见与傲慢的长期斗争中不断拓展。尤其是从民主党派自身角度而言，各大民主党派是我国新型政党制度这一伟大政治创造的重要参与者、见证者和发展者，必须对其优势进行充分深入的总结、归纳，对其在实践中的继续深入完善有持续的思考，更要在国际交往中向世界宣传好新型政党制度的内涵与普适性，秉承"有为才能有位"的理念，为坚定

“四个自信”作出应有的原创性历史贡献。从这个角度来说，运用大数据思维加强中国特色社会主义参政党建设，彰显新型政党制度优势，是各大民主党派作为新兴政党制度重要参与创造者的时代责任。

四、大数据思维在参政党建设中的应用场景

综上所述，执政党基于其执政地位，对于运用大数据思维和技术发现、解决和预测问题具有天然优势，因此为建设好适应大数据时代的中国特色社会主义参政党，更好地为世界政治民主化进程贡献中国新型政党制度的智慧和方案，笔者认为，我国的参政党建设，应当着重做好以下八方面。

（一）参政党应当树立和强化大数据思维

当前，我国参政党内部，不乏在党言党、在党忧党的仁人志士；在统一战线学界，也不乏著作等身、蜚声内外的研究大家。总体而言，无论是从实践，抑或是从理论的角度观察，对于参政党建设的认识，都主要集中于政治学、历史学等社会科学的角度，还较为缺乏自然科学和工程技术的视野。目前，上到各级参政党党组织，下到广大参政党党员个人，总体上都比较缺乏对大数据思维、大数据技术等前沿科技在参政党建设中的作用的理解，更遑论运用了。因此，在面向未来的我国参政党建设中，首先必须牢固树立和不断强化大数据思维。

（二）参政党应当建设“大数据友好型”政党

大数据的思维与技术，本身就是一种新事物，尽管政府层面已对大数据等科技战略进行了重点布局，构建了大数据研究平台，整合创新资源，实施“专项计划”，但大数据的落地应用仍然需要一个实践探索和发展过程。作为中国特色社会主义参政党，要想牢固树立和不断强化大数据思维，就必须先行在党内探索和完善支撑、引导大数据思维与技术应用的规章制度体系，在党员培训、评先评优、课题招标等环节大力营造“大数据创新”友好的环境和秩序，同时积极鼓励和支持党员个人、各级党组织开拓各类基于大数据的参政议政、理论研究与社会服务的创新模式。

（三）参政党应当建立健全党派内部大数据库

收集参政党党内数据、建立数据库是应用“大数据”的第一个环节，而保障数

据的充分性、真实性和共通性是参政党信息数据库真正发挥作用的前提。从现状来看，参政党现有的数据库从“量”上讲并不完备，从“质”上讲也需加强。此外，参政党的自身建设是为提高履职能力服务的，因此在进行数据库建设时，要尽量拓宽数据收集的渠道与规模。在遵守保密政策和相关法律法规的前提下，与执政党和政府、统一战线相关单位甚至一些互联网企业尽可能做好数据库的共享与对接，为党员提供更多的政治、经济、文化信息，为党员履行职能提供帮助。

（四）参政党应当高度重视大数据应用培训

笔者作为农工党广东省委会青年工作委员会副主任、广州市法律基层委员会副主任委员，近年来，在组织的关爱下，有幸多次参加了省、市两级党组织联合国内高校、社院举办的参政议政培训班，整体上受益匪浅。但也有一个基本感受，就是现阶段对参政党党员培训的主题和方向主要集中在与参政议政有关的协商民主、统一战线、建言献策等理论教学及以爱国主义教育基地参观学习为代表的现场教学上，培训内容比较守成，缺乏运用大数据思维和技术等前沿手段开展参政履职工作的创新素养，故笔者建议参政党高度重视大数据思维和技术应用的统一培训。

（五）参政党应当建立大数据型研究智库

鉴于大数据的重要性，在2018年以来的新一轮党和国家机构改革过程中，实践中有不少地方政府均以此为契机成立了大数据管理和服务的机构，如广东省、广州市都专门组建了政府服务数据管理局等。同时，自中共中央办公厅、国务院办公厅于2015年1月印发《关于加强中国特色新型智库建设的意见》以来，我国智库建设的方向正在实现由从无到有向从有到好的转变，“特色”和“新型”导向更加明确。而在执政党越来越重视利用大数据管理和服务专门机构、各类特色新型智库等提高自身发现、解决和预测问题与能力的同时，必然迫切要求参政党通过建立内部大数据型研究智库等方式，不断提升决策咨询的软实力和解决自身问题的能力。

（六）参政党应当利用大数据提高参政履职前瞻性

大数据的核心是预测，并不是要教机器像人一样思考，而是要把数学计算运用到海量数据上，预测事情发生的可能性。参政党参政履职要善于把握大数据的预测功能，根据海量的数据挖掘和分析，改变过去提案大都是“事后诸葛亮”的状况，使得提案具有前瞻性、全面性和实效性。过去，参政履职主要是根据已经发生的现象提出解决“议案”，现在通过对城市地理信息、经济、文化、社会、人口等海量信息的挖掘和分析，可以做到议案的“活”“实”。此外，大数据挖掘和分析能够对社会现象去粗取精、去伪存真、科学分析、实效建议。大数据分析能够发现政府没有及时发现的现象，使存在的问题浮出水面。

（七）参政党应当通过大数据助力自身能力建设

通过大数据技术，可以高效评估参政党建设的实施状况，提高参政党组织的整体能力，包括内部治理能力、参政议政能力等。参政党各项工作的开展，包括自身建设工作的展开，其实施状况与制度系统的运行状况密切相关。但是，这些制度的运行状况如何、结果如何，在过去是很难评估的；制约制度系统良好运行的影响因素，在过去也难以准确把握。大数据技术为解决这些难题提供了良好的技术支持，我们可以把日常形成的数据与工作记录等信息进行整合、比对和分析，从而对制度运行状况进行评估，对自身建设的效果进行分析，有针对性地提出改进方案。

（八）参政党应当借助大数据完善党内激励导向

一方面，在过去，参政党党员个人的参政议政能力、效果，往往是难以精确评估的，在实践中个别党员只将人大代表、政协委员当成一种荣誉，而忽视了责任，片面认为参政党参政议政只是一种形式、走过场而已。另一方面，参政党虽然人才荟萃、智力密集、联系广泛，但是在一定程度上存在着个人参政议政能力强、集体参政议政能力弱的现象，未能形成强有力的集体参政议政机制，导致集体参政议政的作用发挥不充分。大数据可以协助参政党更好地建立党员个人、党组织履行基本职能情况的统计指标体系和科学的监督机制与考核评价制度，以及完善参政议政协作机制。

余　论

综上所述，大数据不仅是一种信息技术，更是一种方法论，它代表一个新时代的到来。虽然目前存在一些现实问题和技术障碍，但基于大量科学可靠的数据，开展社会调查发现和验证规律变得可行，社会的决策行为越来越取决于数据和分析，不再仅依靠经验和直觉，从而实现从“经验管理”到“科学治理”的转变。当下的任何决策如果缺少大数据环境下的数据挖掘和分析都将降低决策的科学性和成功率。因此，大数据时代下参政党的参政履职工作充满了机遇与挑战。参政党要真正成为执政党的好参谋、好帮手、好同事，就必须提高自身的话语能力和内部治理能力，利用新信息技术和大数据工具为参政履职提供科学、真实的依据，使提案言之有理、言之有据，全面准确且具有前瞻性，开创新形势下参政履职工作的新常态，提高新水平。

蒋利，广东广信君达律师事务所律师，农工党广州市委会统战理论（政协理论、党史研究）小组组长，广州市社会主义学院新型政党制度理论研究中心特约研究员。

“微时代”下民主党派参政议政能力建设探析

张海霞

进入21世纪后，随着互联网与通信技术的快速发展，孕育了一批神奇的后裔，催生了手机、网络、数字电视等新媒体的快速崛起。尤其是2009年，新媒体的代表性力量——微博，在面世不久就迎来了自己的里程碑，这促使人类进入了一个以微博为传播媒介，以短小精悍作为文化传播特征的时代，我们也称为“微时代”。2013年1月15日，中国互联网络信息中心（CNNIC）权威发布的《中国互联网络发展状况统计报告》指出：至2012年12月底，我国网民规模达到5.64亿人，互联网普及率为42.1%，我国微博用户规模为3.09亿人，较2011年底增长了5873万，网民中的微博用户比例达到54.7%。[1]传播学家麦克卢汉先生曾说过，媒介是区分不同社会形态的重要标志，每一种新媒介的产生与运用，都宣告一个新的时代的来临。惜字如金的140字微博正以流动的、迷你的、瞬时的、扁平化的传播方式风靡全球，将我们推进了“微时代”。正如一名西方学者所说：“我们正处在一个转换的时代——一个全新的交流时代正代替老朽的、运转不灵的传播时代。在这个由微博推动的、正在到来的交流时代，如果我们还没能跟上它的脚步，那么就可能会被这个时代所抛弃。”[2]

我国是具有中国特色的社会主义国家，中国共产党领导的多党合作和政治协商制度是我国的一项基本政治制度，也是具有中国特色的社会主义政党制度。当前，发展是中国共产党执政兴国的第一要务，也是各民主党派参政的第一要务。近年来，执政党和参政党对新媒体的重视度不断增强，积极利用微博这一互动平台，了解民情，听取民意，集中民智。根据国家行政学院电子政务研究中心发布的《2012

[1] CNNIC发布第31次《中国互联网络发展状况统计报告》［EB/OL］. (2013-01-05) . http://news.xinhuanet.com/tech/2013-01/15/c_124233840.

[2] 喻国明 . 微博：一种新传播形态的考察：影响力模型和社会性应用［M］. 北京：人民日报出版社，2011：3 .

年中国政务微博客评估报告》，截至2012年12月20日，新浪网、腾讯网、人民网、新华网四家微博客网站共有政务微博客账号176 714个。[1]伴随着微博的兴起和快速发展，作为参政党的各民主党派如何抓住契机，跟上时代的脚步，不被时代抛弃，创新参政议政的方法，拓宽参政议政渠道，提高参政议政能力，是我们当前亟待探讨的问题。

一、“微时代”舆论形成的基本特征

目前，微博已成为全球最热闹、最嘈杂、最火爆的舆论场。微博其互动化、实时化、社会化、去中心化等特点吸引着广大用户群的参与，它的出现使每个人成为信息的生产者和消费者。在这个“人人都是时代的记者，人人都是网络写手，人人都能发声，人人都可能被关注”的微时代，公众可以通过微博直接干预和参与社会政治生活，借助微博这个平台参与政策议程、政策决策、政策执行、政策评估和监督过程。如果各民主党派能够把握“微时代”舆论形成的基本特征，那么对掌握社情民意，增强各民主党派的舆论导向力，提高参政议政能力大有益处。

（一）普通网民意见形成舆论

不管你是社会精英，还是普通大众，只要你注册成为微博用户，就能利用这个“低廉价”的信息发布门槛，在140字范围内自由地表达思想，发表言论。也可以选择个人感兴趣的话题与他人探讨，通过人际传播，群体传播，逐渐形成对某一事件的群体共同意见。例如，2010年7月，有“学术打假斗士”之称的方舟子在微博上爆料唐骏的海外博士学位造假，立刻引起了网友的关注，网民开始跟帖、讨论，当天此事件在新浪微博上的点击率和关注度居首。随着网民意见的传播，网络舆论基础也就形成了。

（二）微博“意见领袖”引领舆论

“微时代”，在看似人人都有麦克风的开放式话语平台上，并非所有人的声音都具有同等的辐射力，也并非所有人的话语权都绝对公平。在微博中，有一批具有极强话语传播力的偶像，正越来越多地影响着议程设置和信息流向，他们是这个

[1] 国家行政学院电子政务研究中心发布《2012年中国政务微博客评估报告》［EB/OL］.(2013-03-28). http://www.nsa.gov.cn/web/a/erji/xueyuanxinwen/2013/0328/1851.

特殊的时代塑造出来的，这就是微博中的“意见领袖”。“意见领袖”又叫“舆论领袖”，是传播学中的重要概念。最早由拉扎斯菲尔德在1948年出版的《人民的选择》一书中提出，它是指在人际传播网络中经常为他人提供信息、意见、评论，并对他人施加影响的“活跃分子”，是大众传播效果的形成过程的中介或过滤的环节。由他们将信息扩散给受众，形成信息传递的两级传播。舆论领袖一般是颇具人格魅力，具有较强综合能力和较高社会地位的人。这些人是大众传播中的评介员、转达者，是组织传播中的闸门、滤网，是人际沟通中的“小广播”和“大喇叭”。微博中的“意见领袖”通常是由影视明星、知识分子、传媒人以及公共知识分子组成。通过他们的力量引领着舆论的发展。例如，2011年春节，中国社科院教授于建嵘在新浪微博上发起的“随手拍照解救乞讨儿童”事件，经网友的不断转发，形成了强大的舆论传播力量，在事件的不断发展过程中，人大代表、政协委员、网络名人、知名学者等微博的“意见领袖”始终引领着这个事件的舆论的发展，最终通过多方力量解救了不少乞讨儿童，此事件也成了微博传播历史上被铭记的事件。

（三）交流互动扩散舆论

“互动化”是“微时代”最显著的特征。微博这种新媒体的高黏合力、活力和影响力，很大程度上来源于微博的互动交流性。微博有更新、评论、转发、收藏四个基本功能，通过不断更新、评论、转发达到交流互动的效果，从而扩散和延展网络舆论。这也是“微时代”舆论大规模聚集涌现的原因之一。如2011年6月，江苏溧阳市卫生局原局长谢志强，在众目睽睽之下，发微博和情妇相约酒店开房的事件，引起了网友的围观，进而引发了社会公众对官员道德底线的热议。

（四）舆论演变催生结果

随着舆论的发展，最终会催生出两种结果。一种是加快事件的解决速度，尤其是在强大的舆论压力下政府积极施政，推动社会舆论问题的及时解决。从杭州“70码”到温州购房门事件，从邓玉娇自卫到湖北孙志刚事件，从黑砖窑官员的撤职、复职、再撤职到“天价香烟局长”周久耕被立案调查事件，从公务员出国“考察门”到“一夫二妻”区委书记董锋被曝光半月后成为阶下囚等事件，无一不显示了舆论的力量。另一种是任由舆论发展，舆论态势不能有效控制，从而出现舆论危机。

二、“微时代”下民主党派参政议政面临的新挑战

新中国成立以来，我国各民主党派积极参政议政，为推进我国政治发展和社会文明作出了巨大贡献。随着时代的发展，尤其是进入“微时代”，人们获取信息的渠道更加多样化，获取的内容更加丰富，话语权的平等自由使大家的政治参与热情得到前所未有的释放，这也给民主党派参政议政带来了一定的难度与挑战。

（一）“微时代”弱化了民主党派参政议政功能

民主党派参政议政是中国共产党领导的多党合作和政治协商制度的重要内容，是我国社会主义民主政治的重要体现，也是我国基本政治制度赋予民主党派的一项重要职能。这一职能，既是民主党派生存立命之本，也是民主党派的第一要务。

过去，老百姓政治参与意识及能力不强，其政治利益的表达主要是通过民主党派这一中间层向执政党传递与反馈。因此，民主党派的参政议政也就成了民众与执政党之间“上传下达”的重要途径。如今，网络的迅猛发展，极大地提升了老百姓政治参与的热情。进入21世纪后，研究者发现在经济结构与社会分层发生了显著变化之后，民主党派的参政议政职能在一定范围内出现弱化态势。[1]尤其是在“微时代”，广大网民通过微博反映现实问题，国家的治理者通过微博了解舆情，由此，微博成了民众与公权力间互通有无的桥梁，而民主党派“传声筒”和“润滑剂”的功能也不再具有曾经的价值，民主党派的参政议政能力在某种程度上被弱化了。

（二）“微时代”加剧了各民主党派趋同化现象

随着社会的发展，各民主党派发展对象和成员结构几近相似，各民主党派为了应对社会阶层的分化，原有的界别格局由清晰趋向于交叉和模糊，跨党现象屡屡出现。各党派在意识形态、组织结构和功能作用上的趋同化现象，必然会弱化各民主党派的特色，而特色就是优势，就是吸引力和影响力，也就是代表性，如果各民主党派没有特色，就意味着没有生命力。微时代，微博提供了快捷的沟通渠道，各民主党派成员通过网络媒介了解社会热点问题和网民的意见，通过进一步整理民意信息，加上调研和考察写成调研报告或者提案。但由于各民主党派都一味地追捧民众关注的热点问题，使参政议政重点越来越不明显。在参政议政时，撰写的提案以及提出的问题基本大同小异，不能凸显各党派的特色，而这种无特色又会被微时代无

---

[1] 王磊．民主党派参政议政边缘化趋势与对策［J］．重庆社会主义学院学报，2006(1)：27–30．

限反映与放大，从而使民主党派建设不得不重视思考寻求满足成员的多元化需求与保持自身特色之间的平衡之道。

（三）“微时代”对各民主党派成员媒介素养提出了更高要求

微时代，各民主党派成员的媒介素养提升显得格外重要，美国媒体素养研究中心曾指出，媒介素养就是指人们对各种媒介信息的解读和判断能力以及使用媒介信息作为个人生活、社会发展所应用的能力。无论是党派个人还是组织，要想充分利用传媒，获取和传播信息，都必须充分了解媒介的功能、价值和影响力，否则，就容易走极端、盲目跟从，或者抗拒。

近几年，各民主党派成员也陆续开通微博，就民主党派调研成果以及时事热点与网民进行交流，但很多微博的开通只是流于形式，一味地跟风和作秀，微博状态基本上处于静止，或者只转载养生、娱乐信息，很少有关于时事热点的更新和回复；还有些民主党派成员观念保守落后，认为新媒体是“找事、生事”的导火索，对于微博等新鲜事物基本不了解，不使用。如今，各民主党派处在“全民皆发声”的微时代，由于微博用户存在自由性和匿名性，使得发言者身份隐蔽且缺少规则限制，自然也难以避免一些不理性的民众宣泄不满情绪的事件发生。一些不负责任的个性化言论，突破伦理底线的肆意言说，恶意炒作、煽动等言论随处可见，这将导致社会舆论出现偏差，影响社会秩序的稳定。面对微时代所带来的强大的媒体压力以及所具有的难以适应的特征，给各民主党派成员的媒介素养提出了更高的要求，在纷繁芜杂的媒介信息前，各民主党派成员既要有勇敢选择判断、理解诠释信息的勇气，又要有超强的政治敏锐性和鉴别力；既要有对真假信息的辨识力，又要有对热点问题的反思力。只有这样才能巧妙地向媒体和公众借力，积极引导主流舆论、整合社会民意，更好地发挥参政议政职能。

三、“微时代”下民主党派参政议政存在的新机遇

民主党派在国家政治生活中扮演着十分重要的角色，其参政议政的职能，对于发展社会主义民主政治，建设社会主义政治文明意义重大。“微时代”是把“双刃剑”，给民主党派参政议政带来巨大挑战的同时，也带来了新的机遇。如果民主党派能抓住机遇，提高各民主党派参政议政能力，就会有利于多党合作事业的发展。

（一）为“议政者”拓展“知政”平台

知情才能参政议政，知情的广度与深度直接影响民主党派履行参政议政职能的质量。2008年6月，胡锦涛主席做客人民网，称网络是“了解民情、汇聚民智”的重要渠道。的确，微时代微博为“议政者”拓展“知政”平台。

微博用户来自各行各业，反映的信息代表性强；微博话题涵盖了政治、经济、文化等各个方面，包罗万象；微博内容范围广，汇集了全局性、前瞻性、倾向性的问题；微博是平民化的社会媒体，内容来自普通网民，尤其是现实生活中的部分弱势群体，往往缺乏“发声”的机会，在传统媒体时代他们并不掌握话语权，既缺乏影响公共舆论的资源，又鲜有参与政府决策的渠道，如今人们学会借助微博这一“自媒体”“发声”。作为参政党的民主党派，在参政议政过程中，做好选题工作是基础。如果各民主党派能设置专门负责微博等网络信息处理的部门，相关组织和成员通过微博搜集有价值的信息，并进行调研和分类整理，把切实关系到人民群众利益的问题反映出来，集中起来，“想群众之所想，急群众之所急”，切实帮助群众解决问题，不仅能大大提高收集社情民意的效率，降低部门之间虚耗的成本，而且能使民主党派更接“地气”，从根本上提升民主党派的参政议政能力。

2011年，民主党派通过微博搭建与网民参政议政、沟通有无的平台。其中，民进中央副主席朱永新、民进会员巩汉林、民建会员宾融等相继开设微博，就民主党派调研成果以及时事热点与网民进行交流，发表微博的数量之多，更新之快，赢得了网民的赞扬。网民也喜欢浏览民主党派微博群，因为民主党派成员的微博内容侧重参政议政，质量普遍较高，对网友而言具有阅读价值。这种良性的互动，将有利于“议政者”更好地“知政”。

（二）有利于民主党派参政议政时效化、常态化

在现行的体制下，民主党派参政议政面临一个突出难题，就是民主党派成员本职工作与社会工作之间的矛盾，无论是担任人大代表还是政协委员抑或是其他形式的参政议政，基本上都是业余性的，民主党派成员平日从事本职工作，工作压力大，业余时间少，真正用于深入基层调查，了解民意，撰写提案的时间少，在这种情况下，许多提案出现敷衍了事的情况。

进入微时代，微博有利于民主党派的参政议政工作进入时效化和常态化。由于微博内容时效性强，具有“短平快”的特点，民主党派成员能够花最少的精力在第一时间收集到新鲜且有价值的信息，并在最短的时间内反映问题，上报情况，以

最快的速度解决问题。比如，在2010年世博会期间，中国馆的预约券被高价倒卖情况，一提交到市政协就被有关方面采纳，并采取相应的措施，如果按照提案的程序走，那么有可能等世博会结束了才有答复，时效根本赶不上。又如，2010年全国两会期间，有代表委员直接将议案提案、建议发上微博，并被大批受众关注、转发、评论，在微博上针对公众关注或感兴趣的议题，不断进行探讨、互动，有些议题立刻被提上议程并得到解决，促使政府公共决策与民意价值取向趋于融合。

（三）有利于培养固定的信息来源

当前，民主党派建言献策集中于以领导干部和骨干成员为主的高层，难以充分发挥其人才优势，而实施人才战略是民主党派保持进步性和智力优势的关键。微博的出现，大大改变了这种状况。

一方面，各民主党派可以树立自己的“意见领袖”，并把这些“意见领袖”培养成微时代下的“微博之星”，通过“微博之星”，团结一批高学历、高职称、高素质的高端网民，让各民主党派有自己固定的网民群体，并吸引他们关注倾听群众呼声，与民众互动交流，集中他们的智慧。另一方面，各民主党派可以利用那些巧妙借势于微博，并经常发表时代新潮观点和见解的微博红人，通过互相关注，在微博红人中寻求最新态势，在交汇民智中寻亮点，从而形成固定的信息源。

通过这些固定信息源，使参政议政工作由原来写提案时的个人调研，变得集思广益，最终形成的提案水平，无论从代表民意的程度上，还是从论述的依据上，都将大大高于成员通过个人的调研行为所反映的社情民意。

张海霞，广州市社会主义学院讲师、广州市社会主义学院新型政党制度理论研究中心研究员。

本文刊于《广州社会主义学院学报》2013年第4期。

国家《监察法》实施与民主党派内部监督协调衔接初探

雷慧敏

《中华人民共和国监察法》（以下简称《监察法》）于2018年3月20日由第十三届全国人民代表大会第一次会议表决通过。《监察法》明确规定将中共党的机关、人大机关、行政机关、政协机关、审判机关、检察机关和民主党派机关等所有行使国家公权力的公职人员，全部纳入监察范围。因此，民主党派如何完善内部监督机制，以适应国家监察体制改革、建设新时代中国特色社会主义高素质参政党的需要，成为一个新课题。笔者仅就《监察法》的实施与民主党派内部监督如何协调衔接，谈一些初步粗浅的看法，以期引起进一步的关注和探讨。

一、《监察法》颁布实施的重大意义

《监察法》共分九章，包括总则、监察机关及其职责、监察范围和管辖、监察权限、监察程序、反腐败国际合作、对监察机关和监察人员的监督、法律责任、附则，共69条。《监察法》颁布实施的重大意义可以从以下四个方面理解和把握。

（一）加强中国共产党对反腐败工作的集中统一领导

中国共产党的领导是中国特色社会主义最本质的特征，是中国特色社会主义制度的最大优势。深化国家监察体制改革，在中国共产党的领导下制定《监察法》，其根本目的就是坚持中国共产党对国家监察工作的领导，构建具有中国特色的国家监察体系，建立集中统一、权威高效的反腐败体制，强化党和国家的自我监督，巩固党的执政基础、提高党的执政能力。

（二）坚持全面依法治国

严密的法治监督体系是社会主义法治体系重要组成部分，通过制定《监察法》，以健全完善社会主义法治监督体系，把党的十八大以来在推进党风廉政建设和反腐败斗争中形成的新理念、新思想、新战略通过国家法律的形式固定下来，巩固国家监察体制改革成果，完善和创新国家监察制度。

（三）实现全面监督的重大创新

实现对所有行使公权力的公职人员监察全覆盖。《监察法》明确对六类公职人员进行监察，涵盖了我国所有行使公权力的公职人员，解决了之前行政监察范围过窄的问题，推进了由监督“狭义政府”到监督“广义政府”的转变，真正把公权力关进制度的笼子。同时，形成了巡视、派驻、监察三个全覆盖统一的权力监督格局，以及发现问题、纠正偏差、惩治腐败的有效机制，为实现国家长治久安走出了一条中国特色的监察道路。

（四）实现了监察机关职责定位

根据宪法制定《监察法》，明确监察委员会国家机构地位，在法律中规定监察机关的职能和职责，使监察机关履职尽责于法有据。如《监察法》第二章对国家监察委员会和地方各级监察委员会的产生及任职等进行了明确规定，同时对监察委员会依照法律规定履行监督、调查、处置职责进行法定化。从而，明确了监察委员会的反腐败专门机构性质和监督执法机关的职能定位。

二、民主党派内部监督的现状

（一）民主党派内部监督的性质和功能

1. 民主党派内部监督的含义

民主党派内部监督，是指民主党派组织内部对其领导班子、工作班子以及各级组织和所有成员的自我约束和制衡能力的运用及规范，其目的是保持民主党派的进步性，切实有效地履行参政党职能，保证民主党派的政治纲领、奋斗目标、重要任务、基本准则的贯彻实施，保障从中央到基层组织每个成员的合法权益，并督促其履行相应的义务，严肃政党纪律，追究渎职、失职和不履行义务的责任。因此，民主党派内部监督是民主党派各级组织领导班子以及成员的自我约束和制衡机制。

2. 民主党派内部监督的性质

（1）政治监督。中国共产党领导的多党合作和政治协商制度是我国的基本政治制度，民主党派内部监督则必然是政治监督。其中心任务就是监督民主党派内部成员是否坚持以中国特色社会主义理论为指导，是否坚持了正确的政治方向，是否坚持解放思想、实事求是、与时俱进的思想路线，是否贯彻执行中国共产党在社会主义初级阶段的基本路线、基本纲领和根本任务。

（2）政党监督。民主党派监督是政党监督，而非社团监督、公民监督或其他监督。主要表现为：一是政协的职能作用；二是各级民主党派小组、支部和委员会的职能作用；三是党派成员的权利行使。

（3）权力监督。政党监督的本质决定了民主党派内部监督是权力监督。随着中国共产党领导的多党合作和政治协商制度的不断发展和完善，许多民主党派和无党派人士被推荐到各级政府机关及法院、检察院担任实职领导职务。因此，对担任国家机关领导职务的民主党派成员进行监督便成为民主党派内部监督的重要内容。

（4）纪律监督。纪律的特点决定了民主党派内部监督是纪律监督。纪律监督的重点在于对民主党派成员遵守本党章程和其他法规情况进行的监督。纪律监督具有强制性、公正性和广泛性的特点。

（5）民主监督。监督问题的实质就是民主问题，政党内监督和政党内民主具有相互促进的关系，政党内民主为政党内监督创造了优越的条件，政党内监督为政党内民主提供了保障。实践证明，监督只有建立在民主的基础上，才是有效的监督；只有建立健全有效的监督制度，才能保障民主的有效实现。

3. 民主党派内部监督的功能

民主党派内部监督具有多方面的功能。一是制约和制衡的功能。通过民主党派内部监督的强制力，使民主党派内部的错误观点和行为得以限制和纠正，并将其纳入正确的轨道。二是防范和校正功能。民主党派内部监督是一种预防和修正错误的机制，能够及时有效地发现问题、纠正偏差。三是净化和惩戒功能。民主党派内部监督能够不断促进民主党派的政治净化、思想净化、组织净化和作风净化，通过监督尤其是民主党派内部批评和纪律处分，对其他成员起到提醒、告诫和惩戒作用。四是保障和保护功能。民主党派内部监督能够有效保障民主党派的章程和各种决议、政策、制度、纪律、权利、义务等的贯彻执行等。

因此，作为中国共产党领导的多党合作和政治协商制度这一我国基本政治制度中的参政党，民主党派必须依照有关法律和各民主党派自身的章程开展内部监督。

（二）民主党派内部监督制度的建设情况

2007年底，中国各民主党派在先后召开的换届大会上进行了各自章程的修改和完善，都把建立健全党派内部监督机制写入自己新的章程中。之后，各民主党派通过一年的不懈努力和研讨，终于在2008年12月后相继举行的全国人民代表大会上制定并通过了各自的内部监督条例草案，成立了以党派常务副主席为主任的中央监督委员会。所有民主党派的内部监督条例都提到，草案的制定依据是该党派的章程，目的是加强内部监督、发扬民主、严肃纪律、维护团结、加强自身建设、突出参政党特色。多年来，各民主党派一直具有自己管理自己、自己教育自己、自己监督自己的优良传统，建立内部监督机制，作为民主党派加强制度建设的一个举措，是民主党派自我约束、自我完善的基本途径，是保持民主党派肌体健康的重要手段，也是民主党派加强自身建设的客观需要。健全民主党派内部监督，有利于依靠民主党派自身的力量解决内部的矛盾，有利于提高民主党派履行职能和发挥作用的能力，有利于坚持和完善中国共产党领导的多党合作和政治协商制度，有利于推动多党合作事业的健康发展，有利于推进中国社会主义民主政治的制度化、规范化、程序化。

三、对国家《监察法》实施与民主党派内部监督协调衔接的思考

（一）认真学习《监察法》，树立新监督理念

随着《监督法》的颁布实施，民主党派要提高政治站位，认真学习《监察法》，树立新监督理念。一要不断加深对国家监察体制改革和《监察法》颁布实施的重要性、必要性和紧迫性的认识；二要增强学习《监察法》的政治自觉、思想自觉、行动自觉。要树立“监督就是保护，严管就是厚爱，治病就是救人”的新监督理念，习惯在监督下工作与生活；三要增强自我监督、自觉接受监督意识，做到强化内部监督，自觉主动接受监督，依法履职尽责；四要加强和改善党派组织内部监督工作，严肃纪律，加强自身建设。从而，为实现《监察法》实施与民主党派内部监督工作的协调衔接打下良好的思想基础。

（二）完善民主党派内部监督机制

1. 建立健全学习机制

民主党派组织应根据自身特点建立健全学习制度机制，不断提高党派成员自身的认识水平、行为规范的自律能力，增强其对党派的认同感和归属感，提高其服从监督的义务意识、增强参与监督的权利意识、提升监督的能力意识，使之更符合党派和社会的要求。监督委员会应对高层和中高层领导的学习，包括学习时间、学习方式和学习内容进行检查和监督，确保各级领导班子有正确的政治信念，继承和发扬老一辈领导人的优良传统和高尚风范，不断提高政治把握能力、参政议政能力、组织领导能力、合作共事能力和解决自身问题的能力。同时，要注意学习借鉴中共的监督经验，把建立科学和高效的党内监督机制作为党派建设的一项重要内容，充分体现内部监督的“制度化、规范化、程序化”特点，根据党派实际制定党派监督的各项制度，使党派内部监督形成完整的体系，走上更加科学的发展道路。

2. 建立健全的制度机制

民主党派内部监督要取得成效，首先，必须加强制度建设，建立一套符合民主党派政治定位的、科学、完善、系统的内部监督制度体系。通过科学制定制度和规范、严格执行制度来解决党派中存在的“不能监督”“不敢监督”“不会监督”等实际问题，加快民主党派内部监督民主化、法制化进程。目前，各民主党派普遍制定的制度有集体领导和分工负责制度、领导班子（中心组）学习制度、民主生活会制度、参加基层组织活动制度、联系地方（基层）组织制度等，但在实践中存在形式主义的问题。其次，随着民主政治发展，应逐步将办事公开制度、重要情况通报和报告制度、述职述廉制度、职务回避制度、干部考核制度、干部任免和轮换制度、干部离任审计制度、信访处理制度、巡视制度、廉政谈话和诫勉谈话制度、询问与质询制度、惩戒处理制度、失察责任追究制度等，融入民主党派内部监督制度中，形成全面科学的制度体系。

3. 建立健全监督委员会的工作机制

监督委员会是民主党派内部监督的重要工作机构。目前，各民主党派中央和省级组织已经成立了监督委员会。建议中央和地方各级组织根据实际情况，核定监督委员会和监督人员的编制，组成各级监督委员会，并赋予其问责权、质询权、巡视调查权、警告诫勉权、违纪处置权等权力。地方监督机构最终接受民主党派中央权力机关的领导，相对于同级机关来说具有一定的独立性。同时，注重把那些热心党派工作、思想政治素质较高、为人正派、坚持原则、年富力强的党派成员选拔到监督委员会中来。在选择监督委员会委员的基础上，要加强对监督委员的培训教育，提高其政治理论水平、政治鉴别力、洞察力和辩证地分析问题的判断力；使其明确内部监督目的、指导思想、目标和任务，熟悉党派的章程和党纪法规；使其掌握内部监督的法定程序及方法，能够正确运用监督武器，科学选择监督方式。

4. 推行严格的执行机制

内部监督要将预防教育与惩治处理并重，以预防为主。但对于监督中发现的违纪行为及违纪责任人的核查与处理，也必须高度重视。一要依据各自党派章程规定，结合新时代自身建设的新情况，制定具有各自党派特点的纪律处分制度，细化处分种类与要求，明确处分运用规则和适用程序，注意突出公正、公平和规范；二要严格执行政策，区别不同情况，认真做好核查工作，针对不同情况给违纪责任人以适当的纪律处分；三要畅通监督渠道，拓展监督途径，搞好监督资源共享，通过与党派上下级的纵向联系和与各级中共党委、人大、政府、政协、纪检、监察等部门的横向联系，定期对参政党重点监督对象进行综合考评，对党派成员任职推荐民主化等情况进行重点监督。

5. 建立以网络为基础的舆论监督机制

在当今互联网的电子时代大背景下，网络已经渗透到人们的日常生活中，网络的发展也为民主党派内部监督机制建设提供新的平台。各民主党派可以创办属于本党派的专门性监督网站来形成舆论监督的系统，并依法定期组织交流，探索经验，通过网络进行大力宣传并且及时曝光党派内违纪违法的案件，利用高新科技来配合监督制度，使其产生最大的作用。

（三）建立《监察法》实施与民主党派内部监督的协调衔接机制

相对于民主党派内部监督来说，实施《监察法》，开展监察监督，属于外部监督。两者有着自身的特点和优势。接受监察监督，有利于从客观上改进和加强民主党派内部监督工作；强化民主党派内部监督制约，能够为增强监察监督的实效性和针对性提供保障，两者构成监督效果上的互补关系。因此，必须建立两者的协调衔接机制，使两者同频共振，合力发挥更大的监督效能。要建立《监察法》实施与民主党派内部监督的协调衔接机制，应做好以下工作：一要加强顶层设计，出台“监察执法与民主党派内部监督衔接”的工作办法，在强化部门协作的原则框架下，坚持问题导向和底线思维，从解决工作实践的普遍性问题出发，加强程序性规定和制度机制建设，明确案件和案件线索移送、法律监督、线索通报、联席会议、信息共享机制等内容；二要建立监察机关、统战部门和民主党派机关的工作联席会议制度，完善信息共享机制，定期分析研判违纪违法案件、案件线索的移送、通报、接收、处置及跟踪督办工作，实行重要案情、处理情况通会商制度，避免重复调查，形成良性互动；三是统战部门和民主党派机关定期到公安机关、人民检察院、人民法院及审计部门等行政执法机关，对作出治安处罚、不起诉、免于刑事处罚的民主党派成员进行线索摸底排查，对未及时给予党派纪律处分的，要及时按程序处分；四要建立监察执法与民主党派内部监督移送机制。明确案件、案件线索移送条件、内容、时限、程序、文书等内容，规范案件、线索移送的相关程序，做到案件、案件线索移送手续书面文书完整、手续齐全无错。对严重违纪涉及违法犯罪的民主党派成员，民主党派机关在移送监察机关前先行处分，对被处分人给予党派纪律处分后，按相关程序移送监察机关；五要完善责任追究机制。明确专人负责案件及线索移交工作，严肃问责机制，对故意隐瞒案件及线索、拖延移送时间、该移送不移送的，造成严重后果的，视情节轻重，给予批评教育、组织处理、纪律处分，严肃追究相关人员责任。从而，确保《监察法》实施与民主党派内部监督的有效衔接。

雷慧敏，广州市越秀区光塔街办事处妇联原副主席、社工师、经济师，民革广州市越秀区基层委员会委员，广州市社会主义学院新型政党制度理论研究中心特约研究员。

发挥民建基层组织在凝聚共识中的作用研究

付 伟

习近平总书记在庆祝中国共产党成立100周年大会上发表重要讲话指出："新的征程上，我们必须坚持大团结大联合，坚持一致性和多样性统一，加强思想政治引领，广泛凝聚共识，广聚天下英才，努力寻求最大公约数、画出最大同心圆，形成海内外全体中华儿女心往一处想、劲往一处使的生动局面，汇聚起实现民族复兴的磅礴力量！"

站在"两个一百年"交汇期的关键历史节点上，广泛凝聚共识在以史为鉴、开创未来的认识高度上，被赋予了加强中华儿女大团结的重要内涵，被注入了为实现中华民族伟大复兴的中国梦团结奋斗的神圣使命。在这种情况下，对于民建等民主党派来说，广泛凝聚共识不仅应为、可为，更要必为、善为，是在新的"赶考之路"上必须写好的一张答卷。

基础不牢，地动山摇。基层组织是民建的组织基础，是会员组织关系和组织生活的基本单元，也是广泛凝聚共识的最小、最根本的组织功能载体。从一定意义上说，基层组织建设搞得怎么样，基层组织体系是否坚强有力，直接决定着民建在广泛凝聚共识中的总体水平和工作质量，决定着民建在新时代中国特色社会主义参政党建设中的特色彰显和功能发挥。

一、新征程上广泛凝聚共识对民建基层组织建设提出的新要求

按照现行《中国民主建国会章程》，基层组织主要指支部、总支部、基层委员会等形态的组织，是整个民建组织体系的细胞和末梢。目前，民建在全国共有8704个基层组织，其中支部7646个，总支部626个，基层委员会432个。20多万名会员全部被编入基层组织参加组织生活。

长期以来，民建高度重视基层组织建设。早在建会伊始，民建就把基层组织建设放在重要位置。1945年12月16日成立大会通过的《民主建国会章程》便专设“组织”一章。在70多年的发展历程中，通过完善组织体系、建强组织班子、加强思想引领、规范组织生活、健全组织制度等方式，民建不断夯实基层组织这一事业发展的基础和组织发展的动力源泉。特别是，中共中央关于加强中国特色社会主义参政党建设的三个文件出台后，民建组织建设进入了新阶段。2019年9月召开的民建全国组织建设工作会议强调，加强组织建设是中国特色社会主义参政党建设的重大战略任务，是完成新时代参政党历史使命的重要基础性工作，是推动民建自身建设再上新水平的迫切需要，是传承和发扬民建优良传统的内在要求。近年来，民建中央领导人外出调研的重要主题之一就是加强基层组织建设。2020年、2021年分别是民建中央确定的作风建设年和履职能力建设年，其中的重要指向和根本落点也是基层组织建设。

在新征程上，在广泛凝聚共识的过程中，民建基层组织更是发挥着不可替代的重要作用。这种重要性集中体现在以下五个方面。

一是基础性。“共识”不是凭空产生的，而是对在特定问题上个体认识并因认识而采取行动一致性的集约和凝练。也就是说，“共识”是对个识的约取。而基层组织是会员的最小组织单元。基层组织中的会员认识一致了，民建全体会员的“共识”便形成了。

二是广泛性。广泛凝聚共识，广泛是唯一而核心的状语。广泛首先体现于数量上。对于民建来说，最广泛地凝聚共识，便是在效果维度上要让每个会员都能够形成共同的认识，在方式维度上要将凝聚共识的要求传达给每个会员。完成这一任务，最终还是要靠基层组织。只有调动起每一个基层组织的主动性和积极性，并依托全部的基层组织，才能实现广泛性的最大化。

三是创造性。广泛凝聚共识，绝不仅仅是照本宣科、简单说教，搞“一刀切”，而应创新思想政治工作方式，以更鲜活、更接地气的方式，将认识统一到中共中央决策部署上来。这就要求在推进凝聚共识的过程中灵活多样，这正是基层组织的优势所在。

四是务实性。“共识”固然是一种思想认识，但这种认识应首先来源于实践，来源于在实践中形成的世界观、人生观、价值观。同时，共识更需要落地，需要内化于心之后的外化于行，正确指导会员的行动。依托基层组织凝聚共识，更加务实，也更能落到实处。

五是交互性。“共识”的形成是一个复杂的过程，其中不乏不同观点的碰撞乃至争论。通过比较、辨别、融合、接受等一系列复杂的思维过程所形成的“共识”，往往更加牢固、更经得起考验。民建基层组织生活普遍是比较轻松、包容、开放的，在这样的氛围下，在组织生活中，通过互动交流，更加有利于“共识”的形成。

民建基层组织在广泛凝聚共识中具有优良传统和坚实基础。很多建设搞得好的基层组织，往往在广泛凝聚共识方面走在前列。其往往班子坚强有力、活动丰富多彩，会员的归属感、荣誉感、获得感较强，较容易在一系列问题上形成“共识”，也更容易在广泛凝聚共识的过程中形成一套卓有成效、可资借鉴的好做法、好经验。比如，民建广东省肇庆市鼎湖区支部在思想政治工作中摸索出一条全新路径，政治共识、思想共识、组织共识等方面高度一致，释放出强大的团结力、组织力、行动力；深圳市罗湖区总支部在党史学习教育中力戒形式主义，积极创新学习形式，将3DVR等高科技手段引入其中，建设数字党建馆，大大增强了凝聚共识的吸引力、感召力。

2021年6月，国务院新闻办公室发表的《中国新型政党制度》白皮书提出：通过广泛协商凝聚共识、凝聚智慧、凝聚力量，有利于达成思想共识、目标认同和统一行动，有利于促进政治团结和有序参与。这是中国新型政党制度的鲜明特色和显著优势。面对全面建设社会主义现代化国家新征程、奋力实现中华民族伟大复兴目标的时代使命，在世界百年未有之大变局和构建新发展格局两个大局中，民建广泛凝聚共识内涵进一步丰富，基层组织在广泛凝聚共识中的作用进一步凸显。具体而言，表现为以下三个方面。

一是思想共识要有新水平。习近平新时代中国特色社会主义思想是马克思主义中国化的最新理论成果，也是全国各族人民的根本遵循和行动指南。民建基层组织要将学深悟透习近平新时代中国特色社会主义思想，特别是学习贯彻习近平总书记在庆祝中国共产党成立100周年大会上的重要讲话精神作为重大政治任务，学以致用、学以力行，自觉在思想上、行动上与以习近平同志为核心的党中央保持高度一致。特别是，在当前国际、国内严峻复杂的形势面前，在改革发展稳定的繁重任务面前，民建广大基层组织更要做好会员的思想工作，在意识形态斗争中坚定立场、站稳脚跟，增强战胜困难、应对挑战的信心和决心。

二是政治共识要有新高度。民建广大基层组织要推动“不忘合作初心、继续携手前进”主题教育继续向纵深发展。进一步增强“四个意识”，坚定“四个自信”，进一步增强对中国共产党领导地位在历史与现实两个维度上合法性的深刻认识，自觉在政治上接受中国共产党的领导，进一步认识中国共产党领导的多党合作和政治协商制度是中国特色社会主义制度的显著优越性之一与提升中国现代治理能力的重要基石，通过履行参政议政、民主监督等职能进一步巩固和提升中国共产党作为执政党的执政水平和治理能力。

三是经济共识要有新视野。在对经济形势的总体判断、经济治理的基本方式、公有制与非公有制经济关系等方面形成广泛共识，同样是民主党派特别是民建在广泛凝聚共识中的应有之义和必尽职责。民建基层组织要发挥联系经济界的优势，团结会员特别是企业家会员在重大经济问题上统一认识、统一思想、统一行动，认真贯彻落实中共中央经济领域决策部署，对重大经济政策落实情况开展民主监督，从而保障中国经济这艘巨轮沿着正确航向劈波斩浪、驶向未来。特别是，在当前形势下，要围绕立足新发展阶段、贯彻新发展理念、构建新发展格局要求，在经济全球化、非公有制经济健康发展、应对新冠肺炎疫情对经济影响等重要问题上通过协商议政进一步凝聚智慧、形成“共识”。

二、广泛凝聚共识背景下对民建基层组织建设的建议

广泛凝聚共识，是民建等民主党派履行中国特色社会主义参政党职能、推进中国特色新型政党制度完善发展的长期任务，将贯穿全面建设社会主义现代化国家、实现中华民族伟大复兴的中国梦奋斗目标新征程的全过程。应进一步深化对广泛凝聚共识重要性、规律性的认识，通过将思想政治工作守正创新与基层组织体系织密筑牢融合推进，形成对于凝聚共识、践行共识的强大机制支撑和坚实基础支点。

在广泛凝聚共识中，在工作机制上应坚持以下三点原则。

一是将进一步凝聚共识的工作重心放在基层组织身上，着力增强基层组织的引领力、组织力、宣导力。要把基层组织建设摆在更加重要的位置上，充分认识到广泛凝聚共识的根本落点在基层，成效发挥在基层，协同推进在基层。要将人力、物力、财力资源更多地放在基层。各级组织领导干部要更多以普通会员身份参加组织生活，多倾听基层的意见建议和心声，要建立基层组织活动经费逐年增加机制，为基层组织创新思想政治工作方式提供坚实的后盾。建立理论学习首要议题制度，将学习习近平新时代中国特色社会主义思想、习近平总书记重要讲话和重要指示批示精神作为基层组织学习的首要内容、基层组织活动的必备环节。建立全覆盖的政策

宣讲体系、会员思想动态监测体系和思想困惑信息反馈体系。

二是将进一步凝聚共识的责任重心放在基层组织负责人肩上，选好负责人、配强班子，以增强组织凝聚力提升共识凝聚力。明确基层组织主要负责人在广泛凝聚共识中的第一责任、分管宣传负责人的直接领导责任和班子成员的“一岗双责”，切实守好意识形态阵地，做到守土有责、守土负责、守土尽责。实施基层组织负责人“头雁”培育工程，真正将那些在政治上、业务上、管理上、能力上、道德上具有过硬素质的优秀会员安排到基层组织主要负责人岗位上，并定期开展培训，建立对基层组织主要负责人的履职量化考核机制，对年度考核连续两年不合格以及出现意识形态重大问题的基层组织主要负责人视情况采取谈话、调整等处理措施。

三是将进一步凝聚共识的机制建设重心放在激发基层组织活力上，推进组织生活常态化、高效化、主题化。凝聚共识，需要一整套严密、科学、有效的工作机制来支撑。会中央、省、市级组织要在机制建设的顶层设计和创新落实上多下功夫，进一步强化对基层组织的指导，通过强化基层组织考核等形式进一步推动基层组织生活常态化。同时，研究线上、线下融合的基层组织活动模式，立足现有微信群等信息化沟通形式，本着防范信息安全风险、提升会务工作效率的原则，广泛建立基层组织交流活动专属线上平台。与时俱进、因时而动，推动基层组织活动主题特色化、精细化、主体化，不搞大而全、大而空的主题活动，多围绕会员关心的身边事、热点事开展，在这一过程中完成对某一问题微观共识的凝聚，进而推动宏观共识的形成。

针对当前民建基层组织在广泛凝聚共识中存在的问题和短板，提出以下六个方面的具体建议。

一是建立领导机制，形成工作体系。成立广泛凝聚共识领导小组和日常工作机构，将广泛凝聚共识作为会务工作的重要组成部分。领导小组每半年召开一次会议，研究部署广泛凝聚共识工作，研判会员思想动态。各基层组织主要负责人应列席省、市级委员会广泛凝聚共识领导小组会议，并向领导小组日常工作机构提出意见建议和提供重要信息。

二是组建宣讲队伍，用好身边案例。要在中央、省、市三级委员会中组建面向基层组织和广大会员的政策宣讲队伍，成员主要来自会内专家学者、优秀企业家和会务工作者。结合中共中央大政方针和本地区、本领域存在的热点难点问题展开形式多样的宣讲活动。宣讲内容应主题集中、贴近实际、针对性强、通俗易懂，真正起到宣传政策、解疑释惑的作用。可创新实施微宣讲，利用短视频等方式在较短时间内将问题讲清楚、说明白。宣讲队伍应本着机构常设、人员流动的原则，建立选聘和退出相结合的管理机制。

三是密切沟通联系，及时解疑释惑。要进一步密切领导干部与会员间的联系。要建立会机关干部联系基层组织、基层组织班子成员联系会员的挂钩机制，掌握基层组织和会员工作生活动态，倾听他们的诉求，对苗头性、倾向性问题及时发现并通过细致入微的思想政治工作将问题化解在萌芽状态。要增加召开会员思想座谈会的频率，市级组织不少于一年两次。要建立全会舆情监测体系，构建媒体深度融合、具有民建气质和特色的大宣传格局。

四是激发参与热情，履职促进认识。要将广泛凝聚共识深度寓于履职尽责的生动实践中，用理论引领、用案例说明、用效果服人。在参政议政中，结合调查研究、收集社情民意及提案撰写等工作，将广泛凝聚共识的要求和动作潜移默化地贯彻到这些工作中，并且在参政议政成果的获得感中进一步激发对大政方针政策的认同感和成就感，进而在凝聚共识上自觉形成认同。同时，各级民建组织要多为会员办实事、办好事，特别是对于企业家会员，要帮助他们解决生产经营中遇到的瓶颈问题。这些瓶颈问题是显性的、具体的、时效性较强的，除了少部分是政策理解有误之外，还有很多是地方政府政策执行中的问题，民建组织在这一过程中要积极发挥协调多方的组织优势，高效、有效解决问题，从而让被帮助的会员增强共识认同。

五是强化纵向纽带，扩大交集范围。要实施行业性基层组织强基工程，不断注入新的血液，结合新产业新业态试点组建一批新的行业性基层组织。充分发挥行业性基层组织在行业议题上的专业性优势，形成基于行业问题的一致性认识，进而形成广泛共识。要创新专门委员会的活动机制，将广泛凝聚共识融入专门委员会的职能中，充分发挥专门委员会在参政议政中骨干作用的同时，在广泛凝聚共识方面也要发挥引领作用，发挥代表性人士的作用，影响周边的一批会员。

六是鼓励基层创造，交流借鉴推广。要及时发现基层组织在广泛凝聚共识方面的好做法、好经验、好模式，认真总结提炼、及时复制推广。在基层组织评先评优过程中，将广泛凝聚共识情况作为重要考核指标。鼓励经常性开展基层组织间的交流联谊，深入交流在广泛凝聚共识中的经验做法。编印广泛凝聚共识基层案例汇编，向全会发放推广。评选广泛凝聚共识优秀案例并予以表彰。邀请部分基层组织负责人参加中国非公有制经济论坛和中国风险投资论坛，进一步在凝聚经济共识中听到来自基层的声音，也让这些基层组织负责人对凝聚共识有更加深刻的认识。

付伟，广州市政协委员、民建广东省委员会社情民意信息委员会副主任、参政议政专家委员会委员、民建广州市委员会委员、科技与信息化委员会主任、农业农村与乡村振兴委员会副主任、天河区五支部副主委、广东省农垦集团公司《广东农垦》副主编、广州市社会主义学院新型政党制度理论研究中心特约研究员。

全面建设现代化国家背景下
民建广泛凝聚经济共识的独特作用

付　伟

党的十八大以来，以习近平同志为核心的党中央高度重视包括民主党派在内的统一战线在广泛凝聚共识方面的重要作用和独特价值。

2020年12月8日，习近平总书记在党外人士座谈会上发表重要讲话指出，希望大家加强引导、凝聚共识，为开启全面建设社会主义现代化国家新征程营造良好氛围。习近平总书记的重要讲话，从理论与实践、历史与现实、原则与方式等多重高度、多种维度为民建等民主党派将广泛凝聚共识作为参政党建设重要内容和职能体现，提供了坚实的思想基础和根本的行动遵循，也提出了开启全面建设社会主义现代化国家新征程上进一步明确、丰富、践行广泛凝聚共识时代内涵的重大历史命题。

民建作为主要联系经济界人士的中国特色社会主义参政党，应进一步发挥界别优势和功能特色，将广泛凝聚共识的主要落脚点和工作用力点放在凝聚经济共识上，通过凝聚经济共识，增进政治共识、思想共识，提升政治协商、民主监督、参政议政职能履行的能力和水平，进而在全面建设社会主义现代化国家背景下为进一步完善和丰富中国新型政党制度作出新的更大贡献。

一、为什么要凝聚经济共识

历史唯物主义告诉我们，经济是社会发展的根本基础。在中国共产党的正确领导下，中国人民实现了从站起来到富起来、强起来的伟大历史跨越，说到底，这是中国整体经济实力和人民生活水平的伟大跨越。其中，经济基础和上层建筑是相辅相成、相互促进的。新民主主义革命的胜利，社会主义制度的建立，为中国社会生产力的释放创造了基本条件；党的十一届三中全会召开、改革开放巨轮起航，市场经济体制得以确立和发展，让中华大地处处充满生机和活力，迅速成长为世界第二大经济体；党的十八大以来，以习近平同志为核心的党中央团结带领全国各族人民战胜种种风险挑战，打赢脱贫攻坚战，实现全面建成小康社会，并朝着第二个百年奋斗目标昂首阔步。事实充分证明，只有社会主义才能救中国，只有社会主义才能发展中国；没有共产党就没有中华人民共和国，没有共产党就没有富强、民主、文明、和谐、美丽的盛世中国，就没有人民安居乐业的幸福生活。

全面建设社会主义现代化国家，实现中华民族伟大复兴，是第二个百年奋斗目标的核心内涵，也是在中国共产党领导下各民主党派坚定的前进方向和共同的目标任务。在前行的征途上，来自国内外的风险挑战仍然很多，经济发展仍然面临许多不确定、不稳定因素。特别是，当前，中国经济结构趋向复杂、利益主体日益多元、国际化水平逐步提升。在新发展格局的持续构建中，宏观和微观经济管理的具体手段还有较大的选择余地，由此导致的利益关系调整和利益格局变革还在持续深化。

如何引导经济界人士这一全面建设社会主义现代化国家的重要力量主体和新时代爱国统一战线的重要组成部分，正确认识中国经济发展的总体规律、基本态势和发展前景，正确认识中共中央对不同阶段经济形势的判断和决策，正确认识在经济发展中出现的困难、风险和挑战并坚定战胜困难、防控风险和应对挑战的决心，都是必须面对的重大时代课题。

只有凝聚起广泛的经济共识，广大经济界人士才能步调一致、团结一心为全面建设社会主义现代化国家而奋斗。经济界人士所关心的，首先是经济问题。特别是，企业家更看重经济增长能否平稳持续、营商环境是否公平宽松、合法财产能否得到严格保护。而只有形成被更多人接受的经济共识，并且这些共识能够与经济界人士的普遍诉求形成稳定的耦合关系，经济界人士才能真正消除种种模糊认识，在大是大非面前、大风大浪当中站稳脚跟、明辨是非，从而作出准确判断和采取正确行动，才能为实现中华民族伟大复兴的中国梦凝聚起众志成城、不懈奋斗的磅礴力量。

只有凝聚起广泛的经济共识，中国经济发展的实力才会不断增强、韧劲才会持续提升、潜力才会得到更大释放。中国要想到21世纪中叶实现第二个百年奋斗目标，经济总量“保二冲一”，保持经济的可持续、高质量发展是基本前提。同时，面对越来越复杂严峻的国内外发展环境，中国经济应对风险挑战的韧性也必须增强，从而能够在来自各方特别是外部的冲击面前屹立不倒、稳如磐石。其中，稳的首先是人心，需要全国上下各类市场主体在推动经济发展的决心信心、路径方式、未来预期上能够心往一处想、劲往一处使、力往一处聚，从而以中国经济之制度优势、资源优势、规模优势、市场优势顶住压力、迎难而上，推动中国巨轮劈波斩浪、驶向更加美好的明天。

只有凝聚起广泛的经济共识，民建作为联系经济界党派的鲜明特色、突出功能、独特作用才能够进一步彰显。八个民主党派各自联系不同群体的代表人士，体现了各有所长、携手并进的中国特色社会主义参政党发展路径。民建是其中唯一一个明确以经济界人士为主要联系对象的民主党派。广泛凝聚经济共识，将最广大的经济界人士紧密团结在以习近平同志为核心的党中央周围，是民建义不容辞的政治责任，是民建光荣神圣的时代使命，也是全面建设社会主义现代化国家新征程上民建的发展之基、前途所系、价值核心，是以凝聚力、战斗力的持续提升推动民建自身建设不断迈上新台阶、不断展现新面貌的重要依托和根本抓手。

二、应该凝聚什么样的经济共识

虽然从根本上说经济共识来源于经济活动的广阔实践，但经济共识不是单纯的经济问题。经济共识的背后，一定有政治共识、思想共识作为必要基础和必备支撑。政治共识、思想共识的内涵、水平和程度，决定着经济共识的根本性质和经济共识转化为经济活动的基本方向。具体而言，就是必须坚持中国共产党的全面领导，坚持走中国特色社会主义道路，这是形成经济共识必须坚守的根与魂。

当前，新冠疫情在全球持续蔓延，新的国际经济秩序正在加速形成和深刻演变。以经济为先导和基础，中国整体实力不断增强、国际影响力和全球话语权迅速提升。与之相伴的，是少数西方国家对崛起之中国的高度警惕和百般敌视。它们想方设法围堵中国、遏制中国、抹黑中国，特别是利用中国在关键核心技术方面存在的某些短板，以产业链供应链安全作为筹码，打压中国企业国际化发展。中兴事件、华为事件、新疆棉花问题等便是例证。这场斗争，不是短期内就能结束的，而是可能贯穿全面建设社会主义现代化国家目标实现的全过程。同时，在国内，虽然已经实现了全面建成小康社会，但前路漫漫、任重道远，经济发展的不均衡不充分问题仍然较为突出，完整、准确、全面理解和贯彻新发展理念还不够到位，新发展格局中的循环动能还不够强劲、循环渠道还不够畅通，市场在资源配置中决定性作用的发挥还存在不少硬性或柔性的障碍，“六稳”“六保”压力仍然较大。在这种情况下，广泛凝聚经济共识意义更为重大、任务更为艰巨，同时指向也更为明确、路径也更加清晰。具体而言，在全面建设社会主义现代化国家背景下，广泛凝聚经济共识要着力在处理好以下五组关系上廓清认识、凝心聚力。

一是正确认识困难风险挑战与机遇趋势前景的关系。自2008年国际金融危机爆发以来，世界经济持续低迷，西方主要经济体增长乏力。中国也告别了两位数的高速增长阶段，进入了高质量发展的新阶段。特别是近两年来，伴随中美贸易摩擦加剧和新冠疫情来袭，制约中国经济增长的内外部因素持续增多、压力加大，一些市场主体特别是民营企业、中小企业生产经营困难。要引导广大经济界人士认识到，有中国共产党的坚强领导，有中国特色社会主义的显著制度优势，这种困难是暂时的，是局部的，是一定可以克服的。同时，中国经济由高速增长阶段向高质量发展阶段的换挡进程与信息技术革命加快推进并迅速与产业融合的深刻变革高度叠加。要引导广大经济界人士认识到，在这一过程中，市场新陈代谢速度加快，一些经济主体出现经营困难甚至退出市场，属于正常现象，这是在一定程度上为新业态的出现腾挪发展空间。

二是正确认识公有制经济和非公有制经济的关系。当前，在一些行业和领域，国有企业竞争优势有提升态势。特别是在防范化解重大风险的背景下，一些金融机构更加倾向于向国有企业放贷，而不愿为民营企业特别是民营中小微企业“输血”。在工程招投标、政府采购等环节，对非公有制经济企业的“隐形门”仍然不同程度存在。在反垄断调查、信息安全审查等工作推进中，也出现了所谓“国进民退”的杂音和误解。应当充分认识到中共中央对推动非公有制经济健康发展的决心和信心，充分认识到在全面建设社会主义现代化国家的新征程上，改革开放的基本路线非但不会动摇，反而会持续向纵深推进。在这其中，非公有制经济大有可为、前景广阔。

三是正确认识扩大国际合作与保障经济主权的关系。加入世界贸易组织20多年来，中国深度融入经济全球化进程并从中获得了巨大利益和广阔发展空间。但同时应当看到，伴随数字经济浪潮汹涌而来，加之制度建设相对滞后，在经济全球化过程中，一些市场主体对于保障国家经济主权和经济安全不够重视。在当前的国际形势下，金融安全、信息安全等更加重要。国家对于相关领域的国际合作和要素流动采取更为审慎的态度与更加规范的管理，是十分必要的，但相关举措可能会引发某些市场主体的误解，甚至被境外反华势力所利用。要引导相关市场主体树立正确的总体国家安全观，认识到自立自强对中国经济健康发展的极端重要性，在扩大国际合作中将更多精力放在打通产业链供应链的“卡脖子”堵点上。

四是正确认识经济政策实施过程中执行与监督的关系。当前，中国经济领域改革动能传导“自上而下”部署与“上下联动”推进的特征越发显著。随着社会主义协商民主深入推进，政府与市场之间的协作关系更加紧密、角色定位更加精准、沟通渠道更加顺畅。对于市场主体而言，必须严格执行经济领域各项政策措施，不能再有权力寻租、阳奉阴违、打擦边球等侥幸心理和错误做法，在持续构建亲清新型政商关系中实现自身健康发展。同时，也要积极建言献策，对经济政策落地过程中存在的堵点、痛点、痒点，特别是对政府部门和官员慢作为、不作为、乱作为，及时通过相关渠道表达出来、反映上去，从而不断提升政策杠杆的精准度、有效性，防止瞎指挥、“乱弹琴”，杜绝出现方向性错误。

五是要正确认识市场主体经济责任和社会责任的关系。企业家是市场主体中的中坚力量。中国特色社会主义制度下的企业家，绝不应该是马克思所批评的那种一味追求利润的资本家，而应当将认真履行社会责任作为立身之本、兴企之道、必尽之职。具体而言，企业社会责任包括扶危济困、绿色环保、应急救援等。全面建设社会主义现代化国家进程，也是中国共产党团结带领全国各族人民迈向共同富裕的康庄大道。在这一过程中，企业家更要将社会责任摆在更加重要的位置上，在自身企业发展壮大的同时强化共享思维，实现从家族企业向社会企业的现代转型，从而在推进共同富裕中发挥更大的作用。

三、民建应怎样凝聚经济共识

对民建来说，在全面建设社会主义现代化国家背景下，广泛凝聚经济共识有着坚实的共同思想政治基础。全面建成社会主义现代化强国、实现中华民族伟大复兴的中国梦，既是中国共产党带领全国各族人民孜孜以求的奋斗目标，也是民建团结一心、勠力同心努力达成的政治理想。二者具有思想认识上的高度一致性和行动方向上的高度重合性。

对民建来说，全面建设社会主义现代化国家背景下广泛凝聚经济共识有着深厚的携手合作历史传统。自诞生之日起，民建就将凝聚民族实业家力量实现救国图强作为身上肩负的神圣使命，从积极响应“五一口号”到以饱满的政治热情参与社会主义革命、建设、改革、发展各项工作，在迈向社会主义现代化的道路上，民建及其所联系的经济界人士对中国共产党的领导地位越发拥护、领导能力越发敬佩，中国共产党与民建的合作情谊越发深厚、合作纽带越发紧密。

对民建来说，全面建设社会主义现代化国家背景下广泛凝聚经济共识有着强大的持续前进内生动力。全面建设社会主义现代化国家目标，不是轻轻松松、敲锣打鼓就能实现的。前进道路上，布满荆棘，需要全国人民团结一心、一往无前。民建是联系经济界特别是非公有制经济人士的参政党，更应发挥联系广泛、智力荟萃、特色鲜明等优势，团结带领经济界人士将个体力量凝聚为众志成城的民族伟力，将坚定信念转化为艰苦奋斗的坚实行动。

民建要做好广泛凝聚经济共识的工作，可从以下几个方面入手。

一是在创新思想政治工作中广泛凝聚经济共识。提高组织会员开展思想政治教育的广度、深度、频度、新度，不断提升实效性、针对性、影响力、感召力，打牢广泛凝聚经济共识的政治基础、思想基础。将经济政策宣讲、经济问题分析作为开展会员思想政治工作的核心内容之一，定期召开经济形势宣讲会，在中央、省、市级成立经济政策宣讲团，深入基层组织、会员企业开展灵活多样、有力有效的宣讲活动。办好中国非公有制经济论坛、中国风险投资论坛等中央层面的经济问题交流平台，鼓励各省级组织至少打造一个经济论坛品牌。充分利用会议、活动以及会员之家、微信群等平台，组建并用好企业家微信平台，及时掌握经济界会员对重大、热点经济问题的看法和诉求，对普遍性的问题及时转化为提案、社情民意等，对思想认识上出现偏差的予以引导、纠正。

二是在为广大会员办实事过程中广泛凝聚经济共识。民建各级组织负责人和机关工作人员要经常性地深入了解经济界会员特别是企业家在工作生活与生产经营中面临的实际困难，多搞雪中送炭。对于突出问题要通过结合参政议政等工作推动从制度上加以解决；对于会员反映的个案问题，要视情况通过工作渠道和个人渠道协调解决，满足会员的合理诉求。要统筹会内资源，开展多种形式交流活动，积极组织经济界会员开展互助、共助，实现政策与产业、产业与产业、生产与市场等多链条不同环节的紧密衔接，为会员解疑释惑、解难纾困，用事实、用成效说服会员、教育会员、引导会员，从而在增进经济共识上更上一层楼。同时，要通过表彰奖励、组织安排等方式，引导企业家会员通过参与社会服务履行企业社会责任，用荣誉感强化责任感，从而让经济共识进一步巩固和升华。

三是在推进专项民主监督中广泛凝聚经济共识。一些企业家会员对经济问题理解有偏差甚至有怨气，与有些政策执行不到位、个别地方打折扣有直接关系。民建各级地方组织应当发挥党派优势特色，积极推动中共党委委托民建开展经济领域重大政策执行情况落实工作的专项民主监督，或者由民建牵头联合其他党派开展相关民主监督。发挥专项民主监督的独特机制优势，充分调动经济界会员的积极性和主动性，发动大家提供线索、反映诉求、共谋良策，通过有效实施监督发现问题、分析问题、解决问题。

付伟，广州市政协委员、民建广东省委员会社情民意信息委员会副主任、参政议政专家委员会委员、民建广州市委员会委员、科技与信息化委员会主任、农业农村与乡村振兴委员会副主任、天河区五支部副主委、广东省农垦集团公司《广东农垦》副主编、广州市社会主义学院新型政党制度理论研究中心特约研究员。

后 记

中国共产党领导的多党合作和政治协商制度是我国的一项基本政治制度。2018年全国政协十三届一次会议期间，习近平总书记提出了中国共产党领导的多党合作和政治协商制度是中国共产党、中国人民和各民主党派、无党派人士的伟大政治创造，是从中国土壤中生长出来的新型政党制度的重要论断，对我们进一步认识中国的政党制度，增强制度自信具有指导意义，也表明中国共产党领导的多党合作和政治协商制度经过70多年实践，以理论形态出场的时机基本成熟。

中国新型政党制度融汇中国政治的民族性、现代性，创造了一种新的政党政治模式，在中国政治和社会生活中彰显出独特的优势和强大的生命力，充分保障了中国式现代化行稳致远。要体现这一政治制度类型创制的价值和意义，为人类政治文明发展贡献中国智慧，需要完善理论体系，对中国新型政党制度中的政治活动、政治现象、政治经验作出全面、科学的解释和分析，阐述清楚这种新民主、非西方的政治制度的历史、逻辑、功能、价值。

为进一步深入学习贯彻习近平总书记关于新型政党制度的重要论述，加强统一战线和多党合作特色学科建设，拓展学术交流合作，提高科研及决策咨询水平，更好地发挥社会主义学院的理论研究基地作用，广州市社会主义学院于2021年9月成立了广州市社会主义学院中国新型政党制度理论研究中心。研究中心遵循开放、合作和交流的科研发展规律，积极引进各方研究力量，构建开放研究体系，聘请了一批来自广州市八个民主党派、中央社会主义学院、广东省社会主义学院、华南师范大学、暨南大学、广州大学、中共广州市委党校的专家学者担任学术顾问和特约研究员。为推动研究中心工作有序进行，我们向研究中心学术顾问、特约研究员和本院教师征集相关成果，得到积极响应和支持。我们从收到的64篇论文中选取37篇，按照“概论”“历史论”“价值论”“实践论”四部分汇编成集，供学习交流之用，以期不断推动新型政党制度理论研究的深入开展。中央社会主义学院原副院长袁廷华拨冗为论集撰写序言文章《中国新型政党制度的性质、优势和价值》，学院各位领导以及科研处同志对论集的编辑工作给予了悉心指导和大力支持，出版社同志付出辛勤劳动，保证了论集的顺利出版，在此一并表示感谢。

编辑过程如有疏漏之处，敬请读者批评指正。

编者谨识

2022年3月